THE LOGIC OF SECURITIES CRIME DEFENSE

Second edition

证券犯罪辩护逻辑

（第二版）

谢杰　叶立明　刘海清　著

法律出版社
LAW PRESS · CHINA
—— 北京 ——

图书在版编目（CIP）数据

证券犯罪辩护逻辑 / 谢杰，叶立明，刘海清著.
2 版. -- 北京 ：法律出版社，2024. -- ISBN 978 – 7
– 5197 – 9630 – 3

Ⅰ. D924.334

中国国家版本馆 CIP 数据核字第 2024LT9613 号

证券犯罪辩护逻辑（第二版）
ZHENGQUAN FANZUI BIANHU LUOJI
（DI-ER BAN）

谢 杰 叶立明 刘海清 著

策划编辑 李 军
责任编辑 李 军
装帧设计 李 瞻

出版发行 法律出版社
编辑统筹 法律应用出版分社
责任校对 晁明慧
责任印制 刘晓伟
经　　销 新华书店

开本 710 毫米 × 1000 毫米 1/16
印张 27.75 **字数** 450 千
版本 2024 年 11 月第 2 版
印次 2024 年 11 月第 1 次印刷
印刷 永清县金鑫印刷有限公司

地址：北京市丰台区莲花池西里 7 号（100073）
网址：www.lawpress.com.cn
投稿邮箱：info@lawpress.com.cn
举报盗版邮箱：jbwq@lawpress.com.cn

销售电话：010 – 83938349
客服电话：010 – 83938350
咨询电话：010 – 63939796

书号：ISBN 978 – 7 – 5197 – 9630 – 3
定价：118.00 元

凡购买本社图书，如有印装错误，我社负责退换。电话：010 – 83938349

作者简介

谢 杰

上海交通大学凯原法学院副教授、证券犯罪研究中心执行主任，法学博士、博士后。兼任上海汉盛律师事务所律师、上海国际经济贸易仲裁委员会（上海国际仲裁中心）仲裁员、上海期货交易所监察委员会委员、上海市法学会刑法学研究会理事、上海市律师协会刑法与刑事辩护业务研究委员会委员、广州仲裁委员会仲裁员等。主要研究方向为证券期货及衍生品监管、金融刑法、法律经济学等。

在International Journal of Law, Crime and Justice、《法学》、《清华法学》等SSCI、CSSCI期刊发表英文、中文论文30余篇，多篇论文被《人大复印报刊资料》全文转载。在最高人民法院《刑事审判参考》、最高人民检察院《刑事司法指南》、《人民检察》、《检察日报》等发表法律实务论文200余篇。独著、合著Financial Market Crime: A Legal & Economic Analysis、Criminal Regulation of Capital Market: Theory & Practice、《操纵资本市场犯罪刑法规制研究》、《资本市场刑法》、《中国刑法的规范解释》、《财经犯罪刑法理论与实务》、《证券期货犯罪刑法理论与实务》、《内线交易犯罪刑法规制研究》、《基金犯罪十讲》等英文、中文专著20余部。

代理与辩护的金融市场重大典型案件

某上市公司及其实际控制人欺诈发行股票、违规披露重要信息案（创业板退市第一案）

某上市公司及其实际控制人欺诈发行证券、违规披露、不披露重要信息、操纵证券市场案

“沪港通”市场操纵第一案

某私募基金实际控制人背信运用受托资金案（造成投资者损失2亿元）

某私募基金管理人尾市操纵第一案

某私募基金实际控制人内幕交易案（交易金额3亿元）

某部委司长内幕交易、受贿案（涉资产重组）

某上市公司实际控制人内幕交易案

某境外公司实际控制人非法经营期货案（涉案金额600余亿元）

某网贷实际控制人集资诈骗案（集资金额700亿元）

某纳斯达克上市公司实际控制人集资诈骗案

某上市公司与某证券公司标的额6亿元保荐、承销合同仲裁案

某香港公司与某深圳公司标的额5亿元港币清盘诉讼（香港高等法院）

某香港公司与某BVI公司标的额7亿元港币清盘诉讼（香港高等法院）

某开曼公司与某香港公司标的额7亿元股权转让仲裁案（香港国际仲裁中心）

作者简介

叶立明

北京浩天（上海）律师事务所高级合伙人、管委会委员，浩天全国刑事业务委员会程序法组牵头合伙人。法学学士、工商管理硕士。兼任上海市法学会刑法学研究会委员、上海市资本市场调解委员会特聘专家调解员、上海市浦东新区司法局“名优律师”法律援助服务专家组成员、上海交通大学凯原法学院兼职硕士生导师、“长三角刑辩三百人”工程项目师资团秘书长等。主要业务领域为商事争议解决，涉商事、金融及资本市场刑事、刑民交叉等。获得上海律师协会青年律师领军人才奖等。合著《银行业务犯罪十二讲》、《期货和衍生品合规法律实务与前沿问题解读》等。

代理与辩护的重大典型案件

上海某金融信息服务有限公司非法吸收公众存款案

上海某电子科技有限公司特大虚开增值税专用发票案

某资产证券化类新型金融工具（“ABS”+“CDS”）合同诈骗案

某期货经纪公司诱骗投资者买卖证券、期货合约案

某北交所上市公司实控人涉嫌泄露内幕信息案

上海某私募基金管理公司背信运用受托财产案

某欧洲著名世界500强企业前中国区CEO非国家工作人员受贿、职务侵占案

作者简介

刘海清

上海汉盛律师事务所创始合伙人。先后为50多家央、国企，上市公司担任常年法律顾问并处理重大诉讼案件。兼任上海交通大学证券犯罪研究中心研究员、华东政法大学法律学院兼职教授、上海立信会计金融学院法学院客座教授、新西兰华人青少年联合总会会长等。合著《证券市场虚假陈述:法律规制与合规风控》、《中国刑法的规范解释——各罪问题、实践争议与理论辨析》等。

代理与辩护的重大典型案件

中国内幕交易第一案——广发证券总裁董某案

中国基金老鼠仓第一案——上投摩根唐某案等

中国票据骗贷第一案——广西柳州银行吴某案

东莞团贷网案，涉案金额2000余亿元

深圳小牛资本案，涉案金额1000余亿元

上海快鹿系案件，涉案金额逾700亿元

湖北特大票据诈骗案——江某案

中国私募基金崩盘第一案——北京融典，涉案金额50余亿元

深圳金赛银基金案，涉案金额65亿元

序

古之所谓善战者，胜于易胜者也。

故善战者之胜也，无智名，无勇功，故其战胜不忒。

证券犯罪案件辩护工作是专业驱动性最强的法律服务之一。由于法律与金融跨专业能力的稀缺性，尤其是在证据逻辑与法律适用规则层面，证券犯罪案件辩护之胜利，往往并不是通过或者实际上不需要激烈的对抗、消耗、冲突来实现，而是更多地依赖于压倒性的专业优势与计算精准、不容差错的专业辩护工作安排。正是证券犯罪辩护高度依赖于专业能力的特点，赋予了此类案件刑事辩护之魅力。

在公正办理证券犯罪案件的司法实务中，证券犯罪辩护是法治实践必不可缺的组成部分。希望本书能够为更多有志于在证券犯罪辩护领域继续深入探索的实务者提供理论思考与实践反思的空间，在法律与金融的跨界互动中，助力于中国金融法治建设。

谢　杰

2024 年 9 月 28 日

目　录

CONTENTS

第一章

证券犯罪案件辩护实务逻辑进路

证券市场经历了创新、繁荣、危机、重建、完善的进程。在这个体系中，证券犯罪不仅是促生与催化市场欺诈与非理性繁荣的重要诱因，而且是证券市场风险的产物。同时，证券市场与政府调控的复杂性、金融工具的多样性、金融科技的创新性、金融法律的专业性等共同决定了证券犯罪的侦查、起诉、辩护、审判等金融司法不仅具有显著的疑难性与争议性，而且往往受到市场与社会各界的关注。

高效监管与控制证券市场中的违法犯罪行为，是完善证券市场机制与发挥证券市场支持实体经济增长积极作用的制度基础。但是，专业的证券犯罪刑事辩护也是依法维护犯罪嫌疑人、被告人辩护权利最重要的力量。因此，如何通过公正、合理的立法、执法与司法措施提升规制证券犯罪、保护证券市场的制度效率，一直是法律与金融理论研究的重点、难点、热点问题；而如何通过专业的证券犯罪刑事辩护提升疑难、重大、复杂证券犯罪案件的控辩对抗水平，从而帮助整个金融司法系统更为公平、合法、合理、准确地发现法律事实、做出法律解释，提升合规管理水平，是金融法律服务市场亟须深刻思索的问题。

本书对该问题的反思性审视与核心意见：以法律与金融的跨专业逻辑提升证券犯罪刑事辩护水平，有助于全方位、多层次、纵深性地从证据分析中发现法律事实、从法律解释中阐释有效辩护意见。

一、证券犯罪辩护逻辑的基础构造

证券犯罪辩护首先需要遵循刑事案件辩护的基本逻辑，即针对证据进行全面分析，在此基础上，证明指控所认定的事实所存在的不能排除的合理怀疑，或者证明直接对被告人、犯罪嫌疑人有利的事实。同时，针对法律适用的争议问题进行刑法解释，指出指控所依据的定罪量刑规则在法律及其司法解释适用上的错误或者直接提出对被告人有利且合法合理的司法判断规则。辩护词正是辩护律师从法律文书的角度全面呈现的缜密的辩护逻辑。辩护词中提出的书面辩护意见，以证据分析为事实基础，以法律解释为规范依据，为被告人提出无罪或者罪轻辩护。辩护的逻辑需要经由书面的辩护词，以正式、缜密、严谨的形式予以表达。

运用逻辑的目的在于向信息表达的接收者有效输出能够为其所接受的信息。相应地，辩护的逻辑核心目标价值在于向辩护意见所表达的核心对象，即作为信息接收者的法院、法庭、法官（包括陪审员），有效输出能够为其所接受的观点、意见、事实、法律依据及其论证过程，从而最终在判决书中呈现为对辩护意见的采纳。在庭审中，尽管辩护逻辑的主要展现形式是辩护人与公诉人之间的质证交锋与辩论对抗，但基于既定的控辩对抗立场以及审判机关的居中地位和最终裁决权，辩护逻辑内含的有利于被告人的辩护信息，其输出对象显然不是或者不完全是检察官或者任何旁听、关注案件的人，而主要或者只能是法院、法庭、法官。法官对辩护意见的接受、判决书对辩护意见的采纳，指引着辩护逻辑的展开。这种目标价值对辩护的逻辑起着决定性、导向性作用，也是维护被告人合法权利的实用性使然。

辩护逻辑的呈现具有基本且客观的规范，但其具体的展开势必同时取决于逻辑主体即辩护人的风格与经验。本书所呈现给读者的辩护逻辑基础构造，在风格上可以概括为平实，在经验上可以概括为实用，即用平实的表达理性分析案件证据、阐述法律适用规则，以被告人合法权益为导向提出辩护意见而不夹杂任何其他无关甚至是可能引发利益冲突的意见。应当看到，不同案件的辩护意见在具体内容上不尽相同，但在基本框架上仍然可以归纳出一些平实与实用的共性结构与内容。

（一）辩护观点

辩护逻辑的核心是对辩护观点的表达与展开，所以无论是庭审中的语言表达，还是辩护词中的书面陈述，都应当清晰地向法庭阐明观点。辩护观点应当紧扣案件事实与法律依据，尤其是针对检察机关的指控提出辩护观点，无罪、罪轻等辩护观点应当简洁明确。

辩护实践中会出现以下几种情形：（1）直接铺陈具体的若干点辩护意见，而没有辩护观点作为统领；（2）用设问的形式概括若干辩护意见的框架，而没有辩护意见作为指引；（3）使用反问的方式表达辩护观点，意图加强对指控意见的极其否定与强化辩护意见的力度等。

笔者认为，作为一种逻辑，辩护的逻辑应当以辩护观点作为起点。从逻辑的形式分析，辩护观点、辩护意见、辩护论证、辩护总结构成了完整的辩护逻辑形式，这与任何自然与社会科学命题、论证、结论的逻辑展开都是相同的。从逻辑的应用分析，辩护观点的阐明就是为了以最有效率的方式推进法院、法庭、法官接收辩护律师的信息，即辩护人所要进行的是无罪辩护还是罪轻辩护，针对检察机关指控的哪些方面持有异议，所要提出的辩护意见可以概括为什么内容。辩护观点是辩护逻辑的起点与基石。

对于如何表达辩护观点，辩护实践中应当注意避免过于简要与过于复杂两种极端模式。过于简要的辩护观点主要表现为将核心内容表述为例如“被告人陈某某无罪”这样的单调概括，没有对支撑无罪的证据要素与法律要点进行提炼。尽管法官能够在第一时间掌握辩护人采用的是无罪辩护还是罪轻辩护，但没有任何信息量的辩护观点会给信息接收者带来辩护律师观点唐突、没有事实与法律依据支撑的印象。过于复杂的辩护观点主要表现为将具体辩护意见在辩护观点部分全面铺陈，然后在具体辩护意见的展开部分重新陈述一遍。尽管复杂且全面的辩护观点有助于信息接收者全面掌握情况，但这样严重挤占了后续辩护意见的时间与空间。尤其是在庭审中，大面积的重复甚至会导致法官以要求不得重复为由合理打断辩护发言，造成辩护节奏的紊乱。

笔者认为，在辩护观点的具体陈述上，应当采用“法律判断＋要素支撑”的简洁、实用、完整的表达模式。一方面，在表达无罪或者罪轻意见的基础上，为辩护信息接收者提供最有效率的要素依据；另一方面，有效避免辩护观点与具体辩护意见在内容上的不必要重复。

例如，本书“涂某寻操纵证券市场案”的辩护意见中的无罪辩护观点是，“现有证据无法充分且确实地证明被告人涂某寻伙同他人‘利用信息优势，发布不以实际实施为目的的利好公告信息，并在二级市场交易该股，操纵 HXSP 的交易价格及交易量，情节特别严重’；《起诉书》认定被告人涂某寻触犯《刑法》第 182 条之规定，涉嫌操纵证券市场罪，属于适用法律错误”。这就清晰地表明无罪辩护观点的依据是操纵市场犯罪的证据不足与具体法律条文解释上的错误。

（二）辩护结构

辩护的功能发挥有赖于合理的结构建设，即通过辩护内容的组织、架构呈现出缜密的辩护逻辑进路，使得法院、法庭、法官在有限的反应时间内有效获取有利于保障被告人权益的信息。这就要求辩护结构在分析问题的过程中必须思路清晰、层次分明、鞭辟入里，注意对影响全局的重要复杂疑难问题进行明确的阐述，而不是纠缠于个别无关紧要的问题。

辩护犹如建筑，其固然可以有千变万化的造型，但基于材料或者素材所进行的结构类型划分是相对固定的。建筑按照材料可以划分为钢结构、混凝土结构、木结构等，相应地，辩护按照素材可以划分为程序辩护、事实（证据）辩护、法律辩护。因此，无论辩护的内容、样态、造型如何衍生与变化，辩护的结构万变不离其宗，客观上都按照程序、事实（证据）、法律层面依次展开。程序是实体定性与定量的基础；证据所证明的事实是法律适用的前提。

程序辩护（尤其是重大疑难复杂案件）主要集中在庭前会议，在法官的主持下，辩护律师主要就相关案件中的程序性（违法）问题发表意见，提出相关程序性申请，如回避申请、非法证据排除申请、司法鉴定申请等。对于程序性（违法）问题，如果在法官主持的庭前会议上已经形成本次审判中的裁定意见，辩护律师不宜在庭审中重复与纠缠，相关异议可以在辩护词或者相关书面意见中专门提出或者进行重申。事实（证据）辩护应当围绕证据

“三性”（客观性、合法性、关联性）以及证据的证明目的与内容提出有利于被告人的事实，并在辩护人认定的法律事实的基础上展开对法律以及相关司法解释的辩护。

（三）辩护意见

辩护意见是辩护逻辑的核心内容，是通过不同的事实与法律层面论证辩护观点的合法性与合理性。辩护意见应当从具体案件中的疑难与争议问题出发，“就事论事”，避免无关的事实堆砌与空洞的法律理论“升华”。相关意见内容需要有效概括出有利于被告人的重要证据与事实，提出符合司法规则的法律解释，切忌凭空捏造、错误套用法律理论。辩护意见的语言建议平实、易懂，但不流于平庸，符合司法活动的语言习惯。

辩护观点或者总体性的辩护意见需要由若干具体的辩护意见展开。落实到每个具体的辩护意见，无论是证据分析与事实认定，还是法律意见的解释与提出，无论是一个层次的论述，还是多个层次的推进，都应当使用简洁、确定、明晰的判断句式。

以下文“欧某城内幕交易案”中辩护意见的节录为例：

一、《起诉意见书》认定的内幕信息的形成时间及其公开过程，事实不清、证据不足，适用法律错误。

……

（一）《起诉意见书》认定的内幕信息的形成时间及其公开过程，事实不清、证据不足；本案中的证据能够充分证明，“南方网竞转变投资策略，明确要收购业务成熟、有一定利润规模的优质游戏公司的决定”不是内幕信息。

1. 市场公开资料证明：《起诉意见书》认定的“南方网竞转变投资策略，明确要收购业务成熟、有一定利润规模的优质游戏公司的决定”属于公开信息，不可能构成内幕信息。

……

（2）新闻媒体报道、机构研究报告、相关上市公司股价等市场公开信息均证明：2013 年初受手游科技收购动网先锋的影响，手游领域并购已经成为热点，该信息被市场吸收。因为收购成熟企业是证券市场一直在开展的业务，只是在游戏行业手游科技开了先河，所以南方网竞基于长期的公司战略通过并购进行扩张的外延式发展机会，都是市场公开信息，不具有非公开性。

1)《北京手游科技股份有限公司关于超募资金使用计划的公告》（2013年2月1日）证明：手游科技将以发行股份及支付现金方式购买动网先锋100%的股权，交易对价合计8.1亿元。该总标杆性并购对上市游戏公司外延式收购对游戏行业（上市公司收购模式）产生重大影响。

……

上述法律辩护中的辩护意见多达5个层次，这在重大疑难复杂案件中实际上是比较常见的。但不管案件事实与法律涉及多么繁复的问题与规定，每个层次的意见都应当予以清晰地呈现。

在辩护词中，质证意见与辩护意见并不需要进行严格的区分。在证据与事实辩护中，大量的证据摘录、证据分析、证明规则解释、事实认定等完全可以在辩护词框架下进行集中展现，质证意见完全融合在证据与事实辩护意见之中。然而，由于庭审中法庭调查与辩论进行环节性区分，质证意见需要在法庭调查中集中发表，实践中往往将其限定为对证据“三性”的意见表达，对于辩护逻辑的推进形成了一定程度的阻碍。

该问题的经验性特征集中表现为：在法庭调查过程中，法庭将举证与质证仅限定为对证据“三性”的审查，辩护律师很难对证据内容与证明目的进行阐释。而在法庭辩论中，往往会以时间有限为由压缩辩护意见的时间，导致辩护律师实际上没有或者很难对证据展开真正的有效当庭辩论。尤其是在非常疑难复杂的证券犯罪案件中，涉及专业问题的证据分析是极为复杂的，往往需要耗费一定的时间进行分析性质证，从而打破证据表面证明事实与起诉事实之间的逻辑联系，构建证据实质证明事实与辩护事实之间的逻辑关系。

解决上述辩护逻辑困境的经验在于有效区分辩护词中的证据、事实辩护意见和庭审中的质证意见、辩护意见。辩护词中的辩护意见完全可以融合质证意见（主要为证据“三性”问题）与辩护意见中的证据分析与事实认定内容，但实践中，在法庭调查的质证阶段必须区分质证意见与辩护意见——矛盾之处在于将质证意见限定于证据“三性”，等于丧失了在法庭调查环节对证据分析的辩护意见，而这种分析往往是针对性极强、紧扣特定指控事实的证据分析。

在法庭调查环节针对列举的证据内容展开逐一且精准的证据辩护，其效果显然优于法庭辩论环节的融合性阐述。庭审中的解决方案是，在质证环节遵守法庭调查的基本范式，严格围绕证据发表意见，对于证据“三性”并无过多问题但证据标准、证明目的与证明内容存在较多问题的大部分情况，选择在质证环节于法庭许可的前提下高度洗练地对控方提出的证据所对应的证明目的、内容、标准提出“一句式”质疑，即用非常简洁的观点性（无论证性）陈述反驳控方证明目的与证明内容，提请法庭逐一、具体分析，并在辩护意见中予以展开论述。如果庭审时间充分，在后续辩论阶段可以具体分析控方证明目的存在疑问的理由，同时注意不要重复质证意见；如果庭审时间有限，只能限制于法律意见的阐述，或者因为其他原因被打断辩护意见的完整发表，也不会完全在证据与事实辩护“战场”出现完全“失守”的窘境。

（四）辩护结论

辩护逻辑的终点是辩护结论，其并非简单地对辩护观点的重申，也不是辩护意见的堆砌与重复，而是对辩护信息的接收者，即法院、法庭、法官所表达的诉求进行简洁的归纳，实际上就是请求法庭对被告人做出无罪或者罪轻的判决。辩护结论应当明确，事实与法律逻辑应当与辩护观点保持一致（再次注意不是内容上的重复性），提出的相关诉求或者司法路径能够解决本案中的疑难问题，甚至能够为重大复杂疑难案件的审判工作提供一种合法且合理的出路。

二、证券犯罪的跨学科、跨专业辩护逻辑

从我国证券市场的法律体系分析，《公司法》《证券法》《证券投资基金法》《期货和衍生品法》等构成了证券市场最重要的法律规范体系。证券市场的实际运作随着借贷、证券、期货、衍生工具等金融产品的创新与市场交易技术的发展而呈现出不同的法律规则。金融法所规定的刑事罚则是对于逾越社会容许界线的犯罪行为做出的最为严厉的刑事制裁。金融刑法是对金融

交易行为自由、金融行业发展自由、公民人身自由与法人经营行为自由的最严厉的限制。证券市场法律制度在法律学科体系内的差异化专业性（金融法与刑法的专业差异）、与经济学的交织以及证券市场自身的技术性，共同决定了证券犯罪刑事辩护必须建筑于法律与经济深度跨学科、跨专业解释的基础之上。

然而，对于传统犯罪或者一般经济犯罪辩护，不仅较难对证券犯罪行为提供一个精致且有效的辩护框架，而且难以在实体内容上做出符合市场真实现状的合法有效辩护。

其一，传统犯罪或者一般经济犯罪辩护主要聚焦于刑法与刑事诉讼法体系中的规则阐释，在结合前置性金融法律规范的特有规则进行辩护的方面，本身就具有一定困难。

其二，金融法律服务的核心是非诉讼业务和金融商事争议解决，其实践主要集中在金融商品发行与交易的法理与规则，较难兼顾证券犯罪的内容。学科知识的限制造成金融法律实务中本来就已经较难阐释的作为金融法律制度经济基础的证券市场以及相关金融原理更难阐释，与证券市场机制相隔更远的刑事辩护法律实务在了解与解释市场问题时就会显得更为困难。

其三，传统刑事辩护基于学科限制因素难以有效传递金融与市场原理方面的信息，便可能较难契合证券市场实务操作，无法触及证券市场原理、证券犯罪机理、金融刑法本质等问题，容易导致证券犯罪辩护与真实市场发展以及趋势脱节。

本书从相关证券犯罪案件的辩护逻辑与内容来看，尝试做出以下努力：

其一，对证券犯罪案件的证据分析方式进行优化，力图在纷繁庞杂的卷宗中清晰梳理案涉行为的金融本质与法律实质；甚至在个别重大疑难案件中，探索出指控的犯罪行为以及社会危害的制度与经济根源。

其二，在证券犯罪案件实体辩护中，不仅呈现刑法适用问题的抗辩，而且对前置性金融法律规则进行深度延伸。

其三，在证券犯罪刑事辩护中强化金融法与金融刑法的知识与信息贯通，在法律内部实现金融法与刑法之间的部门法的知识沟通与流动。

其四，突破传统案件或者一般经济犯罪案件辩护局限于法律规范层面的解释，使用金融原理检验经济刑法解释的合理性，以经济原理分析相关金融刑法规范解释的有效性。

其五，反思经济学原理与证券市场实务对于解释证券市场犯罪行为的价值，深入案涉行为的金融机理与法律实质剖析案件的危害根源，分析规制证券市场的刑法规范对于市场效率的影响，最终促使金融司法由法律与经济整合性的观点思考证券市场的违法犯罪问题及其对被告人、犯罪嫌疑人配置的应得刑罚或者非犯罪化措施。

证券犯罪刑事司法实践工作（侦查、起诉、审判、辩护等）在大多数情况下还是由接受过传统法律学习与训练的实务人员负责。即使在具有金融专业化办案条件的行政、司法机构以及律师事务所，能够均衡刑事法律适用与证券市场专业知识的人力资源仍然比较有限。从现状来看，证券犯罪案件中的法律从业人员的经济与金融专业知识，似乎还是具有一定的局限性。这一定程度上源于证券犯罪理论与实践中未能合理、适量地导入经济理论与资本市场实践经验的信息灌输与自主探讨。

由于金融原理、财务知识、统计工具、资本市场核心概念等方面专业知识的缺乏，司法实务人员有时可能无法辨识证券犯罪与一般财产犯罪、普通经济犯罪以及其他证券犯罪之间的实质性差异，在忽略金融商品发行与交易规则的经济基础、证券市场违法犯罪行为机理的同时，造成司法实务（侦查、审查起诉、辩护、法院判决等）趋于经验化、常识化、易受一般公众情绪影响化，脱离证券市场实际，与金融专业人员的基本判断不一致。

市场与制度、经济学与法学、金融实务与证券犯罪辩护等司法实务之间出现错位与落差的关键原因在于，目前尚未建立起一种最基本的认识——证券犯罪行为固然应当接受刑法规范的评价，但金融刑法以及相关刑事司法解释源于《公司法》《证券法》等证券市场法律规则，而这些与金融商品发行与交易有关的市场规则又源自证券市场与市场行为。因此，只有导入经济理论与证券市场实践经验，证券犯罪刑事辩护实务才有可能接近或者契合市场实际情况。

经济原理、证券市场实务操作、上市公司治理等知识与信息的导入，有助于证券犯罪辩护向裁判者传输证券市场行为在实质层面上的经济内涵，避免单一化的法律判断导致脱离经济基础与证券市场现实。经济原理与证券市场实务规则的引入，能够极大地丰富辩护意见中证券市场、数量经济等分析视角，有助于为金融司法裁判者提供理解证券市场行为（犯罪行为）所必备的金融逻辑基础。当然，证券市场专业知识、金融原理、法律与经济跨学科解释、数量金融与财务分析等与传统刑事法律相隔甚远的信息导入，在方式方法上需要把握好尺度，切忌“炫技式”地在辩护意见中进行“过火”的表达，而是要尽量融会贯通地使用刑事诉讼中的法律工作者易于接受、理解的形式深入浅出地直击问题之要害，并提供切实可行的法律解决方案。

三、强化证券犯罪辩护逻辑的纵深性与实效性

研究证券犯罪最为有效的方法之一是法律与经济分析方法，其实质是将法学与经济学这两门不同的学科及其研究方法整合在统一的逻辑框架下针对作为跨越法律与经济（金融）的行为或者现象——证券犯罪进行纵深性与跨学科性的解释。证券犯罪刑事辩护实务也有必要深度运用上述方法加强辩护逻辑的纵深性。

2023 年的中央金融工作会议强调，要全面加强金融监管，有效防范化解金融风险。切实提高金融监管有效性，依法将所有金融活动全部纳入监管，全面强化机构监管、行为监管、功能监管、穿透式监管、持续监管，消除监管空白和盲区，严格执法、敢于亮剑，严厉打击非法金融活动。2021 年 7 月 6 日中共中央办公厅、国务院办公厅发布《关于依法从严打击证券违法活动的意见》，2021 年 3 月 1 日《刑法修正案（十一）》正式实施，2020 年 3 月 1 日《证券法》全面推行注册制。与此同时，司法实务部门分别出台修订证券市场民事审判司法解释、证券期货犯罪刑事立案追诉标准，并在原有的内幕交易、市场操纵、利用未公开信息交易罪司法解释的基础上，进一步探索完善司法解释与裁判规则。从上述顶层政策设计、立法安排、司法动向中可以看到，证券犯罪“零容忍”、证券市场强监管的趋势会延续相当的时间，证券犯罪案件也会从数量相对“小众”的专业性领域，逐步发展为法律服务市场中的“热点”领域。因此，加强对证券犯罪案件辩护的深入研究，不仅是理论的追求，更是实践的呼唤。本书正是着力于解决证券犯罪辩护实务问题

中所呈现的证券犯罪案件辩护观点、意见、论证等，不局限于对相关法律条文理解的规范分析，或者仅仅在法律层面孤立地分析无罪、罪轻辩护，而是以案涉证券市场与市场行为为中心，对证券犯罪行为的实质与机理展开深度解析，基于金融原理与证券市场现实特点提出辩护意见。

证券犯罪辩护需要对证券犯罪行为的经济机理与法律规制问题进行统筹与兼顾，重视金融刑法解释观点对证券市场的影响以及市场现实对证券市场法律制度的制约，同时有必要从辩护的角度强调金融司法对于市场的现实效果，通过经济分析工具对刑法介入的实际效果进行市场化的评价。在辩护实体效果上，确保证券犯罪辩护的法律解释观点契合被告人权益维护与真实的证券市场制度保护需求。

在证券犯罪辩护中强调法律与经济分析方法对于强化辩护逻辑纵深性的作用，是由证券犯罪这一辩护对象的现实特点所决定的，即证券犯罪问题尤为适合且极有必要重点通过法律与经济分析方法进行深度解构，并且法律与经济在理论研究与实践探索领域存在明确的客观性交集。证券市场法律规范以及相关制度设计对于证券市场、金融行为、金融实务、金融参与者具有活动规范的效力与经济效益上的影响；经济、金融理论与实践的分析框架、范式、标准等能够对证券市场法律制度作用于金融领域的效用进行客观的评价与解释。

在刑事辩护中，以证券市场法律制度为框架分析作为金融问题的证券犯罪，有助于从宏观层面发现当前法律制度与金融司法实践对于保障证券市场是否具有效率，并在此基础上评估当前案件中的定罪量刑观点是否合理。以金融理论与实践为工具分析作为法律问题的证券犯罪，有助于在刑事辩护中对证券市场法律制度做出符合金融实际与金融原理的解释，促进金融司法实践对证券犯罪问题作出更为专业的解释。

本书中呈现的证券犯罪刑事辩护案例，均是直奔证券犯罪实质内涵解构以及与法律监管疑难问题有关的政策、规则、改革方向重构等核心主题，并围绕执法司法实践中真实发生的重大疑难判例进行深度论证与剖析，秉持问题意识，提出实用性的辩护意见与论证。

笔者长期从事金融司法实务工作，办理了欣泰电气欺诈发行股票案、

“沪港通”市场操纵第一案等一系列有影响力的证券犯罪案件，相关案例成为最高人民法院、最高人民检察院、证券监督管理委员会（以下简称证监会）发布的典型案例，具有丰富的金融司法实践经验。从全书的内容中可以看到，笔者基于其金融司法经验，力图对证券犯罪侦查、审查起诉、控辩意见对抗、法院裁判等工作机制与程序运作进行深度分析，加深读者对证券犯罪司法实务问题的理解。①

证券犯罪辩护的探索是一个不断完善的过程，也是一场证券市场参与者与法律领域从业人员之间的思维火花的碰撞。近几年来，笔者就“证券市场行政监管与刑事司法”相关主题进行了百余场讲座。上述讲座的行业领域覆盖中国证券业协会，中国证券投资基金业协会，各省、市、直辖市律师协会、交易所、上市公司以及各大券商、从事证券业务的律师事务所等；空间上覆盖北京、上海、香港特别行政区、广东、浙江、江苏、山东、辽宁、河南、贵州、云南、甘肃、黑龙江等全国各个地区，以及美国、新加坡等境外资本市场及其法治建设成熟地区。在与各行业、各地区证券专业人士的“头脑风暴”中，进一步丰富了作者法律与金融的跨学科、跨专业视角。本书正是从这些经验、逻辑、互动中，反思证券犯罪辩护逻辑，旨在通过案例经验引导合规建设，助力于中国证券法治建设。

综上所述，本书的价值在于深度反思当前证券违法犯罪案件中法律实务的具体措施，从而提升证券市场资源优化配置与市场竞争效率、投资者权益保障力度、市场流动性平衡程度，形成有效整合市场与制度、真实反映金融实务与法律实践现实需求的效率性与公平性保障兼顾的政策、原则以及规则体系。

证券市场应当在资本资源优化配置过程中起到决定性作用。但是，证券市场竞争机制并不总是处于优质运作状态，甚至时常会出现错误或者异常。市场价格变动并不总是反映真实信息或者资产基础价值——2000 年网络股泡

① 本书深度分析的案例均为笔者在司法实践中办理的证券期货犯罪案件。本书虽然名为《证券犯罪辩护逻辑》，但也纳入了期货犯罪案件，由于期货犯罪案件在司法实践中数量稀少，故书名仍然锁定为“证券犯罪”，从而凸显其重点内容之所在。同时，所有案件涉及的行为主体、相关人员、地点、法律文书等信息均进行了技术处理。

沫破裂，2008 年国际金融危机，2010 年后美国等国际主要证券市场出现的由程序化交易引发的指数“闪电崩盘”，2013 年后由比特币等新型互联网支付与交易系统引领的互联网金融“去中心化”变革，2017 年以区块链金融为名义的代币发行乱象，2018 年 P2P（互联网借贷平台）“连环爆雷”，2019 年私募（尤其是股权、债券领域）刑事风险，2021 年以滥用“元宇宙”等新型概念非法建构证券类金融工具等金融市场阶段性剧烈阵痛与崩溃，2022 年以来国际上部分地区冲突引发的大宗商品、黄金、主流虚拟货币价格大幅波动等，已经历史性地验证了人类行为的固有缺陷与制度安排的既有局限对证券市场资源错配或者非效率性配置所产生的真实的、实质性的影响。证券市场投资（投机）行为内含的非理性因素与外部性的金融违法犯罪行为，都是市场繁荣与萧条这一非线性轮回系统中的重要构成。

基于上述刑事辩护的基本逻辑结构（辩护观点、辩护结构、辩护意见、辩护结论），以及证券犯罪刑事辩护的特有方法与规则，笔者精选了近十年来承办的重大、疑难、复杂、新型证券犯罪案件，以辩护律师最为重要的书面工作——辩护词为核心，紧紧围绕作为刑事辩护核心问题的证据与法律，从事实逻辑与法律逻辑出发，尝试还原最为真实的证券犯罪辩护实务，同时提炼刑事程序法律与实体刑法规则的理论要义。本书中的相关案件覆盖了虚假陈述、操纵证券市场、内幕交易、证券期货类非法经营等司法实践中多发、常见、重要且在法律适用层面存在诸多争议的证券犯罪行为类型。相关辩护词充分运用证据规则认定事实，深入阐释金融刑法原理并提出辩护意见，依法维护被告人合法权益。我们期待能够为读者提供关于证券犯罪辩护逻辑的实践经验分享与金融刑法理论探索。

本书透过证券犯罪案件中的刑事辩护工作，探索证券犯罪实质，对其内在机理进行深度解构，尝试从外部性的法律制度切入，洞察内部性的市场行为缺陷，尝试对刑事辩护理论研究与实务突破方向进行探索。

第二章

内幕交易犯罪核心疑难问题的司法认定

——欧某城内幕交易案辩护意见

[辩护逻辑]

并购策略变化与具体收购行为属于本质上不同的两种信息，因此在认定内幕交易形成时间时亦应当注意两者区分，具体收购行为适当提前延伸的形成时间不应当与并购策略变化信息的形成时间相混淆。内幕信息的产生是一个从萌芽、发展到最终确定的动态过程，当其发展到具有重大性的时点时即为内幕信息的形成时间。在上市公司收购进程中判断信息重大性时，要关注上市公司收购行为的不确定性对信息重大性的影响；收购事项发展到实质操作阶段是内幕信息具备重大性的核心时间节点，其具体表现为并购拟交易主体就位。需要特别关注上市公司收购系列信息对于收购一方证券市场价格影响这一特殊情形下内幕信息重大性的判断。

[案情]

侦查机关认定：南方网竞上市后制定了以对中小网游团队进行“孵化型”投资为主的“聚宝计划”。2012 年年底，受北京手游科技股份有限公司（以下简称手游科技）收购海口网动能量网络科技公司事件的启发，南方网竞决定转变投资策略，由原来的初创型孵化投资转向收购业务成熟、有一定利润规模的优质游戏公司，并基于当时游戏市场环境和发展态势，确定了标的公司类型：不考虑客户端游戏公司、网页游戏公司，只考虑名气大规模大的业内重点公司，以手游公司为收购重点。

2013 年 2 月 21 日，南方网竞董事长陈某锋、董事会秘书甑某凤、手游部门负责人冯某青与宇宙证券有限责任公司（以下简称宇宙证券）樊某（手游科技项目经办人）、郑某在深圳会面，洽谈推进收购事宜，实现迅速扩大规模、占领市场的战略目标，提出聘请宇宙证券作为南方网竞收购行动的财务顾问，希望其推荐标的公司，并约定双方共同对潜在标的公司进行考察。

2013 年 3 月 26 日，南方网竞与宇宙证券签署《保密协议》。

南方网竞以收购为目的，先后与江苏伊乐网络科技有限公司、上海英雄网络科技有限公司、上海美乐数码科技有限公司（以下简称上海美乐）、深圳市哲磨科技有限公司（以下简称深圳哲磨）等 17 家公司进行了不同形式的接触、谈判。

2013 年 8 月 7 日，南方网竞发布重大事项停牌公告，并于 2013 年 8 月 14 日正式公告收购上海美乐 51% 股权，现金收购总价款为 35, 700 万元；收购深圳哲磨 51% 股权，现金收购总价款为 8746. 5 万元。

南方网竞转变投资策略，明确要收购业务成熟、有一定利润规模的优质游戏公司的决定，属于 2014 年《证券法》第 67 条第 2 款第 2 项规定“公司的重大投资行为”的重大事件。该信息公开前属于 2014 年《证券法》第 75 条第 2 款第 1 项规定的内幕信息。内幕信息形成时间不晚于 2013 年 2 月 21 日，公开于 2013 年 8 月 14 日。

陈某锋作为南方网竞的董事长、总经理，主要负责并参与了南方网竞投资战略转变以及收购优质游戏公司事宜，属于 2014 年《证券法》第 74 条第 1 项规定的内幕信息知情人。

2013 年 3 月 6 日，信桦基金管理有限公司基金经理何某、研究员陈某汐带欧某城到南方网竞调研，陈某锋与欧某城见面并一起吃饭。欧某城向陈某锋询问公司发展计划，陈某锋表示创业板只有手游科技和南方网竞两家专业手游公司，游戏产业发展很快、市场容量很大，但由于国家的产业政策新游戏公司上不了市，在这个背景下有大量的手游公司盼望手游科技或南方网竞对他们进行并购，南方网竞由此具备了一个天时地利的外延式发展机会，即通过并购进行扩张。陈某锋称，基于南方网竞的行业地位和国家产业政策限制，南方网竞在并购中具有很强的溢价收购能力。陈某锋还介绍了南方网竞的投资战略变化，表示南方网竞正在接触洽谈一些标的公司，要把南方网竞做到1000亿元的市值，在这个过程中，会使用较多的收购、兼并方式。通过这次调研，欧某城还得知南方网竞账上有4亿多元的现金，完全具备收购能力。

此后，2013年4月至6月，欧某城与陈某锋频繁联络、接触。其间，欧某城长住深圳深航酒店，与陈某锋数次见面，通过陈某锋了解到南方网竞收购手机游戏公司事项进度。5月月初会面中，欧某城询问陈某锋南方网竞近期的并购举措。6月会面中，欧某城询问陈某锋4亿元募集资金和2.5亿元公司债用途。5月14日欧某城发给陈某锋的短信中，欧某城建议陈某锋"借鉴华谊兄弟收购蓝港在线的经验"，陈某锋在短信回复中明确表示收购会加快速度进行。

陈某锋在笔录中表示，"后来深交所给我们公司发异动账户自查名单，我发现有大量的湖南账户买入南方网竞股票，我很生气，就再也没跟他联系过。"为此，欧某城于2013年6月25日给陈某锋的亲笔信中说："以我的判断，市场正在进行一次血腥的下跌。基于以上判断，我已决定从明天起出局，退出。好在我涉此不深，成本不高，现在出局，还不致亏钱。""说实在的，在前一阶段南方网竞的市值增长过程中，我还是起了一点作用的。"

欧某城称，正是通过3月6日的这次调研，其有了购买南方网竞的决策。

2013年4月至7月，欧某城控制"欧阳某梅""龚某香""张某1""谢某哲""毛某伦""杨某华""夏某""贺某""张某2""周某安""肖某惠""彭某兰""李某阳""卜某霞"14个证券账户（以下简称账户组），欧某城做出的交易决策，主要通过万某军和欧阳某梅下单交易，在内幕信息公开前，累计买入南方网竞12,570,116股，买入金额319,690,795.3元，实际获利197,188,114.7元。

经查，欧某城买入南方网竞的资金，一部分为以900万元资金作为本金，按照1∶1的比例从财富证券配资1000万元，合计2000万元（其900万元本金来自其妹妹欧阳某梅和欧阳某两栋房子抵押贷款800多万元和个人筹款）；从万某军处借款400万元；从段某溶处以配资名义借款3000万元；以段某溶的部分借款作为本金按照 1 : 2 的比例从文某涛处配资 4000 万元。以上合计 9400 万元。

证券账户组多数属于新开立账户（共 8 个账户），开户时间与内幕信息形成、变化时间相一致。融券、杠杆配资、抵押房产融资的时间与内幕信息形成、变化时间相一致。欧某城开始买入南方网竞时间与内幕信息形成、变化时间相一致，卖出时间与内幕信息公开时间相一致。在内幕信息公开前，欧某城突击调入资金，利用多个账户大量买入同一只股票，决策果断，买入意图明显，交易行为明显异常。

[辩护意见主文]

《起诉意见书》认定事实不清、证据不足，适用法律错误，请求法院依法对本案作出不起诉决定。

具体事实与理由如下：

一、《起诉意见书》认定的内幕信息的形成时间及其公开过程，事实不清、证据不足，适用法律错误

《起诉意见书》认定：南方网竞转变投资策略，明确要收购业务成熟、有一定利润规模的优质游戏公司的决定，属于 2014 年《证券法》第 67 条第 2 款第 2 项规定“公司的重大投资行为”的重大事件。该信息公开前属于 2014 年《证券法》第 75 条第 2 款第 1 项规定的内幕信息。内幕信息形成时间不晚于 2013 年 2 月 21 日，公开于 2013 年 8 月 14 日。

本案中相关认定函、询问笔录、情况说明、协议等一系列证据证明，《起诉意见书》中“内幕信息形成时间不晚于 2013 年 2 月 21 日”的认定，证据不足、与事实不符。

根据 2014 年《证券法》第 67 条、第 75 条以及相关司法解释的规定，“南方网竞转变投资策略，明确要收购业务成熟、有一定利润规模的优质游戏公司的决定”，并不属于 2014 年《证券法》第 67 条第 2 款第 2 项规定“公司的重大投资行为和重大的购置财产的决定”的重大事件；该信息并不属于内幕信息。

《起诉意见书》中的内幕信息内容及其形成时间的认定，明显适用法律错误。

（一）《起诉意见书》认定的内幕信息的形成时间及其公开过程，事实不清、证据不足

本案中的证据能够充分证明“南方网竞转变投资策略，明确要收购业务成熟、有一定利润规模的优质游戏公司的决定”不是内幕信息。

1. 市场公开资料证明：《起诉意见书》认定的“南方网竞转变投资策略，明确要收购业务成熟、有一定利润规模的优质游戏公司的决定”属于公开信息，不可能构成内幕信息。

（1）《深圳南方网竞互动网络股份有限公司 2012 年度报告》（2013 年 2 月 27 日）（以下简称《2012 年报》）证明：南方网竞具有充足的现金实施并购战略，向“网页游戏”“手机游戏”等业务领域进行战略调整。南方网竞在本案中欧某城所涉及的交易行为发生之前，早已全面披露了其“千亿市值”“四横一纵”战略、募集资金、现金流等情况。启动收购成熟游戏公司策略，进行外延式发展投资方向的转型，是过去“聚宝计划”公告的延伸。公司公开的战略本身就是以兼并、收购为内容的，从收购一些小公司到收购一些有一定利润规模的公司的变化，仍然是公开信息的组成部分，不具有非公开性。

《2012 年报》（摘录）：

> 第四节　董事会报告
>
> ……
>
> 二、报告期内主要经营情况
>
> ……
>
> 4. 公司竞争能力重大变化分析（《2012 年报》第 17 页）
>
> ……
>
> （7）较为充裕的现金储备，为公司快速实现自身的规模化运营以及业内并购举措，提供了强有力的资金后盾；这在某种意义上对于公司和市场对于企业发展的高速率需求，是非常良性的助推能量。
>
> ……

三、公司未来发展的展望（《2012 年报》第 24 页）

公司的愿景是：打造世界领先的互动娱乐航母。公司的使命是：让游戏更好玩，让玩家更快乐。年营收十亿、利润十亿、市值千亿，是我们对于企业理想的坚持、也是我们不懈努力的奋斗方向。“四横一纵”的业务战略布局，正是为这个目标孕育而生的。我们相信，坚持这条发展路线，在不断扩充横纵交叉的业务线的同时，夯实自身的运营基础、完善自身的服务体系，定会给投资市场、广大用户带来更具竞争力的行业品牌和优质服务。

公司发展战略是：制定并坚持在未来二至三年内以“大型客户端游戏”“网页游戏”“手机游戏”“社交平台”与“海外业务”构建的“四横一纵”业务战略布局为着眼点，在不断加强公司风险控制能力的基础上，持续提升公司在各条主干业务线的产品研发能力和综合运营能力，构建全球化的货币支付体系，抢占未来互娱领域的行业制高点，实现以“信息交互源”为基础的虚拟互娱平台运营模式，积累优质的产品品牌资源和全球用户资源，将公司逐渐带入全球化运营的全新行业格局当中。

根据公司战略发展总体规划，公司未来 1～3 年的主要经营计划如下：

1. 产品研发与运营计划

根据行业变化趋势以及公司发展战略的调整，公司针对“大型客户端游戏”“网页游戏”“手机游戏”“社交平台”等各项业务，均进行了方向性调整，在“精细化经营市场用户”的运营理念指导下，更加重视互娱领域细分市场的构成和业务经营。“全端化”即同一产品的跨硬件平台的经营模式，将是 2013 年公司重要的发展和尝试方向。预计在 2013 年，公司为实现上述经营模式，在技术领域、运营环节投入更多的资源，打造优质的“全端化”系列产品线。

2. 并购战略实施计划

报告期内公司在高度把控风险的前提下继续以稳健的方式推进对外并购战略。2013 年公司的外研子公司将推出多款游戏产品。同时公司将继续实施对外投资的开展，针对“端游运营”的平台化需求、“手游”运营的渠道需求，以及细分市场经营对优质产品的运营需求，一方面加强对优质平台以及渠道、优秀制作团队的搜寻与评估；另一方面加强在现行机制下对现有团队，以及子公司经营结构、项目管理和财务监督等方面的制度化完善。以实现在控制风险的前提下，加快构建公司的业务经营格局。

（2）新闻媒体报道、机构研究报告、相关上市公司股价等市场公开信息均证明：2013 年年初受手游科技收购网动能量的影响，手游领域并购已经成为热点，该信息被市场吸收。因为收购成熟企业是证券市场一直在开展的业务，只是在游戏行业手游科技开了先河，所以南方网竞基于长期的公司战略通过并购进行扩张的外延式发展机会，都是市场公开信息，不具有非公开性。

①《北京手游科技股份有限公司关于超募资金使用计划的公告》（2013 年 2 月 1 日）证明：手游科技将以发行股份及支付现金方式购买网动能量 100% 的股权，交易对价合计 8.1 亿元。该总标杆性并购对上市游戏公司外延式收购和游戏行业（上市公司收购模式）产生重大影响。

②长江证券研究报告《手游科技：内生增长迅速　继续关注收购进程》（2013 年 2 月 3 日）证明：手游科技引领的通过收购成熟游戏厂商实现快速增长代表了一种上市游戏公司收购的可行性。此种收购模式引发市场广泛关注，同属游戏行业上市公司的南方网竞具有重要的预期效应。

③上海证券报文章《手游科技高买网动能量获认可　页游公司成香饽饽》（2013 年 2 月 6 日）证明：手游科技收购网动能量之后，市场立即引发对南方网竞进行相同类型收购的猜测。

④手游科技、南方网竞 2013 年 2 月至 3 月的股价证明：手游科技发布收购网动能量信息的股东会决议后股价暴涨（2013 年 2 月）；南方网竞在 2 月 5 日开始股价跟随同行业对标股票手游科技上涨。可见，市场中的价格信号也同步印证，市场普遍认为南方网竞对标手游科技会对成熟、高利润的游戏公司进行收购。

（3）南方网竞实际控制人陈某锋公开言论证明：南方网竞负责人公开谈论公司通过并购扩张抓住行业转型机遇、正在接触收购标的公司等内容。

这就可以印证，并购成熟游戏公司策略本身是“四横一纵”等战略（公开信息）的有机组成部分。具体而言，在当时的特定时间节点，上市游戏公司收购手游业务就是市场热点所在，也是市场完全可以预期的事情。因此，对于南方网竞这家上市公司而言，原则性的并购策略等并不具有构成内幕信息的客观基础，只有特定（目标公司确定之后）的收购行为、收购事项，才可能构成重大事件；在重大信息形成之后、未公开之前，才可能构成内幕信息。

陈某锋在Chinajoy（中国国际数码互动娱乐展览会）产业高峰论坛的演讲（摘录）：

> 去年下半年，我与公司的全体高管层一起，针对行业的发展趋势、公司的业务状况和自身资源体系，通盘考虑，指定了符合我们自身发展的中长期战略规划，即“四横一纵”的战略体系，构建了由“客户端游戏”“网页游戏”“手机游戏”“移动社交平台”四条横向平行业务线与“海外拓展”这一纵向业务线的交叉的经营格局……我们也在积极、密切地接触健康良性的标的。我在此也可以开诚布公地说，我们未来的并购行为，就是为了能够把握住这次行业变革带给我们的转型机遇。
>
> ……整个行业也处于一个快速的变革状态，只要有变革，就一定能形成一个新的市场格局，就一定存在很多异军突起的可能性，一定存在扭转乾坤的契机。我们也会通过这次行业的变革来塑造自己的业务体系，积极地寻找转型的正确方向，实现在这个变革当中的一个完美蜕变。去年下半年我们公司的全体高管就一起对行业做了发展趋势的判断，对中国的业务状况和本身资源通盘考虑以后，设计出了中长期的规划，就是“四横一纵”的体系。四条横向平行的业务线与“海外拓展”这一纵向的业务交叉的布局，在经营层面上我们贯彻精细化的运营和IT化运营的两个基本思路。其实有非常多的朋友都给过我类似的建议，建议公司应该抓住机会，全力搞手游，但我们的团队还是比较辩证地看这个问题。客户端游戏依然可以提供比较稳定的营收，网页游戏的用户量同样也不错。
>
> ……

> 为了更多地吸引优秀的团队，我们也在积极、密集地接触健康良性的标的，我在此也可以开诚布公地说，南方网竞未来行动就是为了能够把握住这次行业变革带给我们的转型机会。

（4）《深圳南方网竞互动网络股份有限公司关于变更部分募集资金投资项目及用募集资金和自有资金收购上海美乐数码科技有限公司 51% 股权的公告》证明：该宗收购与《2012 年报》中的战略规划、并购计划等完全契合，是市场公开信息所明示的并购战略的具体实现。收购包括手游公司在内的优质游戏公司是南方网竞公司公开信息中的既定目标，该收购完成就是这一目标的实现。这都证明“明确要收购业务成熟、有一定利润规模的优质游戏公司的决定”不可能构成内幕信息。另外，该收购公告证明，该收购事项属于上市公司重大事件，与该特定收购事项有关的信息形成之后才可能成为内幕信息，所谓收购策略不可能成为内幕信息。

该公告摘录：

> 七、投资该项目的必要性、可行性
>
> （一）必要性
>
> 公司本次收购的美乐数码是国内最早涉足手机网络游戏开发及运营的公司之一，通过自主研发先后推出了包括《开天 Q 传》《上古Ⅱ》《上古世界》《叮叮堂》《君王》《君王Ⅱ》等知名手机游戏，目前有多款手机游戏产品运营。本次收购完成后，公司在手机游戏研发、发行、运营方面的业务实力将得到较大增强，具体体现为：
>
> 第一，收购有利于完善公司的业务产品体系，以增强公司综合竞争实力。
>
> 本次收购交易完成后，公司可获得美乐数码已投入运营的全部手机游戏和正在研发中的手机游戏，特别是美乐数码的“大作”——《君王Ⅱ》将弥补公司当前手游无“大作”的现状，另外美乐数码的多款不同种类的游戏也将大大丰富公司的业务产品体系。
>
> 第二，有利于发挥双方优势，以促进公司业务发展。
>
> 美乐数码作为国内较大的手机游戏开发运营商，具有一定的行业地位

> 和市场影响力，具有人才、平台及经营模式的先发优势；同时，美乐数码具备较强的手机游戏研发能力与手机游戏的发行能力，使得其在手机游戏领域具有较强竞争力。本次收购交易完成后，公司可获得美乐数码优秀的手机游戏研发团队、运营团队，公司手机游戏产品的研发、运营实力将得以提升；同时公司将利用多年网游运营优势提高美乐数码在运营、宣传方面的能力，使美乐数码的业务未来发展空间更加广阔。
>
> ……
>
> 因此，本次交易有利于完善公司的业务产品体系、发挥双方优势以及提高公司的盈利能力，将为公司股东带来持续、良好的投资回报。

（5）深圳证券交易所网站查询材料证明：从 2013 年 8 月 14 日公告内容来看，上市公司的重大事件为对外投资，内幕信息为南方网竞收购上海美乐；这就从内幕信息公开时间、内幕信息的内容等角度证明，《行政处罚书》认定的内幕信息及其形成时间，没有事实与证据基础。

2. 南方网竞公司内部人员、内幕信息的知情人员的证言均能够互相印证，《起诉意见书》认定的信息并非内幕信息。

（1）南方网竞实际控制人陈某锋的上述多次询问笔录、讯问笔录均直接证明：

①在实体内容上，南方网竞转变投资策略，选择收购业务成熟、有一定利润规模的优质游戏公司，是过往已经公告的公司战略的延续，不构成公司的重大事件。

②在公司程序上，此类对外投资策略系南方网竞公司的陈某锋、甑某凤、冯某青等人非正式的交流意见，既未经董事会研究，也未在南方网竞日常的核心管理层会议上讨论（有对应时段为证），更不存在上报交易所的问题。此类对外投资策略等信息根本就不可能称为公司层面的决策或者决定。接触宇宙证券的目的是想了解手游科技收购的经验，寻求中介机构的合作可能性，事后实际上也并未启动任何收购事项上的合作（没有签署合同）。

③真正可能构成内幕信息且保密的应当是与特定收购事项有关的重大未公开信息，即南方网竞收购上海美乐该特定事项（收购行为），其形成时间

为内幕信息形成时间。

（2）南方网竞副总经理甑某凤证言证明：

①2012 年下半年受到手游科技收购行为的影响，收购成熟游戏公司一时成为游戏行业上市公司的标杆。这种具体的收购模式实际上是符合南方网竞公司的收购战略的，南方网竞将这种模式、策略统一纳入了《2012 年报》的公开信息中予以披露。

②《内幕信息知情人员保密承诺书》等证据实际上真正确立了内幕信息的性质、内容及其形成时间，但是，该协议的时间签署过程中存在严重不合规的情形，行政调查过程中出现明显瑕疵，导致真正的与特定收购事项有关的内幕信息及其形成时间的认定存在重大事实不清、证据不足问题。

③南方网竞接洽、拟收购的目标公司的推荐均来源于公司自有信息资源以及卖方中介；南方网竞成功收购上海美乐和深圳哲磨由陈某锋的同学张某杰推荐；南方网竞自始至终没有聘请宇宙证券担任财务顾问，相关收购方案并未由宇宙证券制作。宇宙证券后续并未给公司推荐合适并购标的；宇宙证券是手游科技的并购财务顾问，和南方网竞之间有信息保密的冲突，最后根本没有担任南方网竞的财务顾问。南方网竞与收购有关的任何事项均与宇宙证券没有任何关联度。南方网竞人员与宇宙证券人员的首次接触、首次会议不可能成为内幕信息的生成起点。

④2013 年 2 月 21 日是南方网竞表达聘请宇宙证券担任财务顾问的意向、首次接洽见面的时间，属于寻找合作机会；主观上没有任何人认为这是内幕信息的起始时间，客观上该时间点也不可能构成内幕信息的形成时间。从发展阶段上分析，无论南方网竞还是财务顾问，都处于初步的就聘请财务顾问问题表达意向环节，与并购行为、购置资产等实质事项相差较远。更为重要的是，从信息内容角度分析，与上市公司收购有关的目标公司、交易方式、价格、工作方案等任何要素均未成型。在没有目标公司的情况下，上市公司与买方财务顾问不可能展开任何形式的合作。

（3）南方网竞投资总监冯某青的证言证明：

①南方网竞对外收购的整个过程，包括初步搜索目标公司、尽职调查、确定谈判主体、磋商、确认交易合约等环节。所以，内幕信息就是上市公司

南方网竞收购（对外投资），内幕信息形成时间应该是确定目标公司（上海美乐）、签订保密协议之日；本案中的内幕信息不是收购决策，形成时间不能提前至决策形成或者明显对外（券商）表现之时。

②冯某青与其他人员的证言、资本市场常识等都可以印证，上市公司（南方网竞）收购成熟企业做大做强（南方网竞市值千亿目标），一直就是证券市场中所有上市公司都在做的事情，只是在当时游戏行业手游科技的收购首开先河（标杆式的并购案例），但正是手游科技收购案例所呈现的模式与特点及其影响，意味着游戏行业上市公司下一步的预期方向就是收购成熟游戏公司，所以，这就证明所谓的收购成熟游戏公司这种并购策略就是市场热点本身，认定其属于内幕信息无事实与证据基础。

③《内幕信息知情人员保密承诺书》实际上真正确立了内幕信息的性质、内容及其形成时间，但是，该协议的时间签署过程中存在严重不合规的情形，行政调查过程中出现明显瑕疵，导致真正的与特定收购事项有关的内幕信息及其形成时间的认定存在重大事实不清、证据不足问题。

④南方网竞公司实际上在2013年1月就已经执行收购成熟公司的具体行动了，即2013年1月就开始接触江苏易乐，所以在这个时间节点，上市公司重大事件（收购行为）已经处于发展的进程之中，只是还没有具备重大性（内幕信息尚未形成）。所以，在2013年1月南方网竞公司收购成熟游戏公司行为已经启动的情况下，仍然认定2013年2月21日南方网竞公司对外收购成熟游戏公司决定形成，显然存在重大的逻辑错误。

（4）南方网竞证券事务代表李某文的证言证明：①案涉内幕信息就是上市公司南方网竞收购上海美乐；②内幕信息形成时间应当是《内幕知情人员保密承诺书》签署之日；③保密承诺书落款时间的签署存在补签、倒签、推断等违规操作，导致签署时间即内幕信息形成时间的认定存在明显的事实不清、证据不足情形。

（5）时任南方网竞公司财务总监黎某红的证言证明：案涉有关上市公司重大事件应当是上市公司对外收购行为；案涉内幕信息应当是南方网竞收购上海美乐这一特定收购事项；案涉内幕信息形成时间应当是该特定事项具备重大性之时。

3. 与南方网竞公司相关收购有关的外部人员的证言均能够印证《起诉意见书》认定的信息并非内幕信息。

（1）宇宙证券工作人员樊某证言证明：

①以手游科技收购模式为代表的游戏行业上市公司巨资收购成熟的游戏公司已经是市场公开热点。

②南方网竞千亿市值、并购战略等市场公开信息与大手笔收购策略完全吻合，并不存在重大未公开信息形成问题。

③南方网竞管理层认为手游科技收购模式影响大且很成功，意图进行复制，这本身并非重大事件。

④南方网竞管理层与券商就收购意图进行接洽的初次见面时间也并非内幕信息形成时间。

⑤真正属于重大事件的收购进程中，与特定收购目标公司有关的任何具体业务活动并无宇宙证券的参与，这就证明南方网竞与宇宙证券首次接洽的2月21日这个时间点根本不属于内幕信息形成时间。

⑥行政调查中证监会并未对樊某这一关键证人进行调查取证。

（2）宇宙证券工作人员郑某（樊某上级）的证言，与樊某的证言互为印证，证明：并购策略转变为收购成熟游戏公司并非内幕信息；特定收购事项（南方网竞收购上海美乐）构成内幕信息；内幕信息形成时间的认定应当基于特定收购事项的特点予以确定。

（3）易乐公司董事长冯某的证言、易乐公司总经理郝某彦的证言、江苏易乐网络科技有限公司提供的书证（刑事调查卷第4卷第128～144页）等均互为印证：

①南方网竞与易乐公司于2013年1月、2月就已经执行收购行动，初步接洽后，由于完全不具备交易条件与可行性，无法实质性启动收购事项，不存在内幕信息及其形成问题。故特定收购事项才是内幕信息。

②认定的南方网竞收购成熟公司的决定的时间晚于南方网竞开始执行收购事项的时间，完全不符合重大事件进程的基本常识与时间先后逻辑。

（4）王某（英雄公司CEO）和赵某（英雄公司COO）证言均证明：

①南方网竞与英雄公司初步接洽后，由于完全不具备交易条件与可行性

(互相想收购对方，目的完全相反)，无法实质性启动收购事项，不存在内幕信息及其形成问题。

②特定收购事项才是内幕信息；南方网竞通过收购战略目标指向千亿市值是南方网竞实际控制人及其公开信息明确披露的公开内容，收购策略本身不可能成为内幕信息。

（5）李某（上海美乐董事长）刑事调查询问笔录、出具的情况说明、电子邮件记录及笔记本复印件（刑事调查卷第5卷第13～19页、第9卷第141～222页）等系列证据证明：

①南方网竞对外收购是上市公司重大事件；南方网竞收购上海美乐该特定事项构成内幕信息。内幕信息形成时间应当根据该特定收购事项予以确定。

②保密承诺书中的时间等重大问题事实不清。

（6）王某月刑事调查询问笔录（刑事调查卷第5卷第20～26页）、张某俊刑事调查询问笔录（刑事调查卷第5卷第27～34页）、林某辉刑事调查询问笔录（刑事调查卷第5卷第35～45页）、王某刑事调查询问笔录（刑事调查卷第5卷第46～51页）等上海美乐（被收购方）关联人员的证言证明：

①案涉内幕信息是南方网竞收购上海美乐该特定收购事项。

②内幕信息形成时间应当基于该特定收购事项予以确定。

③保密承诺书时间的认定，事实不清、证据不足，严重影响本案行政处罚的合法性与公平性。

（7）张某杰（陈某锋同学、南方网竞收购上海美乐中间人）证言证明：

①案涉内幕信息是南方网竞收购上海美乐。

②该收购事项开始时间为保密承诺书签订时间，该时间应当是内幕信息形成时间。

③上市公司保密信息管理不合规，调查过程中出现瑕疵，导致内幕信息知情人员签订保密承诺书的时间确认存在事实不清、证据不足的问题。

4. 本案中的书证证明：《起诉意见书》认定内幕信息内容与形成时间错误。

（1）出差旅行记录（冯某青、甑某凤等；2013年5月28日；上海美乐）、出差申请表（冯某青；2013年5月28日至29日）、住宿费情况说明、住宿费发票（冯某青、甑某凤等；2013年5月28日至29日）、航班信息

（冯某青、甑某凤等；2013 年 5 月 28 日；深圳至上海）等书证证明：南方网竞工作人员至上海美乐初步接触商谈并购意向最早时间为 2013 年 5 月 28 日；保密承诺书签署日期最早不早于 5 月 28 日；本案《起诉意见书》对内幕信息及其形成时间的认定，事实不清、证据不足。

（2）南方网竞与上海美乐的《保密协议》（事后手填日期：2013 年 4 月 25 日；实际日期：不早于 2013 年 5 月 28 日）、南方网竞与上海美乐相关人员签署的《保密承诺书》（事后手填日期：2013 年 4 月 25 日；实际日期：不早于 2013 年 5 月 28 日）、意向性协议（2013 年 7 月 25 日）、股权转让框架协议（2013 年 8 月 13 日）、股权转让协议（2013 年 8 月 13 日）、公告书（2013 年 8 月 14 日）等书证证明：

①案涉内幕信息应当是南方网竞收购上海美乐该宗重大收购事项。

②调查过程中对于关键事实出现重大认定错误；保密文件的签署时间为事后手填日期：2013 年 4 月 25 日；根据相关人员的证言陈述，保密文件的实际日期：不早于 2013 年 5 月 28 日。

③案涉内幕信息形成与公开过程应当是：初步确定收购目标，即确定交易主体（保密协议签订）—收购磋商—意向性协议签订—股权转让协议签订—发布公告。

④内幕信息形成时间事实不清；按照时间推断，内幕信息形成时间不早于 2013 年 5 月 28 日；但这种时间推断并不能作为认定案件关键问题的事实依据。

⑤与南方网竞收购上海美乐和深圳哲磨等重大对外投资行为有关的一系列证据证明，重大且未公开的收购信息最终均与宇宙证券以及南方网竞和宇宙证券的上述接洽无任何关联。

5. 在有关的刑事司法程序与行政处罚程序中，欧某城涉案的内幕信息及其形成时间问题出具的多份前后矛盾的认定意见，能够清晰证明：市场公开的南方网竞以并购为重要组成部分的公司战略与非公开的南方网竞重大收购事项属于截然不同的两种信息，前者为市场公开信息，后者为内幕信息。以南方网竞停牌且复牌后公开披露的重大收购事项内容及其时间为基准，可以确认内幕信息的形成时间不是 2013 年 2 月 21 日。《起诉意见书》中关于内幕信息及其形成时间的认定意见，将市场公开信息（并购战略）与内幕信息（上市公司重大收购事项）混为一谈。

具体而言，广东省珠海市人民检察院《提供法庭审判所需证据材料通知书》、公安部证券犯罪侦查局《关于商请对“11.27”专案有关专项进行审核认定的函》（2014年5月26日）、证监会稽查总队《关于商请对“11.27”专案有关事项进行审核认定的函》的复函（2014年5月26日）、珠海市公安局经济犯罪侦查支队《关于协调中国证监会对“11.27”专案相关问题作出行政认定的请示》（2014年8月15日）、证监会《关于“11.27”专案有关问题的认定函》（2014年9月17日）、广东省珠海市人民检察院《不起诉决定书》［珠检公诉刑不诉（2015）4号］、第一次《行政处罚事先告知书》［处罚字（2017）67号］、第二次《行政处罚事先告知书》［处罚字（2018）159号］、《起诉意见书》［2019（75）号］等一系列文件证明：

（1）内幕信息及其形成时间认定存在重大的争议（事实不清、证据不足、法律适用争议），行政监管部门、公安机关、检察机关在办理案件过程中客观上出现了不同的认定与意见。

（2）刑事诉讼程序中，欧某城出具的认定意见前后多次重复、矛盾。

（3）案件中的重大事实不清，尤其是南方网竞收购上海美乐的《保密承诺书》签订时间等问题，直接影响内幕信息及其形成时间的事实认定。

（4）基于内幕信息及其形成时间问题事实不清、证据不足，司法机关作出不起诉决定；这实际上已经证明，本案中关于所谓收购战略转变的信息属于内幕信息、2月21日南方网竞与券商接洽属于内幕信息形成时间等问题的认定，存在明显的事实不清、证据不足问题，不能据此认定内幕信息及其形成时间，《起诉意见书》作出的认定没有事实与证据基础。

（5）在刑事诉讼程序结束之后，在对欧某城的行政处罚程序中，欧某城出具的法律文件中的认定意见继续出现重复、矛盾。

（6）这些争议与矛盾意见可以证明，市场公开的南方网竞以并购为重要组成部分的公司战略与非公开的南方网竞重大收购事项属于截然不同的两种信息，前者为市场公开信息，后者为内幕信息。以南方网竞停牌且复牌后公开披露的重大收购事项内容及其时间为基准，可以确认内幕信息的形成时间不是2013年

2月21日。《起诉意见书》中关于内幕信息及其形成时间的认定意见，混淆了市场公开信息（并购战略）与内幕信息（上市公司重大收购事项）。①

6.《起诉意见书》将本案的内幕信息公开时间界定为2013年8月14日，“内幕信息知情人表”“内幕信息知情人保密承诺书”等证据，实际上证明本案的内幕信息内容应当是上市公司南方网竞进行重大收购行为（南方网竞收购上海美乐和深圳哲磨51%的股份），该内幕信息的形成时间应当是该特定收购事项动议、决策、执行等的初始时间。

南方网竞公司的“内幕信息知情人表”中，明确登记了知情人员和对应的内幕信息，表中仅有“公司拟非公开发行债券”“收购上海美乐股权”两项内幕信息，无其他内幕信息。“内幕信息知情人保密承诺书”承诺保密的内幕信息表中仅有“拟向特定对象非公开发行债券事项”和“拟收购上海美乐数码科技有限公司股权事项”，无其他内幕信息。而2013年2月21日的时间点生成的信息内容与上述内幕信息内容完全无关。

相应地，《起诉意见书》认定的内幕信息公开时间，反证南方网竞转变投资决策为收购确定且有规模的优质游戏公司这样的信息不是内幕信息，内

---

① **表1 在刑事司法与行政处罚程序中关于欧某城案涉内幕信息及其形成时间的认定意见汇总**

序号	认定（函）内容
1	“2013年8月14日，南方网竞发布拟以现金3.57亿元收购上海美乐51%股权的公告。该事项在未公开披露前属于《证券法》规定的内幕信息，敏感期为2013年4月25日至8月13日，陈某锋为内幕信息知情人。”
2	“南方网竞……公司收购业务成熟、有一定利润规模的优质游戏公司的信息，在公开披露前属于《证券法》规定的内幕信息；内幕信息的敏感期为2013年2月21日至8月14日。陈某锋、甑某凤、冯某青知悉该内幕信息，属于《证券法》规定的内幕信息知情人类别。（上述意见，供贵部在办理11.27专案时使用）。”
3	南方网竞2013年8月14日公告的拟收购上海美乐51%股权事项，为2014年《证券法》第67条第2款第2项规定的“公司的重大投资行为和重大购置资产的决定”。在南方网竞发布上述公告前，该信息属于2014年《证券法》第75条第2款第1项规定的内幕信息。内幕信息形成于2013年4月25日，陈某1等人为内幕信息知情人
4	南方网竞转变投资策略，明确要收购业务成熟、有一定利润规模的优质游戏公司的决定，属于2014年《证券法》第67条第2款第2项规定的“公司的重大投资行为和重大购置资产的决定”。该信息公开前属于2014年《证券法》第75条第2款第1项规定的内幕信息。内幕信息形成时间不晚于2013年2月21日，公开于2013年8月14日

幕信息的形成时间也不可能是与特定收购事项关联性不强、连接点不足的2013年2月21日。

（二）《起诉意见书》认定的内幕信息及其形成时间，适用法律错误

1.《起诉意见书》认定的所谓内幕信息，即“南方网竞转变投资策略，明确要收购业务成熟、有一定利润规模的优质游戏公司的决定”，明显不具有非公开性，不能认定为内幕信息。

南方网竞公司的年报等市场公开信息，已经全面披露了其“千亿市值”“四横一纵”战略、募集资金、现金流等情况。启动收购成熟游戏公司策略，进行外延式发展投资方向的转型，是过去“聚宝计划”公告的延伸，无须再次公告。因为“聚宝计划”等公司战略本身就是以兼并、收购为内容的，从收购一些小公司到收购一些有一定利润规模的公司的变化，仍然是公开信息的组成部分，不具有非公开性。当年受手游科技收购网动能量的影响，手游领域并购也已经成为热点被市场吸收。因为收购成熟企业是证券市场一直在开展的业务，只是在游戏行业手游科技开了先河，所以南方网竞基于长期的公司战略通过并购进行扩张的外延式发展机会，都是市场公开信息，不具有非公开性。

2.《起诉意见书》认定的所谓内幕信息，即“南方网竞转变投资策略，明确要收购业务成熟、有一定利润规模的优质游戏公司的决定”，明显不具有重大性，不能认定为内幕信息。

《起诉意见书》认定的“策略”，既不是“并购方案”，也不是“投资行为”和“置产决定”，这种所谓策略在基本定位上就不属于《证券法》规定的重大事件。同时，“策略”仅是董事长、董秘、部门副职三人连会议记录都没有的“碰头会”的讨论结果，未经董事会或股东会正式决策程序审议，在程序上不能归属于公司层面任何形式的决定、行为，因而不具有重大性，不具备成为“公司的重大投资行为和重大的购置资产的决定”必要的构成条件。实际上本案中认定的所谓购买资产决定根本没有任何“决定”。

即使将时间推进到南方网竞接触各类游戏公司的节点，这些信息同样并未具备重大性。2013年2月21日之前以及之后相当一段时间内，事实上南

方网竞公司除上海美乐和深圳哲磨外，还接触过江苏易乐、上海英雄、沈阳07073、上海慕和等15家企业，都未确定任何收购目标，远未形成收购方案，不存在任何收购意向。这段时间对于上市公司而言，就是在市场寻找目标公司的过程。收购标的、时间、价格、方式等均处于极为不确定的状态。一方面，这种收购策略、以收购为目的的接触等信息已经为市场所吸收；另一方面，至少在未锁定收购目标并签署重大事项收购保密协议、内幕信息知情人员登记信息、保密承诺等之前，此类信息因不具备重大性而不能认定为“公司的重大投资行为和重大的购置资产的决定”。

3.《起诉意见书》关于本案内幕信息的内容及内幕信息形成时间的论证存在明显的逻辑紊乱与法律适用错误。

（1）重大投资行为与重大购置财产决定的混淆、前后矛盾。

《起诉意见书》先是认为，“南方网竞转变投资策略，明确要收购业务成熟、有一定利润规模的优质游戏公司的决定，属于2014年《证券法》第67条第2款第2项规定‘公司的重大投资行为和重大的购置财产的决定’的重大事件”。这显然是将信息内容的基本定位确认为重大资产购置决定。但《起诉意见书》随后又认为，“南方网竞的收购行为属于2014年《证券法》规定‘公司的重大投资行为和重大的购置财产的决定’的重大事件。该信息公开前属于2014年《证券法》规定的内幕信息”。这显然混淆了重大投资行为与重大资产购置决定的界限。重大投资行为是指公司进行数额较大的投资、对有较大影响的项目进行投资或者对公司的经营将产生重大影响的项目进行投资等行为。重大的购置财产的决定是指公司作出的，以较大数额的资金去购买、置备某一财产的决定或者购买、置备某一有较大影响的财产的决定。《起诉意见书》的这种概念混淆与前后矛盾，实际上导致其认定的所谓内幕信息本身前后具有严重的不一致性。

（2）不同信息内容的互相混同、逻辑断裂。

《起诉意见书》在论证内幕信息的内容及内幕信息形成时间问题时认为：南方网竞转变以“孵化型”投资为主的“聚宝计划”投资策略，由原来的初创型孵化投资转向收购业务成熟、有一定利润规模的优质游戏公司，聘请收购财务顾问推荐标的公司，并约定双方共同对潜在标的公司进行考察。南方网竞先后与上海美乐、深圳哲磨等 17 家公司进行了不同形式的接触、谈判，最终成功收购上海美乐 51% 股权、深圳哲磨 51% 股权。南方网竞的收购行为属于《证券法》规定“公司的重大投资行为和重大的购置财产的决定”的重大事件。该信息公开前属于《证券法》规定的内幕信息，具有未公开性，并非通过公开渠道可获取的信息，与南方网竞在 2011 年、2012 年年报中披露收购意图有着本质的区别。

《起诉意见书》中的上述前两句陈述，包含了截然不同的两组信息内容：第一句是南方网竞收购策略的信息；第二句是南方网竞收购事项的信息。而《起诉意见书》中的第三句陈述，实际上是将第二句中的收购事项（收购美乐公司行为）认定为重大未公开信息（内幕信息），与第一句陈述中的收购策略完全无关。《起诉意见书》强行将收购策略信息混同纳入收购事项这一内幕信息范畴，不仅造成法律逻辑断裂，而且导致将非内幕信息形成时间认定为内幕信息形成时间的错误法律判断。

（3）内幕信息内容的认定规则与内幕信息形成时间认定规则的适用脱节。

根据《最高人民法院、最高人民检察院关于办理内幕交易、泄露内幕信息刑事案件具体应用法律若干问题的解释》第 5 条第 3 款规定，影响内幕信息形成的动议、筹划、决策或者执行人员，其动议、筹划、决策或者执行初始时间，应当认定为内幕信息的形成之时。陈某锋系南方网竞控股股东、实际控制人、董事长，对内幕信息的动议、策划决策等确实有足够的影响力。但《起诉意见书》不能基于上述司法解释规定以及陈某锋的职务身份及其影响力，就认为“2013 年 2 月 21 日应当认定为内幕信息的形成之时”。因为适用该司法解释条款以及基于陈某锋的动议、策划、决策等影响力判断内幕信息形成时间的基础是“内幕信息”。而《起诉意见书》所概括的事实——“2013 年 2 月 21 日，南方网竞董事长陈某锋、董事会秘书甑某凤等人与宇宙证券工作人员开会洽谈推进收购事宜。为实现南方网竞迅速扩大规模、占领市场的战略目标，会上，陈某锋提出南方网竞有意收购成熟的、有规模的和有利润贡献的游戏公司，希望聘请宇宙证券做本次收购的财务顾问，双方约定对潜在标的公司进行考察”——本质上都隶属于公开的公司战略信息（收购策略），并不符合《证券法》重大事件与内幕信息的规定。所以，基于南方网竞实际控制人对收购策略的动议、决策、执行等影响，只能将相关时间认定为收购策略的初始时间而非内幕信息的形成时间。

内幕信息的认定包含内容与形成时间两个实体法律判断，两者是前后承接的协调规则、逻辑统一关系，不应当错位。本案中涉及的内幕信息既然定位于“公司的重大投资行为和重大的购置财产的决定”，内幕信息的内容显然应当表现为上市公司做出的重大收购事项。“南方网竞转变投资策略，明确要收购业务成熟、有一定利润规模的优质游戏公司的决定”显然不属于上市公司重大收购事项，因而基于这个错误的内幕信息内容去套用内幕信息形成时间规则（影响内幕信息形成的动议、筹划、决策或者执行人员，其动议、筹划、决策或者执行初始时间，应当认定为内幕信息的形成之时），当然得出错误的内幕信息形成时间认定结论。可见，《起诉意见书》的错误在于，将南方网竞实际控制人与收购策略有关的动议等直接认定为内幕信息的形成时间，但内幕信息的内容应当是保密的收购事项而非公开的收购策略。实际上，只有基于特定的重大收购事项的实际控制人动议等才能被界定为内幕信息的形成时间。

二、《起诉意见书》认定的欧某城与南方网竞董事长联络接触情况，事实不清、证据不足，适用法律错误

（一）《起诉意见书》认定南方网竞董事长陈某锋属于内幕信息知情人员的信息基础错误

《起诉意见书》认定：陈某锋作为南方网竞的董事长、总经理，主要负责并参与了南方网竞投资战略转变以及收购优质游戏公司事宜，属于2014年《证券法》第74条第1项规定的内幕信息知情人。

上述认定存在以下错误：

（1）在内幕信息认定部分，《起诉意见书》将信息内容界定为转变投资“策略”，而在联络接触认定部分，又将内幕信息内容替换为投资“战略”转变。这不仅存在信息概念随意替换问题，而且将作为公开信息的战略等同于内幕信息，显然属于适用法律错误。

（2）在内幕信息认定部分，《起诉意见书》从未将收购事项界定为内幕信息，而在联络接触认定部分，又将“收购优质游戏公司事宜”作为内幕信息处理，前后明显矛盾。

内幕信息知情人员的界定标准为“内幕信息+知情人员”。陈某锋作为南方网竞的董事长、总经理，固然可以概括认为对于上市公司南方网竞的重大事项全面知情，但特定内幕信息的内容及其时间区间才真正决定了与其联络接触人员的法律风险与责任。所以，在具体的内幕信息内容都没有充分证据予以确认、完整的逻辑予以界定的情况下，《起诉意见书》的联络接触认定的后续部分实际上均不可能做到事实清楚、证据确实充分、适用法律准确。

（二）《起诉意见书》关于2013年3月6日南方网竞调研的认定，事实不清、证据不足

《起诉意见书》认定：2013年3月6日，信桦基金管理有限公司基金经理何某、研究员陈某汐带欧某城到南方网竞调研，陈某锋与欧某城见面，并一起吃饭。欧某城向陈某锋询问公司发展计划，陈某锋表示创业板只有手游科技和南方网竞两家专业手游公司，游戏产业发展很快、市场容量很大，但由于国家的产业政策新游戏公司上不了市，在这个背景下有大量的手游公司盼望手游科技或南方网竞对他们进行并购，南方网竞由此具备了一个天时地利的外延式发展机会，即通过并购进行扩张。陈某锋称，基于南方网竞的行业地位和国家产业政策限制，南方网竞在并购中具有很强的溢价收购能力。陈某锋还介绍了南方网竞的投资战略变化，表示南方网竞正在接触洽谈一些标的公司，要把南方网竞做到1000亿元的市值，在这个过程中，会使用较多的收购、兼并方式。通过这次调研，欧某城还得知南方网竞账上有4亿多元现金，完全具备收购能力。

1. 欧某城并没有实施任何询问行为。

参加研讨会议的甑某凤、何某、陈某汐、肖某乐等人的笔录均能证实，欧某城在调研时一言不发。欧某城自始都是一个被动接受信息的旁听者，其所获取信息的唯一来源就是陈某锋的主动介绍，不存在《起诉意见书》所称的“欧某城向陈某锋询问公司发展计划”这样的情况。

2. 该次调研中交流的内容均为市场公开信息，并不涉及任何内幕信息。

（1）2013 年 11 月 5 日陈某锋向稽查大队提交的《关于陈某锋和欧某城的交往情况说明》显示：“整个调研过程主要内容均为行业及公司业务模式及战略规划等相关内容。未提交任何超出信息披露范围的敏感信息……本人与欧某城往来期间，无论电话、短信、面谈均未提及任何与南方网竞相关的内幕信息。”同时，陈某锋在该说明中要求做补充笔录，客观反映真实情况。

（2）《深圳南方网竞互动网络股份有限公司关于陈某锋董事长接待调研参加活动未超出信披范围的书面说明材料》能够与上述证据互为印证。

（3）陈某锋在刑事程序中的相关讯问笔录亦证明：该次调研的主要内容为行业及公司业务模式及战略规划等，未提及任何超出信息披露范围的敏感信息。

3. 根本不存在欧某城通过该次调研获取南方网竞收购能力相关信息的问题。

《起诉意见书》认定，“通过这次调研，欧某城还得知南方网竞账上有 4 个多亿现金，完全具备收购能力”。这一认定完全不符合事实与逻辑。实际上，2013 年 2 月 27 日披露的《2012 年报》不仅详细地披露了公司的现金流情况，同时也清晰地披露了南方网竞的募集资金余额情况，根本不需要欧某城通过调研打探公司资金与收购能力等信息。

《2012 年报》（摘录）：

募集资金总体使用情况说明

截至 2012 年 12 月 31 日，公司对募集资金项目累计投入人民币 341, 875, 587. 25 元，其中：公司于募集资金到位之前利用自有资金先期投入募集资金项目人民币 27, 161, 557. 50 元；自 2010 年 3 月 1 日起至 2012 年 12 月 31 日止会计期间使用募集资金人民币 314, 714, 029. 75 元。本年度使用募集资金人民币 125, 584, 508. 00 元。截至 2012 年 12 月 31 日，募集资金存放期间产生专用账户利息收入净额为人民币 37, 831, 083. 33 元（扣除相关的手续费和账户维护费），2012 年 12 月 31 日，募集资金余额为人民币 406, 710, 496. 08 元。

（三）《起诉意见书》关于2013年3月6日南方网竞调研之后欧某城与南方网竞实际控制人接触联系情况的认定，事实不清、证据不足

1. 调研之后欧某城与南方网竞实际控制人的数次见面均未涉及收购事项的信息。

《起诉意见书》认定：此后，2013年4月至6月，欧某城与陈某锋频繁联络、接触。其间，欧某城长住深圳深航酒店，与陈某锋数次见面，通过陈某锋了解到南方网竞收购手机游戏公司事项进度。5月初会面中，欧某城询问陈某锋南方网竞近期的并购举措。6月会面中，欧某城询问陈某锋4亿元募集资金和2.5亿元公司债用途。

然而，陈某锋、欧某城等人的笔录均证明，欧某城和陈某锋见面并未有任何关于收购事项内容的沟通。事实上，关于南方网竞进行并购的信息，早已见诸南方网竞公告，资金实力同样属于公司公开信息，对于从事股票交易多年的欧某城而言根本不需要通过见面、接触、联系等方式进行获取。相关人员的笔录显示，2013年3月6日调研之后，欧某城与陈某锋的会面，主要谈及电广传媒增发的问题及宝德科技回归A股的问题，甚至都没有涉及南方网竞公司的任何信息。

2. 2013年5月14日的短信沟通并不涉及内幕信息的交流。

《起诉意见书》认定：5月14日欧某城发给陈某锋的短信中，欧某城建议陈某锋"借鉴华谊兄弟收购蓝港在线的经验"，陈某锋在短信回复中明确表示收购会加快速度进行。

从本案中的相关短信证据、笔录中可以看到，实际情况是，欧某城向陈某锋发短信"华谊兄弟按手游科技方法，吸收兼并蓝港在线"。陈某锋回复："呵呵，所以要快，等不了。"收到短信后，陈某锋还将短信转发给甑某凤。

对此，陈某锋在笔录中表示，"不认为这条短信有什么价值""没有什么特别意义"。甑某凤在笔录中也认为，"陈某锋发这个短信给我的原因，我觉得就是告诉我外界的一些传言"。同时，周某安股票账户（被认定为欧某城实际控制）交易记录显示，欧某城卖出南方网竞股票，买入了华谊兄弟，并最终亏损200余万元。

可见，上述证据证明：欧某城向陈某锋发送短信并非沟通内幕信息，而是交流华谊兄弟的市场传闻，因为欧某城在此期间正在交易“华谊兄弟”股票。《起诉意见书》对短信内容的解读存在误差。相应地，陈某锋把短信转给甑某凤，印证这不涉及内幕信息。

3. 2013 年 6 月 25 日的信件是欧某城对南方网竞实际控制人的单向信息输出，不仅不存在接触联系获取内幕信息问题，而且信件内容反而证明欧某城交易南方网竞股票并非基于内幕信息。

《起诉意见书》认定：陈某锋在笔录中表示，“后来深交所给我们公司发异动账户自查名单，我发现有大量的湖南账户买入南方网竞股票，我很生气，就再也没跟他联系过”。为此，欧某城于 2013 年 6 月 25 日给陈某锋的亲笔信中说：“以我的判断，市场正在进行一次血腥的下跌。基于以上判断，我已决定从明天起出局，退出。好在我涉此不深，成本不高，现在出局，还不致亏钱。”“说实在的，在前一阶段南方网竞的市值增长过程中，我还是起了一点作用的。”

（1）陈某锋所称的“生气”实际上没有任何证明上的意义。因为陈某锋对于前来公司调研的投资者购买股票本身必然存在预期。上市公司调研等投资者关系行为本质上都是希望投资者购买并持有上市公司股票、对上市公司有信心。陈某锋生气的缘由并不在于购买股票本身，而是在于交易所发现账户异动会给上市公司及其个人带来麻烦。

（2）欧某城写信给南方网竞实际控制人陈某锋是欧某城在输出信息而非获取信息。作为股民，欧某城与实际控制人、大股东等内部人士交流（尤其是主动信息输出行为）本身并未被法律禁止。欧某城“准备退出”等表述，充分体现了其作为投资者的焦虑心理，能够证明其买入行为并非基于利好内幕信息，而是基于对市场风险的判断。

（3）信件的时间为 2013 年 6 月 25 日，实际上已经是南方网竞重大收购事项进入关键阶段的时间点。如果欧某城知悉内幕信息，也不会表现得如此焦虑，更不会做出卖出决策。

（4）欧某城所称“市值贡献”同样并无任何证明意义。作为投入相当资金购买南方网竞公司股票的“牛散”，显然对于上市公司的市值增长具有客观贡献。而这些事实均与证明对象、证明内容（接触联系、异常交易等）并无实质关联。

（四）《起诉意见书》所认定的事实反而能够证明欧某城购买南方网竞股票的行为并非基于其与南方网竞实际控制人接触联系而获取的内幕信息

《起诉意见书》认定：欧某城称，正是通过3月6日的这次调研，其有了购买“南方网竞”的决策。

欧某城的相关笔录以及陈某锋及其妻子张某霞等人的笔录均能够证明：欧某城通过该次调研了解的是南方网竞实际控制人的性格、人格，其购买南方网竞股票决策的最终确立来源于对陈某锋为人的认可，以及该次调研中直观感受到的公司战略（有别于阅读年报等公开市场信息的间接体验）。

同时，既然《起诉意见书》确认欧某城购买决策来源于这次调研，而上述证据均已证明该次调研中沟通的都是公开信息而非内幕信息，因此，这就已经证明欧某城所从事的股票交易并非基于内幕信息。

（五）本案中大量且充分的证据均能够做出对于欧某城有利的证明结论

1. 陈某锋的证言证明：

（1）在所谓的收购策略转型之时，由于收购策略信息并非内幕信息，在此阶段陈某锋并不构成内幕信息知情人员，便无从证明内幕信息在陈某锋与欧某城之间的传递问题。

（2）南方网竞收购上海美乐的收购事项开始之时，陈某锋才构成内幕信息知情人员，而该阶段，陈某锋与欧某城之间并不存在与内幕信息有关的信息传递关系。

（3）作为信息来源端，陈某锋在与欧某城接触过程中，并未交流任何内幕信息；陈某锋与欧某城往来期间沟通的与南方网竞相关的信息，均为公司在包括IPO、定期报告及相关公告等文件中披露的公开信息，没有任何超出信息披露范围的未公开信息及其他内幕信息，在见面、电话中聊的是宝德科技转A股事宜以及电广传媒定向增发等与内幕信息无关的问题。

（4）欧某城通过3月6日的调研了解的是南方网竞实际控制人的性格、

人格，其购买南方网竞股票决策的最终确立来源于对陈某锋为人的认可，以及该次调研中直观感受到的公司战略（有别于阅读年报等公开市场信息的间接体验）。

2. 欧某城笔录中的陈述证明：

（1）欧某城在与陈某锋接触过程中，所获悉的信息均为市场公开信息，欧某城与陈某锋的沟通内容均属于正常范畴。

（2）欧某城从事相关交易行为均基于市场公开信息与热点题材（游戏行业上市公司并购热点），以及接触陈某锋过程中，对其个人性格与南方网竞公司战略的认可。

3. 欧某城给陈某锋的手写信件（刑事第2次补充侦查卷第90～93页）证明：欧某城纠结与沉重的心态表明，其并未获取南方网竞内幕信息，其交易也并没有基于内幕信息。

4. 共同出席2013年3月6日调研的信桦基金公司人员何某、陈某汐，长江证券研究员肖某乐等人证言证明：

（1）欧某城与陈某锋在接触过程中并无内幕信息的传递。

（2）该次调研中，出席会议人员就南方网竞通过并购同行优质公司取得外延式增长，并正在按照“手游科技”2012年的并购逻辑接触相关公司，从而实现“四横一纵”战略等问题，进行了充分的信息沟通与交流。

（3）诸如“南方网竞转变投资策略，明确要收购业务成熟、有一定利润规模的优质游戏公司的决定”此类信息，属于公开信息、行业认知、资本市场中的常识判断，符合市场专业人士的普遍预期，根本就不构成内幕信息。

5. 南方网竞实际控制人妻子、公司董事张某霞的证言印证，欧某城并非基于内幕信息实施交易，而是基于对游戏行业的分析、上市公司战略的认可、上市公司实际控制人风格、人格的确信从事相关股票交易。

6. 关于陈某锋与欧某城的交往情况说明、深圳南方网竞互动网络股份有限公司《关于董事长陈某锋先生接待调研及参加活动未超出信披范围的书面说明材料》证明：

（1）欧某城与陈某锋在接触联系中，并未交流任何内幕信息。

（2）陈某锋披露的均属于市场公开信息。

(3) 陈某锋明确提出，在调查过程中的部分表述错误，并不存在内幕信息被无心利用的情况，因为事实上在与欧某城的接触联系中根本不存在内幕信息的内容交流。

7. 甑某凤的证言也能够印证，欧某城与陈某锋的接触、联系过程中并未非法获取内幕信息。

三、《起诉意见书》认定的内幕交易情况，事实不清、证据不足，适用法律错误

（一）《起诉意见书》对于欧某城所谓的“交易行为异常”的整体认定，事实不清、证据不足

《起诉意见书》认定：“（三）欧某城控制证券账户组交易‘南方网竞’行为异常……在内幕信息公开前，欧某城突击调入资金，利用多个账户巨量买入同一只股票，决策果断，买入意图明显，交易行为明显异常。”

然而，从《起诉意见书》认定的控制证券账户组交易“南方网竞”情况、本案中相关股票交易记录等证据都可以看到，欧某城从 2013 年 4 月 24 日至 8 月 19 日进行南方网竞股票交易，呈现非常“纠结”的交易特征，买入、卖出等交易行为时常反复，没有任何“果断”的特征。

欧某城重复买卖、交易频繁，完全是中小投资者在市场面前纠结、摸索的过程，其交易心态表现为明显的“散户”状态，在行为上并无内幕信息根据：(1) 同一账户在同一个交易日很大数量地又卖又买。(2) 从最低价的 12.7 元买入到最高价的 85.7 元买入，几乎每一个价位都有买入记录且价差悬殊，完全没有精准买入的特征。(3) 从最低 14.7 元卖出价到最高 96 元卖出价，同样几乎覆盖了该区间所有价格位置且价差悬殊，完全没有基于内幕信息公开后的价格释放获利的交易特征。(4) 多次在相近时间内“高买低卖”。

因此，交易数据等证据证明，欧某城的这种交易特征，与基于内幕信息的明显异常交易围绕特定重大信息果断、坚决、精准买入、精准卖出等特征，截然不符。

（二）《起诉意见书》对于欧某城交易是否明显异常具体问题的认定，事实不清、证据不足，适用法律错误

《起诉意见书》认定："第三，欧某城的交易行为无正当理由、无正当信息来源，交易明显异常。

一是开户时间与内幕信息形成、变化时间相一致……

二是融券、杠杆配资、抵押房产融资的时间与内幕信息形成、变化时间相一致……

三是欧某城开始买入'南方网竞'时间与内幕信息形成、变化时间相一致，卖出时间与内幕信息公开时间相一致……

四是在内幕信息公开前，欧某城突击调入资金，利用多个账户巨量买入'南方网竞'一只股票，决策果断，买入意图明显，交易行为明显异常……

五是欧某城的申辩理由没有证据支持，与其行为相悖……

依据《最高人民法院、最高人民检察院关于办理内幕交易、泄露内幕信息刑事案件具体应用法律若干问题的解释》第 2 条第 3 项的规定，在内幕信息敏感期内，欧某城与内幕信息知情人联络、接触，从事与该内幕信息有关的交易，交易行为明显异常，且无正当理由或者正当信息来源，应当认定欧某城为非法获取证券交易内幕信息的人员，欧某城交易'南方网竞'的行为构成内幕交易。"

但是，本案中的证据显示，欧某城的交易行为并无异常，且具有正当理由与公开信息来源。

1. 欧某城的交易时点与内幕信息形成及公开过程并不一致。

上述证据已经证明，本案中的内幕信息内容及其形成时间，应当围绕南方网竞重大收购事项。南方网竞与上海美乐签署《保密协议》的真实时间是 2013 年 5 月 28 日。欧某城自 2013 年 4 月就开始买卖南方网竞股票，11 个账户中的 6 个账户开始买入该股票的时间在 5 月 28 日之前，且并非单纯的买进，而是频繁买进卖出，这一交易特征显然与内幕信息及其形成时间无关。在 5 月 28 日之后，欧某城继续买进卖出南方网竞股票，其中 4 个账户交易的时间跨越特定收购事项信息公开前后，属于其之前交易活动的正常延续行为，所以欧某城这一

阶段交易南方网竞股票的情形也与内幕信息无关，不属于交易行为明显异常。

2. 欧某城集中资金、配资交易股票等符合其交易习惯，并不异常。

因看好2013年的创业板行情，从2013年2月开始，欧某城即已向银行申请贷款筹集资金，后又通过市场配资筹集资金。从2013年4月24日买入股票开始，买入共分四个阶段，南方网竞公司每一个利好消息公布之后都是买入时点，而卖出的时间则依据成本和买入的时间顺序以及对南方网竞股价市场表现的摸索和判断来决定。从欧某城作为职业投资人过往的交易习惯看，在做出精准判断后，筹集资金重点投资于一种股票正是他的交易习惯，有以往他的交易记录佐证。

3. 欧某城的交易行为具有正当理由和公开信息依据。

欧某城是一名具有二十多年投资证券市场经历的职业股民，具有丰富的投资经验和专业知识背景。欧某城于2013年12月提交证监会的《关于我投资南方网竞股票是否构成内幕交易的陈述》，不仅对南方网竞上涨的原因及投资逻辑有清晰的认识和判断，而且对投资南方网竞股票的基本过程、正当理由及所依据的公开合法的信息来源都进行了客观真实的描述，完全合乎逻辑和情理。

4. 认定欧某城异常交易的法律依据不足。

《最高人民法院、最高人民检察院关于办理内幕交易、泄露内幕信息刑事案件具体应用法律若干问题的解释》第3条规定：

本解释第二条第二项、第三项规定的“相关交易行为明显异常”，要综合以下情形，从时间吻合程度、交易背离程度和利益关联程度等方面予以认定：

（一）开户、销户、激活资金账户或者指定交易（托管）、撤销指定交易（转托管）的时间与该内幕信息形成、变化、公开时间基本一致的；

（二）资金变化与该内幕信息形成、变化、公开时间基本一致的；

（三）买入或者卖出与内幕信息有关的证券、期货合约时间与内幕信息的形成、变化和公开时间基本一致的；

（四）买入或者卖出与内幕信息有关的证券、期货合约时间与获悉内幕信息的时间基本一致的；

（五）买入或者卖出证券、期货合约行为明显与平时交易习惯不同的；

（六）买入或者卖出证券、期货合约行为，或者集中持有证券、期货合约行为与该证券、期货公开信息反映的基本面明显背离的；

（七）账户交易资金进出与该内幕信息知情人员或者非法获取人员有关联或者利害关系的；

（八）其他交易行为明显异常情形。

本案中欧某城的行为并不符合上述司法解释规定的“相关交易行为明显异常”标准。

（1）本案中内幕信息的内容及其对应的形成、变化、公开时间等要素均处于事实不清的状态，相关认定存在重大疑问与分歧，这意味着本案中需要进一步界定的异常交易建构在事实不清的基础之上，无从准确认定。

（2）判断交易是否明显异常仍然需要对行为人“获悉内幕信息的时间”等问题进行确认。《起诉意见书》在做出相关判断时，重复通过接触、联系的情况与错误的内幕信息界定，推断欧某城的行为异常，并未对欧某城是否获悉、获悉了什么内幕信息、获悉内幕信息的具体时间等法律要素进行明确界定，导致其认定结论并不符合司法解释规定的明显异常标准。

（3）欧某城的交易行为与公开信息反映的基本面完全吻合。案涉时间区间的游戏行业背景、南方网竞的经营能力、财务状况以及发展前景、发展潜力等公司基本面信息，都反映了该股票的投资价值。股票的价格更主要的是取决于投资者对公司未来发展的预期。南方网竞股价从 2013 年 3 月的 10 元被一路“追捧”到 2013 年 9 月的超过 100 元，且其交易量巨大，即充分证明了广大投资人对南方网竞基本面的判断与预期。欧某城在上述时间区间介入南方网竞股票交易，完全符合公司基本面，并不存在明显异常。

所以，本案中内幕信息内容、形成时间，欧某城与内幕信息知情人员接触、联系，欧某城是否构成内幕信息非法获取人员，相关交易是否明显异常等事实认定与法律判断，在证据与法律标准层面均存在重大漏洞。欧某城的行为并未违反 2014 年《证券法》第 73 条、第 76 条第 1 款的规定，并不构成《证券法》第 202 条所述的内幕交易行为。因此，欧某城并不构成内幕交易罪，《起诉意见书》认定的事实不清、证据不足，适用法律错误，恳请贵院依法做出不起诉决定。

第三章

内幕信息与内幕信息知情人员的司法认定

——胡某辛内幕交易案辩护意见

[辩护逻辑]

并购交易中的双方进行非常初步的试探，并不存在股权合作的任何初步意向，不应当认定为内幕信息形成；行为人在这个时间区间并未知悉股权合作事项的内幕信息，也不存在任何客观基础接触、获取内幕信息的行为，因此不能认定为内幕信息知情人员。

[案情]

2016年9月4日，时任崇德集团董事长兼法定代表人的犯罪嫌疑人胡某辛介绍广东保力建新能源股份有限公司（深圳证券交易所上市公司，以下简称保新能源）董事长张某东与深圳市南方倍空投资管理股份有限公司（以下简称南方倍空）董事长刘某认识。9月5日，胡某辛前往南方倍空向刘某、邝某敏介绍保新能源情况，为双方股权合作牵线搭桥。9月8日，胡某辛将南方倍空发给其的主题为“南方倍空2015年度工作报告摘要”的电子邮件转发给保新能源下属子公司广东保新资产管理有限公司总经理李某忘。同年9月13日起，保新能源张某东等人与南方倍空刘某等人开展互访考察及股权合作商谈，犯罪嫌疑人胡某辛先后多次陪同参与互访考察并促进双方股权合作。2017年1月4日，保新能源停牌。2017年1月13日，保新能源发布关于控股股东协议转让部分股份暨停牌进展公告。同年2月25日，保新能源发布关于受让暨增资南方倍空涉及关联交易的公告，并于同月27日复牌。经监管部门认定，上述股权合作事项系《证券法》规定的内幕信息，内幕信息敏感期为2016年9月13日至2017年2月25日，犯罪嫌疑人胡某辛因参与保新能源与南方倍空的互访考察及合作洽谈而获悉该内幕信息，系内幕信息知情人员。

[辩护意见主文]

一、《起诉意见书》做出的相关认定，事实不清、证据不足，现有证据无法证明本案相关事实

辩护人认为，2016年9月保新能源与东方海富之间的接触联系都是非常初步的试探，并不存在股权合作的任何初步意向；本案中关于2016年9月13日为内幕信息形成时间的证据存在明显争议与矛盾；犯罪嫌疑人胡某辛在相关时间区间并未知悉股权合作事项的内幕信息。

（一）邝某敏证人证言证明

1. 2016年9月13日保新能源与东方海富相关人员参加的座谈会并没有谈及任何股权合作，不可能形成重大资产购置、收购事项的内幕信息。

2. 2016年9月底，保新能源相关人员赴东方海富的会议中，同样没有形成股权合作的意向，该时间节点仍然没有形成内幕信息。

3. 邝某敏与犯罪嫌疑人胡某辛之间仅有的三次接触联系中，没有形成任何与内幕信息有关的交流，犯罪嫌疑人胡某辛无从知悉保新能源与东方海富的合作具体进展。

4. 2016年9月13日的座谈会根本没有涉及任何股权投资合作的信息与情况，邝某敏的笔记只是个人的理解与记录，该笔记中记载的内容是东方海富相关专业人员的单方面思考，并不构成双方股权合作的意向。

（二）李某忘供述证明

1. 2016年9月保新能源与东方海富并未就合作形式形成任何意向。

2. 李某忘的后期笔录中存在大量个人猜测、推测的陈述，其内容具有明显的不确定性、模糊性，对于本案的待证事实不能形成证明效果。相应地，本案的侦查逻辑也是按照相同的推测展开的，导致对内幕信息的形成时间、行为人是否知悉股权合作进程等重要事实的证据问题存在争议。

3. 上述明显属于个人猜测、推测的陈述，反而证明 9 月 13 日保新能源与东方海富的参会人员均未以任何形式提出股权合作意向，即该日并未形成内幕信息。

4. 李某忘作为保新能源的内部人员，对于内幕信息的知悉以及内幕信息进程的把控分析能力显著区别于作为外部人员的胡某辛，正是因为其对于公司内部管理的充分理解与职务便利，其判断保新能源与东方海富之间的合作是否涉及股权、是否触及《证券法》上的内幕信息（重大收购），在时间上显然更早，并且其本人客观上从事了内幕交易。所以，根据李某忘对于内幕信息的判断逻辑，证明胡某辛案件的内幕信息判断逻辑是不符合胡某辛案件的客观特征的。

5. 2016 年 11 月张某东仍然是在向李某忘表达对东方海富进行投资的意愿，至少证明 2016 年 9 月实际上并未形成投资的意向。

（三）刘某证人证言证明

1. 2016 年 9 月 13 日保新能源与东方海富并未就股权合作达成任何形式的初步意向，双方座谈会仅是客套地表达合作可能性；该时间节点内幕信息没有形成。

2. 9 月 26 日保新能源与东方海富双方再次会面，仍然没有明确合作方式，而是继续探讨合作的可能性；该时间节点内幕信息仍没有形成。

3. 刘某并没有在后续的其他场合告诉胡某辛双方合作的进程，证明犯罪嫌疑人胡某辛无从知悉股权合作内幕信息。

4. 东方海富一方实际上直到 2016 年 10 月才开始正式内部开会探讨与保新能源的合作路径，所以内幕信息于此之前根本就不可能形成。

5. 刘某自始至终没有与胡某辛沟通过与保新能源合作有关的事宜或者其他任何与内幕信息有关的问题。

6. 刘某对于崇德集团购买保新能源股票之事一无所知的陈述，也印证了双方实际上并未就内幕信息进行过交流，即胡某辛无法从刘某处知悉股权合作事宜的进展。

7. 胡某辛所起的作用就是撮合双方进行接洽、合作，至于合作的具体内容、节奏、方式等重要信息，胡某辛是无从知悉的。

8. 从最后一次陈某的证人证言笔录中的内容，明显能够看出询问过程中存在一定的诱导性，与之前稳定的证言笔录出现了明显的矛盾，陈某的文字表述也较为暧昧，不能作为认定本案事实的合理依据；即使存在一定的诱导性问题，仍然可以从中看出，胡某辛仅参与陈某所陈述的三个阶段（9月5日、9月13日、9月26日），属于并无证据证明其充分知悉合作全部进程。

（四）胡某辛的供述与本案中的其他证据互为印证的证明

2016年9月13日并未形成内幕信息（双方没有对股权合作形成任何意向）；胡某辛并不充分确切了解双方股权合作的内容、形式及其进程，胡某辛在相当长的时间区间内并不知悉相关信息。

（五）张某东证人证言证明

1. 胡某辛与保新能源在并购项目上并无业务关系、工作关系，不具有成为法定内幕信息知情人员的任何客观基础。

2. 9月13日保新能源与东方海富只是进行了客套的沟通，并未形成任何合作意向，更不存在股权合作的意向。

3. 9月26日保新能源对东方海富进行礼节性回访，同样没有形成任何合作意向。

4. 11月保新能源才关注尽职调查，2017年1月才正式确认合作。

二、《起诉意见书》适用法律错误，犯罪嫌疑人胡某辛不构成内幕信息知情人员

根据《刑法》第180条第3款的规定，内幕信息、知情人员的范围，依照法律、行政法规的规定确定。根据2014年《证券法》第74条的规定，证券交易内幕信息的知情人包括：（1）发行人的董事、监事、高级管理人员；

(2) 持有公司百分之五以上股份的股东及其董事、监事、高级管理人员，公司的实际控制人及其董事、监事、高级管理人员；(3) 发行人控股的公司及其董事、监事、高级管理人员；(4) 由于所任公司职务可以获取公司有关内幕信息的人员；(5) 证券监督管理机构工作人员以及由于法定职责对证券的发行、交易进行管理的其他人员；(6) 保荐人、承销的证券公司、证券交易所、证券登记结算机构、证券服务机构的有关人员；(7) 国务院证券监督管理机构规定的其他人。

从犯罪嫌疑人胡某辛的身份以及行为特征来看，其不属于《证券法》明示规定的内幕信息知情人员。同时，《起诉意见书》亦没有明确释明基于什么（“国务院证券监督管理机构规定”的具体内容）认定犯罪嫌疑人胡某辛属于内幕信息知情人员。因此，《起诉意见书》认定其构成内幕信息知情人员的法律依据不足。更为重要的是，从《起诉意见书》的证明逻辑以及本案证据体系来看，实际上是基于犯罪嫌疑人胡某辛知悉内幕信息，从而认定其构成内幕信息知情人员。这种认定逻辑明显违背《刑法》以及《证券法》的规定。

综上分析，现有证据显示，2016 年 9 月保新能源与东方海富之间的接触联系都是非常初步的试探，并不存在股权合作的任何初步意向；2016 年 9 月 13 日保新能源与东方海富并未形成合作意向，相关内幕信息形成时间的证据存在明显争议与矛盾；2016 年 9 月 26 日保新能源与东方海富仍然没有形成股权合作意向；犯罪嫌疑人胡某辛在相关时间区间并未知悉股权合作事项的内幕信息，胡某辛也不存在任何客观基础接触、获取内幕信息行为从而使其具有被认定为内幕信息知情人员的客观基础；本案中实际上也并无相关知情人员向胡某辛提供内幕信息。同时，根据《刑法》《证券法》以及内幕交易犯罪司法解释的规定，犯罪嫌疑人胡某辛并不具有构成内幕信息知情人员的法定条件。因此，基于上述证据与法律，法院在审查本案时给予犯罪嫌疑人胡某辛公正的司法认定，依法作出不起诉决定。

第四章

内幕交易罪中交易明显异常与正当理由的判定标准

——仇某杨内幕交易案辩护意见

[辩护逻辑]

作为内幕信息与交易行为内在因果关联的外部表征，内幕交易行为人或是在掌握利空消息时卖出股票以避免股票下跌的损失，抑或在掌握利好消息时买入股票以谋取股票上涨的利益，后者通常在内幕信息公告后停止涨停时卖出相关股票，除非其从内幕信息知情人员处获取了预期价位。如果行为人实施交易的频次相对稳定，并在内幕信息等相关证券公开信息反映的基本面没有明显变动的情况下，将集中持股（持仓）转换为集中持有内幕信息对应的证券，其长时间、大额度且持续持有单一股票的投资模式恰恰与公司战略投资智能制造领域的决议相符合，交易习惯前后具有连贯性，未发生明显偏离。

[案情]

2017年10月起，HGZN按照并购投资计划，将上海SL自动化设备有限公司（以下简称SL自动化）、上海YT机电工程有限公司、成都HYWD科技股份有限公司作为并购标的筹划收购股权。经监管机构认定：HGZN拟购买资产的重大事项，在公开披露前属于2005年《证券法》规定的内幕信息，敏感期为2017年10月30日至2018年2月12日；HGZN总经理姚某和董事长秘书严某属于上述内幕信息知情人，知悉内幕信息时间不晚于2017年10月30日。在内幕信息敏感期内，上诉人仇某杨在与姚某的多次接触中获知了HGZN的并购计划，并指使卢某使用陶某红、黄某岳、厦门国际信托有限公司－景星5号证券投资集合资金信托计划、陕西省国际信托股份有限公司－陕国投·荣兴11号证券投资集合资金信托产品等15个证券账户买入HGZN股票5113万余股，成交金额7.5亿余元，仇某杨、卢某对此无合理解释。

一审法院就仇某杨涉嫌内幕交易罪作出如下评判：

1. 关于内幕信息的形成时间。2017年10月30日，HGZN召开周例会时，副总经理杨某介绍了拟收购标的SL自动化的情况，姚某等人参会，资产管理部工作周报上体现：走访沟通SL自动化，拜访了实际控制人，拟收集资料分析。此时，虽然双方负责人尚未敲定收购计划，但是根据HGZN并购计划及对SL自动化现实情况的掌握，此收购计划一经在周例会上正式提出，即可能对HGZN的股票交易价格产生较大影响。因此，2017年10月30日为内幕信息的动议时间，证监会作出的《认定函》上认定内幕信息敏感期为2017年10月30日至2018年2月12日，符合相关法律规定，应当作为本案认定内幕信息形成时间的依据。

2. 关于是否成立单位犯罪。案发时仇某杨虽系ZNMC的董事长，但其使用、借用ZNMC、ZNJS等公司的账户和资金购买或者配资购买HGZN的股票，并无证据证实履行了相关审批手续或者与公司其他人员商议，即并未经过共同决策，仇某杨的行为并非履行职务的行为；仇某杨购买HGZN股票的资金是从ZNMC账户转入卢某账户中的……该款项虽名义上是ZNMC等的转账，实际上是购买股票的资金，该款项的转入、转出均由仇某杨个人控制，柳某风等其他参与具体操作的人员，案发时也均非ZNMC或者ZN系相关公司的工作人员，上述人员操作股票交易时也并未在公司的办公场所。因此，本案内幕交易行为不符合单位犯罪的特征，系上诉人仇某杨、卢某个人行为。

3. 关于内幕交易罪的构成要件。仇某杨在与HGZN总经理姚某的频繁联系中通过姚某了解到HGZN的并购计划，因此决定在二级市场购买HGZN的股票，后仇某杨把ZNMC等名下资金转入卢某账户，指使卢某寻找配资中介进行配资及借用证券账户，在内幕信息敏感期内大量建仓购买 HGZN 的股票，二人意欲通过股票交易获利的主观故意明显；辩护人对成交金额的异议，因并未提交证据证实，亦与在案证据不符，不予采信。

[辩护意见主文]

本案中，仇某杨指使卢某买入 HGZN 股票的行为并不属于“明显异常”的交易行为，相关交易具有正当理由，且属于单位行为，故上诉人仇某杨的行为不构成内幕交易罪。

一、仇某杨指使卢某买入 HGZN 股票的行为并不属于“明显异常”的交易行为

根据《刑法》第 180 条第 1 款的规定，行为构成内幕交易罪以行为人具备“内幕信息知情人员”或“非法获取内幕信息人员”的身份为必要条件。就本案而言，根据一审判决书及证监会的《认定函》等事实证据，仇某杨并不属于“内幕信息知情人员”，故要认定仇某杨构成内幕交易罪，首先要认定其属于“非法获取内幕信息人员”。

依照《最高人民法院、最高人民检察院关于办理内幕交易、泄露内幕信息刑事案件具体应用法律若干问题的解释》（法释〔2012〕6 号，以下简称《内幕交易解释》）第 2 条的规定，行为人必须至少具有“（一）利用窃取、骗取、套取、窃听、利诱、刺探或者私下交易等手段获取内幕信息的；（二）内幕信息知情人员的近亲属或者其他与内幕信息知情人员关系密切的人员，在内幕信息敏感期内，从事或者明示、暗示他人从事，或者泄露内幕信息导致他人从事与该内幕信息有关的证券、期货交易，相关交易行为明显异常，且无正当理由或者正当信息来源的；（三）在内幕信息敏感期内，与内幕信息知情人员联络、接触，从事或者明示、暗示他人从事，或者泄露内幕信息导致他人从事与该内幕信息有关的证券、期货交易，相关交易行为明显异常，且无正当理由或者正当信息来源的”上述三种行为之一方才属于“非法获取证券、期货交易内幕信息人员”。而根据现有证据材料，本案中仇某杨并未采取窃取、骗取等非法手段获取内幕信息；其与内幕信息知情人员

仅具有业务上的正常往来，因此要认定其属于“非法获取内幕信息人员”，需要说明其“相关交易行为明显异常”。但对比《内幕交易解释》第 3 条所列举“相关交易明显异常”应综合参考的具体情形，仇某杨指使卢某买入 HGZN 股票的行为整体而言并不具备“明显异常”的特征。

其一，从时间吻合程度来看，根据现有证据材料，仇某杨指使卢某买入 HGZN 股票及其为此所作的必要准备工作从 2017 年 4 月即已开始，远早于《认定函》所确认的内幕信息敏感期起始时点 2017 年 10 月 30 日；而在内幕信息敏感期终止时点 2018 年 2 月 12 日之后，其买入 HGZN 股票的行为依旧持续至 2018 年 12 月。因此本案中仇某杨指使他人交易 HGZN 股票的行为在时间跨度上虽然与《认定函》所确认的内幕信息形成、变化、公开时间存在重叠，但并不一致。

其二，从交易背离程度来看，根据现有证据材料，《认定函》所确认的内幕信息敏感期前后仇某杨指使卢某实施交易的资金配置虽然有所差别，但均系以较大资金量买入，未出现在内幕信息敏感期内以明显超过以往交易记录的操作资金或以高额成本获取融资交易相关证券的情形，与内幕信息的形成、变化和公开并不具备同步性。与此同时，仇某杨指使卢某实施交易的频次相对稳定，并未在内幕信息等相关证券公开信息反映的基本面没有明显变动的情况下，将集中持股（持仓）转换为集中持有内幕信息对应的证券，其长时间、大额度且持续持有单一股票的投资模式恰恰与公司战略投资智能制造领域的决议相符合，交易习惯前后具有连贯性，未发生明显偏离。

所以，仇某杨指使卢某买入 HGZN 股票的行为在时间吻合程度、交易背离程度等方面均可做出合理解释，根据司法解释综合认定行为性质的要求，不宜认为“相关交易行为明显异常”。在此基础上，不应将仇某杨定性为《刑法》第 180 条第 1 款规定的“非法获取证券交易的内幕信息的人员”。

二、仇某杨指使卢某买入 HGZN 股票是具有正当理由的战略投资行为，不属于《刑法》规定的“从事与内幕信息有关的证券交易”

除却行为人必须具备特定身份条件，《刑法》第 180 条第 1 款还从行为方式上对本罪的规制范围加以限定。根据《内幕交易解释》第 4 条的规定，行为人持有或者通过协议、其他安排与他人共同持有上市公司5%以上股份并收购该上市公司股份；抑或按照事先订立的书面合同、指令、计划从事相关证券交易；又或依据已被他人披露的信息而交易等具有正当理由或者正当信息来源情形下的交易行为，均不属于《刑法》第180条第1款规定的从事与内幕信息有关的证券交易。因此，即便认定仇某杨在内幕信息敏感期内存在指使卢某买入HGZN股票的行为，如果能够认为该行为本身具备《内幕交易解释》所列举的正当化事由，仍可排除内幕交易罪的构成要件符合性。

仇某杨作为ZN控股集团全资子公司ZNMC的董事长，应当认为其买入HGZN股票系实施母公司在2017年关于投资智能制造领域战略规划的具体举措，整体上系具有正当理由的战略投资行为，而不应将《认定函》所确认的内幕信息敏感期内的交易行为从中抽离，进而单独定性为“从事与内幕信息有关的证券交易”。

一方面，从本案完整时间轴看，所涉交易行为并非以信息为导向。ZNMC作为ZN控股集团有限公司负责资本运营业务的全资子公司，其在智能制造领域投资成熟企业是落实母公司董事会2017年关于ZN资本产业投资的会议决议中形成的ZN控股集团新产业的目标；仇某杨作为ZNMC董事长，其指使卢某买入HGZN股票的行为则属于落实前述目标的具体举措。在此过程中，无论是投资标的的确定、投资方式的调整还是投资金额的配置，都依循母公司事先已确立的投资方向展开，并得到董事会决议的授权同意，因此可认为是具有正当理由的投资行为。

另一方面，即便将本案交易行为与《认定函》所确认内幕信息敏感期的重叠部分定性为内幕交易，其行为特征也与现实中内幕信息对内幕交易的影响不符。具体而言，作为内幕信息与交易行为内在因果关联的外部表征，内幕交易行为人要么是在掌握利空消息时卖出股票以避免股票下跌的损失，抑或在掌握利好消息时买入股票以谋取股票上涨的利益，后者通常在内幕信息公告后停止涨停时卖出相关股票，除非其从内幕信息知情人员处获取了预期价位。但本案中，交易行为表现为持续性买入且未在敏感期结束之后卖出，与利空或利好型内幕交易的行为特征均不相符，这恰恰可以反证其交易逻辑系经由持续增加股权比重实现对该标的的战略投资，而非凭借信息优势在股价波动中获益。

因此，仇某杨指使卢某买入 HGZN 股票行为与《认定函》所确认的内幕信息之间不具有相关性，其决策依据存在正当理由，并且能与行为特征相互对应，具备《内幕交易解释》所列举的正当化事由，故不应将本案中交易行为定性为《刑法》第 180 条第 1 款规定的从事与内幕信息有关的证券交易。

三、证监会《认定函》《一审判决书》认定的“内幕信息”可能存在瑕疵

根据《刑法》第 180 条第 3 款的规定，“内幕信息”是内幕交易罪的核心构成要件要素，其范围“依照法律、行政法规的规定确定”。而证监会作为国务院证券监督管理机构，依法担负监督管理全国证券期货市场、维护证券期货市场秩序的功能。本案行为时所适用的 2005 年《证券法》第 75 条规定了内幕信息的范围并赋予证监会对其的认定权，故本案中证监会出具的《认定函》是基于法律授权的专业认定，对本案的司法定性具有重要参考价值。

但是，刑事司法语境下的“内幕信息”与行政机关的行政认定结果不能当然地画等号。刑事司法认定应当在主管机关行政认定的基础上，立足案情，对照相关法律及司法解释，运用司法理性进行综合判断，进而决定是否作为定案依据。

根据《内幕交易解释》第 5 条的规定，内幕信息敏感期的起始时点确立的根据有二，一是 2005 年《证券法》第 67 条第 2 款所列“重大事件”的发生时间或第 75 条规定的“计划”“方案”等的形成时间；二是“影响内幕信息形成的动议、筹划、决策或者执行人员，其动议、筹划、决策或者执行初始时间”。本案《一审判决书》明确指出，应将证监会《认定函》所确认内幕信息敏感期的起始时点理解为该内幕信息的动议时间，也即 HGZN 关于“走访沟通 SL 机械公司，拜访了实际控制人，拟收集资料分析”相关情况通报的周例会时间为 2017 年 10 月 30 日。如果这一理解成立，则该次周例会应当具有影响内幕信息形成的实质作用，其参与人员也理应全部成为“内幕消息知情人”，但这就与《认定函》所确认的内幕消息知情人范围存在矛盾。

因此更为合理的解释是，工作周报作为一种例行的、非决策性质的公司内部信息交换机制，不可能具有影响内幕信息形成的实质作用，而仅参加周例会人员所了解的信息尚不构成内幕信息，故未将其全部纳入知情人范围。故《一审判决书》中“此收购计划一经在周例会上正式提出，即可能对 HGZN 的股票交易价格产生较大影响”的认定难以成立，是对内幕信息形成时间与内幕信息本身性质认定的不当混淆。而据此认定的敏感期内交易行为与交易资金量也就缺乏必要的事实证据支撑。

同时，本案行为时应适用的 2005 年《证券法》对于构成内幕信息的“重大投资行为”并无占公司资产总额的具体限制，但在现行《证券法》（2019 年修订）中则进一步明确其应占比超过 30% 的门槛要求。由于本案已构成刑事案件，如果有新的证据能够证明本案中内幕消息所涉投资并购计划并未达到上述门槛线，应按照《刑法》第 12 条及相关教义阐释所确立的“从旧兼从轻”原则，否定内幕消息的适格性，不宜机械适用行为时法律标准。

四、在充分考虑涉案资金来源以及公司组织决策架构的基础上，应当认为仇某杨指使卢某买入 HGZN 股票是落实 ZNMC 投资意图的单位行为，而非个人行为

ZNMC 购买“HGZN”股票有三种出资模式：一是与林某真、许某辉和徐某三家配资中介合作，由配资中介出资购买“HGZN”股票。二是与华宝信托有限公司、陕西省国际信托股份有限公司和厦门国际信托有限公司合作购买“HGZN”股票。三是使用 ZN 城市建设投资有限公司的账户和资金购买“HGZN”股票。

否定上述投资为单位行为，原因在于相关出资或未以 ZNMC 名义、或未经过共同决策不属于履行职务的行为，且具体执行人员与 ZNMC 并无劳动关系。但这种仅从形式要件上否定单位行为成立的思路值得商榷。

首先，从资金来源上看，本案中转账记录、信托合同及审计报告等相关证据材料能够证明，用于购买 HGZN 股票的资金无论是来自民间个人配资账户抑或通过信托计划募集，其资金流通链条明晰，如利用配资中介出资购买

HGZN 股票，即首先由卢某与配资方约定配资比例和借款利息，然后 ZNMC 通过卢某和王某霆个人银行账户支付给配资方保证金，配资方收到保证金后提供给卢某可以交易使用的证券开户账号和密码，卢某再按约定由卢某和王某霆的个人银行账户每个月将借款利息转到配资方指定的银行账户，均可追溯其源头至 ZNMC。而在 HGZN 股价下跌导致最终平仓后的损失亦由公司承担，与公司基于规划投资的行为模式一致。

其次，从公司组织决策架构上看，ZNMC 作为 ZN 控股集团的全资子公司，其当然要严格执行母公司投资智能制造领域的决策决议。而仇某杨作为 ZNMC 的董事长，其身份足以令相对方相信他的投资决策代表单位意志。正因为此，卢某作为遵循仇某杨指示的居中执行人，其个人身份对于行为性质的认定不具有决定性影响；恰恰相反，尽管根据 ZN 集团 2016 年 3 月出具的《解除劳动关系证明书》，投资 HGZN 时卢某与 ZN 集团已无雇佣关系。但卢某的交易相对方仍会将其执行仇某杨指示理解为 ZNMC 的投资行为。例如，徐某（配资中介）就在其证人证言中表示，“我知道卢某在上海 ZNMC 投资有限公司负责融资，也知道 ZNMC 隶属于 ZN 控股集团，ZN 控股集团是中国 500 强企业，我才敢答应承接此业务，如果没有大的集团背书的话，万不敢借这么多钱给他，没有任何担保”。又如石某（ZX 证券股份有限公司工作人员）则在其证人证言中表示，“2017 年 9 月，上海 ZNMC 投资有限公司投资总监卢某与我联系，希望设立信托计划，购买 HGZN（证券代码：000584）股票……”因此，《一审判决书》以卢某与 ZNMC 并未签订劳动合同不具有劳动关系进而否定其代表公司行为的理由难言充分。

因此，就本案中仇某杨指使卢某买入 HGZN 股票的具体投资行为而言，不宜仅凭形式上的瑕疵将其定性成个人行为，而应考虑到所募集资金源自 ZNMC，投资行为遭受的损失亦由该公司承担，且参考交易相对方对其行为性质的具体认知，基于实质解释的立场认定其为单位行为。

第五章

上市公司收购环节内幕交易的司法认定

——王某均内幕交易案辩护意见

[辩护逻辑]

正在筹划中的可能影响公司股价的上市公司收购等重大事项，是内幕交易案发的主要环节类型。上市公司及其董事、监事、高级管理人员，交易对手方及其关联方和其董事、监事、高级管理人员（或主要负责人），聘请的专业机构和经办人员，参与制订、论证、审批等相关环节的有关机构和人员，以及提供咨询服务的人员等，均有可能牵涉内幕信息的生成与发展。但是，《证券法》《刑法》并未明确且完整地通过明示性列举模式将上述所有类型的人员均规定为法定知情人员。司法实践中完全有可能出现：由于一定的业务往来或者交易关系而可能知悉内幕信息的人员，但法律并未明确规定其为内幕信息知情人员。在事实层面，此类人员，可能确实知悉内幕信息，也可能具有知悉可能性但确实不知悉——对于前者，在法律层面，应当认定为内幕信息知情人员，对于后者，不应当认定为内幕信息知情人员。由于《内幕交易解释》已经对知情人员、非法获取人员、交易异常性等设置了相对稳定的司法判断规则，同时实践中已经积累了大量的案例经验，反驳内幕交易主体的认定在实务中显得越来越困难。这就要求辩护实务必须以极为科学且详尽的数据分析，对交易合理性进行证明。

[案情]

一、与内幕信息及其形成问题有关的事实

2021 年 8 月 30 日，上市公司 H 市千玺水力设备股份有限公司（以下简称千玺水力）《2021 年半年度报告》公开披露比上年同期营业收入增长 62.20%、净利润增长 368.56% 等重磅利好消息。

2021 年 9 月 1 日，千玺水力发布《关于重大事项停牌的公告》：2021 年 8 月 31 日收到了公司控股股东、实际控制人徐某慧女士和徐某山先生的通知，其正在筹划涉及公司控制权相关的重大事项。本次交易对方傅某银、H 市万岚科技合伙企业（有限合伙）、海南足福仁投资合伙企业（有限合伙）拟从公司控股股东、实际控制人处受让公司约 20% 股权。本次交易对手方主要从事能源、投资等业务。本次交易相关事项需上市公司股东大会豁免徐某慧女士和徐某山先生的自愿性股票锁定承诺。截至目前，尚未签署相关股权转让框架协议、意向书等。

2021 年 9 月 8 日，千玺水力发布《关于公司控股股东、实际控制人拟发生变更的提示性公告》：H 市千玺水力股份有限公司（以下简称公司、上市公司）的控股股东、实际控制人之一徐某慧女士拟将其持有的上市公司 13,722,800 股股份（占本次交易完成前公司总股本 20%）转让给 H 市万岚科技合伙企业（有限合伙）（以下简称万岚科技）、海南足福仁投资合伙企业（有限合伙）（以下简称足福仁投资）、傅某银，转让数量分别为 3,579,861 股、4,773,148 股和 5,369,791 股。同时，上市公司与乐某君签订了《附生效条件的股份认购协议》，乐某君拟认购公司向其定向发行的股份，认购数量为 18,765,638 股。此外，万岚科技、足福仁投资、傅某银与乐某君共同签署了《关于 H 市千玺水力设备股份有限公司之表决权委托暨一致行动协议》（以下简称《表决权委托暨一致行动协议》）。上述事项全部完成后，乐某君可以支配上市公司表决权的股份比例超过 30%，乐某君将成为上市公司的实际控制人。

综上，乐某君作为买方实际控制人与上市公司实际控制人徐某慧女士和

徐某山（买方实际控制人）签订股权转让协议、与上市公司签订定向发行股份认购协议，系《证券法》（2019 年修订）第 80 条第 2 款第 8 项规定的重大事件。在 2021 年 9 月 1 日千玺水力的股票停牌前，“筹划涉及公司控制权相关的重大事项”的信息仅限于公司内部及股权收购与控制权转让的参与方等少数人知悉，具有未公开性，属于《证券法》（2019 年修订）第 52 条规定的内幕信息。

二、与内幕信息知情人问题有关的事实

王某均与千玺水力控制权相关事项、千玺水力股权买方实际控制人乐某君之间的联系等具体情况：

（一）王某均与上市公司股权交易买方实际控制人之间的联系

2021 年 8 月，时任元通集团副总裁、首席投资官、元通材料（上市公司）副董事长的乐某君，酝酿自主创业、自立门户，拟成立合伙企业，建构投资平台，以此开创和实现属于自己的实业和事业。乐某君向王某均提出筹资意愿，希望王某均作为财务投资者，以 LP（有限合伙人）的身份参与认购有限合伙份额。王某均同意作为有限合伙企业的 LP 参与投资，并确认“投钱先投人”的操作模式，即乐某君运用其投资经验与资源负责核心投资项目，王某均仅进行财务投资，作为 LP，不过问具体投资事项，只负责部分资金投入。

2021 年 8 月 26 日，乐某君方面的工作人员通知王某均下载工商注册的手机应用，但由于王某均的“苹果”手机不支持工商注册 App 的下载，便微信通知王某均方面的工作人员唐某琴用华为手机下载“浙里办”App，之后王某均刷脸注册登录该 App，后台已有提前录入好的 H 州中鑫科技有限公司的注册信息，点击确认签名后，唐某琴帮助王某均完成了相关注册。H 州中鑫科技有限公司在工商登记上的信息显示：成立日期 2021 年 8 月 27 日，注册资本 3000 万元人民币，乐某君持股比例 60%，认缴出资额 1800 万元；王某均持股比例 40%，认缴出资额 1200 万元；乐某君为执行董事兼总经理，王某均为监事。关于上述工商登记的股权比例和任职，成立前乐某君没有告

知王某均；办理工商登记之时非常紧急，王某均只是根据经办工作人员和中介机构的指令，登录人脸识别系统。王某均从该公司成立起并未参与任何工作。该公司近期也做了一些经营、收购行为，乐某君没有让王某均参与，也没有按照股东会议事规则决策，H州中鑫科技有限公司完全由乐某君独立控制并运行。

2021年8月31日，利用以上同样的方法，王某均登录“浙里办”App后，后台已有注册信息，点击确认签名后，即完成H市万岚科技合伙企业（有限合伙）的注册。H市万岚科技合伙企业（有限合伙）在工商登记上的信息显示：乐某君出资比例36.6667%，认缴出资额5500万元；许某哲出资比例33.3333%，认缴出资额5000万元；王某均出资比例20%，认缴出资额1500万元；章某出资比例6.6667%，认缴出资额1000万元；H州中鑫科技有限公司出资比例3.3333%，认缴出资额500万元，为执行事务合伙人。同样，办理工商登记和签署合伙协议时，王某均不在现场，也没有看到合伙协议等工商注册登记资料，只是根据经办工作人员和中介机构的指令，登录人脸识别系统，经办人员电话申请代表王某均签字工商注册登记资料。合伙协议的文本是在2021年9月11日由经办人员发给王某均的，那时王某均才第一次看到合伙文件。合伙企业工商内档信息显示：

（1）2021年8月31日合伙协议第6条约定——合伙企业的目的：全体合伙人通过合伙，将有不同资金条件和不同技术、管理能力的人或企业组织起来，在遵守国家法律、法规的前提下，争取企业利润的最大化。（2）2021年9月6日变更后的合伙协议第6条约定——合伙企业的目的：设立本合伙企业的目的是投资H市千玺水力设备股份有限公司的股份。（3）2021年9月6日，H州中鑫科技有限公司作为H市万岚科技合伙企业（有限合伙）的执行事务合伙人，变更了执行事务合伙人委派代表，即由乐某文变更为王某。H州中鑫科技有限公司作出的上述变更，并未经过公司决议，王某均并不知情。

2021年8月31日10点44分，王某均向乐某君个人账户转账130万元；2021年11月11日，王某均向H市万岚科技合伙企业（有限合伙）转账1370万元；2021年11月11日，H市万岚科技合伙企业（有限合伙）退回王某均账户 1500 万元（8 月 31 日的 130 万元加上当日的 1370 万元）；2021 年 11 月 11 日，王某均向 H 市万岚科技合伙企业（有限合伙）转账 1500 万元，完成该有限合伙企业的有限合伙人的实缴出资 1500 万元（投资关系见图 5－1）。

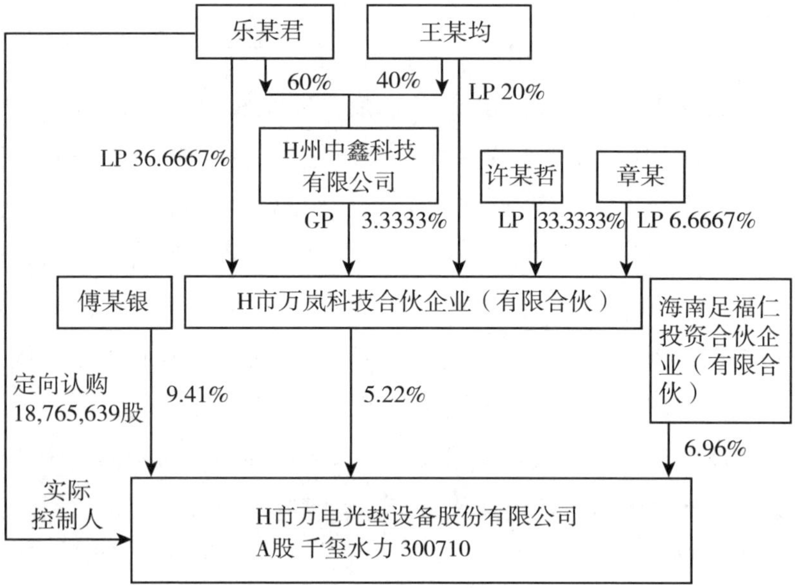

图 5－1 投资关系

根据乐某君询问笔录，王某均在 2021 年 8 月 29 日从乐某君处知悉，本次搭建投资平台并实际出资是用于千玺水力股权交易项目。

对于乐某君的上述陈述，王某均并未承认。两者言词证据处于对立状态。

（二）王某均与上市公司卖方实际控制人之间的联系

在千玺水力停牌期间（9 月 7 日），王某均陪同乐某君时，见到了千玺水力董事长徐某山、董事会秘书邓某、云飞证券成某劲。这是王某均与上市公司相关人员的首次见面。当日王某均加了邓某和成某劲的电话和微信。作为一位小额出资的有限合伙人（LP），王某均未加徐某山的微信和电话。

三、与股票交易问题有关的事实

2021 年 8 月 31 日 8：30 左右，王某均致电其公司员工唐某琴：千玺水力公布半年报，业绩增长超出预期，有投资价值、值得关注。8 月 31 日上午，王某均从其母亲于某桦的银行账户调配 470 万元资金转入李某萍账户；李某萍账户转入唐某琴银行账户 470 万元；唐某琴银行账户转入其母亲李某凤银行账户 470 万元；李某凤银行账户三方存管银行转证券账户 470 万元；随后唐某琴操作李某凤的华龙证券账户，约于 10 点 20 分买入千玺水力股票 13.75 万股，合计金额 449.3086 万元。

2021 年 9 月 9 日上午，王某均通知唐某琴一开盘即卖出千玺水力股票。唐某琴在 9 月 9 日 9 点 35 分全部卖出千玺水力股票。9 月 9 日 9 点 35 分左右，李某凤的华龙证券账户卖出千玺水力股票 13.75 万股，合计金额 581.0793 万元。

[辩护意见主文]

本案中，王某均不构成《证券法》中的“内幕信息的知情人”与《刑法》中的“内幕信息的知情人员”；其交易并未基于内幕信息，且符合其交易习惯，具有明显的正常性。

一、在法律适用层面，本案中王某均不具备内幕交易罪的主体身份

王某均主体身份基本事实：（1）上市公司股权买方（有限合伙企业）的有限合伙人（LP）；实际出资金额 1500 万元，在该有限合伙企业中出资占比 20%，在该宗上市公司股权收购交易中出资占比 ×%。（2）该有限合伙企业的普通合伙人（GP）的股东（认缴出资；股份占比 40%）、监事。

《证券法》（2019 年修订）规定：

第五十条 禁止证券交易内幕信息的知情人和非法获取内幕信息的人利用内幕信息从事证券交易活动。

第五十一条 证券交易内幕信息的知情人包括：

（一）发行人及其董事、监事、高级管理人员；

（二）持有公司百分之五以上股份的股东及其董事、监事、高级管理人员，公司的实际控制人及其董事、监事、高级管理人员；

（三）发行人控股或者实际控制的公司及其董事、监事、高级管理人员；

（四）由于所任公司职务或者因与公司业务往来可以获取公司有关内幕信息的人员；

（五）上市公司收购人或者重大资产交易方及其控股股东、实际控制人、董事、监事和高级管理人员；

（六）因职务、工作可以获取内幕信息的证券交易场所、证券公司、证券登记结算机构、证券服务机构的有关人员；

（七）因职责、工作可以获取内幕信息的证券监督管理机构工作人员；

（八）因法定职责对证券的发行、交易或者对上市公司及其收购、重大资产交易进行管理可以获取内幕信息的有关主管部门、监管机构的工作人员；

（九）国务院证券监督管理机构规定的可以获取内幕信息的其他人员。

本案中，王某均并非《证券法》第51条明示性规定的各类“内幕信息的知情人”。与王某均的情况最为接近的为第5项“上市公司收购人或者重大资产交易方及其控股股东、实际控制人、董事、监事和高级管理人员”。但是，本案中，与王某均有关的各类主体中，上市公司收购主体之一是H市万岚科技合伙企业（有限合伙）；上市公司收购主体的实际控制人是乐某君；上市公司收购主体之一的董事是乐某君。王某均是作为上市公司收购主体之一的H市万岚科技合伙企业（有限合伙）的有限合伙人，同时是该上市公司收购主体的普通合伙人（执行事务合伙人）的股东、监事。因此，王某均并非“上市公司收购人或者重大资产交易方及其控股股东、实际控制人、董事、监事和高级管理人员”。

若要将王某均认定为“内幕信息的知情人”，则需要根据兜底条款，“（九）国务院证券监督管理机构规定的可以获取内幕信息的其他人员”予以认定。

检索证监会关于“可以获取内幕信息的其他人员”的规定，从文本内容上，仅有如下一部规定涉及与本案有关的情形。

《中国证券监督管理委员会关于规范上市公司信息披露及相关各方行为的通知》（证监公司字〔2007〕128号）规定：

各上市公司：

为维护证券市场的秩序，打击内幕交易和市场操纵行为，保护投资者合法权益，现就有关事项通知如下：

……

二、上市公司的股东、实际控制人及筹划并购重组等重大事件过程中的相关人员，应及时主动向上市公司通报有关信息，并配合上市公司及时、准确、完整地进行披露。上市公司在获悉相关信息时，应及时向证券交易所申请停牌并披露影响股价的重大信息。

三、对于正在筹划中的可能影响公司股价的重大事项，上市公司及其董事、监事、高级管理人员，交易对手方及其关联方和其董事、监事、高级管理人员（或主要负责人），聘请的专业机构和经办人员，参与制订、论证、审批等相关环节的有关机构和人员，以及提供咨询服务、由于业务往来知悉或可能知悉该事项的相关机构和人员等（以下简称内幕信息知情人）在相关事项依法披露前负有保密义务。在上市公司股价敏感重大信息依法披露前，任何内幕信息知情人不得公开或者泄露该信息，不得利用该信息进行内幕交易。

可见，如果根据上述规定，王某均（可能）构成交易对手方及其关联方和其董事、监事、高级管理人员（或主要负责人），或者由于业务往来知悉或可能知悉该事项的相关机构和人员，从而可以基于兜底条款被认定为《证券法》中的“内幕信息的知情人”。

然而，上述规定于2022年1月5日被废止。

《中国证券监督管理委员会关于废止4部证券期货制度文件的决定》（中国证券监督管理委员会公告〔2022〕24号）规定：

为深入贯彻国务院金融委“建制度、不干预、零容忍”的工作要求，结合监管实践需要，中国证监会组织开展上市公司监管法规体系整合工作。经过整合，中国证监会决定废止以下4部规范性文件：

一、关于规范上市公司信息披露及相关各方行为的通知（证监公司字〔2007〕128号）

……

综上，在《证券法》层面，并未有任何规范依据可以认定本案当事人王某均构成“内幕信息的知情人”。因此，本案中王某均是否构成《证券法》

中的“内幕信息的知情人”问题有待商榷。

根据《刑法》以及司法解释的规定，《刑法》中的“内幕信息的知情人员”的范围，依照法律、行政法规的规定予以确定。

《刑法》规定：

第一百八十条　【内幕交易、泄露内幕信息罪】证券、期货交易内幕信息的知情人员或者非法获取证券、期货交易内幕信息的人员，在涉及证券的发行，证券、期货交易或者其他对证券、期货交易价格有重大影响的信息尚未公开前，买入或者卖出该证券，或者从事与该内幕信息有关的期货交易，或者泄露该信息，或者明示、暗示他人从事上述交易活动，情节严重的，处五年以下有期徒刑或者拘役，并处或者单处违法所得一倍以上五倍以下罚金；情节特别严重的，处五年以上十年以下有期徒刑，并处违法所得一倍以上五倍以下罚金。

单位犯前款罪的，对单位判处罚金，并对其直接负责的主管人员和其他直接责任人员，处五年以下有期徒刑或者拘役。

内幕信息、知情人员的范围，依照法律、行政法规的规定确定。

……

《最高人民法院、最高人民检察院关于办理内幕交易、泄露内幕信息刑事案件具体应用法律若干问题的解释》规定：

第一条　下列人员应当认定为刑法第一百八十条第一款规定的“证券、期货交易内幕信息的知情人员”：

（一）证券法第七十四条规定的人员；

（二）期货交易管理条例第八十五条第十二项规定的人员。

可见，《刑法》中的“内幕信息的知情人员”的认定，仍然是以上述《证券法》中关于“内幕信息的知情人”的规定为前提予以判断的。结合上述《证券法》层面的法律分析，本案中王某均是否构成《刑法》中的“内幕信息的知情人员”问题有待商榷。

二、在事实与证据层面，王某均买卖千玺水力股票的交易情况证明其不构成内幕交易

（一）王某均买卖千玺水力股票的交易事实和逻辑

王某均通过其母亲于某桦账户（含两融账户）买卖千玺水力股票的交易事实，包括：

1. 交易时段：从2020年12月30日开始，其中形成大致的闭环交易有两个轮次，第一轮次从2020年12月30日买入至2021年1月11日卖出；第二轮次从2020年5月19日买入至2021年5月24日卖出。

2. 交易情况：上述两轮累计完成交易24笔，成交金额共计买入6,366,881元、卖出6,539,250元；账户盈收172,369元。

3. 第一轮次具体交易明细：

（1）2020年12月30日，共买入70,100股；该股当日共发生2笔交易全部为买入，累计成交金额为1,990,837元。

（2）2020年12月31日，共卖出17,100股；该股当日共发生2笔交易全部为卖出，累计成交金额为497,550元。

（3）2021年1月4日，买入30,000股；该股当日发生1笔交易为买入，累计成交金额为880,800元。

（4）2021年1月4日至5日，普通账户分两笔划转至信用账户83,000股；成交金额为2,375,094.36元。

（5）2021年1月4日至5日，信用账户入账83,000股；成交金额为2,3865,333元。

（6）2021年1月6日，共买入88,300股；该股当日发生3笔交易全部为买入，累计成交金额为2,507,966元。

（7）2021年1月8日，共卖出20,000股；该股当日发生2笔交易全部为卖出，累计成交金额为586,500元。

（8）2021年1月11日，共卖出151,300股；该股当日发生8笔交易全部为卖出，累计成交金额为4,461,731元。

当时，王某均操作上述第一轮次的交易依据，即据以交易的基本原因

在于：

（1）业绩逢低，研报预期未来趋好的层面：鉴于2020年三季报显示千玺水力业绩逢低（公告的当期归属上市公司股东的净利润为776万元，比上年同期减少78.55%；归属上市公司股东的扣除非经常性损益的净利润为624万元，比上年同期减少93.11%；每股收益为0.1132元，比上年同期减少78.53%），结合2020年12月各大券商如安信、中原、招商就通信行业的研报预期较乐观等因素，认为该股四季度净利润提升空间较大。

（2）宏观层面：工信部部长表示，2021年将有序推进5G网络建设及应用，加快主要城市5G覆盖，推进共建共享，新建5G基站60万个以上；同时聚焦10个重点行业，开展工业5G专网试点。据此认为，随着2021年5G用户渗透率提升，所有运营商及从属行业将迎来新的发展机遇。

（3）公司微观层面：2020年12月29日，千玺水力发布其全资子公司隆胜投资拟使用自有资金2000万元与安宇投资、清雀管理、张某杰等人共同投资设立诸暨星澜智联创业投资合伙企业（有限合伙），投资基金规模5810万元。

鉴于上述信息，王某均遂于2020年12月30日买入该股。但当日买入后股价一路下行，且收盘数据显示该股连续8日累计净流出1841余万元，为保障资金安全王某均遂于12月31日部分卖出，做今后的持续性观察。经观察31日股价有所反弹，王某均因此在下一个交易日进行补仓。千玺水力2020年12月28日至2021年1月3日换手率29.24%；2021年1月4日收盘后显示主力资金净流入286万元，净占比7.14%，1月5日收盘后公告发布实际控制人提前购回50万股等利好消息，故于1月5日、6日陆续低位补仓；后续由于股价回调，遂于1月8～11日陆续清仓。

4. 第二轮次具体交易明细：

（1）2021年5月19日，共买入15,600股；该股当日发生2笔交易全部为买入，累计成交金额418,215元。

（2）2021年5月21日，买入21,100股；该股当日发生1笔交易为买入，累计成交金额为569,063元。

（3）2021年5月24日，卖出36,700股；该股当日发生1笔交易为卖出，累计成交金额993,469元。

当时，王某均操作上述第二轮次的交易依据，即据以交易的基本原因在于：

（1）业绩层面：2020年报显示一季度、二季度、三季度、四季度归属上市公司股东净利润分别为：-421万元、75万元、776万元、561万元，净利润整体向好发展；此外，2020年三季报计入当期损益的政府补助为292万元，2021年一季报计入当期损益的政府补助为806万元，政府补贴呈上升趋势体现出国家政策扶持力度的逐步增强。

（2）行业及宏观层面：根据券商研报，卫星互联网是以卫星为接入手段的互联网宽带服务模式，全球卫星互联网产业发展已经进入了一个快车道。2021年4月，中国卫星网络集团有限公司成立；新成立的星网集团或将是统筹、规划及运营王某均国卫星互联网的“国家队”。而千玺水力参与王某均国卫星互联网产业链空间段分系统部件中的测控系统。

鉴于上述信息，王某均遂于2021年5月19日、20日分别买入该股，但股票横盘未有强势表现，因此其于5月24日清仓。

5. 王某均操作股票的交易逻辑

上述轮次买卖千玺水力股票的两轮交易事实，完全系王某均对公开市场信息的综合分析，基本依据在于：千玺水力2020年三季度业绩正处于低谷，综合各类公开信息能反映出四季度触底反弹的可能性比较大，以及映射出的可供提升空间也比较大，故而王某均在2020年12月30日逢低建仓买入。基于过往经历的交易，王某均倍加关注，继而持续跟踪、波段操作、轮次交易，而这正是王某均一贯秉承的逢低建仓、紧盯目标股票重复买卖，高频次、多短线、常活跃交易逻辑的自觉体现。

（二）2021年8月31日，王某均指令唐某琴买入千玺水力股票

2021年8月30日，千玺水力公开披露《2021年半年度报告》，王某均据此知悉千玺水力比上年同期营业收入增长62.20%、净利润增长368.56%的市场公开利好消息。结合过往的该股交易记录，根据王某均持续跟踪、重点关注、轮次交易、波段操作的交易习惯，故在2021年8月31日8点30分左

右，王某均致电唐某琴说：千玺水力利好，有投资价值，值得关注。8 月 31 日上午，王某均从其母亲于某桦的银行账户调配 470 万元资金转入李某萍账户、李某萍转入唐某琴银行账户 470 万元；唐某琴银行账户转入其母亲李某凤银行账户 470 万元；李某凤银行账户三方存管银行转证券账户 470 万元；随后李某凤的华龙证券账户约于 10 点 20 分买入千玺水力股票 13.75 万股，合计金额 449.3086 万元。

之所以使用李某凤账户，原因在于王某均母亲于某桦年事已高，王某均顾虑其精力有限、担心她不能够周全地完成交易指令；再加上王某均工作事务繁多，也无闲暇时间能充分顾及具体的操作细节；而唐某琴跟随王某均多年，有信任基础，买卖股票时间充裕，熟悉下单操作，比较容易执行股票交易的指令，因此由她掌控的账户比较容易实现王某均投资行为的目的。

（三）2021 年 9 月 9 日，王某均指令唐某琴卖出千玺水力股票

2021 年 9 月 8 日千玺水力股票复牌并公告控制权变更事宜，王某均由此知悉收购事项并在当时认为：第一，中报业绩以及市场对于控制权变更的利好释放已于当天反应并予以体现；第二，在当时的时点，除控制权变更因素之外能否持续支撑走强尚不明朗；第三，更重要的是，王某均内心顿感不安的心理感受，原因在于，因中报业绩而在先买入股票，恰又偶合其后知悉的控制权变更情况，不由得自己心生顾虑而忐忑不安。在此三重因素影响下，担心自己的买入行为“瓜田李下涉嫌之地”引起不必要的误解，遂于 9 月 9 日上午通知唐某琴一开盘即卖出股票。唐某琴在 9 月 9 日 9 点 35 分全部卖出千玺水力股票。因此，9 月 9 日 9 点 35 分左右，李某凤的华龙证券账户卖出千玺水力股票 13.75 万股，合计金额 581.0793 万元。

上述交易完全由王某均指令，上述用于交易股票的资金、证券账户、交易行为均由王某均实际控制；唐某琴仅是听从王某均交易指令操作账户，对于股票买卖背景情况、信息、决策依据等均毫不知情。

从 9 月 9 日王某均的卖出股票指令可以看到，王某均并非单纯的二级市场投机逐利者。9 月 8 日，王某均已知悉千玺水力股权交易、控制权变化的事项、信息及其对于股票市场价格的利好影响。如果事先知情，必不会买入；

假设提前知情、主动意图博利，则蓄谋投机、刻意逐利的主观动机，必使王某均的客观行为显现出自然持股至阶段性高位（70.88 元）左右再逢高抛出、获取巨额的交易利润，事实上王某均也完全可以并有条件按此操作。但是，王某均因确实没有主观故意，前述假设自始不成立，故在千玺水力股票后续交易日持续走高、涨停的趋势下，王某均反而在复牌涨停后仅持有一天即反常全部卖出。

（四）基于同一时段其他标的股票的交易事实，买卖千玺水力股票纯属王某均交易惯性的自然延续，是交易逻辑和惯例遵循的常态化交易习惯的正常体现

王某均平素从事品类繁杂的诸多只股票投资，日常交易习惯特征是短线、活跃、多频次，尤其是对过往交易的目标股票，往往进行加以关注、持续跟踪并波段操作、轮次交易、短线买卖的重复操作。

2020 年以来，王某均控制的李某凤账户、于某桦账户（含两融账户）、吴某账户，股票交易标的约有 200 至 300 余个，累计买入成交金额超过 500 万元的约有 100 至 150 余个，累计买入成交金额超过 1000 万元的约有 100 个，累计买入成交金额超过 2000 万元的约有 50 个，累计买入成交金额超过 3000 万元的约有 30 个，累计买入成交金额超过 5000 万元的约有 10 个，累计买入成交金额超过 1 亿元的至少有 1 个。2020 年以来，针对 2 年仅有的 420 天交易日而言，单日买入同一标的成交额超过 500 万元的约有 200 次，超过 1000 万元的约有 50 次，超过 2000 万元的约有 10 次，超过 3000 万元的约有 5 次。

2021 年 8 月 26 日，王某均买入同一标的超过 500 万元的股票有崇析股份（1102 万元）、奥克股份（557 万元）、联创股份（556 万元）、三孚股份（657 万元）。

2021 年 8 月 27 日，买入同一标的超过 500 万元的股票有崇析股份（1873 万元）、JS 拓扑（928 万元）、东方电气（1147 万元）；另买入天华超净（432 万元）、西藏矿业（968 万元）。

2021 年 8 月 30 日，买入同一标的股票超过 500 万元的有崇析股份

（1052 万元）、JS 拓扑（1336 万元）、鲁北化工（506 万元）；另买入合盛硅业（377 万元）。

2021 年 8 月 31 日，买入同一标的股票超过 500 万元的有地奇矿业（1018 万元）、JS 拓扑（652 万元）、崇析股份（560 万元）、株冶集团（688 万）。

2021 年 9 月 1 日，买入同一标的股票超过 500 万元的有天山重金（2463 万元）、东方电气（935 万元）；另买入崇析股份（485 万元）。

2021 年 9 月 2 日，买入同一标的股票超过 500 万元的有永和股份（661 万元）。

2021 年 9 月 3 日，买入同一标的股票超过 500 万元的有晨鸣纸业（2172 万元）、天山重金（507 万元）、JS 拓扑（1187 万元）。

2021 年 9 月 6 日，买入同一标的股票氯碱化工 762 万元。

从同一时段王某均的其他股票交易记录可以看出：

1. 2021 年 8 月 31 日，买入千玺水力股票金额占当日王某均买入股票全部金额的比例约为 12.9%，买入千玺水力股票金额占当日王某均买入最大交易金额股票地奇矿业的比例为 44%（2021 年 4 月 28 日地奇矿业公告：预计 2021 年 1～6 月归属于上市公司股东的净利润为负 13,000 万元至 25,000 万元，与上年同期相比变动幅度为 81.34% 至 64.11%；而王某均交易该股立足于营收亏损大幅收窄、业绩趋好的买入逻辑，与基于 8 月底中报披露而买入千玺水力如出一辙），当日买入金额超过千玺水力买入金额的股票交易标的的有 4 个。2021 年 8 月 26 日至 9 月 6 日，王某均买入单只股票金额超过千玺水力交易金额的标的有 8 个，另外买入单只股票金额与千玺水力交易金额相当的标的有 2 个（注：近一年来，基于买卖千玺水力股票的同样交易逻辑，王某均买卖地奇矿业、JS 拓扑、锐利资源、山巅股份等其他标的股票的交易情况，详见下文关于其交易记录的整理明细）。

2. 针对同一股票，根据过往交易的操作经历，王某均经常在同一波段、持续跟踪，然后短线交易、轮次买卖，且交易金额较大。例如，崇析股份，王某均仅在 2021 年 8 月 26 日至 9 月 6 日的 7 个交易日中，就买入 5 次；JS 拓扑买入 4 次；天山重金 2 次。王某均买卖上述股票的交易依据，即据以交易的基本原因在于：

（1）崇析股份：在行业及研报层面，该股于8月5日发表先进制造工艺研发能力、参与航空航天零部件制造，并与多家航空龙头企业开展业务合作的报道；在市场层面，2021年8月市场军工题材个股表现活跃，恰逢该股走出长期调整走势，成交量不断放大，市场公布机构买入踊跃。据此，王某均综合判断该股属于机构发掘题材股，当时存在短期爆发力，故在2021年8月27日至2021年9月1日连续买入崇析股份1873万元、1052万元、560万元、485万元。

（2）JS拓扑：在业绩基本面等层面，该公司8月17日公布的中报业绩披露净利润同比增长17594%，实现业绩大幅增长，而同期该股也出现同步股价上升通道走势，且估值较低；在行业层面，当时8月以来化工品基础期货价格持续走高，而该公司作为国内醋酸行业龙头企业，相关技术积累深厚，在行业内具有较强的优势。据此，王某均综合判断该股业绩增幅巨大，作为行业龙头当时估值较低，故在2021年8月27日至2021年9月3日，王某均连续买入JS拓扑928万元、1336万元、652万元、1187万元。

（3）天山重金：在宏观政策层面，2021年7月30日的政治局会议明确提出"发展专精特新中小企业"，而该股具有政策性驱动的自发利好倾向；在业绩基本面等层面，该股介入新能源汽车产业链，2020年该公司公告镁深加工收入约5亿元，而2021年主要受益于电动车高速增长带动；在行业研报层面，市场和券商分析报告不断发布有关上次公司名单入选分析报告，而该题材概念一直被王某均持续关注。据此，王某均综合判断该股联动新能源汽车产业链，且当时股价持续出现成交活跃，故结合二级市场走势在2021年9月1日、9月3日连续买入天山重金2463万元、507万元。

3. 基于买卖千玺水力股票的同样交易逻辑，近一年买卖其他标的股票的交易情况可以充分证明上述内容。例如，交易地奇矿业的记录。

交易时段：从2020年12月1日开始，其中形成大致的闭环交易有四个轮次，第一轮次从2020年12月1日买入至2020年12月9日卖出；第二轮次从2021年2月9日买入至2021年2月10日卖出；第三轮次从2021年5月24日买入至2021年5月25日卖出；第四轮次从2021年8月31日买入至2021年9月1日卖出。

交易情况：上述四轮累计完成交易 21 笔，成交金额共计买入 39, 876, 826 元、卖出 38, 641, 350. 54 元；账户亏损 1, 235, 475. 46 元。

第一轮次具体交易明细：

（1）2020 年 12 月 1 日至 2020 年 12 月 9 日，累计共买入 221, 500 股；累计共 3 笔买入成交，累计共成交金额为 5, 962, 905 元。累计共卖出 221, 500 股，累计共 4 笔成交，累计共成交金额为 6, 119, 724 元，账户盈收 156, 819 元。

当时，王某均操作上述第一轮次的交易依据，即据以交易的基本原因在于：

基于新能源行业受产业政策、技术进步等利好因素影响成为资本市场共识。

公司基本面考量因素：地奇矿业布局在全球储量最大、成本最低的盐湖和锂辉石矿山处，在未来全球竞争当中，锁定了长期的资源竞争优势。

地奇矿业公告称“2020 年 1 月～2020 年 12 月业绩预测亏损大幅减少，预计 2020 年 1 月至 12 月归属上市公司股东的净利润为：负 136, 000 万元至负 227, 000 万元，与上年同期相比变动幅度：62. 06% 至 77. 27%。业绩变动说明一方面本年锂化工品产量和销量较上年下降，另一方面 2019 年度计提了大额长期股权投资减值准备”。

2020 年 11 月 9 日、11 月 13 日、11 月 20 日、11 月 24 日地奇矿业二级市场公开成交回报显示，买卖前五机构净买入 32, 887. 18 万元、13, 408. 64 万元、42, 196. 50 万元、47, 752. 64 万元，王某均由此在判断行业面出现历史发展机遇，公司公告预测亏损大幅降低的同时，结合公司的资产配置优势、机构短期持续且大额集中买入行为，得出公司业绩大概率出现扭亏观点，故而随即在 2020 年 12 月 1 日至 2020 年 12 月 9 日共累计买入 3 笔，累积共买入 221, 500 股，累积共成交 5, 962, 905 元；累计共卖出 4 笔，累积共卖出 221, 500 股，累积共卖出 6, 191, 224 元。

第二轮次具体交易明细：

2021 年 2 月 9 日至 2021 年 2 月 10 日，两日累积共买入 347, 000 股，累积共发生 3 笔买入成交，累积共成交金额为 18, 348, 228 元。两日累积共卖出

347,000 股，累积共发生 4 笔卖出成交，累积成交 17,437,258.54 元，亏损 910,969.46 元。

2021 年 2 月 1 日公司发布业绩公告：“地奇矿业：2020 年 1 月至 2020 年 12 月业绩预测亏损大幅减少。预计 2020 年 1 至 12 月归属于上市公司股东的净利润为：负 136,000 万元至 227,000 万元。业绩变动说明 2020 年度公司预计亏损金额较上年明显减少。业绩变动的主要方面是：1. 2019 年度计提了大额长期股权投资减值准备合计 53.53 亿元人民币。2020 年度公司将根据《企业会计准则第 8 号资产减值》的相关要求，对存在减值迹象的资产进行减值测试。2. 2020 年度公司预计营业收入较 2019 年度下降。主要原因系锂化工品的价格在 2020 年第 1 ~ 3 季度持续走低。叠加海外新冠疫情扩大因素导致出口份额降低，虽然锂化工品市场在 2020 年四季度以来有所反弹，但综合来看，公司本年产品销售均价和销量均较 2019 年有所下降。”而据王某均在当时观察分析得知，2020 年四季度锂化工产品产业链均不同程度出现产品报价提升，而海外市场锂矿单品报价一度高于国内市场同期价格，作为价格“风向标”的国际市场锂原料资源品价格上涨叠加当时美元通胀预期，王某均判断公司业绩持续向好业绩拐点将很快迎来。2021 年 2 月 4 日地奇矿业二级市场价格收盘跌停，但公开成交回报显示单日机构买卖前五机构净买入额 11,590.37 万元，显示多数机构对该股仍旧看好，故此王某均在 2021 年 2 月 9 日至 10 日之间进行了试验性买入短线交易。

第三轮次具体交易明细：

2021 年 5 月 24 日至 2021 年 5 月 25 日，累积共买入 99,200 股，累积共发生 2 笔买入成交，共成交金额为 5,382,328 元。5 月 25 日累积共卖出 99,200 股，共发生 3 笔成交，共成交金额为 5,428,926 元，账户盈收 46,598 元。

公司股价在 2021 年 1 月 29 日高至每股 88 元至 2021 年 4 月 13 日低至每股 40.13 元，调整幅度近 50%。2021 年 4 月 14 日地奇矿业二级市场股价出现涨停，公开成交回报显示当日机构买卖前五净买入 27,642.70 万元，出现股价见底回升的有利信号。

2021 年 4 月 15 日地奇矿业同时预告 2021 年一季度季报及 2020 年全年业

绩预告，其中“预测公司亏损大幅减少、预计2021年1～3月归属于上市公司股东的净利润为：负19,000万元至28,000万元。2020年1月～2020年12月业绩预测亏损大幅减少”。

2021年4月28日地奇矿业正式发布2021年一季度季报及2020年全年年报。其中2021年一季度报告期内公司“归属于上市公司股东的扣除非经常性损益的净利润由上年同期负500,294,446.02元将至本报告期内负158,919,170.41元，较上年同期降低75.43%，公司每股收益由上年同期负0.34元将至本报告期负0.17元，同比减少50.00%”。而2020年年报中显示“主要会计数据和财务指标在营业收入同比下滑33.08%不利情况下归属上市公司股东净利润由2019年负5,983,362,461.57元将至负1,833,765,744.87元，同比降低69.35%。实现基本每股收益由2019年负5.24元将至负1.24元”，实现营收亏损大幅收窄预期判断。

2021年4月19日地奇矿业股价涨停创出反弹新高后，二级市场当日成交回报显示买卖前五机构净买入额20,016.69万元。2021年4月28日地奇矿业公布业绩预测：“预计2021年1～6月归属于上市公司股东的净利润为：负13,000万元至25,000万元，与上年同期相比变动幅度：64.11%至81.34%。业绩变动原因说明：（1）锂化工品售价及销量均较上年同期上升；（2）银团并购贷款所确认的未确认融资费用较上年同期下降。”持续的业绩扭亏趋势、机构资金的反复参与、股价较之2019年出现的明显见底回升态势，综合上述判断，王某均于5月24日至5月25日参与该股短线交易。

第四轮次具体交易明细：

2021年8月31日，买入76,900股，共发生1笔买入成交，共成交金额为10,183,365元。9月1日累积共卖出76,900股，发生1笔成交，共成交金额为9,655,442元，账户亏损527,923元。

2021年8月19日、20日，地奇矿业二级市场成交活跃，其中19日市场公开成交回报显示买卖机构净买入65,764.93万元、3413.48万元，二级市场机构投资者再度交易活跃，引发王某均的关注。

2021年8月23日地奇矿业发布公告称：公司股票连续两个交易日（2021年8月19日、2021年8月20日）收盘价格涨幅偏离值累计超过20%，属于股票交易异常波动的情况。公司在澳大利亚奎纳纳建设的“年产2.4万吨电池级单水氢氧化锂项目”工程正在公司总部相关部门及委派到澳大利亚的技术团队、聘请的澳大利亚外部专家和相关团队的共同努力下，按计划加紧推进调试I作进度，目前已完成公用工程，火法区的回转窑、酸化窑，湿法区的压榨I段、净化除杂和蒸发结晶等D艺段的调试，力争2021年底实现项目全线贯通并投入运行，进入产能爬坡阶段，并争取在2022年第四季度达到设计产能目标。该项目目前仍处于调试阶段，项目投产时间尚存在不确定性，公司将在达到相关标准后按照相关规定及时履行信息披露义务。这则公告结合前期机构在二级市场大举买入行为，与王某均持续看好该板块个股的投资思路相一致，故王某均在观察其股价走势后于2021年8月31日至9月1日做出交易行为。

再如，王某均买卖JS拓扑股票的交易情况：

近一年来，买卖JS拓扑股票的交易事实，包括：

交易时段：从2020年12月15日开始，其中形成大致的闭环交易有两个轮次，第一轮次从2020年12月15日买入至2020年12月31日卖出；第二轮次从2021年8月26日买入至2021年9月7日卖出。

交易情况：上述两轮累计完成交易40笔，成交金额共计买入47,256,711元、卖出46,712,227.08元；账户亏损544,433.92元。

第一轮次具体交易明细：

2020年12月15日，共买入120,000股；该股当日共发生1笔交易全部为买入，累计成交金额为895,530元。

2020年12月31日，共卖出120,000股；该股当日共发生1笔交易全部为卖出，累计成交金额为847,254元。

当时，王某均操作上述第一轮次的交易依据，即据以交易的基本原因在于：

JS拓扑2020年10月28日发布公告称公司预计2020年1月至2020年12月业绩预测扭亏为盈。业绩变动说明公司于2019年12月完成重大资产重组，相关资产释放利润，预计2020年度较2019年度扭亏为盈。

2020年10月31日公告称：“公司于2020年10月30日收到中国证券监

督管理委员会出具的《中国证监会行政许可申请受理单》（受理序号：202884）。中国证监会依法对公司提交的上市公司非公开发行股票核准的申请材料进行了审查，认为该申请材料齐全，决定对该行政许可申请予以受理。"

公司 2020 年 10 月 28 日公布第三季度报告正文："主要财务数据中归属于上市公司股东的扣除非经常性损益的净利润由上年度末负 7, 030, 373. 17 元增长为本报告期末 53, 230, 905. 28 元。基本每股收益（元/股）由上年度末负 0. 0229 元增长为 0. 0519 元。"

基于上述公司公布的实质性利好因素，公司资产重组后盈利能力改善已初见端倪，非公开发行被中国证监会受理无疑是公司优化股东结构，吸纳新鲜血液、做大做强上市公司的具体表现。二级市场股价走势也确实印证了投资者的判断，该股走出一轮快速上涨行情，王某均分析判断后在 2020 年 12 月 15 日，共买入 120, 000 股，累计成交金额为 895, 530 元。然而二级市场阴晴不定，快速的上涨后出现连续调整，出于资金安全考虑和王某均一贯交易习惯，王某均在 2020 年 12 月 31 日，共卖出 120, 000 股；累计成交金额为 847, 254 元，投资亏损为 48, 276 元。

第二轮次具体交易明细：

2021 年 8 月 26 日至 2021 年 8 月 31 日共买入 1, 060, 600 股，该股共发生 12 笔交易，累积成交金额为 25, 419, 519 元。

2021 年 8 月 27 日至 2021 年 8 月 31 日共卖出 1, 060, 600 股，该股当日发生 12 笔交易，累积成交金额为 25, 844, 521 元。

2021 年 8 月 31 日，共买入 272, 600 股，该股当日发生 1 笔交易，累积成交金额为 6, 521, 380 元。

2021 年 9 月 1 日，共卖出 272, 600 股，该股当日发生 1 笔交易，累积成交金额为 6, 520, 373 元。

2021 年 9 月 3 日至 2021 年 9 月 7 日共买入 636, 100 股，该股共发生 7 笔交易，累积成交金额为 14, 429, 282 元。

2021 年 9 月 3 日至 2021 年 9 月 7 日共卖出 636, 100 股，该股共发生 5 笔交易，累积成交金额为 13, 500, 079. 08 元。

当时，王某均操作上述第二轮次的交易依据，即据以交易的基本原因在于：

公司重大资产重组后经营财务数据基本面出现明显积极变化，且定增后公司长期发展趋势得到有力保障。

2021年1月5日公司公告称非公开发行得到中国证监会审核通过。

2021年8月17公司公布半年度报告："公司主要会计数据和财务指标：（一）主要会计数据中营业收入本报告期较上年同期增长161.01%、（二）主要财务指标扣除非经常性损益后基本每股收益本报告期比上年同期增加24091.07%，达到每股1.3576元。"

公司在基本面利好出现股价快速变现，完成同期将近三个月调整后，市场走出一波上行趋势，随着半年报的披露，公司股价在二级市场表现出"业绩优良白马股"特征。

2021年7月8日后公司股价二级市场出现成交量活跃，涨幅巨大的市场强势特征，公开成交回报信息中机构账户频繁出现在买卖前五榜单中，王某均判断该股是市场机构发掘的"潜力股"，随机跟随操作。

王某均买卖锐利资源股票的交易情况：

交易时段：从2020年11月23日开始，2021年11月2日结束。其中形成大致的闭环交易有六个轮次，第一轮次从2020年11月23日买入至2020年11月24日卖出；第二轮次从2020年12月21日买入至2020年12月30日卖出，第三轮次从2021年1月13日至2021年1月22日，第四轮次从2021年7月27日至2021年7月29日，第五轮次从2021年9月28日至2021年9月29日，第六轮次从2020年11月1日至2021年11月2日。

交易情况：上述六轮累计完成交易60笔，成交金额共计买入56,751,598元、卖出58,078,345元；账户亏损1,326,747元。

第一轮次具体交易明细：

2020年11月23日至2020年11月24日，两日累积共买入400,000股；累积共2笔买入成交，累计共成交金额为2,080,000元。两日累积共卖出400,000股，累积共成交2,120,000元，累计收益40,000元。

基于公司基本面认识：锐利资源在国内从事废旧电池回收、电子废弃物绿色处理、报废汽车整体资源化回收以及动力电池材料研发生产，其成为行业领先的废物循环企业。

公司非公开发行A股股票，募投项目用于公司主营业务扩产、新能源三元材料投入生产，布局行业未来发展。股价受市场情绪、业绩低谷等不利影响下出现低估的可能。

2020年11月3日锐利资源当日二级市场股价涨停，成交回报显示当日买卖前五机构净买入21,096.20万元。

2020年市场进入新能源赛道投资热点，锂电池产业链作为市场新兴产业市场投资情绪相对火热，机构调研、投资者关注度极高。而王某均也将该产业链中个股作为重点关注对象。于是王某均于2020年11月23日至2020年11月24日尝试买入并完成首次交易。

第二轮次具体交易明细：

2020年12月21日至2020年12月30日累计共买入3,075,660股，累计共成交21,108,262.4元，2020年12月21日至2020年12月30日累计共卖出3,075,660股，累计共成交21,849,983.2元，累计盈收741,720.8元。

在此期间，锐利资源出现成交活跃迹象，为随机跟随集中买入，当日涨停保守，成交回报显示买卖机构净买入30,076.72万元。随后该股走势伴随市场整体活跃状态，出现一波明显上行走势，王某均跟随该股每日波动，快进快出。

第三轮次具体交易明细：

2021年1月13日至1月22日；买入12笔、卖出14笔；累计买入额：14,910,916元，累计卖出额：15,166,901.3元；累计盈收255,985.3元。

市场进入1月间，整体投资环境完全呈现多头态势，新能源产业链个股更是被市场追捧，在此大背景下，锐利资源也表现出强势上升走势，成交量相对活跃，王某均个人之前密切关注板块个股，在当时二级市场环境下，依旧跟随该股。

就二级市场走势而言，在该股基本面于行业所处低位来说，公司年初一系列产业布局、定向增发等具体的发展动作，加之锐利资源股价成交创出历史最大成交额，且大成交量呈现出阶段性强势，这都无疑为王某均的先期判断作出一定佐证，从而为其持续连续参与该股的正常交易提供依据。

第四轮次具体交易明细：

2021 年 7 月 27 日至 7 月 29 日；买入 7 笔、卖出 10 笔；累计买入额：14,504,380 元，累计卖出额：14,784,046 元；累计盈收 279,666 元。

2021 年 3 月 4 日公司公告称："锐利资源：2021 年 1 月 ~2021 年 3 月业绩预测盈利大幅增加，预计 2021 年 1 ~3 月归属于上市公司股东的净利润为：24,234.06 万元至 29,741.8 万元，与上年同期相比变动幅度：120% 至 170%。公司三元前驱体和四氧化三钴的全年订单应接不暇，产能大释放。"

2021 年 3 月 9 日、3 月 26 日，锐利资源二级市场股价出现涨停，买卖前五机构净买入额 19,640.69 万元、25,659.15 万元。连续的机构净买入成交回报再次进入王某均的观察窗口，成为王某均密切关注的方向品种之一。

2021 年 4 月 16 日锐利资源发布半年报业绩预测"2021 年 1 月 ~2021 年 6 月业绩预测盈利大幅增加，归属上市公司股东的净利润为：47,079.47 万元至 57,779.36 万元，与上年同期相比变动幅度：120% 至 170%"。

锐利资源发布公告称：控股子公司公开发行股票并在创业板上市申请获深交所受理，"2021 年 7 月 26 日公告，公司于近日收到公司控股子公司格林循环的通知，格林循环已于近期向深圳证券交易所提交了首次公开发行股票并在创业板上市的申请材料，并于 2021 年 7 月 23 日收到深圳证券交易所出具的《关于受理工西格林循环产业股份有限公司首次公开发行股票并在创业板上市申请文件的通知》（深证上审〔2021〕371 号）。深圳证券交易所依据相关规定对格林循环报送的首次公开发行股票并在创业板上市的申请报告及相关申请文件进行了核对，认为文件齐备，决定予以受理"。王某均当时研判认为该利好消息会进一步刺激锐利资源股票价格出现上涨预期，在业绩叠加利好背景下，控股子公司于 2021 年 7 月 27 日至 7 月 29 日再次参与该股交易。

第五轮次具体交易明细：

交易时段：2021 年 9 月 28 日至 9 月 29 日；买入 1 笔、卖出 2 笔；累计买入额：1,941,485 元；累计卖出额：1,952,904 元；累计盈收 11,419 元。

2021 年 8 月 27 日锐利资源出现涨停，股价创出近两年新高 13.4 元，其中二级市场当日成交回报显示买卖前五机构净买入额 66,362.52 元。王某均观察数日后在股价回调之际即 2021 年 9 月 28 至 9 月 29 日参与交易。

第六轮次具体交易明细：

2021 年 11 月 1 日至 11 月 2 日买入 1 笔、卖出 1 笔；累计买入额：2, 206, 555 元；累计卖出额：2, 204, 510 元；累计亏损 2045 元。

2021 年 10 月 15 日锐利资源发布：2021 年 1 月 ~2021 年 9 月业绩预测盈利大幅增加，预计 2021 年 1 月至 9 月归属于上市公司股东的净利润为：68, 365. 21 万元至 74, 876. 18 万元，与上年同期相比变动幅度：110% 至 130%。基于此王某均在观察锐利资源出现阶段性调整后的 2021 年 11 月 1 日至 11 月 2 日参与了该股交易。

王某均买卖山巅股份股票的交易情况：

交易时段：从 2021 年 1 月 8 日开始，其中形成大致的闭环交易有三个轮次，第一轮次从 2021 年 1 月 8 日买入至 2021 年 2 月 9 日卖出；第二轮次从 2021 年 2 月 22 日买入至 2021 年 3 月 26 日卖出；第三轮次从 2021 年 7 月 9 日买入至 2021 年 7 月 15 日卖出。

交易情况：上述三轮累计完成交易 53 笔，成交金额共计买入 93, 237, 873. 01 元、卖出 91, 443, 055 元；账户亏损 1, 794, 818. 01 元。

第一轮次具体交易明细：

2021 年 1 月 8 日至 2021 年 1 月 15 日，共买入 2, 039, 300 股；该股累计发生 4 笔交易全部为买入，累计成交金额为 39, 609, 835. 01 元。

2021 年 1 月 11 日至 2021 年 1 月 18 日，共卖出 1, 886, 900 股；该股累计发生 6 笔交易全部为卖出，累计成交金额为 37, 802, 405 元。

2021 年 1 月 19 日至 2021 年 2 月 4 日，共买入 1, 780, 900 股；该股累计发生 10 笔交易全部为买入，累计成交金额为 40, 000, 682 元。

2021 年 1 月 20 日至 2021 年 2 月 9 日，共卖出 1, 884, 700 股；该股累计发生 11 笔交易全部为卖出，累计成交金额为 40, 209, 636 元。

当时，王某均操作上述第一轮次的交易依据，即据以交易的基本原因在于：

首先是基于对行业及公司的认识，作为一个长期追踪市场、参与市场的投资者，新能源产业链一直是王某均重点关注的对象。其次是公司基本情况的认识理解：公司主要从事生产、销售六氟磷酸锂业务。六氟磷酸锂是锂电池的重要原材料。最后是2020年新能源中涉及锂电相关产业的上市公司进入行业后景气度抬升、市场交投活跃、政策、行业预期偏强的表现。

山巅股份在2021年半年报中披露："公司主要从事生产、销售六氟磷酸锂业务。六氟磷酸锂是锂电池的重要原材料。锂离子电池的原材料可分为正极、负极、隔膜和电解液四大类。锂离子电池主要依靠锂离子在正极和负极之间往返的嵌入和脱嵌来完成充放电的过程。"

2021年半年报中"主要会计数据和财务指标中本报告期内营业收入751,548,683.91元，较上年同期增加177.15%、归属上市公司股东的净利润204,920,691元，较上年同期增长708.98%、基本每股收益0.51元较上年同期增加737.50%"，从公司披露的半年报来看，王某均综合判断该股出现公司业绩拐点。

从二级市场交易情绪观察，该股进入2020年8月以来，日均成交量创出该股成交新高，股价更是呈现强势上升趋势，每日成交回报中机构投资者身影频繁出现该股中。

因此，王某均在2021年1月8日至2021年2月9日参与该股投资交易。

第二轮次具体交易明细：

2021年2月22日至2021年3月25日，共买入597,200股；该股累计发生6笔交易全部为买入，累计成交金额为10,035,535元。

2021年2月23日至2021年3月26日，共卖出645,800股；该股累计发生9笔交易全部为卖出，累计成交金额为9,886,716元。

在此期间，二级市场受场内交易情绪低落因素影响，市场交易品种不同程度都出现调整，但王某均基于前期对锂电行业的基本判断，仍然维持前期对上市公司的乐观判断，故而在该股出现调整环境下依旧参与交易。2022年3月26日公司发布："山巅股份：2020年1月~2020年12月业绩预测盈利大幅减少，预计2020年1~12月归属于上市公司股东的净利润为6,019,653.57元，与上年同期相比减少81.46%。业绩变动说明2020年度，公司经营'先抑后扬'，前三季度受新冠疫情影响，公司累计亏损4375万元。第四季度，公司六氟磷酸锂业务发力，销售额和经济效益大幅提高，一举弥补前三季度亏损，并略有盈利。”研读公告后王某均判断该股短期受到负面消息影响较大随即在公告当日停止参与交易。

第三轮次具体交易明细：

2021年7月9日至2021年7月14日，共买入77,100股；该股累计发生3笔交易全部为买入，累计成交金额为3,591,821元。

2021年7月13日至2021年7月15日，共卖出77,100股；该股累计发生3笔交易全部为卖出，累计成交金额为3,544,298元。累计收益47,523元。

2021年4月28日公司公告称：“预计2021年1~6月归属于上市公司股东的净利润为：16,000万元至20,000万元。业绩变动说明报告期内，公司六氟磷酸锂业务销售数量、销售价格较上年同期均大幅增长，带来公司效益大幅增长，实现扭亏为盈。”

同日并发布：“2021年4月28日公告，近日，公司收到由广东科学技术厅、广东省财政厅、国家税务总局广东省税务局联合颁发的《高新技术企业证书》。证书编号：GR202044000622；发证时间：2020年12月1日；有效期：三年。根据《中华人民共和国企业所得税法》等有关规定，公司自获得高新技术企业认证通过后三年内可享受国家关于高新技术企业的相关优惠政策，按15%的税率征收企业所得税。”分析上述公告内容，该股在进入6月后又出现连续快速上行，王某均择机于7月9日至7月15日参与了该股交易。

综上分析，在王某均买入千玺水力的同一时间段，针对其他标的股票的上述交易事实都源于业绩基本面、行业态势及研报公告、政策利好驱动等因素，更重要的是结合了二级市场反映的即时估值水平，还联动对未来预期前景的预判和走势分析，以及市场交易量、成交金额、换手率、活跃度等交易当时基本态势的综合认知。买入千玺水力股票的缘由也是如此，纯属王某均日常交易惯性的自然延续，是交易逻辑和惯例遵循的常态化交易习惯的正常体现；无论从单只交易标的，还是从所持账户整体交易习惯的角度来看，都是王某均日常短线、高频、轮次交易操作惯性的自然延续和体现；故王某均买卖千玺水力股票是依据自身资金实力、市场经验的个人判断，以及根据日常交易习惯觉得具有投资价值而作出的交易决策，否则地奇矿业、崇析股份、天山重金、晨鸣纸业等股票的买入交易皆违背了基本常理。

三、王某均认购有限合伙 LP 份额的情况证明其并不属于内幕信息知情人员

（一）作为 LP 的财务投资人，与乐某君的接触

2021 年 8 月左右，时任元通集团副总裁、首席投资官、元通材料副董事长的乐某君，酝酿自主创业、自立门户、“开府立衙”、创办合伙企业，以此来开创和实现属于自己的实业和事业平台。他向王某均提出筹资意愿，并希望王某均作为 LP 的财务投资人参与认购有限合伙份额。《合伙企业法》的制度设计，使得有限合伙人 LP、无限合伙人 GP 的法定权利、义务不对等及差异化，与《公司法》规定的同股同权、同股同利的平等股东权利和义务不同。具体来讲，公司是法人，有限合伙企业不是法人机构，而只能由承担无限连带责任的 GP——普通合伙人执行合伙企业事务并对外代表合伙企业；而作为财务投资人的 LP——有限合伙人，仅出钱不负责执行和管理，故仅承担有限责任且不执行合伙企业事务、不得对外代表合伙企业。为此，乐某君与王某均沟通想从王某均这里募集些资金，使其作为 LP 的资合一方认购份额 3000 万元。

王某均知道，元通集团的发展轨迹离不开乐某君力践笃行的有力担纲，从元通炭素到元通材料等几个并购项目的十余倍经济收益乃至几何倍数社会效应的递增，均离不开厥功至伟乐某君的主持与策划。因为元通集团在乐某君主持下对被奉为圭臬的并购项目市场影响力很大，因此王某均信任他的资产管理能力；而他又作为王某均的老领导，情面因素也是王某均必须考虑的不宜回绝事由；由此王某均表示，他出来创业，王某均给予支持，原则同意可认购一部分 LP 份额，但对于 3000 万元王某均没有那么充裕的流动性，具体金额当时就没有确定。

故，当时王某均参与乐某君合伙企业的主要模式为：作为有限合伙企业的 LP 投资，而“投钱先投人”，即乐某君运用其投资经验与资源负责核心投资项目，王某均仅进行财务投资。换言之，基于实现实业转型的内在需求，

王某均冀望能以自有资金契合于乐某君过往履历和资源整合能力的条件之中，仰仗并借助乐某君作为项目“领路人”的车头带动效应来实现跟投。

具体而言，王某均作为 LP，不过问具体投资事项，只负责部分资金投入。之所以如此，是因为王某均认为这样操作有利于实现王某均方团队通过财务投资实现经济学上的“搭便车”效应。因为乐某君的过往履历和资源整合条件，有利于带动王某均公司及团队对实业转型尝试的实践，再加上与乐某君的故旧交情，王某均投钱放心，还能因势利导地借助乐某君各项资源的优势把控，实现从属地位的“只投钱、不问事”的经济性和便捷性，并能作为“跟跑者”有效节约投资决策所必须的信息等成本，有利于追随“领跑者”引领的具体方向和目标，省时省力何乐不为。

基于 LP 的财务投资逻辑，王某均充分信任乐某君而从不过问具体投资，始终站在从属“跟跑者”地位，从借助东风、实现实业转型的角度考量商业。王某均根据自己的资金能力，参与设立企业、注入一部分出资，但作为 LP，王某均并不过问具体投资细节。

（二）认购有限合伙企业的 LP 份额

法定的股东有限责任使得公司具备充当 GP 的有利条件，2021 年 8 月 26 日，乐某君方面的工作人员通知王某均下载工商注册的手机应用，但由于王某均的“苹果”手机不支持工商注册 App 的下载，便微信通知唐某琴用华为手机下载“浙里办”App，之后王某均刷脸注册登录该 App，后台已有提前录入好的 H 州中鑫科技有限公司的注册信息，点击确认签名后，唐某琴帮王某均完成了相关注册。H 州中鑫科技有限公司在工商登记上的信息显示：成立日期 2021 年 8 月 27 日，注册资本 3000 万元人民币，乐某君持股比例 60%，认缴出资额 1800 万元；王某均持股比例 40%，认缴出资额 1200 万元；乐某君为执行董事兼总经理，王某均为监事。但是，关于上述工商登记的股权比例和任职，成立前乐某君没有告诉王某均，王某均事先不知；办理工商登记之时非常紧急，王某均只是根据经办工作人员和中介机构的指令，登录人脸识别系统。该公司的成立，属于王某均参与财务投资合作中的投资平台设立事宜，并无对应明确的投资标的等具体信息。王某均从该公司成立起并未参与任何工作。本次事情发生后，该公司最近也做了一些经营收购行为，乐某君也没有让王某均参与，也没有按照股东会议事规则决策，H州中鑫科技有限公司完全由乐某君独立控制并运行。

2021年8月31日，利用以上同样的方法，王某均登录“浙里办”App后，后台已有注册信息，点击确认签名后，即完成H市万岚科技合伙企业（有限合伙）的注册。H市万岚科技合伙企业（有限合伙）在工商登记上的信息显示：乐某君出资比例36.6667%，认缴出资额5500万元；许某哲出资比例33.3333%，认缴出资额5000万元；王某均出资比例20%，认缴出资额1500万元；章某出资比例6.6667%，认缴出资额1000万元；H州中鑫科技有限公司出资比例3.3333%，认缴出资额500万元，为执行事务合伙人。同样，办理工商登记和签署合伙协议时，王某均不在现场，也没有看到合伙协议等工商注册登记资料，王某均只是根据经办工作人员和中介机构的指令，登录人脸识别系统，经办人员电话申请代表王某均签字工商注册登记资料。合伙协议的文本是在2021年9月11日由经办人员发给王某均的，那时王某均才第一次看到合伙文件。王某均在合伙企业手续办理上的上述行为，都是基于对乐某君业内影响、资源整合能力及其人品的信任。

2021年8月31日10点44分，王某均向乐某君个人账户转账130万元，这是王某均以部分出资这种实际行动向乐某君表明王某均作为财务投资者真心跟随他的诚意；2021年11月11日，王某均向H市万岚科技合伙企业（有限合伙）转账1370万元；2021年11月11日，H市万岚科技合伙企业（有限合伙）退回王某均账户1500万元（8月31日的130万元加上当日的1370万元）；2021年11月11日，王某均向H市万岚科技合伙企业（有限合伙）转账1500万元，完成该有限合伙企业的有限合伙人的实缴出资1500万元。

从王某均所处的LP投资人、小份额投资的角度来看，王某均不参与合伙企业管理、不执行合伙企业事务、不能对外代表合伙企业，关于具体的投资目标、投资方式、交易结构、交易对手方等保密信息、商业机密，根本无从知悉；事实上这些核心资源均掌握在乐某君这里，其并未与王某均进行分享。王某均的主体定位、资金能力、身份地位、项目作用等都十分清晰，就是小额LP出资人。投资逻辑就是认准有能力的管理者并直接跟从即可。

（三）与千玺水力的实际控制人以及该上市公司的接触情况

王某均确认，在8月31日之前，王某均与千玺水力的实际控制人以及该上市公司的任何人员都没有任何接触，故对于重大事项具有动议、筹划、决策、执行等权力的上市公司实际控制人如何看待、推进收购事项，是否与作为潜在收购方的乐某君方面进行接洽，是否进行磋商，是否进行排他性谈判等事宜，一无所知。

2021年9月1日，千玺水力发布《关于重大事项停牌的公告》：2021年8月31日收到了公司控股股东、实际控制人徐某慧女士和徐某山先生的通知，其正在筹划涉及公司控制权相关的重大事项。本次交易对方傅某银、H市万岚科技合伙企业（有限合伙）、海南足福仁投资合伙企业（有限合伙）拟从公司控股股东、实际控制人处受让公司约20%的股权。本次交易对手方主要从事能源、投资等业务。本次交易相关事项需上市公司股东大会豁免徐某慧女士和徐某山先生的自愿性股票锁定承诺。截至目前，尚未签署相关股权转让框架协议、意向书等。至此，王某均才从该公告中看到：（1）千玺水力实际控制人正在筹划上市公司股权和控制权转让；（2）交易对手方之一是乐某君主导、王某均参与认购LP份额的H市万岚科技合伙企业（有限合伙）。

根据王某均审慎回忆，王某均是在千玺水力停牌期间（约为9月6日或7日）陪同乐某君时见了千玺水力董事长徐某山、董事会秘书邓某、云飞证券成某劲，这是王某均与上市公司相关人员的首次见面。当日王某均第一次加了邓某和成某劲的电话和微信，作为一位小额出资的有限合伙人（LP），其也未加董事长徐某山的微信和电话。

2021年9月8日，千玺水力发布《关于公司控股股东、实际控制人拟发生变更的提示性公告》：H市千玺水力股份有限公司（以下简称公司、上市公司）的控股股东、实际控制人之一徐某慧女士拟将其持有的上市公司13,722,800股股份（占本次交易完成前公司总股本20%）转让给H市万岚科技合伙企业（有限合伙）（以下简称万岚科技）、海南足福仁投资合伙企业（有限合伙）（以下简称足福仁投资）、傅某银，转让数量分别为3,579,861

股、4, 773, 148 股和 5, 369, 791 股。同时，上市公司与乐某君签订了《附生效条件的股份认购协议》，乐某君拟认购公司向其定向发行的股份，认购数量为 18, 765, 638 股。此外，万岚科技、足福仁投资、傅某银与乐某君共同签署了《关于 H 市千玺水力设备股份有限公司之表决权委托暨一致行动协议》（以下简称《表决权委托暨一致行动协议》）。上述事项全部完成后，乐某君可以支配上市公司表决权的股份比例超过 30%，乐某君将成为上市公司的实际控制人。

至此，王某均才从该公告中得知：（1）千玺水力在本次股权交易中控制权发生变化；（2）乐某君是收购方实际控制人；（3）乐某君认购上市公司定向增发 18, 765, 638 股——此前从未听说这一重大安排；（4）万岚科技、足福仁投资、傅某银与乐某君签署一致行动文件——除了万岚科技之外，王某均此前从未听过这些参与交易的主体，更不知道这些主体与乐某君有一致行动这一重大安排。王某均仅为 LP 投资人，也从未通过介入万岚科技、H 州中鑫的具体管理行为而参与上述一致行动安排之中。

综上，与千玺水力股权交易有关的上述事件发展对王某均而言均极其迅速且突然。在王某均参与投资进程中，仅作为 LP 投资人，对于具体收购事宜并不知情；在投资合伙企业及其出资时，王某均并不清楚王某均方有限合伙企业参与收购千玺水力股份；2021 年 9 月 8 日，王某均才从上市公司公告中确知王某均方有限合伙企业参与收购千玺水力股份。直至 2021 年 9 月 6 日或者 7 日，王某均才首次与千玺水力董事长徐某山见面，在此之前从未知悉上市公司实际控制人动议、筹划本次股权交易的事项及其信息。

（四）关于知情条件的认识

鉴于上述内容，可以从知情人的主体身份界定以及提前知情的客观要件，或王某均一贯秉承的正常交易习惯等几个维度来看。

第一，在主体身份层面上：王某均并非本次事项的收购人，也非收购人的控股股东、实际控制人，亦非收购人的董事、监事和高级管理人员。从收购方这条线路上看，王某均并无据以知悉上市公司股权或者控制权重大变化的控制权、主导权或者信息参与权。需要强调的是，2022 年 1 月 14 日乐某君致电王某均说：因证监局调查，故将王某均和章某二次补录入内幕知情人名单；至此，王某均方知被二次补录的事实。若王某均知情人的主体身份确凿无疑，又缘何发生二次补录？其法律和事实依据何在？

第二，在提前知情的客观要件层面上：2021 年 8 月 26 日、8 月 31 日唐某琴帮王某均分别刷脸注册登录 App 办理 H 州中鑫科技有限公司、H 市万岚科技合伙企业（有限合伙）的注册信息时，王某均并不提前知悉将收购千玺水力的事项，其公司章程、股东会决议，以及合伙协议、出资确认书等工商登记信息，以及 2021 年 8 月 31 日王某均向乐某君个人账户转账 130 万元的事实，均可予以佐证；9 月 6 日，H 市万岚科技合伙企业（有限合伙）向市场监督管理局提请变更登记，只是在变更执行事务合伙人委派代表（由乐某文变更为王某）、修改合伙协议等登记文件之时，通过修改后的新合伙协议的第 6 条“合伙企业目的”明确了对千玺水力的收购事项。若收购动议、筹划及决策和执行初始时间被王某均提前知悉，又何来在 8 月 31 日的初始设立合伙企业时不将收购事项确定并记载于合伙协议，反而要推迟至停牌期间的 9 月 6 日？又何必多此一举地变更合伙协议并提请二次登记？

第三，在交易习惯的层面上：王某均根据公开市场信息从业绩逢低、预期未来趋好的角度，在 2020 年 12 月 30 日低位建仓、预期触底反弹开始买入千玺水力股票，交易时间持续近一年、累计完成交易 24 笔；延续至因 2021 年 8 月 30 日半年报的业绩利好而在 8 月 31 日重复买入，完全系王某均持续跟踪、重点关注、轮次交易、重复买卖、波段操作的交易习惯，与王某均日常的交易逻辑和惯例遵循的常态化交易模式，何来尖锐矛盾或严重抵触之处？

第四，在交易资金的层面上：对于收购方以约 9 亿元的资金获得上市公司千玺水力实际控制权这一事项而言，王某均仅出资 1500 万元，从出资金额角度来看，显然没有充足资金实力主导收购；若提前知情，何必将乐某君希望向王某均认筹的 3000 万元 LP 份额缩减至 1500 万元？换一个角度而言，在 8 月 31 日买入时为何不主动加仓、放大交易额？毕竟，当日 470 万元的资金调度、449 万元的买入金额，相对于 2020 年以来王某均单日买入同一标的成交额超过 500 万元、1000 万元、2000 万元、3000 万元的各约有 200 次、50 次、10 次、5 次而言，岂不是以“小巫见大巫”般相形见绌得极不合理？而且，王某均当日买入金额超过千玺水力的其他股票交易标的就有 4 个，当日买入千玺水力的股票金额仅仅占当日王某均买入股票全部金额的约 12.9%、仅占当日王某均买入最大交易金额股票地奇矿业的约 44%，这又哪里符合提前知情的可能条件？

第五，在参与合伙的主体资格层面上：王某均作为小额出资的有限合伙人，法律规定其无合伙企业的管理权限，不参与合伙企业管理，既不得执行合伙企业事务，又不能对外代表合伙企业；而且，从业内约定俗成的行业规矩角度来看，王某均实际上对于相关重大交易的任何信息均无管理权、知情权，客观上也没有从收购人方面的主导者乐某君那里流转给王某均任何与收购事项有关的信息，何来提前知情的法定条件？

结合以上五个层面，无论是主观动因还是客观行为，王某均都无充分必要的提前知情条件，更不存在提前知情的客观事实和确实、充分的依据。

因此，本案中，王某均不构成《证券法》中的“内幕信息的知情人”与《刑法》中的“内幕信息的知情人员”，其交易并未基于内幕信息，且符合其交易习惯，具有明显的正常性，其行为不构成内幕交易违法犯罪。

第六章

场外个股期权能否成为内幕交易罪的行为对象

——谈某文等内幕交易案辩护意见

[辩护逻辑]

场外个股期权合约不是期货合约而是期权合约，不是内幕交易罪中交易行为的对象，不符合刑法明文规定的构成要件。根据罪刑法定原则，即使基于内幕信息交易场外个股期权，在现行法律规定下，不能认定为犯罪行为，相关成交额、获利，不能认定为犯罪数额并在“情节严重”中予以评价。券商所做的对冲交易是证券公司的独立业务行为，如果相关合同等书证证明，券商对冲交易与被告人无关，由于相关对冲交易均发生于证券公司的自营账户，不属于被告人的实际控制账户，证券公司相关交易不能归结为被告人的交易。

[案情]

被告人冷某校、谈某文涉嫌内幕交易的犯罪事实：2021 年 3 月 11 日，BHZY 股份有限公司（JG 公司下属子公司，以下简称 BHZY）实际控制人王某元筹划实施上市公司回购股份事项，拟由上市公司自筹资金 10 亿元 ~ 20 亿元用于回购公司股份，通知董事长秘书威某勤准备相关材料并就回购规模征询 JG 公司高级管理人屈某楼等人意见；同年 3 月 12 日，JG 公司召开高管会议商谈 BHZY 回购股份事项；同年 3 月 14 日，王某元决定回购股份规模 10 亿元～20 亿元；同年 3 月 17 日，BHZY 方面成立工作组推进回购事项，并制定具体回购方案；同年 3 月 30 日收盘后发布公告披露回购股份方案。上述事项在公开前属于《证券法》规定的内幕信息，形成不晚于 2021 年 3 月 11 日，公开于 2021 年 3 月 30 日晚间。

内幕信息敏感期内，被告人冷某校作为 BHZY 大股东 JG 公司融资业务负责人，2021 年 3 月 12 日在与 BHZY 董事长秘书威某勤等人商议 2021 年一季度报告相关事项过程中，知悉上述上市公司回购股份事项的内幕信息，系内幕信息知情人。同年 3 月 13 日，冷某校将上述内幕信息告知下属谈某文，后伙同谈某文于同年 3 月 18 日至 3 月 30 日，从各自期货账户紧急筹措资金，分别通过范某苹（冷某校妻子）、郑某鑫（谈某文妻子）银行账户转入郑某鑫名下平安证券信用账户，并由谈某文控制使用该账户单一买入“BHZY”股票 71, 900 股，买入金额 108 万余元，后于同年 4 月 7 日全部卖出获利 30 万余元。

此外，同年 3 月 23 日至 3 月 25 日，冷某校、谈某文二人以自有资金共计 70 万余元为期权费，通过上海 HS 资产管理有限公司（以下简称 HS 公司）与申万宏源证券开展以 BHZY 为标的的场外期权交易，名义本金 335 万元。券商为对冲该笔期权交易风险，在二级市场购入“BHZY”股票。凌、谭二人后于同年 4 月 7 日提前行权获利 80 万余元。凌、谭二人通过上述“BHZY”股票和个股期权产品共计非法获利 111 万余元，并由二人均分。上述资金调拨、相关交易等行为与内幕信息的形成、变化基本一致，且与二人以往交易习惯不同，相关交易行为明显异常。此外，谈某文及其岳母溧某童长期共同控制溧某童名下中信建投证券账户从事证券交易，且该账户于 2021 年 3 月 18 日买入“BHZY”股票 5500 股，买入金额 8 万余元，内幕信息公开后卖出获利 1.6 万元。

[辩护意见主文]

被告人谈某文等从事的场外期权交易并不属于内幕交易罪规定的证券、期货合约交易，不属于内幕交易犯罪中的交易行为，全额内幕交易违法所得、成交额并没有达到入罪标准，不能认定为内幕交易罪。

一、被告人谈某文等人从事的场外个股期权交易不是内幕交易罪中的交易行为，相关所得、成交额不能认定为内幕交易数额

《刑法》第180条内幕交易、泄露内幕信息罪规定：证券、期货交易内幕信息的知情人员或者非法获取证券、期货交易内幕信息的人员，在涉及证券的发行，证券、期货交易或者其他对证券、期货交易价格有重大影响的信息尚未公开前，买入或者卖出该证券，或者从事与该内幕信息有关的期货交易，或者泄露该信息，或者明示、暗示他人从事上述交易活动，情节严重的，处5年以下有期徒刑或者拘役，并处或者单处违法所得1倍以上5倍以下罚金；情节特别严重的，处5年以上10年以下有期徒刑，并处违法所得1倍以上5倍以下罚金。

《内幕交易解释》第3条规定：

本解释第2条第2项、第3项规定的“相关交易行为明显异常”，要综合以下情形，从时间吻合程度、交易背离程度和利益关联程度等方面予以认定：

（一）开户、销户、激活资金账户或者指定交易（托管）、撤销指定交易（转托管）的时间与该内幕信息形成、变化、公开时间基本一致的；

（二）资金变化与该内幕信息形成、变化、公开时间基本一致的；

（三）买入或者卖出与内幕信息有关的证券、期货合约时间与内幕信息的形成、变化和公开时间基本一致的；

（四）买入或者卖出与内幕信息有关的证券、期货合约时间与获悉内幕信息的时间基本一致的；

（五）买入或者卖出证券、期货合约行为明显与平时交易习惯不同的；

（六）买入或者卖出证券、期货合约行为，或者集中持有证券、期货合约行为与该证券、期货公开信息反映的基本面明显背离的；

（七）账户交易资金进出与该内幕信息知情人员或者非法获取人员有关联或者利害关系的；

（八）其他交易行为明显异常情形。

由此可见，内幕交易罪中涉嫌犯罪的交易行为，其对象只能是证券或者

期货合约。

《起诉书》认定：2021 年 3 月 23 日至 3 月 25 日，冷某校、谈某文二人以自有资金共计 70 万余元为期权费，通过 HS 公司与申万宏源证券开展以"BHZY"为标的的场外期权交易，名义本金 335 万元。券商为对冲该笔期权交易风险，在二级市场购入"BHZY"股票。凌、谭二人后于同年 4 月 7 日提前行权获利 80 万余元。

可见，本案中的客观事实是，被告人谈某文等的部分案涉交易行为表现为以"BHZY"为标的的场外个股期权交易。

《期货和衍生品法》第 3 条规定：

本法所称期货交易，是指以期货合约或者标准化期权合约为交易标的的交易活动。

本法所称衍生品交易，是指期货交易以外的，以互换合约、远期合约和非标准化期权合约及其组合为交易标的的交易活动。

本法所称期货合约，是指期货交易场所统一制定的、约定在将来某一特定的时间和地点交割一定数量标的物的标准化合约。

本法所称期权合约，是指约定买方有权在将来某一时间以特定价格买入或者卖出约定标的物（包括期货合约）的标准化或非标准化合约。

……

所以，本案被告人所交易的场外个股期权合约，显然不是期货合约而是期权合约，根本不是内幕交易罪中交易行为的对象，完全不符合刑法明文规定的构成要件，不能认定为犯罪行为，相关成交额、获利，不能认定为犯罪数额并在"情节严重"中予以评价。

二、券商所做的对冲交易是证券公司的独立业务行为，证券公司相关交易不能归结为被告人谈某文的交易

最高人民法院、最高人民检察院颁行的《关于办理操纵证券、期货市场刑事案件适用法律若干问题的解释》（以下简称《市场操纵解释》）第 5 条规定："下列账户应当认定为刑法第一百八十二条中规定的'自己实际控制的账户'：（一）行为人以自己名义开户并使用的实名账户；（二）行为人向账

户转入或者从账户转出资金，并承担实际损益的他人账户；（三）行为人通过第一项、第二项以外的方式管理、支配或者使用的他人账户；（四）行为人通过投资关系、协议等方式对账户内资产行使交易决策权的他人账户；（五）其他有证据证明行为人具有交易决策权的账户。有证据证明行为人对前款第一项至第三项账户内资产没有交易决策权的除外。”

可见，《市场操纵解释》将实际控制账户的核心依据定位于交易决策权。本案中被告人谈某文对于案涉证券公司的自营账户并无行使交易决策权。

在案涉场外个股期权交易中，客户向证券公司就其场外个股期权账户的交易发出指令（买入或者卖出挂钩股票标的），证券公司有权根据风控指标、合规要求或者其他全权自主认定的因素，决定接受还是拒绝交易指令；证券公司选择接受并执行指令的，交易双方采用现金净额进行结算；证券公司有权根据场外个股交易指令决定是否在其自营账户中进行对冲交易，如进行对冲交易的，交易成交价格以对冲交易实际成交结果为准。可见，在此类客户与证券公司互为对手方的场外衍生工具交易中，客户在系统中下达的是场外个股期权交易要约、买入或者卖出期权要约等衍生交易指令，证券公司针对挂钩股票在其自营账户中进行的对冲交易，从法律关系上分析，应当是归属于券商独立决策下的自营交易行为。根据《市场操纵解释》第5条的“交易决策权”标准，由于自营账户的交易决策、盈亏风险等均归属于证券公司，不能认定为被告人谈某文等人的交易行为，显然不能将相关交易认定为内幕交易罪中的交易行为。

三、扣除场外个股期权的交易获利或者成交额，本案不符合刑事追诉标准，不构成内幕交易罪

因此，场外个股期权交易不是内幕交易罪中的交易行为，不能将相关数额认定为内幕交易数额从而在“情节严重”中予以评价。退一步分析，即使本案确实属于基于内幕信息从事的场外个股期权交易，如果认为其具有严重的社会危害性，应当通过修改立法保护证券期货及衍生品市场交易的公平性，但刑事司法机关不能违反罪刑法定原则超越刑法明确规定的“证券、期货合约”的对象要件将其认定为犯罪。

第七章

内幕信息性质与相关交易行为方向的关系及其对内幕交易定性的影响

——浦某内幕交易案辩护意见

[辩护逻辑]

对于同一内幕信息，在同样的形成之后与公开之前的敏感期内，只有一种交易方向能够被评价为内幕交易。在监管机构已经认定敏感期内的他人买入交易行为构成内幕交易的情况下，不可能再将同期的其他人卖出交易行为认定为内幕交易。卖出股票换取资金的行为与利好重组信息（注入资金买入股票）的形成、变化完全相反；单边的股票卖出行为与利好重组信息（买入获利）的形成、变化完全相反；单边的股票卖出的时间与获悉利好重组信息的时间完全重合的情况下做出完全矛盾的交易；单边的股票卖出行为与股票当时的交易基本面（上升趋势）完全相反。因此，利好型内幕信息敏感期间内的相关卖出行为不可能构成内幕交易。

[案情]

（一）持股与账户控制情况

沈阳 HJ 股份有限公司（以下简称 HJ）2013 年年报显示，其第一大股东为 SJ 集团，持股比例为 36.72%，第三大股东为大连 YX 投资咨询有限公司（以下简称大连 YX），持股比例为 4.54%，第四大股东为大连 TH 投资有限公司（以下简称大连 TH），持股比例为 1.30%；2014 年半年报显示，HJ 第一大股东为 SJ 集团，持股比例为 36.72%，第三大股东为大连 YX，持股比例为 4.54%，第四大股东为大连 TH，持股比例为 1.30%；2014 年年报显示，HJ 第一大股东为 SJ 集团，第三大股东为吴某宏。

交易流水、银行转账凭证、相关人员询问笔录等证据证明：第一，“大连 TH”“大连 YX”账户预留电话为 SJ 集团财务部门员工联系方式，相关交易及银证转账手续由 SJ 集团员工操作；第二，大连 TH、大连 YX 法定代表人为 SJ 集团员工；第三，大连 TH、大连 YX 的企业公章及法定代表人名章长期由 SJ 集团统一集中保管，SJ 集团能够控制使用上述公章及名章；第四，大连 TH、大连 YX 的注册资金均来源于 SJ 集团，其交易 HJ 的资金来源于 SJ 集团；第五，吴某宏为 SJ 集团员工，其按照 SJ 集团董事长浦某的指示开立证券账户后，即将账户及身份证交由 SJ 集团使用。SJ 集团实际控制“大连 TH”、“大连 YX”及“吴某宏”账户，与大连 TH、大连 YX 及吴某宏存在关联关系。

（二）内幕信息及其形成过程

作为 SJ 集团董事长，浦某在 2014 年 7 月 14 日 HJ 重大资产重组终止后，明确了转让 SJ 集团对 HJ 实际控制权的意见和原则。浦某在 2014 年 7 月中旬至 9 月中旬之间，向包括俞某在内的 SJ 集团各大股东的实际负责人表达了转让 HJ 实际控制权的意向，各股东代表均表示同意。SJ 集团从 7 月下旬开始，先后找了 4 家股权受让合作方谈判出让 HJ 控制权一事。

1. 2014 年 7 月下旬至 8 月中旬与陈某某谈判情况

2014 年 7 月下旬，SJ 集团股东介绍 SJ 集团浦某与陈某某谈判 HJ 控股权转让问题。2014 年 8 月 6 日，双方经讨论协商，形成股权转让协议及补充协议，约定陈某某携另两名自然人拟收购 SJ 集团持有的 HJ 股权 1.1 亿股，每股作价 8 元，确保 SJ 集团取得 12 亿元交易对价。8 月中旬，SJ 集团与陈某某谈判失败。

2. 2014 年 9 月中旬至 10 月下旬与浙江 DWJ 实业有限公司谈判情况

2014 年 9 月中旬，浦某取得 SJ 集团所有股东一致同意，出让 SJ 集团对

HJ 的实际控制权，明确在 SJ 集团持有的 1.4 亿 HJ 股权基础上转让股权，SJ 集团取得总收入不得低于 13 亿元，各个股东全权委托浦某处理此事。9 月下旬，浦某通过他人联系到了浙江 DWJ 实业有限公司（以下简称 DWJ）法定代表人吴某某，吴某某表示有兴趣参与 HJ 股权收购事项。2014 年 10 月 24 日，SJ 集团与 DWJ 的谈判进入实质性阶段。2014 年 10 月 27 日，SJ 集团浦某通知 HJ 董事长秘书停牌，10 月 28 日 HJ 公告，因存在尚需核实的重大事项即日起停牌。次日，双方就股权转让款的付款方式及资产注入内容发生分歧，谈判失败。

3. 2014 年 11 月中下旬至 2015 年 1 月下旬与珠海横琴长实股权基金公司、嘉龙集团谈判情况

2014 年 11 月中下旬，SJ 集团与珠海横琴长实股权基金公司负责人郭某某谈判，后因资产处理方式及付款方式未达成一致意见而失败；在此期间，SJ 集团与张某杰、张某雷二人谈判并达成合议。2014 年 12 月上旬，张某杰方面为履行股权受让约定，注册成立秦皇岛康华投资有限公司（以下简称康华投资）。SJ 集团与康华投资于 2014 年 12 月 31 日签订股权转让协议。

2015 年 1 月 14 日，HJ 发布控股股东协议转让股份、公司实际控制人变更的提示性暨复牌公告，称 SJ 集团以 10 亿元对价转让公司 25.967% 股权给康华投资，双方已于 2014 年 12 月 31 日签订股权转让协议，2015 年 1 月 9 日确定收购资金来源为康华投资自筹资金。复牌当日，股价跌停。

2015 年 1 月 16 日，HJ 公告称未获悉也不存在应披露而未披露的重大信息。2015 年 1 月 28 日左右，浦某得知康华投资未能支付余款且涉嫌经济犯罪，因此终止此次股权转让，HJ 申请再次停牌。2015 年 1 月 30 日，HJ 发布停牌公告。2015 年 2 月 6 日，HJ 称康华投资未能按期支付股权转让款，股权转让终止，继续停牌。2015 年 2 月 20 日，HJ 就深交所关注函作出回复，公告称此次终止股权转让的原因是中融国际信托有限公司原承诺向康华投资提供的 6.5 亿元资金未能到位，并称各相关方均已履行核查、评估、披露等义务。

（三）案涉交易情况

2014 年 10 月 9 日至 10 月 20 日，SJ 集团通过实际控制大连 YX 卖出 HJ750 万股股票。

[辩护意见主文]

根据《刑法》第180条内幕交易、泄露内幕信息罪的规定，证券、期货交易内幕信息的知情人员或者非法获取证券、期货交易内幕信息的人员，在涉及证券的发行，证券、期货交易或者其他对证券、期货交易价格有重大影响的信息尚未公开前，买入或者卖出该证券，情节严重的，处5年以下有期徒刑或者拘役，并处或者单处违法所得1倍以上5倍以下罚金；情节特别严重的，处5年以上10年以下有期徒刑，并处违法所得1倍以上5倍以下罚金。单位犯前款罪的，对单位判处罚金，并对其直接负责的主管人员和其他直接责任人员，处5年以下有期徒刑或者拘役。

然而，本案中，SJ集团通过实际控制大连YX卖出HJ750万股股票的交易行为，与案涉内幕信息无关；即使认为SJ集团筹划出让HJ实际控制权失败的信息构成内幕信息，由于SJ集团实际控制大连YX卖出HJ750万股股票的交易行为并未发生在内幕信息敏感期内，故不存在构成内幕交易罪的客观基础；SJ集团卖出案涉股票具有正当基础；SJ集团实际控制大连YX卖出HJ750万股股票并不存在规避损失的金额计算依据。

因此，SJ集团通过实际控制大连YX卖出HJ750万股股票的行为，不构成《刑法》第180条规定的内幕交易罪；直接负责的主管人员浦某显然亦不应当承担内幕交易罪的刑事责任。

具体分析如下。

（一）SJ集团通过实际控制大连YX卖出HJ750万股股票的交易行为，与案涉内幕信息无关

关于转让SJ集团对HJ实际控制权这一特定事项及其相关信息的性质问题，监管部门已经作出了行政判定。根据《中国证券监督管理委员会行政处罚决定书（YLY）》（〔2016〕2号）的认定，SJ集团筹划出让HJ实际控制权的信息，属于2014年《证券法》第67条第2款第8项所述重大事件，构成《证券法》第75条第2款第1项、第3项规定的内幕信息。内幕信息自2014年8月6日形成，至2015年1月14日HJ发布控股股东协议转让股份、

公司实际控制人变更的公告时公开。

同时，根据《中国证券监督管理委员会行政处罚决定书（YLY）》（〔2016〕2号）的认定，上述HJ重组信息显然属于利好型内幕信息，证券交易内幕信息的知情人员或者非法获取证券交易内幕信息的人员，在该重组信息尚未公开前，买入HJ股票，构成内幕交易。

本案中，SJ集团通过实际控制大连YX卖出HJ750万股股票的交易行为，固然发生在2014年8月6日至2015年1月14日的时间区间内，但由于该等交易为卖出，其在SJ集团筹划出让HJ实际控制权这一利好型内幕信息敏感期内的交易方向（买入）与内幕信息（利好）完全相反，显然说明SJ集团通过实际控制大连YX卖出HJ750万股股票的交易行为与内幕信息无关，甚至是完全相反。具体而言，卖出股票换取资金的行为与利好重组信息（注入资金买入股票）的形成、变化完全相反；单边的股票卖出行为与利好重组信息（买入获利）的形成、变化完全相反；单边的股票卖出的时间与获悉利好重组信息的时间完全重合的情况下做出完全矛盾的交易；单边的股票卖出行为与股票当时的交易基本面（上升趋势）完全相反。

如果无视交易方向，直接基于SJ集团通过实际控制大连YX卖出HJ750万股股票的交易行为发生在2014年8月6日至2015年1月14日的时间区间内，就将之认定为内幕交易，会导致与《中国证券监督管理委员会行政处罚决定书（YLY）》（〔2016〕2号）的认定严重矛盾。因为对于同一内幕信息（SJ集团筹划出让HJ实际控制权的信息），在同样的形成之后与公开之前的敏感期内（2014年8月6日至2015年1月14日），只有一种交易方向能够被评价为内幕交易。在《中国证券监督管理委员会行政处罚决定书（YLY）》（〔2016〕2号）已经认定敏感期内的买入交易构成内幕交易的情况下，不可能再将SJ集团通过实际控制大连YX卖出HJ750万股股票的交易行为认定为内幕交易。

（二）SJ集团实际控制大连YX卖出HJ750万股股票的交易行为并未发生在内幕信息敏感期内，故不构成内幕交易罪

针对2014年9月中旬至10月下旬，SJ集团与DWJ谈判过程中所发生的

重大未公开信息有以下两种——如果一定要在其中区分出两种不同性质（利好和利空）的内幕信息（注意监管部门并未予以认定）——（1）利好信息，SJ 集团与 DWJ 筹划出让 HJ 实际控制权，该内幕信息的形成时间（重组意向形成之时）在 2014 年 9 月下旬，即浦某通过他人联系到了 DWJ 法定代表人吴某某，吴某某表示有兴趣参与 HJ 股权收购事项，该内幕信息终结于 2014 年 10 月 29 日，即谈判失败；（2）利空信息，SJ 集团与 DWJ 筹划出让 HJ 实际控制权失败，该内幕信息的形成时间（重组谈判失败之时）同步于利好内幕信息终结之时，即 2014 年 10 月 29 日，双方就股权转让款的付款方式及资产注入内容发生分歧，谈判失败。

退一步分析，即使按照避损型内幕交易的构成要件对 SJ 集团实际控制大连 YX 卖出 HJ750 万股股票的交易行为进行法律评价，亦无法得出该交易行为构成内幕交易罪的结论。因为根据《刑法》第 180 条内幕交易、泄露内幕信息罪及其司法解释的规定，构成内幕交易罪的前提是与内幕信息有关的交易行为发生在内幕信息敏感期，即内幕信息自形成之后、公开之前。根据上文分析，既然目前案涉交易行为是卖出行为，故本案充其量只存在被评价为利用利空型内幕信息从事避损型内幕交易的可能。

大连 YX 股票账户交易记录显示，SJ 集团通过大连 YX 账户卖出案涉 750 万股 HJ 股票的行为发生于 2014 年 10 月 9 日至 10 月 20 日。然而，利空信息，即 SJ 集团与 DWJ 公司筹划出让 HJ 实际控制权失败的形成时间（重组谈判失败之时）为 2014 年 10 月 29 日。显然，案涉交易行为发生在内幕信息形成之间，根本不存在构成内幕交易罪的任何客观基础。

（三）SJ 集团实际控制大连 YX 卖出 HJ750 万股股票，不仅与内幕信息无关，而且交易行为时并不存在内幕信息，同时，该卖出股票的交易亦具有正当理由

根据《内幕交易解释》第 4 条规定：“具有下列情形之一的，不属于刑法第一百八十条第一款规定的从事与内幕信息有关的证券、期货交易：（一）持有或者通过协议、其他安排与他人共同持有上市公司百分之五以上股份的自然人、法人或者其他组织收购该上市公司股份的；（二）按照事先订立的书

面合同、指令、计划从事相关证券、期货交易的；（三）依据已被他人披露的信息而交易的；（四）交易具有其他正当理由或者正当信息来源的。本案中，SJ 集团实际控制卖出 HJ750 万股股票完全具有正当理由。”

《流动资金借款合同》、还款凭证、支付凭证、交易记录、资金流水等书证证明：（1）SJ 集团欠盛京银行的贷款于 2014 年 11 月 7 日到期，SJ 集团因为缺乏资金，所以决定卖出股票获得资金用以偿还该笔贷款。（2）SJ 集团决策卖出案涉 750 万股股票是为了获得资金用以偿还到期银行贷款，交易目的正当且合理。（3）卖出股票资金客观上用于卖出决策当时的资金使用目的。大连一详为 SJ 集团代持的 750 万股，2014 年 10 月在二级市场以 8.9 元/股的价格出售，收入 6675 万元。扣除奖励给员工的 160 万股，剩余 590 万股，价值 5250 万元。该 5250 万元中，4500 万元用于归还 SJ 集团在银行的到期贷款，另外 750 万元支付给辽宁 TC 商贸有限责任公司总经理余某勇，作为他协助大连宝原公司签订合同的中介费。

（四）SJ 集团实际控制大连 YX 卖出 HJ750 万股股票的行为，主观上没有获利或者避损等获取违法所得的目的，客观上亦不存在任何违法所得

案涉股票卖出行为发生在 2014 年 10 月 9 日至 10 月 20 日，是 SJ 集团与 DWJ 就 HJ 股权收购事宜进入实质性谈判阶段。合金股票于 2014 年 10 月 28 日停牌。而 2014 年 10 月 29 日，SJ 集团与 DWJ 才因为付款方式及资产注入内容发生分歧，谈判失败。结合上述时间点，在 HJ 重组的利好信息条件下，按照经验常识与交易逻辑，如果行为人以获利为目的，SJ 集团应当在 HJ 股票停牌前买入股票而非卖出。同时，2014 年 10 月 29 日谈判进展顺利，并不存在任何谈判破裂的预期，亦不存在行为人明知重组失败而提前卖出股票规避损失的目的。所以，SJ 集团卖出案涉 750 万股股票的行为不具有获取违法所得的目的。

进一步可以看到，由于案涉交易行为本身是卖出股票，因此客观上不可能存在获利金额。同时，利用利空内幕信息提前抛售而避免损失的内幕交易，实践中通常以信息公布后跌停板打开之日收盘价为标准计算违法所得，但也需要在价差金额中排除案涉内幕信息之外的其他价格影响因子的作用。本案

中，由于从2014年10月28日起一直停牌，直至2015年1月14日，HJ发布控股股东协议转让股份、公司实际控制人变更的提示性暨复牌公告，称SJ集团以10亿元对价转让公司25.967%股权给康华投资，双方已于2014年12月31日签订股权转让协议，2015年1月9日确定收购资金来源为康华投资自筹资金。复牌当日，股价跌停。可见，SJ集团与DWJ重组谈判失败之后并未复牌交易，并且，2014年11月中下旬至2015年1月下旬，SJ集团与珠海横琴长实股权基金公司、嘉龙集团进行谈判，反复出现重组失败、重新寻找重组目标、交易对价下降等利空情况，最终导致复牌之后股价跌停。造成股价跌停的影响因素客观上已经与处于早期的与DWJ重组谈判失败这一信息无关，其主要影响因素是处于后期的重组谈判失败、重组方案不为市场看好等。DWJ重组失败这一利空信息与价格下跌之间根本不存在因果关系。所以，即使认为SJ集团与DWJ重组谈判失败属于内幕信息，即使认为有人利用该利空信息提前卖出股票，实际上该信息对于股票价格的影响已经被后期的重组失败、重组方案不为市场看好所替代，最终导致客观上并不存在基于该信息进行交易而规避损失的金额。

综上所述，SJ集团通过实际控制大连YX卖出HJ750万股股票的行为，不构成《刑法》第180条规定的内幕交易罪；直接负责的主管人员亦不构成内幕交易罪。

第八章

泄露内幕信息罪中信息交流行为的性质判断

——夏某泄露内幕信息案辩护意见

[辩护逻辑]

并购重组、定向增发、重大合同等事项，由于涉及交易双方乃至多方的谈判博弈、磋商、尽职调查等复杂程序，特定事项还要报控股股东或者政府主管部门批准，相关事项需要满足先决的市场条件或者技术研发、产品成熟条件。应当根据个案具体情况，把“影响内幕信息形成”的动议、筹划、决策或者执行人员范围，限定在交易双方有实际决策权的高级管理人员之内，即只有在“相关重大事项已经进入实质操作阶段并具有很大的实现可能性”，或者“已经具备了一定程度的确定性”，或者“实质性启动”之时，才是内幕信息的形成时间。公司中具有基于业务往来而可以获取公司相关信息的人员之间进行的信息沟通，属于公司职务行为、公司业务往来行为，不构成泄露内幕信息。

[案情]

2019 年 8 月，SJ 公司董事长黎某乐向 LC 公司董事长夏某介绍 SJ 公司并询问其投资 SJ 公司的意向，夏某当时没有明确意见。2020 年 5 月 26 日，夏某向黎某乐了解 SJ 公司向 LJ 公司提供固毡样品的试验情况。2020 年 6 月 2

日，黎某乐将《LC 公司 &SJ 公司——合作报告》发送给夏某，其中提出 SJ 公司拟向 LC 公司定向增发的股份数量、定价以及投资用途。夏某当即回复大方向没问题。2020 年 10 月 28 日，LC 公司与 SJ 公司签订《股票发行认购合同》，LC 公司认购本次股票发行中的 11, 666, 666 股，价格为每股 3 元，共计 3, 499, 998 元。2020 年 10 月 29 日，SJ 公司公告《2020 年第一次股票定向发行说明书》，定向增发对象中 LC 公司认购数量为 11, 666, 666 股，认购金额为 34, 999, 998 元。2020 年 6 月 2 日，黎某乐将《LC 公司 &SJ 公司——合作报告》发送给夏某，该方案包含了拟定向增发的对象、股份数量和定价，夏某回复大方向没问题，此时双方就定向增发事宜初步形成动议。SJ 公司定增发行股票事项属于《证券法》第 80 条第 2 款第 9 项规定的重大事项，公开前，属于《证券法》第 52 条第 2 款规定的内幕信息。内幕信息形成时间不晚于 2020 年 6 月 2 日，公开于 2020 年 10 月 29 日。2020 年 6 月 2 日，夏某与黎某乐商议 SJ 公司拟向 LC 公司定向增发事宜后，随即将相关聊天记录转发给章某平。章某平在内幕信息敏感期内与 SJ 公司发生交易。

[辩护意见主文]

2020 年 6 月 2 日并不是内幕信息形成时间；当日夏某将其与黎某乐的聊天记录转发章某平的行为不构成《证券法》第 191 条第 1 款规定的泄露内幕信息。

一、2020 年 6 月 2 日，黎某乐将《LC 公司 & SJ 公司——合作报告》发送给夏某，此时双方并未就 SJ 公司定向增发事宜初步形成动议

1. 黎某乐向夏某发送的《LC 公司 &SJ 公司——合作报告》系其对外广为散发的文件，其在内容上以介绍 SJ 公司为主，出现在标题里的“LC 公司”系 SJ 公司对外散发文件时的单方面简单替换，拟定向增发股份的数量和定价等少数要素仅系 SJ 公司单方面的需求表达，事实上当时并不具有任何现实可能性。

2. 夏某回复大方向没问题，并非对 SJ 公司定增事宜表达意见；事实上

黎某乐和夏某均未认为双方就定增事项形成初步意向或者任何形式的动议。

（1）黎某乐情况说明、关于微信聊天的补充说明等证明，作为 SJ 公司的实际控制人，其自身显然也认为相关沟通信息仅是 SJ 公司的单方面想法，为了吸引潜在投资人，向多方发送该报告并进行与夏某那样类似的对话沟通。黎某乐也非常希望相关信息的接收人进一步扩散以增加 SJ 公司融资的可能性，推动形成具体的投融资意向，这也是投资领域中惯常的做法。

（2）收到黎某乐发送的报告后，夏某出于礼貌，回复“收到，大方向没有问题”。同时，为了避免黎某乐误解夏某存在初步投资意向或者任何具有意义的意见，夏某特别强调了“内部还需讨论一下细节和时机”，明确说明现阶段并无投资意向、夏某本人并无表达明确意见。“内部还需讨论一下细节和时机”实际上就是一种非常明显的商业上的婉转表达，即明确告知对方——在定性问题上，即对于是否可以讨论定增、是否有初步意向，本人并无任何个人意见，而是需要推送到公司内部来表达意见。在定量问题上，即对于细节（能否成为定增对象、股份数量、定价等要素）和时机（何时两家公司可以形成初步意向、SJ 公司定增是否具备商业与技术条件等时间、机会），本人亦无任何个人意见，而是需要公司内部讨论分析。

（3）《ZZ 市 SJ 公司股份有限公司融资过程说明》证明：其一，SJ 公司自挂牌起就一直对公司所处行业上下游的龙头企业、基金等财务投资者广泛表达其融资意向，SJ 公司意图进行股权融资系其单方面意向且大范围公开散布。其二，行业专业人士对于 SJ 公司尝试探索的区别于主流的技术路线及其方向是保持关注的，但并不代表具有投资意向。其三，LC 公司及其董事长夏某的态度与行业其他专业人士的态度完全一致，在 2020 年 6 月微信沟通时并未明确表达投资意向，而是出于待人接物的礼貌以及专业上的尊重，表达对 SJ 公司发展大方向的关注。

3. 黎某乐与夏某微信聊天记录属于静态文字信息，需要结合语言环境、商业逻辑进行综合理解，不能断章取义；需要尊重双方的意思表示与商业逻辑，不宜脱离 SJ 公司的实际进行简单判断；需要对全文进行理解，不能对只字片语进行单独认定。

（1）黎某乐与夏某微信聊天记录包括以下三方面的完整内涵：其一，黎某乐向夏某表达固毡的技术空间，夏某表示与 SJ 公司的潜在采购方 LJ 保持沟通。其二，黎某乐向夏某发送介绍公司以及公司定增需求的文件。对于 SJ 公司及其技术路线，夏某表示大方向没问题；对于定增，夏某并未做出明确表示，而是表示需要经过 LC 公司内部讨论；夏某进一步询问业绩预测、业绩承诺，并非与黎某乐商议石经科技定增事宜，而是了解 SJ 公司业绩情况及其老股东对于业绩承诺的态度。其三，黎某乐提出面见夏某，夏某明确予以回绝，而是提出等待 LC 公司内部讨论结果，说明夏某至少在 LC 公司内部提议讨论是否参与 SJ 公司定增议题之前，并不存在对该事项的初步意向或者动议。

（2）黎某乐出具的《关于本人与夏某之间聊天内容的补充说明》、夏某的询问笔录等从信息沟通双方的角度印证了，黎某乐与夏某之间微信沟通的完整内涵以及 SJ 公司定增发行股票事项构成内幕信息及其形成时间的完整逻辑：其一，2020 年 6 月 2 日夏某对于参与定增并未表示明确意向。其二，大方向没问题指的是公司的研发路线与产业方向。其三，SJ 公司定增是否能够从 SJ 公司及其实际控制人单方面的主观想法转变为与交易对方形成的双边动议，必须具备作为前提的客观条件，即技术数据取得为行业核心企业认可的突破，否则定增只能是属于 SJ 公司及其实际控制人的单方面需求而无法形成双方动议。

4. 黎某乐本人的认知以及黎某乐、夏某的事后行为等亦充分表明，2020 年 6 月 2 日，黎某乐将《LC 公司 &SJ 公司——合作报告》发送给夏某，夏某与黎某乐微信聊天时，双方并未就 SJ 公司定向增发事宜初步形成动议。

（1）黎某乐情况说明、询问笔录明确指出：SJ 公司多年来一直到处找投资者并且很不好找。2020 年 6 月 2 日其与夏某微信聊天当时，SJ 公司的产品测试数据存在诸多问题，产品还很不成熟，不具备融资的客观条件，相应地，也不可能有人对于公司的融资问题具有初步意向。

（2）2020 年 6 月 2 日直至 2020 年 9 月 19 日 LC 公司内部决策会议决定向 SJ 公司表达初步意向，在长达 3 个月的时间里，黎某乐本人对 SJ 公司定增需求的信息从未采取保密措施，其从未书面或口头要求夏某等任何人采取任何保密措施。相反，黎某乐先生多方发送融资报告并且非常希望相关信息的接收人进一步扩散以增加 SJ 公司融资的可能性，推动任何潜在的投资者形成初步意向。

（3）LC 公司及夏某在 2020 年 6 月 2 日微信聊天之后直至 2020 年 8 月 15 日内部投资决策会议讨论之前，并未实施任何与 SJ 公司定增事项有关的行动，并未发表对该事项的任何意见，这些夏某的事后行为亦证明，2020 年 6 月 2 日双方并未就 SJ 公司定向增发事宜初步形成动议。

二、案涉内幕信息形成时间并非 2020 年 6 月 2 日

2020 年 8 月 15 日，LC 公司内部投资决策会议提出是否参与 SJ 公司股权投资议题（结论为 SJ 公司产品技术极不明朗、不考虑投资），系动议初始时间；2020 年 9 月 19 日，LC 公司内部投资决策会议决定表达初步投资意向；本案内幕信息形成时间最早不早于 2020 年 8 月 15 日。

1. 作为投资方的 LC 公司方面的大量证据证明本案内幕信息形成时间（最早）不早于 2020 年 8 月 15 日。

（1）LC 公司投资决策会议记录（2020 年 8 月 15 日）、LC 公司投资决策会议记录（2020 年 9 月 19 日）、LC 公司投资决策会议记录（2020 年 10 月 19 日）、《关于 LC 公司投资 SJ 公司相关情况的说明》、《LC 投资逻辑的案例说明》等书证、情况说明能够印证：形成 SJ 定增动议的（提出是否采取特定行动的议题）初始时间不早于 2020 年 8 月 15 日。

具体而言，其一，2020 年 8 月 15 日，能够影响是否参与定增的动议人员才开始在投资决策会上提出讨论 SJ 公司及其定增事项的议题，并且当即予以否决。其二，2020 年 8 月 15 日，提出议题的客观基础是 LC 公司听闻 LJ 公司找到了 SJ 公司的产品的一些技术亮点，但数据结果不明确。其三，2020 年 9 月 19 日，LC 公司基于实验数据表现出 SJ 公司产品可能对于 LJ 公司具有价值，提出可以表达初步的参与定增意向。其四，LC 公司的投资紧紧围绕技术和产品价值，内部有严谨的投决机制和程序，非个人决策。

（2）马某询问笔录、马某情况说明、李某心《关于 SJ 公司投资决策的说明》、范某伟《关于 SJ 公司投资的回顾说明》、夏某的笔记等印证：LC 公司能够影响参与定增的动议人员，其提出动议的初始时间为 2020 年 8 月 15

日，并且该动议直接被否定。因为LC公司内部董事决策会讨论SJ公司产品应用前景及是否具备投资价值时，从其产品的技术领先性角度，加上从LJ公司了解到的情况，认为SJ的固毡替代软毡技术还不成熟。2020年9月19日，内部董事决策会，结合新能源行业的制造属性越来越强和自动化无人化这个角度发现其产品还是有亮点，决定先与SJ公司表达初步投资意向，跟进谈判结果再内部讨论是否投资。

2. 作为融资方的SJ公司方面的证据证明本案内幕信息形成时间（最早）不早于2020年8月15日。

（1）黎某乐情况说明、SJ公司情况说明证实：ZZ市SJ公司于2015年7月29日在股转系统挂牌。公司挂牌股转系统就是为了有融资渠道从而更好地发展公司。挂牌股转系统后，为了解决公司发展的资金问题，公司一直积极寻找潜在投资者，前后与公司所处行业的上下游的龙头企业、基金等财务投资者都有接触，大部分只是表现出对公司有兴趣并进行基本了解，但由于公司在技术上一直没有突破与亮点，产品也没有得到任何客户的认可，并无投资者有任何参与融资的初步意向。因此，在产品技术未获得认可之前，定增事项一直处于SJ公司单方面需求层面，不存在内幕信息形成的可能性。

（2）黎某乐情况说明、SJ公司情况说明证实：2020年8月，因为产品数据与亮点得到了确认，开始有机构对公司的融资问题有了初步的意向。因此，2020年6月2日，并未形成SJ公司定增事项的内幕信息。

3. 案涉内幕信息是否形成（SJ公司定增事项何时具备重大性），完全取决于SJ公司产品及其亮点是否（何时）获得LJ公司的认可。只有SJ公司产品探索取得该等突破，投资者才有可能考虑参与股权投资，才有可能形成关于是否参与SJ公司定增的动议。因此，2020年6月2日完全不存在内幕信息形成的现实基础与内在价值。

（1）LJ公司《关于SJ固毡热场在LJ试用的过程说明》充分证明了SJ公司产品在相关期间内的技术探索过程，尤其是2020年6月，诸多问题一直没有得出解决方案，相关技术评估、批量采购评估处于暂停状态，并不存在投资者对SJ公司参与定增形成意向的客观条件。

（2）SJ公司与LJ公司之间的《产品买卖合同》（2020年7月15日）、

免费采购订单（2019 年 11 月 4 日）等书证充分证明了 SJ 公司产品在 LJ 公司进行了试用。

（3）《XA 万亿资产管理有限公司关于对 ZZSJ 公司股份有限公司投资过程的说明》充分印证了 SJ 公司情况说明、LC 公司内部投资决策会议记录、LC 公司情况说明、相关人员陈述等一致证明的，即投资方基于实验数据、技术方向等客观条件而驱动的参与 SJ 公司定增投资的动议、筹划、决策过程。

（4）程某出具的《关于向章某平介绍 SJ 公司相关情况的补充说明》、程某询问笔录均证明：SJ 公司的投资价值依赖于其在产品技术上的突破。因此，在 SJ 公司产品未获得认可之前，不可能有投资者具有初步意向、就参与定增进行动议，不可能形成内幕信息。

三、"相关重大事项已经进入实质操作阶段并具有很大的实现可能性"，或者"已经具备了一定程度的确定性"，或者"实质性启动"之时，才是内幕信息的形成时间

1. 本案中，SJ 公司定向增发事项的主导权主要掌握在 LC 公司方面，LC 公司及其负责人员夏某明确的动议初始时间，才是内幕信息的形成时间。

《内幕交易解释》第 5 条第 3 款规定的"影响内幕信息形成的动议、筹划、决策或者执行人员，其动议、筹划、决策或者执行初始时间，应当认定为内幕信息的形成之时"，应具体问题具体分析。

这一司法解释条款的形成直接受到黄某裕等人内幕交易中关村科技案的影响。但是，黄某裕案涉及的内幕信息为鹏润地产借壳中关村科技，交易双方均由黄某裕控制，属于自我交易，因此其动议、筹划、决策的初始时间认定为内幕信息形成时间，确实比较合理。

但是，对于那些并非自我交易的并购重组、定向增发、重大合同事项，由于涉及交易双方乃至多方的谈判博弈、磋商、尽职调查等复杂程序，有些事项还要报控股股东或者政府主管部门批准，有些事项需要满足先决的市场条件或者技术研发、产品成熟条件。近年的内幕交易行政执法，较注重具体交易的背景与过程，根据个案具体情况，把"影响内幕信息形成"的动议、筹划、决策或者执行人员范围，限定在交易双方有实际决策权的高级管理人

员之内，即只有在“相关重大事项已经进入实质操作阶段并具有很大的实现可能性”，或者“已经具备了一定程度的确定性”，或者“实质性启动”之时，才是内幕信息的形成时间。

结合本案情况，SJ公司在2020年6月2日不具备产品成熟的客观条件，SJ公司及其董事长黎某乐作为新三板基础层多年来募集不到资金也不构成影响内幕信息形成的筹划、动议人员，LC公司及其负责人夏某对于SJ公司增发事项具有绝对强有力的主导权，故内幕信息形成时间最早只能认定至LC公司内部开始正式讨论SJ公司之时，因为此时具有主导权的主体、人员开始实质启动且事项具备一定程度的可能性。

2. 作为内幕信息的定增发行股票事项，其形成时间的成立条件完全依赖于SJ公司的产品技术状态。当产品技术满足条件时，才会出现影响内幕信息形成的动议人员提出动议的初始时间。

SJ公司从挂牌之日起一直具有融资意向，但其动议、筹划、决策、执行等行为因为不具有重要性，对于内幕信息形成不构成影响。SJ公司具备融资可能的前提且客观条件是产品技术获得产业链核心企业认可。在具备客观条件的基础上，才有可能出现投资方对其定增表达初步意向、提出投资动议的情况。

SJ公司定增事项，其内幕信息形成时间的外在行为表现为对该内幕信息形成具有影响的动议人员（投资方、投资方负责人员；SJ公司及其负责人不足以作为该等动议人员，因其作为企业初创成长期资金需求方并无主导权、话语权、推动力）的动议的初始时间；其内幕信息形成时间的内在价值规律表现为产品技术及其亮点获得产业链核心企业一定程度的认可。

因此，在SJ公司不具备定增融资客观条件（产品技术获得产业链核心企业认可）的时候，内幕信息尚未形成；具备客观条件之后产业投资方开始考虑SJ公司，投资方、投资方负责人员提出是否考虑参与SJ定增的动议之时，内幕信息形成。本案中，2020年8月15日，LC公司讨论SJ定增议题，就是因为具备客观条件之后才有投资方及其负责人提出参与动议。当然，动议有可能获得通过，也有可能被否决。2020年8月15日，LC公司内部投资决策会就否决了参与SJ公司定增的动议。直至2020年9月19日，LC公司内部投资决策会才通过了该项动议，决定表达初步合作意向。所以，如果从严认定，本案内幕信息形成时间应当认定为 2020 年 9 月 19 日，但无论如何，不应当早于首次提出动议（动议的初始时间）2020 年 8 月 15 日。

四、2020 年 6 月 2 日，并不存在夏某与黎某乐商议 SJ 公司拟向 LC 公司定向增发事宜的事实；2020 年 5 月 26 日，并不存在夏某向黎某乐了解 SJ 公司向 LJ 公司提供固毡样品的试验情况

1. 夏某与黎某乐在 2020 年 6 月 2 日的微信聊天，并非就 SJ 公司定增事宜展开商议，而是对 SJ 公司相关基本信息以及态度的了解。

所谓商议定增事项，包括双方对于何时展开磋商、约时间地点、签署保密协议、安排尽职调查、交换财务数据、就核心条款展开讨论等，夏某与黎某乐在 2020 年 6 月 2 日根本未就上述要素进行任何讨论商议，实际上是完全没有提及。

聊天记录的内容表明，夏某对于 SJ 公司知之甚少，只是了解一下 SJ 公司是否遵循市场惯例附加业绩承诺、了解一下 2020 年的业绩预测，仅这两点信息沟通完全不能构成《行政处罚事先告知书》认定的“夏某与黎某乐商议 SJ 公司拟向 LC 公司定向增发事宜”。并且，当黎某乐提出去找夏某面谈时，一方面，夏某予以明确回绝，告知其等待公司内部讨论后再说；另一方面，夏某出于礼貌，表示可以派人去看看 SJ 公司，这再次证明夏某对于 SJ 公司的情况认识模糊，完全不存在所谓商议定增事宜的客观基础。

如果是商议，必然有后续的进程及其阶段性结果。但夏某与黎某乐进行了 2020 年 6 月 2 日的微信对话之后，便再未就此问题进行联系，也再无下文，并不存在所谓商议之后的连续性进程以及结果。直至 2020 年 8 月，LJ 公司初步认可了 SJ 公司技术路线的发展方向、找到了该公司产品的部分亮点之后，LC 公司才在内部投资决策会动议探讨，可见，夏某与黎某乐 6 月 2 日的微信聊天时并不存在所谓的商议。

2. 夏某向黎某乐了解 SJ 公司产品技术情况不符合事实。

2019 年 5 月，夏某与 SJ 公司董事长黎某乐初识。此后一年，夏某与黎某乐很少联系（电话、微信），更无见面；夏某对于 SJ 公司、该公司的产品与

技术以及黎某乐，少有印象。

2020 年 5 月，夏某在与章某平（大学同学）、程某（大学同学）等人的日常沟通与业务交流中，听闻了 SJ 公司及其产品研发的一些情况，开始有了印象。其间，黎某乐不时主动联系夏某介绍其公司以及产品研发，夏某便逐步开始关注该公司产品与技术研发情况。夏某从 LJ 公司研发团队了解到，SJ 公司相关产品的测试数据不甚理想。2020 年 5 月 26 日，在与黎某乐的沟通中，夏某只是简单表达黎某乐需要与 LJ 公司研发团队邹某加强沟通，此外并无交流。根本不存在《行政处罚预先告知书》所谓夏某向黎某乐了解 SJ 公司向 LJ 公司提供固毡样品的试验情况。夏某作为 LJ 公司的创始人，完全不需要通过黎某乐了解 SJ 公司的产品情况，相反，2020 年 5 月 26 日夏某作为行业领袖建议黎某乐多与 LJ 公司的技术专家交流。

五、2020 年 6 月 2 日，夏某向章某平转发聊天记录的行为不属于泄露内幕信息

1.《SJ 公司寻找投资过程说明》、黎某乐情况说明、产业链相关公司情况说明等一系列证据证明：（1）案涉《合作报告》并非重大且未公开材料，而是 SJ 公司 2019 年至 2020 年在产业链广泛散发的公司宣传材料、单方面融资需求表达。（2）SJ 公司作为新三板基础层挂牌公司具有定增需求、与产业投资者群体沟通联系，并非内幕信息而是公开信息，转发该《合作报告》以及与黎某乐的聊天记录，不属于泄露内幕信息。

2. 夏某与章某平微信聊天记录、夏某询问笔录、章某平情况说明等证明：（1）章某平担任 LC 公司的大股东沈阳汇智公司的董事，代表沈阳汇智公司与子公司 LC 公司进行工作联系，同时章某平是 LC 公司第七大股东，夏某与章某平工作沟通紧密，夏某转发信息属于常规沟通，并非泄露信息；（2）夏某转发聊天记录之后，章某平并未予以关注，而是与夏某沟通其他方面的工作；（3）结合章某平 2020 年 6 月 15 日才继续交易 SJ 公司股票以及章某平的陈述，可以印证转发的聊天记录并不具备重大性。

3. 在事实层面，SJ 公司在定增事项上并无话语权。在 SJ 公司董事长黎某乐直接沟通的对方没有明确的投资意向（对方动议人员明确表达可以考虑

展开股权合作）的情况下，SJ 公司定增问题都只是其单方面想法，而无法形成重大信息。夏某转发的聊天记录内容包括合作报告、双方沟通信息，其内涵的信息量只有 SJ 公司的融资需求，夏某回复收到、大方向没问题，黎某乐关于 SJ 公司的业绩预测（与最后事实存在显著差距），黎某乐希望拜访夏某但被回绝，并不包含具有重大性意义的投资方及其负责人对定增计划明确表达初步意向。

4. 在法律层面，根据上述关于内幕信息形成时间的证据分析、事实梳理与法律解释，2020 年 6 月 2 日并不属于动议初始时间，并未形成内幕信息，故夏某当日转发聊天记录的行为不构成泄露内幕信息。

退一步分析，即使认定 6 月 2 日内幕信息已经形成，该信息也属于“已被他人披露的信息”。如何理解依据已被他人披露的信息而交易作为一种阻却事由，司法解释及其理解与适用中有专门的规定与分析。根据《内幕交易解释》第 4 条第 3 项的规定，依据已被他人披露的信息而交易的，不属于内幕交易。《内幕交易解释》第 4 条第 3 项规定的“他人披露”是指强制披露信息以外的其他人在国务院证券监管机构指定的报刊、媒体以外的报刊、媒体披露相关信息。《内幕交易解释》第 4 条第 3 项规定的“依据已被他人披露的信息而交易的”是指行为人之所以从事相关股票、期货交易，是因为从非指定报刊、媒体获取了相关信息，换言之，是他人在非指定报刊、媒体披露的信息促使行为人从事相关股票、期货交易。广大股民对国务院证券监管机构指定的报刊、媒体披露的信息的信赖程度要远高于非指定报刊、媒体披露的信息。由于依据非指定报刊、媒体披露的信息从事股票、期货交易，实质上具有很大博弈的成分，所以即便从非指定报刊、媒体获悉的信息与后来指定报刊、媒体公布的内幕信息相同，行为人也可以基于这一事由主张自己的行为不构成犯罪。本案中包含 SJ 公司定向增发要素（增发股份数量、价格、用途）的报告，系黎某乐大规模向外发送的已披露信息。

所以，即使认为 2020 年 6 月 2 日内幕信息形成，相关信息也是“已被他人披露的信息”，符合不构成内幕交易的阻却事由。

即使认定章某平的交易行为属于内幕交易，夏某转发章某平微信记录的行为也具有合法依据与正当理由，不构成“泄露内幕信息”。

5. 在正当性层面，章某平担任LC公司的大股东沈阳汇智公司的董事，代表沈阳汇智公司与子公司LC公司进行工作联系，同时章某平是LC公司第七大股东，故章某平属于与LC公司具有可以往来关系而可以获取LC公司相关信息的人员。夏某与章某平进行信息沟通，属于公司职务行为、公司业务往来行为，不构成泄露内幕信息。微信聊天记录证明，2020年6月2日下午到6月3日上午十几个小时内，夏某共计给章某平发送了三个公司（SJ公司、拉普拉斯、上海釜川）的三份投资报告。夏某、章某平的陈述互为印证：夏某和章某平之间经常就投资项目进行工作交流。

第九章

内幕交易非法获利的司法认定

——曹某宁内幕交易案辩护意见

[辩护逻辑]

内幕信息公开后对于特定证券市场价格的影响客观上存在一定的时间限度，超过了重大信息的影响时间范畴，相关交易行为的获利部分就不能完全被认定为是基于内幕信息而获得的收益。在案发前部分卖出涉案股票的交易发生在内幕信息公开之后相当长时间后，这部分交易收益不存在对应性地利用内幕信息经济价值谋取平仓利益的可能，应当将相关经济收益排除在内幕交易违法所得之外。

[案情]

2020 年 6 月 15 日，曹某宁利用自有资金通过曹某宁申万宏源证券账户买入辉煌科技 207,000 股，买入金额为 381,140 元。自 2021 年 4 月 26 日起，曹某宁开始卖出辉煌科技股票，截至 2021 年 7 月 26 日，累计卖出 207,000 股，累计卖出金额为 4,712,470.03 元，获利为 4,331,330.03 元。

[辩护意见主文]

辉煌科技股价上涨与《起诉书》认定的内幕信息无关，《起诉书》所计算的曹某宁基于内幕交易获利的金额有误。

辉煌科技于 2020 年 10 月 29 日发布公告，拟引入包括英伟电能机器股份有限公司（以下简称英伟电能）在内的10位战略投资者作为股东，并向其定向增发股票共计26,666,666股，发行价格为3元/股，总募集资金额为79,999,998元。截至目前，英伟电能共持有辉煌科技公司17,666,666股，持股比例21.07%。现《起诉书》将辉煌科技上述定增引入战略投资者股东的信息认定为本案的案涉内幕信息。

关于定增信息对公司股票价格波动的影响因素，简要说明如下。

一、定增信息公布后的两个月内辉煌科技股价变化趋势

定增信息公布后的两个月时间内，辉煌科技股价波动幅度很小。

随着2020年年底产业政策的密集出台，辉煌科技股价和光伏板块指数上涨趋势一致。

在定增信息公布前一个交易日（2020年10月27日），辉煌科技股票的收盘价为6.02元/股，直到2020年12月20日，辉煌科技的股价依然只有7.33元/股。也就是说，在定增信息公布后的近两个月时间内（该信息的影响早已被市场消化殆尽），辉煌科技股价波动幅度非常小，这充分说明了定增信息对辉煌科技股价的影响甚微，即便该信息被认定为内幕信息，那该信息也没有对辉煌科技公司的股价造成重大影响。

二、辉煌科技股价自2020年12月21日起大幅上涨因素分析

自2020年12月21日起，随着“碳达峰”“碳中和”政策的密集出台，光伏板块指数有明显上涨，同时带动了辉煌科技股价的大幅上涨。根据数据，辉煌科技股价上涨趋势和光伏板块指数上涨趋势一致。

表9－1罗列了2020年12月至2021年4月有关光伏行业板块的利好政策、行业动态等资料：

表 9－1　有关光伏行业板块的利好政策、行业动态等资料

发布时间	文件、会议名称	主要内容
2020 年 11 月 28 日	中国能源电力发展展望 2020	陆上风电、光伏发电将是我国发展最快的电源类型，2060 年新能源装机容量占比达到 66% 左右，发电量占比达到 57% 左右
2020 年 12 月 12 日	“继往开来，开启全球应对气候变化新征程”的重要讲话	在 9 月宣布 2030 年前二氧化碳排放达到峰值，努力争取 2060 年前实现碳中和基础上，进一步宣布：到 2030 年，中国单位国内生产总值二氧化碳排放将比 2005 年下降 65% 以上，非化石能源占一次能源消费比重将达到 25% 左右，森林蓄积量将比 2005 年增加 60 亿立方米，风电、太阳能发电总装机容量将达到 12 亿千瓦以上
2020 年 12 月 31 日	碳排放权交易管理办法（试行）	《碳排放权交易管理办法（试行）》已于 2020 年 12 月 31 日由生态环境部部务会议审议通过，现予公布，自 2021 年 2 月 1 日起施行
2021 年 2 月 2 日	国务院关于加快建立健全绿色低碳循环发展经济体系的指导意见	到 2025 年，绿色低碳循环发展的生产体系、流通体系、消费体系初步形成。到 2035 年，碳排放达峰后稳中有降，生态环境根本好转，美丽中国建设目标基本实现
2021 年 2 月 10 日	关于征求 2021 年可再生能源电力消纳责任权重和 2022—2030 年预期目标建议的函	2030 年全国统一可再生能源电力消纳责任权重为 40%，其中非水电电力消纳责任权重为 25.9%，据测算，这一目标大概相当于 16 亿千瓦，具体还需要视风电、光伏装机配比而定。与之对应的 2021 年非水目标为 12.7%，此后逐年提升约 1.47 个百分点
2021 年 2 月 24 日	关于引导加大金融支持力度促进风电和光伏发电等行业健康有序发展的通知	重点针对部分可再生能源企业受补贴资金滞后影响出现的资金紧张问题，通过统筹能源、财政、金融等相关领域政策支持，为企业纾困、保持发展后劲

续表

发布时间	文件、会议名称	主要内容
2021年2月25日	关于推进电力源网荷储一体化和多能互补发展的指导意见	网荷储一体化实施路径将通过优化整合本地电源侧、电网侧、负荷侧资源，以先进技术突破和体制机制创新为支撑，探索构建源网荷储高度融合的新型电力系统发展路径，主要包括区域（省）级、市（县）级、园区（居民区）级"源网荷储一体化"等具体模式
2021年2月26日	关于2021年风电、光伏发电开发建设有关事项的通知（征求意见稿）	2021年风电、光伏发电量占全社会用电量的比重达到11%左右。 户用光伏仍有补贴，但是补贴强度未明确，管理办法仍与2019年及2020年相同。 存量有指标项目，2021年并网仍可纳入后续年度保障性并网规模。 结合乡村振兴战略，启动"千乡万村驭风计划"和"千乡万村沐光行动"
2021年3月15日	中央财经委员会第九次会议召开研究促进平台经济健康发展问题和实现碳达峰、碳中和的基本思路和主要举措	我国平台经济发展正处在关键时期，要着眼长远、兼顾当前，补齐短板、强化弱项，营造创新环境，解决突出矛盾和问题，推动平台经济规范健康持续发展；实现碳达峰、碳中和是一场广泛而深刻的经济社会系统性变革，要把碳达峰、碳中和纳入生态文明建设整体布局，拿出抓铁有痕的劲头，如期实现2030年前碳达峰、2060年前碳中和的目标
2021年3月15日	光伏制造行业规范条件（2021年本）和光伏制造行业规范公告管理暂行办法（2021年本）	
2021年3月25日	国务院关于落实《政府工作报告》重点工作分工的意见	意见提出，制定2030年前碳排放达峰行动方案。优化产业结构和能源结构。推动煤炭清洁高效利用，大力发展新能源，在确保安全的前提下积极有序发展核电
2021年3月30日	关于公开征求《碳排放权交易管理暂行条例（草案修改稿）》意见的通知	

续表

发布时间	文件、会议名称	主要内容
2021 年 4 月 22 日	“共同构建人与自然生命共同体”的重要讲话	要顺应当代科技革命和产业变革大方向，抓住绿色转型带来的巨大发展机遇，以创新为驱动，大力推进经济、能源、产业结构转型升级，让良好生态环境成为全球经济社会可持续发展的支撑

受政策利好驱动，2021 年上半年光伏产业链不断扩产，根据中国光伏行业协会统计，2021 年上半年多晶硅、硅片、电池片和组件产量分别同比增加 16.1%、40.0%、56.6%、50.5%。

受行业政策的刺激，资本市场对光伏行业内上市企业关注度非常高，相关企业的股价都呈现了较大幅度的上涨，图 9－1 显示了 2020 年 11 月到 2021 年 1 月部分光伏上市企业股价走势：

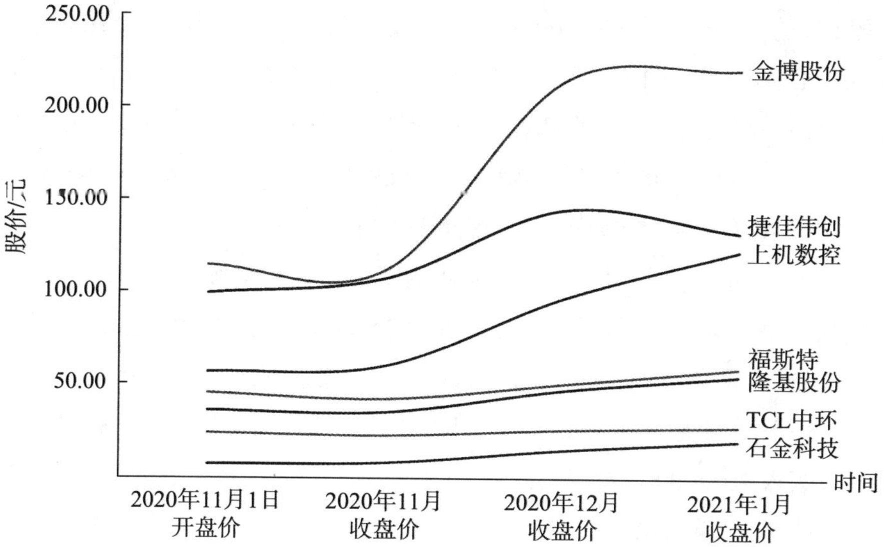

图 9－1　部分光伏上市企业股价走势

图 9－1 中金博股份主要产品为碳热场，与辉煌科技属于同行业企业，属于关键耗材，股价涨幅非常明显；捷佳伟创作为光伏电池沉积设备企业，总体也呈现了上涨趋势（由于光伏电池技术路线的竞争不确定性，其间有一定

波动）；上机数控、TCL中环、隆基股份等硅片企业股价纷纷上涨，尤其是上机数控作为新进硅片企业，更受青睐；福斯特作为光伏胶膜生产企业，也是本轮上涨受益企业。

通过以上分析可知，辉煌科技的股价自2020年12月21日起大幅上涨与其2020年10月29日发布的定增信息没有直接关系，股价上涨是受资本市场、政策因素、行业发展本身的影响所致。

三、曹某宁交易辉煌科技股票获利金额及其原因之分析

1. 曹某宁交易辉煌科技股票的情况

曹某宁买入辉煌科技的时间区间为2020年5月27日至2020年6月15日，具体为5月27日、6月1日、6月2日、6月15日四个交易日，其中，5月27日买入70,000股、总成交金额为124,900元（平均买入价为1.78元/股）；6月1日买入1000股、总成交金额为1690元（平均买入价为1.69元/股）；6月2日买入353,000股、总成交金额为721,720元（平均买入价为2.04元/股）；6月15日买入207,000股、总成交金额为381,140元（平均买入价为1.84元/股）。卖出辉煌科技的时间区间为2021年4月26日至2021年8月3日，在此时间区间内共卖出271,988股，总成交金额为6,955,886.03元，平均卖出价格为25.57元/股。剩余359,012股一直持有至今。

2.《起诉书》所计算的曹某宁利用内幕交易获利金额存在偏差

《起诉书》认定曹某宁于2020年6月15日买入的207,000股辉煌科技股票涉嫌构成内幕交易，《起诉书》所计算的曹某宁利用内幕交易获利金额为4,912,110元，即是以曹某宁平均卖出价25.57元/股减去曹某宁于2020年6月15日买入207,000股辉煌科技股票的平均买入价1.84元/股的差价，再乘以207,000股计算得出的。该算法存在重大偏差，不能反映曹某宁交易辉煌科技股票获利的真正原因，错误地将不能归因于定增信息的上涨获利归咎为基于该所谓内幕信息的交易获利。因为引起股票上涨的因素众多，《起诉书》的算法等于人为排除了其他一切因素（包括但不限于市场因素、政策因素、行业因素等）对辉煌科技股票价格走势的影响，简单地认为辉煌科技股价上涨全部是因为其于2020年发布的定增公告。这既不符合本案的客观事实，也

不符合资本市场内在逻辑。内幕信息公开后对于特定证券市场价格的影响客观上存在一定的时间限度，超过了重大信息的影响时间范畴，相关交易行为获利部分就不能完全被认定为是基于内幕信息而获利的收益。本案中曹某宁在案发前部分卖出辉煌科技股票的交易发生在《起诉书》认定的内幕信息公开之后相当长的时间后，这部分交易收益不存在对应性地利用内幕信息经济价值谋取平仓利益的可能，应当将相关经济收益排除在内幕交易违法所得之外。

3. 曹某宁获利金额及其获利原因分析

关于曹某宁在 2020 年 6 月 15 日买入 207, 000 股辉煌科技股票的行为是否系利用内幕信息进行的交易，目前仍有较大争议。即使退一万步讲，《起诉书》经过听证程序后最终仍然认定曹某宁在 2020 年 6 月 15 日买入 207, 000 股辉煌科技股票的行为系利用内幕信息进行的交易，那么对曹某宁获利金额及其原因，也应当结合其他因素，分段综合计算。对哪些属于利用辉煌科技定增内幕信息交易所形成的获利，哪些属于股票价格正常上涨所形成的获利，进行精确判断。

对于 2020 年 6 月 15 日买入 207, 000 股辉煌科技股票后辉煌科技股价走势以及曹某宁获利原因的分析，应当分段进行分析，综合研判计算。

第一阶段：从曹某宁买入 207, 000 股辉煌科技股票的 2020 年 6 月 15 日至辉煌科技公司发布定增公告前一个交易日 2020 年 10 月 27 日，在该段期间内辉煌科技的股价从 1. 84 元/股涨到 6. 02 元/股。经查询核对辉煌科技股价当时的走势情况发现，在该段期间内辉煌科技的股价主要是从 2020 年 8 月 3 日起开始迅速上涨的，一直到 2020 年 10 月 27 日（从 2. 28 元/股涨至 6. 02 元/股）。经检索辉煌科技公司的相关信息并结合询问辉煌科技公司董事长李某红、董事长秘书蔡某升等人后得知，辉煌科技公司的产品系于 2020 年 7 月下旬取得突破，获得市场认可，并正式获得了第一批订单。故由此可以判断，辉煌科技股价在 2020 年 8 月 3 日至 2020 年 10 月 27 日的上涨，主要原因是其产品市场取得重大突破，该股价上涨系由正常的市场因素导致，曹某宁由此产生的获利，不属于利用内幕信息交易所形成的获利（实际上，本案案涉的定增内幕信息，亦是在 2020 年 7 月下旬辉煌科技产品获得市场认可后方始形成的）。

第二阶段：从辉煌科技公司发布定增公告的2020年10月29日至整个光伏行业板块受政策利好驱动整体爆发前的2020年12月20日，该段期间内辉煌科技的股价从6.02元/股涨到7.33元/股。无可否认，辉煌科技股价在该段期间内的上涨，或许存在部分受定增信息影响的因素，但更大可能是“多因一果”。即便把这段时间内辉煌科技股价上涨的因素都认定为系受定增信息影响，那曹某宁由此产生的全部获利金额亦只有271,170元［（7.33－6.02）×207,000＝271,170］。

第三阶段：从整个光伏行业板块受政策利好驱动开始整体爆发的2020年12月21日至世界领导人气候峰会召开并发表利好光伏等新能源行业的重要讲话的2021年4月22日，该段期间内辉煌科技的股价从7.33元/股涨到20.14元/股。辉煌科技股价在该段期间的上涨，主要原因是政策因素及行业整体因素等，与其定增信息无关，曹某宁由此产生的利益，亦不属于利用内幕信息交易所形成的获利。

第四阶段：从2021年4月22日至曹某宁最后一笔卖出辉煌科技股票的2021年8月3日，该段期间内辉煌科技的股价一直在20元/股～30元/股的区间内来回波动。辉煌科技股价在该段时间内来回波动，主要原因是其产品市场营销因素、业绩提升因素、大盘因素等，亦与其定增信息无关，曹某宁如在此期间内有产生获利的，亦不属于利用内幕信息交易所形成的获利。

综上，本案即便最终仍然认定曹某宁在2020年6月15日买入207,000股辉煌科技股票的行为系利用了辉煌科技定增引入战略投资者股东的内幕信息进行的交易，那么该利用内幕信息所获取的利益，亦只能是小于等于271,170元。

第十章

内幕交易案的证据分析与法律适用

——钱某银内幕交易案辩护意见

[辩护逻辑]

内幕信息及其形成时间的认定必须建立在有证据证明存在具有影响内幕信息形成的筹划、动议人员实施筹划动议行为事实的基础之上。上市公司重大交易对手方的内部或者下级机构及其有关负责人员不是影响内幕信息形成的筹划主体或者筹划人员；未经上报的内部或者下级机构的内部报告不是交易对手方开始统筹策划的初始行动。内幕交易案件的证明逻辑应当符合常识。指控上市公司实际控制人在筹划转让上市公司股份这一内幕信息敏感期内，以高额的利息为代价通过向他人小额借款购买自己作为控股股东、实际控制人的公司股票，构成内幕交易罪，明显不合常理：一方面，上市公司实际控制人因为资金紧张卖出自己上市公司股份获得大量现金；另一方面，上市公司实际控制人以支付高额资金成本代价进行小额借款购买自己上市公司的股份——如果上市公司实际控制人需要实施后一种所谓内幕交易行为获取利益，实际上其根本不需要冒着违法犯罪的风险与高额资金成本借款交易股票，其只需要少卖自己已经持有的等值股份即可。既然上市公司实际控制人卖出上市公司巨额股份是客观事实，则将同期交易方向完全相反的案涉证券账户买入上市公司股票的行为认定为该上市公司实际控制人掌控的内幕交易行为，并不符合常理。

[案情]

2018年7月，时任南方ZJHJ股份有限公司（以下简称ZJHJ）董事长、实际控制人的被告人钱某银因质押公司股份融资即将到期及公司股价下跌致员工持股计划面临平仓风险等问题，决定出让其所持有的部分公司股权以缓解资金压力。经与杭州YHJK控股股份有限公司（以下简称YHJK）商谈，2018年7月27日YHJK制作《ZJHJ战略投资入股方案》，提到协议受让钱某银及其子钱某英持有的ZJHJ股权。2018年8月15日，浙江MT股份有限公司（以下简称浙MT）开始参与钱某银的股权受让项目，同年9月，YHJK和浙MT提出以组成产业基金的形式共同受让钱某银股权的方案。2018年10月9日，被告人钱某银与无锡市SZ集团有限公司（以下简称SZ）接触，经过一系列商谈及比较，钱某银最终选择推进与SZ的合作。2018年11月7日，被告人钱某银与SZ签署《股权转让意向协议》，11月8日ZJHJ发布重大事项公告，11月9日公司股票停牌。2018年7月18日，在“钱某银筹划转让ZJHJ股权”的信息公开前，被告人钱某银通过BL控股集团有限公司（以下简称BL集团）董事长陈某安向ZJHX资产管理有限公司（以下简称ZJHX）下属的两家子公司即HZHJ资产管理有限公司（以下简称HZHJ）、HZYZ投资管理有限公司（以下简称HZYZ）借款5000万元，并约定将其中1000万元放在HZYZ的证券账户中，用于交易ZJHJ股票。后被告人钱某银通过陈某安下达股票交易指令，HZYZ证券账户于2018年7月20日、8月2日、10月12日累计买入ZJHJ股票2,634,189股，买入金额10,042,950.39元。同年12月4日，被告人钱某银通过微信向陈某安下达清仓指令后将上述股票全部卖出，累计亏损441,982.65元。

在钱某银收到SZ支付的股权转让款后，2018年12月24日，被告人钱某银支付1000万元的借款利息及股票亏损共计974,093.04元至HZYZ的银行账户。

经证监会Z监管局认定，钱某银筹划转让ZJHJ股权事项构成内幕信息，该内幕信息不晚于2018年7月27日形成，2018年11月8日公开。钱某银为转让ZJHJ股权事项的策划者、决策者，自始知悉该信息，知悉时间不晚于

2018年7月27日。在内幕信息敏感期内，HZYZ证券账户累计买入ZJHJ股票2,434,189股，买入金额为9,060,450.39元，并于2018年12月4日全部卖出，卖出金额为8,883,625.41元，交易累计亏损176,824.98元。

[辩护意见主文]

本案事实不清、证据不足，适用法律错误；案涉账户买入ZJHJ股票期间，内幕信息尚未形成，案涉账户亦不能认定为由被告人钱某银实际控制。因此，对被告人钱某银构成内幕交易罪的指控不能成立。

一、本案事实不清、证据不足，《起诉书》认定的内幕信息形成时间以及案涉证券账户由钱某银实际控制，缺乏证据支持

（一）内幕信息不晚于2018年7月27日（YHJK制作《ZJHJ战略投资入股方案》时）形成——该事实认定错误、证据明显不足

1. 本案中的关键证据——《ZJHJ合作方案》从客观书证的角度充分证明：2018年7月27日YHJK制作《ZJHJ战略投资入股方案》的时间不是内幕信息的形成时间。

（1）从该份书证的性质上看，《ZJHJ合作方案》本身只是YHJK参与Y政府组织下的金融办、财政、金控集团、SW集团、PF银行、ZJHJ等相关部门和企业协调事宜的内部报告（不是对外部进行通报或者对上级进行汇报的报告），其全部内容都是分析事态以及YHJK单方面考虑下可以寻求的选择路径。而2018年7月27日YHJK制作的《ZJHJ战略投资入股方案》，更只是2018年8月4日YHJK制作的《ZJHJ合作方案》的一部分内容（方案二）。所以，在作为YHJK内部报告的《ZJHJ合作方案》都未形成任何具有现实意义的意向，也未对外沟通、对上级汇报的情况下，《ZJHJ战略投资入股方案》实际上就是一份YHJK内部工作人员的文书草稿。

（2）从该份文件的主要内容上看，《ZJHJ合作方案》绝大部分篇幅在分析员工持股计划因ZJHJ股票下跌将要被强制平仓所可能引发的风险（社会问题）及其处理方案。很明显，在2018年8月4日的时间节点，作为区政府主导下的地方国有企业，YHJK接到上级指示后仍然从维稳的角度分析与行

事，主要针对的问题仍然是员工持股计划强制平仓风险，所以直到此时都不可能存在任何与钱某银转让股权有关的筹划、动议，由此 2018 年 7 月 27 日更不可能成为内幕信息的形成时间。

（3）从该份文件的结论（需要继续协调的问题）来看：其一，“区金控集团目前自有可用资金约 1 亿元，不论采用哪个方案，均有相应的资金缺口，需政府通过增资或与其他国有企业联合的方式给予协调解决”。这说明 YHJK 根本不具有任何筹划、动议股权转让的现实可能性，不可能作为筹划、动议内幕信息的主体，故任何围绕着 YHJK 的行为、事实等均不可能作为内幕信息及其形成时间判断的依据。其二，“根据目前 ZJHJ 股票的价格和实际情况，8 月 13 日后，持股计划又会面临被平仓的风险，需政府尽快明确方案，方便后续操作”。这说明在 2018 年 8 月 4 日的时间节点，根据区政府指示行事的 YHJK 主要关注的是员工持股计划被强制平仓的风险，其下一步工作的重点是提请上级以及组织协调相关职能部门、企业等处理员工持股计划风险问题，而非股权转让事宜。

所以，《ZJHJ 合作方案》是一份关键的“铁证”，证明 2018 年 7 月 27 日 YHJK 制作的《ZJHJ 战略投资入股方案》完全不可能构成影响内幕信息形成的筹划、动议、决策、执行的初始时间。

《ZJHJ 合作方案》

2018 年 7 月 5 日 ZJHJ 向 Y 政府提交了《关于 ZJHJ 员工持股计划优先级置换的请示》，政府高度重视，及时组织区金融办、财政、金控集团、SW 集团、PF 银行、ZJHJ 等相关部门和企业进行了协调和磋商，提出以下两个方案。

一、事件背景

2016 年 11 月，ZJHJ 为调动员工积极性，实施了第三期员工持股计划（以下简称持股计划），并委托管理人上海 XQRZ 资产管理有限公司发行 XQRZZJHJ 分级特定多客户资产管理计划（以下简称资管计划），通过二级市场购买等法律法规许可的方式取得并持有公司股票。该资管产品存续期两年，至 2018 年 11 月 18 日止，满一年后，可提前清算。

资管产品总份额为6亿元，杠杆为0.5，其中优先级（PF银行）出资2亿元，劣后级（员工自筹）4亿元。资管产品终止清算时，优先级先享受5.3%固定收益分配，剩余资金再根据比例进行分配。

资金到位后，截至2017年5月16日，完成股票购买，累计购买公司股票2241万股（除权后为4033万股），占公司总股本的比例为3.36%，成交金额为5.6亿元，成交均价为25.01元（除权后为13.85元），锁定期为一年，至2018年5月15日。截至目前，该计划已满足锁定一年的条件，已解锁并可上市流通。

近期因二级市场股价波动较大，本持股计划原设定的警戒线对应股价约为9.70元，目前已跌破警戒线，导致资管产品将面临补仓平仓的风险。考虑到资管产品平仓将对ZJHJ形象和二级市场产生不利影响，且4033万股的平仓，会使公司股价大幅下跌；关键是此股票的持有人均为公司的中层和骨干人员，股票平仓可能会直接影响这些人员的积极性和稳定性，并可能动摇员工的信心，从而导致公司经营业绩下滑，带来社会问题等。

鉴于以上原因，ZJHJ向区政府申请帮助。

二、方案一：员工持股计划置换交易方案

1. 交易结构

……

2. 交易方案说明

（1）由LJZ资管作为GP，YHJK通过LP财富发起设立的契约型基金作为优先级LP，ZJHJ员工持股计划作为劣后级LP，共同成立有限合伙企业，总规模2.2亿元左右，具体出资比例及出资时间待定；

（2）有限合伙企业募集资金通过大宗交易方式购买资管计划持有的ZJHJ可流通股票；

（3）有限合伙存续期限最长不超过3年，满2年后优先级LP及管理人视情况决定是否延期一年，满一年后劣后级LP有权要求管理人择机出售所持股票直至全部股票变现完毕，有限合伙清算分配；

（4）ZJHJ第一大股东钱某银为优先级LP提供本金及固定收益担保。

3. 方案优劣分析

优势：操作简单、方便，无政策性风险，由ZJHJ第一大股东钱某银提供担保，基本能保证收益和本金安全。

劣势：持有时间最长可达3年，无法保证和预计ZJHJ的股票价格变化情况。同时员工持股计划的实际持有人是企业老员工，如果最终出售股票时价格太低，可能会引起员工的不满，带来一定社会问题。

三、方案二：战略投资入股方案

1. 交易结构

……

3. 方案优劣分析

优势：战略入股符合当前做大做强国有企业的相关政策，国内也有相关成功案例。通过国有企业战略投资方式的介入，可提振市场信心，稳定公司股价，同时通过后续加强三方在环保领域、水处理领域及上下游并购等方面的合作，进一步增强协同效应，为公司带来新的业务增长空间，提升公司股价，保证国有资产保值增值。

劣势：审批和操作流程较长，所需资金较多，需多家国有企业共同参与。

四、需协调的问题

1. 区金控集团目前自有可用资金约1亿元，不论采用哪个方案，均有相应的资金缺口，需政府通过增资或与其他国有企业联合的方式给予协调解决。

2. 根据目前ZJHJ股票的价格和实际情况，8月13日后，持股计划又会面临被平仓的风险，需政府尽快明确方案，方便后续操作。

YHJK

2018年8月4日

2. 郑某联（时任YHJK总经理）的证人证言中关于何人、何时、如何提出股权转让方案等关键问题的陈述，全部凭借推论而非事实，大量关键要素陈述不清，关于关键事实表述为贾某应该知道且与贾某陈述严重矛盾，其证言内容存在极大疑问，不能作为认定本案事实的依据。

（1）何人、何时、何地、何种场合、以何种方式提出投资入股等对于本案定罪（内幕信息及其形成时间）至关重要的要素，郑某联陈述不清，并且此信息贾某应该知道，而贾某在证言中表示是郑某联交办其草拟投资入股方案、郑某联没有说具体原因。只有犯罪嫌疑人之间才会出现的推诿在证人证言中出现，这种现象极不正常，并且导致关键事实不清。

（2）关于投资入股方案有无找 ZJHJ 相关人员确认，郑某联陈述与贾某陈述出现严重矛盾。贾某明确陈述："问：'你草拟完的《ZJHJ 战略投资入股方案》有没有找 ZJHJ 这边的人确认？'答：'我没有这个印象，因为这个方案其实属于我们的一个内部方案，也是供我们投决会内部讨论用的，所以按照常理来说是不需要找 ZJHJ 的人确认的，至于投决会其他人有没有把这份方案传递给 ZJHJ 的人我就不清楚了。'"郑某联陈述："'肯定将方案给 ZJHJ 沟通了，但具体要问贾某。'问：'你们集团内部讨论之后有无就相关的可行性方案与钱某银、沈某惠这边沟通？'答：'这个肯定是有的，不过当时整个过程的时间是很短的，具体方案我也是让贾某在具体负责的，方案肯定也是贾某这边制作并与对方沟通的，具体可以问一下贾某。'"可见，贾某确定没有，郑某联说肯定是有但两次强调具体要问贾某。双方陈述对比，很显然，郑某联的陈述错误，这部分事实应当以贾某为准，同时佐证郑某联的陈述中存在表述与事实不符、错误百出等重大问题，不应当作为定案依据。

（3）郑某联的陈述基于推论且推论没有承上启下的依据。侦查人员询问郑某联 YHJK 最早何时提出股权入股，郑某联以"因为……所以"的逻辑推论出钱某银提出意向，但又无法提供任何主观证言、客观证据作为印证。从钱某银以及 ZJHJ 一方提供的当时的客观证据来看，只显示其请求政府协调解决员工持股计划平仓风险，对于员工持股计划风险化解问题如何以及何时转换成投资入股，郑某联直接跳过，没有关于议题的过渡、承上启下的说明，明显不合理。

郑某联询问笔录（2023 年 10 月 31 日）

问：请你介绍一下自己的工作经历？

答：1990 年至 2017 年，在 YH 审计局工作，从普通科员一路提拔至副局长；2017 年到了当时的 YHJK 担任副董事长、总经理，公司在 2022 年 10 月改名为现在的杭州 YH 国有资本投资运营集团有限公司，公司改名之后我还是担任副董事长、总经理至今。

问：你是否认识钱某银？

答：认识的，他以前是 ZJHJ 的老板，也是实控人，我在审计局工作的时候还对他的企业做过审计，当时 ZJHJ 还没有上市，好像还带点残疾人的福利企业性质，后来我就没有跟他接触过了，另外在 2018 年的时候，应该是他的 ZJHJ 向 Y 政府还是 YH 金融办提出过纾困的请求，当时政府让我们 YHJK 出面对接了 ZJHJ，另外我和他就没有接触过了。

问：请你介绍一下 2018 年 YHJK 和 ZJHJ 接触洽谈的过程？

答：关于这个事情 2020 年下半年 Z 监管局的工作人员来找我调查过的，我当时都是根据现场翻找出来的资料来回答他们的问题的，说的都是比较准确的，YHJK 应该是在 2018 年 7 月接到 Y 政府或者 YH 金融办的要求，说是要去帮助解决 ZJHJ 员工持股计划的问题，我当时具体是安排公司投资部经理贾某负责尽职调查和方案起草，我印象里在接到政府这边要求的第二天贾某就进场了。

我第一次接触 ZJHJ 的人应该是沈某惠，时间根据我之前的笔记记录应该在 2018 年 7 月 20 日，谈的内容就是由 YHJK 接盘 ZJHJ 员工持股计划的相关事情；7 月 24 日我们单位内部也讨论了涉及 ZJHJ 股权交割有关政策性的要求，到了 8 月 28 日，我们调整了方案，想跟浙 MT 成立一个产业基金，以产业基金的方式出面收购钱某银部分股权。

问：你们最早是什么时候与 ZJHJ 谈起受让钱某银名下股权的事情的？

答：这个肯定是在 7 月 24 日我们内部讨论收购可行性之前钱某银这边提出来的，因为 ZJHJ 的这个任务本身就是政府交给我们的任务，看我们是否有接手 ZJHJ 的员工持股计划的可行性，但是我们作为国有的投资平台，在跟 ZJHJ 接触过程中是不会主动提出收购上市公司的股份的，所以肯定是对方也就是钱某银这边提出需求，我们才会在内部商讨收购股权的可能性，也正是出于我们作为国有投资平台考虑，我们后期才会出方案以与浙 MT 一起成立产业基金的形式出面收购钱某银的股权，以回避国有平台直接收购上市公司股权。

问：ZJHJ 这边具体是向谁提出想让你们出面受让钱某银股权的事情的？

答：这个任务当时我带着贾某直接做的，接触的也只有 ZJHJ 的钱某银和沈某惠，当时肯定是钱某银和沈某惠这边向我们这边提出了转让股权的需求，我们才会在 YHJK 内部进行下一步的讨论，但是至于具体是哪一天在哪个场合他们向我们提出来的我记不清了，也有可能是通过电话，也有可能是在他们公司或者在我们集团见面聊的，具体我记不清了，我不知道贾某是不是还记得，但我印象里肯定是有这么一个过程的。

问：你们集团内部讨论之后有无就相关的可行性方案与钱某银、沈某惠这边沟通？

答：这个肯定是有的，不过当时整个过程的时间是很短的，具体方案我也是让贾某在具体负责的，方案肯定也是贾某这边制作并与对方沟通的，具体可以问一下贾某。

问：YHJK 与浙 MT 最早是什么时候沟通收购 ZJHJ 股份的事情的？

答：时间应该是在 2018 年 8 月，这个事情应该是我本人出面的，具体日子我记不清了，我最早联系的应该是 MT 的赵某宜和周某，之后赵某宜安排了他们现在的副总经理严某具体和我们这边对接的，后期浙 MT 还对 ZJHJ 所处的行业进行了尽调，也是那个严某负责的。

问：你是否还有与钱某银的聊天记录？

答：我刚刚翻看了手机，聊天记录都没了。

问：你当时配合证监会调查时提起的工作笔记是否能提供？

答：这个我现在都找不到了，YH 分区的时候，我们公司改了名也迁了地址，这些工作笔记因为搬家我现在都找不到了。

3. 贾某（时任 YHJK 董事）第一份证人证言存在时间点跳跃、内容断裂、陈述混乱、记忆不清、与微信聊天记录以及其他证人证言矛盾、自我矛盾等严重问题，不能作为认定本案事实的依据。

（1）贾某的陈述与客观的微信聊天记录矛盾。贾某与沈某惠之间的聊天记录证明：8 月 5 日双方还在探讨员工持股计划解困问题，所以根本不可能存在 YHJK 与 ZJHJ 方面探讨钱某银向 YHJK 转让股份的问题。贾某与钱某银之间的聊天记录证明：从 7 月 6 日双方加了微信之后，没有任何关于股权合作的信息；直至 11 月才提及股权合作事项。

（2）贾某的陈述与沈某惠的陈述矛盾。贾某陈述，YHJK 公司将两个方案告诉沈某惠，沈某惠反馈给其说经过 ZJHJ 决定同意方案二即战略投资入股方案。但沈某惠陈述，钱某银当时是找 Y 政府纾困，一开始和 YHJK 接触是在谈融资的事情，后来怎么变成了谈股权转让的过程沈某惠说不上来；沈某惠全程只是帮钱某银提供材料，具体的谈判他都没有参与，都是钱某银自己去参加的。可见，根本不存在“沈某惠反馈给贾某说经过 ZJHJ 决定同意方案二即战略投资入股方案”，沈某惠也无权参与如此重大的事项的意向反馈。贾某的陈述不符合事实。

（3）贾某的陈述自我矛盾（具体参见贾某第二次笔录的证据分析）。

（4）贾某陈述中出现大量“记不清”的情况，表明其陈述内容失真概率极高，不能作为证据采信。本案中贾某的证言主要就是用来确定内幕信息的内容及其形成时间，具体时间及其对应的工作内容等细节至关重要，而对于此类关键信息及细节，贾某频繁表达记不清了，显然失去了证据效果，其所诉内容不能采信。

（5）贾某陈述的内容及其时间点极度跳跃。在内容上，对于 YHJK 对接员工持股计划如何转换为投资入股，直接跳跃、没有过程与衔接；在时间上，从 2018 年 8 月直接跳跃至 10 月、11 月，未陈述这之间发生的内容。

（6）贾某陈述内容混乱、错乱。根据贾某自己的陈述，没有合作成功是钱某银最后一天突然反悔、突然发生的，照此逻辑相关方案早就应该上报政府并获得政府原则性通过，才有可能走到最后一步（签约）。而贾某在后段陈述中又说，是因为合作没有成功而根本没有上报政府。其陈述前后极度矛盾混乱。从中可以看到，YHJK 的内部方案等本质上都是内部文件，不具有任何对外的影响。因为 YHJK 完全不具备任何主客观条件办理与 ZJHJ 有关的事项，尤其是收购钱某银股权的事项。YHJK 的内部文件制作后，至少在没有向政府正式上报的时候，是不可能认定为影响内幕信息形成的筹划、动议人员的筹划、动议的初始时间。

贾某询问笔录（2023 年 1 月 4 日）

问：2018 年的时候，你在 YHJK 工作时是否和南方 ZJHJ 股份有限公司合作过？

答：当时我任 YHJK 投资发展部经理，和 ZJHJ 商谈过受让股权的事情。最后没有合作，ZJHJ 董事长钱某银把股份出让给了 SZ。

问：你把事情的经过讲一下？

答：2018 年的时候股市不景气，ZJHJ 股价下跌，员工持股计划所投资的资管产品面临平仓风险。2018 年 7 月，ZJHJ 董事长钱某银向 Y 政府汇报，请求区政府纾困。YHJK 是 Y 直属国有企业，所以 Y 政府安排我公司与 ZJHJ 协调解决方案。与 ZJHJ 董事长钱某银见面商谈，钱某银表达了出让他本人和他儿子钱某英持有的 7.8% 的股权的意向。2018 年 7 月 6 日沈某惠加了我微信，后续的事情我就和 ZJHJ 的董事长秘书沈某惠对接了。经过后续和沈某惠的商谈，我对 ZJHJ 有了更深入的了解。2018 年 7 月 27 日左右，我草拟了一份《ZJHJ 战略投资入股方案》。2018 年 8 月 4 日，我公司经过投委会讨论决定，提出了两个方案。方案一是员工持股计划置换交易方案，通过设立 2.2 亿元的契约型基金买入 ZJHJ 股票，由钱某银提供本金及固定收益担保。方案二是投资入股方案，协议受让钱某银及其子合计持有的 1.5 亿元非限售流通股。这份汇报材料是需要向 Y 政府汇报的。我公司将两个方案告诉沈某惠，沈某惠反馈给我说经过 ZJHJ 决定同意方案二即战略投资入股方案。2018 年 8 月，ZJHJ 公布半年报，为了不影响股价。沈某惠说要暂缓实施收购方案。ZJHJ 公布半年报后，我继续跟进收购的事情。2018 年 8 月，ZJHJ 公布半年报，为了不影响股价。沈某惠说要暂缓实施收购方案。ZJHJ 公布半年报后，我继续跟进收购的事情。2018 年 10 月或者 11 月的一天周日晚上联系钱某银，约好周一到 YHJK 签署股权转让协议。当天晚上钱某银还答应得好好的，结果周一钱某银说不和我公司签约。钱某银说和 SZ 在谈，他需要时间再考虑考虑。

问：钱某银与你见面接触，是否明确表达出让股权的意思？

答：钱某银明确表示过的，出让其及其子持有的 7.8% ZJHJ 的股份也是钱某银提出来的。

问：为什么钱某银明确表示要出让其及其子持有的股份，YHJK 还要提出员工持股计划置换交易方案？

答：钱某银是为了员工持股计划被平仓的事情找 Y 政府纾困，所以我草拟了员工持股计划置换交易方案。后来我单位领导和 SW 公司领导沟通后，SW 公司决定参与收购。所以我按照领导意思，又出了战略投资入股方案。领导看了报告后，认为需要把这两个方案都写出来，然后向 Y 政府汇报，最后采用哪一个需要区里领导决定。但是最终没有合作成功，所以没有将书面的方案建议交给区政府。

问：你能否提供和 ZJHJ 商谈的相关书面材料？

答：我已经提供给你们了。

问：你提交的材料中名为《ZJHJ 战略投资入股方案》，该材料制作的日期是什么时候？

答：时间太久了，具体时间我记不清了。资金规模一栏中记载“按照 2018 年 7 月 26 日收盘价 5.11 元测算，所需资金在 7 亿元左右”，按照这个时间判断应该是在 2018 年 7 月 27 日。

问：材料提到战略投资入股方案受让方是 YHJK 和 SW 公司，SW 公司是怎么参与进来的？

答：具体我记不清了，因为 ZJHJ 是生产水泵的，和 SW 公司有业务关联通过后续加强三方在环保领域、水处理领域及上下游并购等方面的合作增强协同效应，带来公司新的业务增长空间。我公司领导可能和 SW 公司领导沟通过，SW 公司有这方面的想法，所以我做草拟方案的时候就把

SW 公司加进来了。但是 SW 公司没有人出面对接股权收购的事情。

问：长三角产业创新基金后续承接投资是什么情况？

答：这是我单位领导去沟通的，我也不清楚。内容就是长三角基金承接 YHJK 和 SW 公司受让的 ZJHJ 股权。

4. 贾某第二次证言前后自我矛盾、与第一次证言矛盾，关键事实与要素和郑某联一样呈现出推诿至他人的情形（需要问郑某联），仍然存在大量“记不清”、猜测性、关键要素跳跃的陈述，不能作为指控的依据。相反，贾某第二次证人证言确认了重要的事实，案涉投资入股方案仅为内部报告且没有告知过 ZJHJ 方面的人员。

（1）第二次证言前后自我矛盾。贾某在前面陈述的投资入股方案中涉及 SW 集团，YHJK 花很大力气协调区里 SW 集团一起起草投资入股方案，后面紧接着陈述其实际上没有和 SW 集团进行对接，SW 集团是谁出面对接这个事情的贾某说不清楚，投资入股方案只是郑某联交代他写方案的时候把 SW 集团也放到方案里。前后自相矛盾到如此“前言不搭后语”的程度，显然不能作为证据采信。

（2）第二次证言与第一次证言矛盾。在第一次证言中贾某指出，与 ZJHJ 董事长钱某银见面商谈，钱某银表达了出让他本人和他儿子钱某英持有的 7.8% 的股权。但是，在第二次证言中贾某的陈述中只有与沈某惠对接，完全不存在与钱某银对接。事实上贾某这个层面的工作人员本身就不存在与钱某银对接的问题，所以，第二次证言明确否定了第一次证言指向的核心事实（所谓 2018 年 7 月与 ZJHJ 董事长钱某银见面商谈，钱某银表达了出让他本人和他儿子钱某英持有的 7.8% 的股权）。

（3）第二次证言与第一次证言一样，存在大量的“记不清”的模糊陈述，以及大量猜测性与推论性陈述（例如：应该是陈某……我估计陈某和企业方形成了大致意向……按照逻辑来说……），显然不能据此认定案件事实。

（4）证人之间对关键问题互相“推诿”，导致事实不清，不能认定本案事实。贾某第二次证言显示，侦查人员问到关键问题——为什么制作投资入股方案，贾某说是陈某健让他做的，至于什么原因陈某健没有说。而根据陈某健证言，自己不太记得了，贾某应该记得。只有犯罪嫌疑人之间才会就主要问题互相“推诿”，证人之间实属罕见。一方面，这至少呈现出 YHJK 两位主要参与协调工作的人员证言内容不正常；另一方面，根据此类证人证言所做出的认定，显然是事实不清的，因为关键证人都表示记不清、需要问别人，等于本案中并没有查清事实。

（5）贾某的第二次证人证言明确了重要事实：案涉关键证据《投资入股方案》系供 YHJK 内部投决会讨论用的，客观上根本不可能构成影响内幕信息形成的筹划、动议。同时，贾某没有向 ZJHJ 方面的人员透露过《投资入股方案》。对照郑某联“推诿”给贾某（具体问贾某）的说法，可见，YHJK 两位参与人员对于 ZJHJ 是否知悉该方案，一位表示“不置可否”、一位表示“明确没有”，显然不能认定钱某银知悉案涉《投资入股方案》，所谓钱某银不晚于 7 月 27 日知悉的认定亦属错误。

贾某第二次询问笔录（2023 年 11 月 6 日）

问：贾某，请你再仔细回忆一下 2018 年 YHJK 与 ZJHJ 接触的详细过程。

答：好的，你们上周联系我之后我又去翻找了我的笔记本和电脑，我在我的电脑上只找到了一份会议纪要，记录了 2018 年 8 月 13 日上午在我们 YHJK 集团内部召开了一次办公会议，当时会上原则同意投资发展部关于 ZJHJ 战略投资事宜的汇报，其他我这里就没有找到相关留存的资料了。这个事情其实根据我的记忆最早是 2018 年 7 月上旬，当时我们郑某联总经理找到我说让我跟进 ZJHJ 的一个项目，并让我对接 ZJHJ 的董事长秘书沈某惠，之后我就联系了沈某惠，了解到他们公司有一个员工持股计划，这个员工持股计划当时是 ZJHJ 和 PF 银行合作的，这个员工持股计划总规模6 个亿，其中劣后级员工自筹资金 4 亿元，优先级 PF 银行出资 2 亿元，但当时的股价已经快到平仓线了，一开始沈某惠这边提出来是想通过我们金控的平台借钱或者直接让我们把 ZJHJ 的员工持股计划收了，总体的意思就是想让政府提供资金支持。我把他们的想法带回公司之后，7 月 8 日我们公司内部投决会对该事项进行了讨论，但最终没有达成一致的决议。

这个结果有没有通过我这边传达给ZJHJ那边我记不清了。时间到了2018年7月中下旬，应该是郑某联总经理让我这边做一个针对ZJHJ的投资入股方案，这就形成了证监会从我电脑上找到的《ZJHJ战略投资入股方案》，从文件显示的时间来看这份方案是在2018年7月27日草拟的。再之后就是我这次从电脑里找到的公司办公会议纪要了。但最终和ZJHJ的合作没有走下去，他们后续找了SZ去合作。

问：2018年7月中下旬，郑某联总经理为什么会让你做投资入股方案？

答：这个陈某具体没有跟我说原因，不过他肯定也不会无缘无故让我这边草拟这样一份方案的，我估计是他和企业方也就是ZJHJ沟通之后形成了大致的意向，然后让我去制作方案，讨论相关的可行性。

问：你草拟完的《ZJHJ战略投资入股方案》有没有找ZJHJ这边的人确认？

答：我没有这个印象，因为这个方案其实属于我们的一个内部方案，也是供我们投决会内部讨论用的，所以按照常理来说是不需要找ZJHJ的人确认的，至于投决会其他人有没有把这份方案传递给ZJHJ的人我就不清楚了。

问：你们投决会当时有哪些人？

答：当时针对这个项目的投决会包括董事长陈某鑫、总经理郑某联、副总经理高某、纪委书记陈某忠、办公室主任杨某和作为业务分管的我。

问：ZJHJ的人是否对你们这个方案知悉？

答：从我这个途径应该是没有透露给他们过，不过按照逻辑来说，应该是ZJHJ的钱某银或者沈某惠与我们郑某联总经理或者其他公司高层说起过这个意向，郑某联总经理才会让我去制作这么一份投资入股方案，而且后期还要召开投决会去讨论这个方案的可行性。而且我记得这份方案里还涉及SW集团，如果ZJHJ那边没有提出过相关想法，我们这边不可能去花这么大力气还协调区里SW集团一起草拟这么一份投资入股方案。

问：SW集团当时有谁跟你对接过？

答：也算不上出面与我对接，应该是郑某联陈某这边在交代我写方案的时候提到了让我把 SW 集团也放到方案里，至于 SW 集团是谁出面对接这个事情的我不清楚。

5. 路某菲（时任 YH 金融办负责人）的证人证言同样存在类似的不能予以采信的问题，同时其部分内容反证 YHJK 及其有关人员仅停留在内部分析阶段，完全不存在筹划、动议重大事项的主客观条件。

（1）从身份与职能角度，路某菲是区金融办负责人，其只作为政府相关职能部门参与协调处置事件，并不直接负责 ZJHJ 寻求政府救助的具体工作，其证言对于内幕信息及其形成问题并不具有直接证明作用。

（2）从证言内容角度，路某菲关于与 ZJHJ 有关事项的重要时间节点没有具体陈述，只是一个经过的概述，对于证明内幕信息形成时间问题没有任何作用；同时路某菲的陈述内容印证，Y 及职能部门、国有企业有关 ZJHJ 事项都是内部讨论，并没有形成任何筹划、动议行为。

（3）从陈述方式角度，路某菲并非陈述事实而是使用大量不符合事实的主观臆断。路某菲陈述："对于区政府的想法，钱某银这边通过各种渠道肯定是知道的，结合政策、规则等，他也是知道政府这边推进纾困工作的方向的，明确的反对我印象里他没有提出过，在我看来，钱某银这边整体的态度就是区政府这边能尽快给他一个纾困的方案并落实解决 ZJHJ 面临的流动资金困境就好了，至于到底是什么形式他说到底也没有什么选择权的。"

其一，区政府层面从来没有正式提出国有资本投资入股 ZJHJ，显然钱某银不可能知道这个提法。

其二，对于钱某银通过各种渠道、结合政策规则知道纾困工作方向，路某菲没有澄清什么渠道、什么政策规则，语焉不详。同时，纾困工作方向与投资入股也完全是不同性质的事项，不能混为一谈。此外，路某菲认为她没有了解到钱某银有明确的反对态度，即为钱某银知道该事项，这种推论既不能作为证言采信，也不符合逻辑规则。

其三，钱某银对于流动资金解决方案没有选择权更是无稽之谈，路某菲的陈述等于是在说政府提出什么样的交易条件，钱某银没有选择权，必须接受，如果这是事实，Y 政府难道可以提出国资交易条件使民营企业家别无选择？显然这不是事实；最后钱某银与 SZ 完成高效的交易也证明路某菲的陈述不是事实。

（4）路某菲的陈述与客观的聊天记录矛盾。金融办卢局长与钱某银的微信记录显示：两者之前的交流中从未提及股权方案；11 月才提及股权方案。同时，路某菲证言中陈述，其与钱某银聊天不频繁，实际上两人微信聊天沟通频繁、内容充分。

综上，路某菲的证言不能作为认定本案相关指控事实的依据。

路某菲询问笔录（2023 年 11 月 2 日）

问：请你介绍一下 2018 年 ZJHJ 找 Y 政府纾困的过程？

答：这个事情是发生在我担任 YH 金融办副主任期间，当时我记得是区里领导把 ZJHJ 提交到区里的一份书面的纾困请求交办给了我们金融办，我作为分管领导就接下了这个任务，当时我记得时间是在 2018 年 7 月的样子，具体日期我记不清了。接到任务后，我第一时间联系了钱某银，根据他的介绍，我了解到当时他们因为公司内部的员工持股计划面临困境，说到底就是资金流动性出现了风险，之后我这边就把了解到的情况向分管区领导进行了专项汇报，之后应该是区政府就召集了金融办、当时的 YHJK 等单位进行了会议商讨通过什么渠道帮助 ZJHJ 纾困；同时期我印象里还开过几次会，当时区政府和我们一起商讨评估是通过产业基金注资入股上市公司（也就是 ZJHJ）的方式合适还是通过国有企业注资入股上市公司的方式合适，为此还叫 SW 集团也参加了几次会。总体来说当时区政府是很重视钱某银向区政府提出的纾困请求的，区政府一心想快速帮助 ZJHJ 解决困难。

后来区政府就把整体的纾困方案策划交给了 YHJK（当时的总经理是郑某联），后面具体的方案就由 YHJK 去跟进落实了，反正我记得当时总体来说金融办、YHJK、SW 集团在区政府的统一协调下都是很尽心竭力在帮 ZJHJ 这边想解决出路的。最后 YHJK 出的方案是以与浙 MT 一起组成产业基金的形式去注资入股 ZJHJ，从而达成帮助 ZJHJ 纾解资金困难的目的。但是在临签协议前，钱某银电话告知区领导他已和 SZ 签署了股权协议，也就是把手里的股权卖给了 SZ，当时因为钱某银这边临时变卦的这个事情，我们 Y 区的领导也是承担了很大的压力。

问：你们接到 ZJHJ 的纾困请求之后，想过哪些方式帮助他们？

答：当时区政府第一时间召集我们职能部门研究方案的时候我记得就是以国有企业注资入股上市公司的方式和以产业基金注资入股上市公司这两种方案，因为说到底 ZJHJ 就是遇到了资金流动性困难，对于这个问题，政府肯定没办法直接出面借钱给企业，所以就想了以合规的注资方式入股上市公司，也就是出钱买上市公司部分股权的形式把资金输送给 ZJHJ 以帮助其舒缓流动资金压力。

问：你们有无考虑过帮 ZJHJ 从银行或者其他金融机构贷款的形式纾困？

答：这个我没有印象，因为当时钱某银说起过他的员工持股计划是在 PF 银行做的，即使这样区政府也从来没有让我们去找 PF 银行去做过相关协调工作，我印象里只是在选择注资主体的事情上进行了研究。

问：区政府这边想要选择主体注资 ZJHJ 以解决其流动资金困难的想法有无跟钱某银这边沟通过？钱某银这边有无提出反对？

答：对于区政府的想法，钱某银这边通过各种渠道肯定是知道的，结合政策、规则等，他也是知道政府这边推进纾困工作的方向的，明确的反对我印象里他没有提出过，在我看来，钱某银这边整体的态度就是区政府这边能尽快给他一个纾困的方案并落实解决 ZJHJ 面临的流动资金困境就好了，至于到底是什么形式他说到底也没有什么选择权的。

问：沈某惠你有无接触过？

答：他当时是 ZJHJ 的董事长秘书，基本是跟着钱某银一起出现来对接我们区政府的。

问：区政府召集你们职能部门召开研讨会是否有相关的会议纪要？

答：这个我印象里是没有的，当时主要是开展了一些内部的讨论，还没有到达要形成会议纪要的阶段。

问：你这边有无参加这些会议的相关记录？

答：时间有点久了，我因为好几次的工作调整，前期的笔记本都没有保存下来，你们需要的会议记录我提供不了。

问：你这边还有无保留与钱某银的聊天记录？

答：我翻找了手机，时间太久了，都没有了。

问：请你回忆一下，你与钱某银聊天的频率如何？

答：频率不高的，也就是一开始交流员工持股计划面临平仓的问题，之后也就是约过几次开会的时间，这些过程具体是通过微信还是打电话我就记不清了。

问：SW 集团这边当时是谁来参与讨论这个事情的？

答：是他们的董事长高某星。

6. 季某加（浙 MT 工作人员）的证人证言，一方面呈现出 Y 相关人员陈述的特点（关键事实要素跳跃、没有连续性、自己不清楚而推诿说别人清楚、推测性强），另一方面反证 2018 年 7 月、8 月 YHJK 方面根本不可能存在筹划、动议内幕信息及其形成的主客观条件。

（1）季某加的关键性陈述内容跳跃、没有逻辑连续性。季某加陈述：2018 年 8 月 15 日见面时，钱某银当场就说自己的资金困难，有一个带杠杆的员工持股计划快到平仓线了（这个事情是当天说的还是后面接触的过程中说的季某加记不清了），另外自己之前手里质押出去的股票也到警戒线了，然后季某加直接跟进陈述，总的意思就是需要转让一部分股权缓解资金压力。可见，在季某加的陈述中，从持股计划平仓风险、股票质押平仓风险直接转到转让股权，完全没有连续性。事实上持股计划平仓、股票质押平仓都可以通过短期借款等融资方式解决，并不意味着要在股票价格大幅度下跌的市场行情中“贱卖”股权。

（2）季某加的关键性陈述系推测且同样明确表达其实际上并不清楚。侦查人员询问，第一次见钱某银的时候对方是否就已经明确了要出让股权。季某加陈述，钱某银出让股权应该是之前就已经与 YHJK 那边谈好了的，具体钱某银与 YHJK 这边是怎么谈入股方案的，因为季某加他们前期没有参与，所以过程不是很清楚，郑某联和贾某应该比季某加清楚些。该等证言（YHJK应该和钱某银谈好了股权转让方案）显系推测，与郑某联、贾某等人的证言（应该是钱某银提出股权转让他们才会提出方案）如出一辙；并且季某加表示具体情况不清楚，表示别人（郑某联、贾某）比他清楚，同样和郑某联、贾某等人的证言如出一辙。因此，该证言没有证明作用。

（3）季某加的陈述及其提供的PPT文件（基金涉及的资金40%由Y政府这边协调、剩下的60%由浙MT从市场上募集；之后随着方案的逐步完善，明确了由Y政府协调的40%资金一半由YHJK出、一半由YHSW出）说明，直至2018年8月底，Y政府协调下的各方实际上完全没有任何筹划、动议所谓股权转让事项的主客观条件，甚至都只是没有上报的内部报告。浙MT自始至终是一分钱都没有的；所谓从市场上募集60%、Y政府协调40%、剩下的部分由YHJK、SW各出一半都是停留在PPT文件层面上的且从来都不具有现实可能性。相关内容进一步证明，YHJK根本不是具有影响内幕信息形成的筹划、动议主体，不可能根据YHJK的文件认定内幕信息形成时间。

（4）季某加的陈述与其和钱某银、沈某惠之间的聊天记录矛盾。季某加与钱某银、沈某惠之间的聊天记录中完全没有季某加证言中所说的转让股权方面的沟通交流，而且短信沟通内容都属于泛泛而谈、没有实质性内容。这也是浙MT、季某加的主体的地位和能力决定的，在简单面聊之后，ZJHJ方面就明确了解浙MT方面没有能力可以高效率地解决平仓风险、资金链紧张的压力。所以，钱某银根本不可能与其沟通转让股份等更重大的事项。从聊天记录的细节上可以看到，浙MT、季某加等一方面没有资金能力，另一方面还积极向钱某银索要律师、会计师进场尽职调查。在钱某银本身已经资金紧张、希望寻求有效率的融资的情况下还提出中介机构服务费用，实际上是比较令人反感的。钱某银微信聊天中也可以明确看到其反应很冷淡，而并非季某加所称“不是很配合”。因此，综合上述信息，可以确认根本不存在钱某银等人与季某加沟通股权转让事项的事实。

季某加询问笔录（2023 年 11 月 7 日）

问：请你介绍一下 2018 年浙 MT 与 ZJHJ 商谈股权转让事宜的过程？

答：好的，这个项目最早是当时浙 MT 的副总裁赵某宜推荐给我并让我负责的，据他介绍当时主要是 YHJK 在想办法帮 YH 的上市企业 ZJHJ 纾困，说是 ZJHJ 当时的资金出现了问题。根据我手机里跟 ZJHJ 当时的董事长钱某银的聊天记录，我是在 2018 年 8 月 15 日加了钱某银的微信。当天傍晚，钱某银就到了浙 MT 杭州公司位于钱江新城的 UDC 大厦 B 座与我、赵某宜以及 YHJK 的一个人（具体是郑某联还是贾某记不清了）见了面，钱某银当场就说自己的资金困难，有一个带杠杆的员工持股计划快到平仓线了（这个事情是当天说的还是后面接触的过程中说的我记不清了），另外自己之前手里质押出去的股票也到警戒线了，总的意思就是需要转让一部分股权缓解资金压力。当晚见面聊完后，钱某银又把公司董事长秘书沈某惠的微信推送给了我，让我之后直接找沈某惠对接后面的工作。

当晚，我与沈某惠就加了微信，第二天还是第三天，我就带着团队到了美好国际大厦见了沈某惠，并索要了一些公司的基本资料，中间我就与沈某惠、贾某、郑某联一起商讨着定制了具体的入股方案，根据我电脑里留存的工作记录，我在 2018 年 8 月 17 日就已经制作了一份方案的初稿，不过这稿子的 PPT 里还没有将具体的方案写进去，最早出现入股方案的是 2018 年 8 月 20 日的那稿 PPT 里，方案里对 ZJHJ 的总估值在 80 亿元左右，同时明确了以规模 6.5 亿元的专项基金去收购钱某银、钱某英父子手里 ZJHJ8% 左右的股权，基金涉及的资金 40% 由 Y 政府这边协调、剩下的 60% 由浙 MT 从市场上募集。之后随着方案的逐步完善，明确了由 Y 政府协调的 40% 资金一半由 YHJK 出、一半由 YHSW 出。

2018 年 9 月下旬，我做完方案之后就联系了钱某银和沈某惠，并联系了大华会计师事务所和中伦律师事务所一起进场尽调，但这个时候 ZJHJ 这边就已经表现得不是很积极配合了，后面这个事情就不了了之了，直到最后公告前后我们才知道钱某银这边最后和 SZ 合作了。

> 问：你第一次见钱某银的时候对方就已经明确了要出让股权吗?
>
> 答：明确了，钱某银出让股权应该是之前就已经与 YHJK 那边谈好了的，YHJK 找浙 MT 也只是让浙 MT 作为市场化运营的第三方来落地他们谈的入股纾困方案。具体钱某银与 YHJK 这边是怎么谈入股方案的因为我们前期没有参与，所以过程不是很清楚，郑某联和贾某应该比我清楚些。
>
> 问：你以上所说的内容有无凭证?
>
> 答：我可以提供我与钱某银和沈某惠的全部聊天记录，而且我电脑里也有我当时制作的 PPT，你们可以拍照让我确认。

7. 沈某惠第一次证言证明：(1) 前期（2018 年 7 月、8 月）解决员工持股计划强制平仓风险中的引入战略投资者等概念，其含义就是获得短期融资归还短期债务及其利息，并不涉及钱某银转让 ZJHJ 股权事项。(2) 钱某银转让 ZJHJ 股份事项的最初提议方是 SZ。时间发展到 2018 年 10 月 18 日的时候，钱某银方面仍然是提出引入战略投资者通过融资解决短期债务而非实际控制人转让股权。(3) 沈某惠关于钱某银与 SZ 的筹划、动议、执行股权转让重大事项的说明清晰、准确、与客观证据材料吻合，可以充分说明真正的内幕信息形成及其执行的状况，反证 YHJK 及其内部报告，从主体、能力、实力、层级、工作效能等各方面都不可能构成影响内幕信息形成的人员及其筹划、动议行为。

> 沈某惠询问笔录（2022 年 5 月 18 日）
>
> 问：请介绍 SZ 收购 ZJHJ 控股权事项的具体经过?
>
> 答：详细情况 2019 年证监会找我做笔录的时候我已经讲过了。2017 年金山环保从 ZJHJ 中剥离，钱某银的股权质押比例很高，他的资金压力比较大，2017 年年底到 2018 年的证券市场行情一直不大好，ZJHJ 的公募基金股东比较多，又一直在减持 ZJHJ 的股票，ZJHJ 的市值从 200 亿元跌到了 70 亿元不到。2018 年 5 月、6 月，钱某银开始筹划引入战略投资者，钱某银、我和 ZJHJ 副总经理鲁某谈过大概 10 家的战略投资者。我查看了当时的微信记录，2018 年 7 月 6 号我开始和 YHJK 的业务部经理贾某接触，

一开始我们是想让 YHJK 接 ZJHJ 的员工持股计划。因为我们公司发了 4 亿元的员工持股，向银行配资 2 亿元。股价下跌，会导致平仓，所以我公司找 YHJK 纾困。但是到 2018 年国庆节前都没有定论，钱某银的股权质押到 2018 年 10 月底 11 月初就到期了。经查看我的微信，2018 年 10 月 9 号，孙某朝给我发送了 SZ 的介绍资料，SZ 是 ZTGF 无锡营业部的吴总推荐给孙某朝的，后来孙某朝还给我们推荐过广州金控。10 月 20 号之前，SZ 和广州金控两家公司都来过 ZJHJ 和我们见面。第一次（经查看微信，是 2018 年 10 月 18 号）是 SZ 的总裁党委副书记田某量、SZ 投资部部长黑某月、ZTGF 无锡营业部的吴总三个人一起来的 ZJHJ，我和钱某银接待，我们双方互相介绍了情况当时 SZ 就提出要收购 ZJHJ 的控股权，不做战略投资者，田某量还邀请我们去无锡考察。经查看微信，2018 年 10 月 31 号，钱某银去了 SZ 考察，我因为有别的事情没有去。钱某银从无锡回来后，ZTGF 的孙某朝就开始准备和 SZ 转让股权的方案。经查看微信，2018 年 11 月 1 日下午 14 时 28 分，孙某朝将和 SZ 的股权转让框架协议发到我的微信，这个框架协议应该已经给钱某银看过了。2018 年 11 月 7 号，SZ 的党委书记周某新、总裁田某量、投资部部长白某龙、办公室主任、ZTGF 的孙某朝和无锡营业部的吴总到 ZJHJ 与钱某银、我、鲁某（周某是否在场我不记得了）见面，当时 SZ 直接带了一份框架协议的草案过来，我们现场商谈了框架协议草案的具体条款，当天晚上我们就和 SZ 签订了框架协议，钱某银和周某新都在框架协议上签了字，11 月 8 号我们就公告了这个事项。11 月 8 号当天 SZ 请会计师也进场对 ZJHJ 做尽职调查了。

问：请介绍钱某银转让股权给 SZ 的具体经过？

答：SZ 要求要 ZJHJ 的控股权，钱某银之前是 ZJHJ 的董事长，他的股权转让有比例限制。上市公司董事、监事、高级管理人员每年可以转让所持的 25% 的股份，所以钱某银就先把一部分股权转让给 SZ，缓解他的资金压力。剩余的股权表决权委托给 SZ。钱某银把剩余委托表决权的股权质押给 SZ，由 SZ 借款给钱某银。

问：你是否跟其他人说过 SZ 收购 ZJHJ 控股权的事情？

答：没有。

问：钱某银质押 ZJHJ 股票的情况？

答：质押 ZJHJ 的股票是钱某银的个人行为，我不方便了解。所以我不清楚相关情况。

问：钱某银转让 ZJHJ 股权的背景？

答：这要分两个方面。一方面是大环境的影响，当时公司股价下行，员工持股计划面临爆仓。另一方面是钱某银个人的股票高位质押，股价下跌到了临界点，质押的股票面临爆仓。2018 年 5 月、6 月，那段时间钱某银一直在解决个人融资和员工持股问题阶段。据钱某银跟我说他当时是找 Y 政府纾困，一开始和 YHJK 接触是在谈融资的事情，后来怎么变成了谈股权转让的过程我就说不上来了。不过我全程只是帮钱某银提供材料，具体的谈判我都没有参与，都是钱某银自己去参加的。

问：你是否知道钱某银在外面借款解决个人债务问题的事情？

答：我不清楚。

问：员工持股计划的债务是怎么解决的？

答：后来被 PF 银行强制平仓了。

问：请解释下你以上提到的“2018 年 5 月、6 月，钱某银筹划引入战略投资者”的意思？

答：找人解决员工持股面临爆仓的问题，接盘银行出资部分。找人融资，解决他个人在券商股权质押面临爆仓的风险。

问：请回答钱某银筹划股权转让的动议形成时间？是否经过开会讨论？是否形成书面材料？

答：开会讨论是在 2018 年 11 月 8 日，当天公司就发布停牌公告了。在此之前都没有开过会，没有书面材料。

问：你在这个过程中参与了哪些工作？是从什么时候开始的？

答：我在股权转让整个过程中，和 YHJK 对接，提供给对方需要的相关资料。最早和 YHJK 对接是在 2018 年 7 月 6 日，微信聊天记录上有的。

问：为什么钱某银个人资金压力大，会影响到公司的并购、重组？

答：没有直接的影响。可能因为他个人资金压力，导致他已经心灰意冷，索性把股权全部转让（把公司卖了）。

问：钱某银通过陈某安实际控制的BL集团有限公司向HZHJ借钱的事情你是否清楚？

答：这个中间的过程我不是很清楚，事实上我一开始都不知道这个事情，是证监部门启动调查之后我才知道有这么回事。

问：钱某银通过上述途径借来5000万元的事情你不知情？

答：我不知道，他这笔钱到位之后应该是还钱了吧，但具体我没有经手，我不清楚。

问：陈某安你是否认识？

答：我印象里在2013年前后我见过一次，当时好像是钱某银带我去吃饭的时候见过一次。

问：钱某银有无向你提起过自己在外借钱的事情？

答：借钱我是知道的，因为他向金融机构借钱都是需要履行公告程序的，这个时候我作为公司董事长秘书就会知道。但是他民间的一些借款都不会通过我，所以我就不是很清楚了。我印象里当时那段时间他向国泰君安是借过钱的。

问：钱某银当时找人接盘的事情有哪些人知道？

答：钱某银本人和我是知道的，鲁某知不知道我也说不上来，公司里其他人应该都是不知道的。

问：钱某银有无把这个消息透露给过其他人？

答：这个我就不知道了。

问：钱某银通过BL集团借到的5000万元中有1000万元拿去买了ZJHJ的股票这个事情你是否知道？

答：我是后来才知道的，事情发生的时候我是不知道的。钱某银一直也没有跟我提过这个事情，后来证监部门来调查的时候钱某银也一直否认他买了自己公司的股票，据我了解他跟证监部门说是陈某安当时帮他借钱的条件。

> 问：钱某银跟证监部门说的这个情况你是否知情？
>
> 答：这个我不清楚的。
>
> 问：你觉得为什么是买 ZJHJ 的股票，不是买其他股票？
>
> 答：他们两个人之间的事情我就不知道了。
>
> 问：当时公司的股价和实际估值情况？
>
> 答：当时按股价算下来公司的市值是 70 多亿元；但是按照实际的经营状况来看，我们当时一年水泵的销售利润在 2 亿元左右，按照 30 倍 PE 算，公司实际市值应该在 60 亿元左右，加上收购的三个环保子公司（收购价每个就在 10 多亿元了），总市值应该在 100 亿元左右。但是当时公司通过股权质押借款的杠杆太高了，资产负债率在 70% ~80% 的样子了，已经触碰到安全线了，所以钱某银这边当时才会这么紧张。

8. 沈某惠第二次证言证明：（1）即使 10 月底后期探讨钱某银转让 ZJHJ 股权事项，其筹划、动议主体也是钱某银与 Y 政府层面的领导人员，而非 YHJK 相关工作人员，故 YHJK 方面的内部文件不可能作为内幕信息形成时间的判断依据。（2）YHJK2018 年 7 月 27 日草拟的《ZJHJ 战略投资入股方案》沈某惠并不知悉；其也没有沟通过投资入股的意向或者相关问题，贾某陈述的沈某惠传到 ZJHJ 方面出让股份的意向与沈某惠陈述矛盾、与微信聊天记录矛盾。

> 沈某惠第二次询问笔录（2023 年 11 月 10 日）
>
> 问：2018 年 ZJHJ 与 Y 政府接触期间，你最早接触 Y 政府这边的人有哪些？
>
> 答：前期都是钱某银、沈总在和 Y 政府这边沟通寻求帮助的，我参与到这个事情最早是沈总让我见的 YHJK 的总经理郑某联，根据微信聊天的记录，我最早和郑某联互加联系方式是 2018 年 6 月 29 日，具体那时候有没有见过郑某联、陈某我记不清了，可能是钱某银、沈总把郑某联的联系方式先推给了我，然后我再加的陈某微信，不过时间太久了，具体我记不清了，我只记得第一次当面见郑某联、陈某是在 YHJK 的会议室，但具

体时间我也记不清了。跟郑某联、陈某互加了微信之后，陈某又安排了贾某、丁总跟我具体对接ZJHJ当时的纾困请求。根据我和贾某、丁总的微信记录，我最早和对方加联系方式是在2018年7月6日。之后YHJK这边我主要就是和贾某具体在对接了。

问：你之前是不是把你和贾某的聊天记录发给钱某银了？

答：是的，前段时间他让我把和贾某的全部聊天记录都发给他了，我当时就按他的要求全部都转发给他了。

问：根据你和贾某的聊天记录，2018年8月6日，贾某向你询问了钱某银股权比例的情况，这是怎么回事？

答：具体我记不清了。

问：你在证监会的笔录里说贾某在2018年8月6日向你询问钱某银股权比例的情况，应该是Y政府已经开始筹划收购钱某银股权的事情，这是怎么回事？

答：这个我记不清了，只能说有这种可能，不过也不排除其他可能。

问：其他还有什么可能？

答：比如贾某在写报告的过程中需要这部分内容，具体在我和他的聊天记录中没有提及，时间也过了这么久，具体贾某是什么原因来问我这些内容我实在记不清了。

问：Y政府和YHJK这边最早提出以注资入股的形式来帮助ZJHJ纾困是什么时候？

答：我们最早就是希望区政府这边能协调出资接走员工持股计划中PF银行出的那部分优先级资金，以这种形式延缓平仓，具体方案一开始都没有确定至于Y政府和YHJK这边什么时间提出以注资入股的形式帮ZJHJ纾困我没有什么印象了，不过即使双方有这方面的沟通也应该是直接和钱某银、沈总这边沟通，毕竟股权也是在他手里，要入股肯定是要经过他本人的同意，具体要问钱某银和Y政府或者YHJK这边的领导了。

问：YHJK在2018年7月27日草拟的《ZJHJ战略投资入股方案》你们这边有没有收到过？

> 答：没有。
>
> 问：你觉得这份方案是在什么情况下形成的？
>
> 答：这个我说不上来。
>
> 问：你按照正常做事的逻辑来分析呢？
>
> 答：按照正常的逻辑来看，YHJK这边应该是跟公司这边针对投资入股有个大概的交流，但是具体情况我这边没有接触过，我不是很清楚到底怎么回事。
>
> 问：这件事情YHJK这边和你们公司这边的谁有过交流？
>
> 答：这个事情面上只有钱某银、沈总和我在对接YHJK，我这边和YHJK是没有过相关交流的，但至于实际是不是沈总和对方进行这方面交流的我没法说。
>
> 问：你们当时找Y政府这边纾困的时候有没有设想过政府方能提供哪些方式的支持？
>
> 答：首先我只能从企业的角度来考虑，当时员工持股计划面临平仓，PF银行这边已经准备开始强行卖股票了，企业的现金压力很大，找到政府这边的初衷也是想让政府帮忙协调解决现金压力，至于政府能以什么方式提供支持我本人是没有考虑的。
>
> 问：你还有什么要补充的？
>
> 答：钱某银、沈总目前在你们这边的案件我也有所了解，以我在工作中对钱某银的认识和了解，在当时企业面临这么大风险的节点上，他其实是没有动机也没有必要去进行这么小规模的内幕交易的，他当时在证监会所受的处罚我觉得也比较冤枉。

9. 钱某银本人才是影响“钱某银筹划转让ZJHJ股权事项”形成最为关键的筹划人员，其陈述稳定且逻辑清晰，2018年7月6日开始与YHJK接触商谈的是员工持股计划融资置换事宜，与Y政府、浙MT等单位接触也未涉及股权出让问题，直至2018年10月31日到SZ考察时才有了出售股权的意向。所以，2018年7月27日并非影响“钱某银筹划转让ZJHJ股权事项”形成的筹划人员筹划的初始时间。

（二）HZYZ 证券账户交易 ZJHJ 股票认定为钱某银实际控制——该事实认定错误、证据明显不足

1. 陈某安的证人证言的陈述内容漏洞百出、与客观事实矛盾、与其他证人证言矛盾、与书证矛盾，其关于案涉 HZYZ 证券账户中的资金系归属于钱某银的借款、案涉 HZYZ 证券账户交易 ZJHJ 股票系钱某银实际控制的证言内容不应当被采信。

（1）陈某安陈述：具体交易的金额和数量是钱某银发买指令到陈某安手机上，陈某安发送到其公司总经理宋某的微信上，再由宋某发给 HZYZ 的人下单买卖股票。该陈述明显与事实、案涉证据不符。在案证据短信记录显示，钱某银从未将具体交易的金额和数量通过微信发送给陈某安；所有的具体下单信息沟通、指令细节等都是陈某安及其公司员工对接 HZYZ 沟通的，并且有详细的指令单据佐证。

（2）侦查人员询问陈某安，钱某银为何“借款炒 ZJHJ 的股票”，陈某安陈述：钱某银当时没钱但想要做高 ZJHJ 的股价。该陈述明显与事实、常识不符。HZYZ 证券账户中只有区区 1000 万元资金，而 ZJHJ 就算低谷期市值也有 100 亿元，该等案涉 1000 万元资金根本不可能用于做高 ZJHJ 的股价。

（3）陈某安的证言中，关于为何要将 5000 万元拆分成两笔借款、1000 万元资金交易 ZJHJ 后的盈亏等简单情况，其表示不清楚；对于借款关系、担保关系、质押股份、投资关系、交易指令等复杂的法律关系、逻辑关系等问题，却做出精细化表述，其作证内容及其表达上的精确度矛盾足以说明其证言存在失真的重大嫌疑。

（4）陈某安陈述案涉 HZYZ 证券账户中 1000 万元资金系由钱某银所借，系陈某安一人的说辞，与其他证人证言、在案书证矛盾。HZYZ 及其关联方以及相关工作人员的证人证言均明确锁定只有陈某安及其 BL 集团系借款方，完全没有与钱某银有任何法律关系以及信息沟通上的交集。案涉借款合同、担保合同、委托投资合同等明显区分为两套不同的文件，一套为 4000 万元借款，一套为 1000 万元借款用于交易 ZJHJ。陈某安将该两笔交易全部归结为钱某银一人所为，与书证所呈现的法律关系与行为事实不符。

陈某安询问笔录（2022 年 1 月 21 日）

问：你和钱某银有无资金的来往？

答：我之前私下向他借过几次钱，这些钱我后来都还掉了。2018 年 6 月的时候，钱某银来向我借钱。我就以 BL 集团的名义帮他借钱，向 HZYZ 借款 1000 万元，向浙江厚经资产管理公司借款 4000 万元。

问：钱某银为什么要向你来借钱？请详细说明钱某银借款的原因？

答：他想借钱去炒 ZJHJ 的股票，就问我有没有办法能够借到钱。于是我想到了北京 XCD 的周某明，周某明就帮我找到了他下面的公司 HZYZ。

问：借款前你和钱某银、HZYZ 等出资方是怎么磋商的？

答：钱某银要借 5000 万元其中的 1000 万元用于购买资金公司 ZJHJ 的股票。HZYZ 要求钱某银用他持有的 ZJHJ 股票质押作为增信担保，我和我妻子朱某华提供连带责任担保。

问：HZYZ 借款的经过？

答：我看了下签订的借款合同。合同签订时间是 2018 年 7 月 18 日。当时是 HZYZ 派人带着《借款合同》《保证合同》《股票质押合同》《委托投资合同》到我办公室和钱某银签订合同。我查看了银行的流水，2018 年 7 月 18 日浙江厚经资产管理公司汇款到 BL 集团的公司账户 4000 万元。收款后，我就将 4000 万元转至钱某银的个人银行账户了。另外的 1000 万元借款实际没有流水，而是委托 HZYZ 用于交易 ZJHJ 的股票。

问：放款后资金的去向？

答：其中 4000 万元放款到 BL 集团华夏银行账户后直接汇款给钱某银的农业银行账户。钱某银如何使用 4000 万元的我不清楚。另外 1000 万元没有资金的流水，而是在 HZYZ 的账户中，委托 HZYZ 投资，用于炒 ZJHJ 的股票。

问：1000 万元具体是如何用于投资 ZJHJ 的股票的？

答：我因为忘记了手机密码，所以无法查看和钱某银的聊天记录。原来的手机已经换掉了。我查看了投资指令，投资指令上的名字是我签的。

但是具体交易的金额和数量是钱某银发买指令到我手机，我发送到我公司总经理宋某的微信上，再由宋某发给 HZYZ 的人下单买卖股票。

问：钱某银为什么要借款炒 ZJHJ 的股票？

答：他当时没钱，但是想要做高 ZJHJ 的股价。

问：钱某银作为 ZJHJ 当时的实际控制人，通过 BL 集团向外借钱去炒 ZJHJ，这种行为你是怎么认识的？

答：这种行为肯定是不对的，包括后期证监会对他进行处罚肯定也是因为这样操作是违规违法的，但当时我主要是出于之前欠他人情考虑，就出面帮他借了这 5000 万元。

问：这 5000 万元为什么要分成两笔借款？

答：这个我具体记不清楚了，应该都是钱某银当时要求并且安排的。

问：1000 万元借款用于交易 ZJHJ 的时间？

答：我看了下投资指令，买入时间是 2018 年 7 月 20 日、2018 年 8 月 2 日、2018 年 10 月 12 日。卖出时间是 2018 年 12 月 4 日。

问：1000 万元借款交易 ZJHJ 的过程中，你起了什么作用？做了哪些工作？

答：我就是将钱某银的投资指令转发给宋某，宋某把指令再发给 HZYZ 的喻某风下单。

问：1000 万元用于炒股，你和钱某银是如何约定炒股的利润分配的？

答：因为之前我向钱某银借过钱，为了还他的人情，所以钱某银向我来借钱，我就用公司的名义帮他出面借钱。当时借钱的时候我们还签了代偿协议约定利息都是由钱某银那边承担的，而且钱借到之后实际也是按照钱某银的要求去买 ZJHJ 的股票的，这些都可以证明这 5000 万元是钱某银借走的。所以当时虽然没有约定炒股利润的分配，但在我看来亏损、盈利都跟我没有直接关系，应该都算是钱某银的。

问：最后这 1000 万元炒股的盈亏情况？

答：我不清楚了。

问：5000 万元的借款是否还清？最后的还款时间？还款方式？

> 答：5000万元借款应该都已经还清了，不然我作为保证人，这么长时间的话出借人肯定要来找我了，但具体是怎么还的我没有经手不清楚。我公司宋某可能清楚。

2. 宋某的证人证言存在大量传闻陈述、猜测性陈述，与客观事实不符，与其他证人证言矛盾，不能予以采信。

（1）宋某证言中出现大量“我听到贾某庆说”“陈某安通知我”“贾某庆原话的意思是”等传闻、猜测，可信度低，其内容不能作为认定本案相关事实的依据。

（2）宋某证言中关于贾某庆的内容，与贾某庆的询问笔录完全矛盾，其内容不能作为认定本案相关事实的依据。

（3）宋某证言中明确指出XCD及其相关工作人员喻某婷直接参与和钱某银之间的借款沟通、会议等，而喻某婷等人的证言明确完全不存在此类事实、与钱某银完全没有沟通、没有交集，故宋某的证言内容不符合事实，完全不能予以采信。

> 宋某询问笔录（2022年1月26日）
>
> 问：你把事情的经过讲一下？
>
> 答：2018年6月左右，具体时期我不清楚了。我在BL集团大楼陈某安董事长的办公室见到了沈总（陈某安）的朋友贾某庆，我听到贾某庆说ZJHJ的股价较低，希望沈总能借钱给钱某银，用于购买ZJHJ的股票，帮助维持ZJHJ的股价。钱某银已经动员员工买股票。当时钱某银是不在场的。之后的某一天，我在沈总的办公室见到了XCD的喻某婷、古某日，钱某银和陈某安在商量借钱给钱某银的事情。因为陈某安和钱某银是多年的好友，所以出于帮助朋友，沈某建以BL集团的名义出面帮助钱某银借款，利息和本金都是由钱某银支付。XCD的法定代表人周某明之前和我们公司在中航信托接盘转塘的烂尾楼的事情合作过，相互之间比较信任。所以就同意了出借5000万元，4000万元是现金借款，1000万元是用于购买ZJHJ的股票。但是为了风控，这1000万元是没有资金流水的，是在HZYZ

的账户里用于购买 ZJHJ 股票的。后来我才知道我们公司是和 HZYZ 签订的借款合同。HZYZ 是 XCD 下面的一家公司。陈某安通知我，说 BL 集团出面帮钱某银向 XCD 借了 1000 万元用于购买 ZJHJ 的股票。买卖的时间、交易数量、金额到时候陈某安会通知我的，再由我负责和 HZYZ 的经办人喻某风对接下单。喻某风把空白的投资指令单模板发给我，之后根据陈某安的交易通知，将投资指令单交陈某安签字后发给喻某风。我查询了发送投资指令单的记录，分别是 2018 年 7 月 20 日、2018 年 8 月 2 日、2018 年 10 月 12 日、2018 年 12 月 4 日。证监会在调查的时候，在我手机上看到了 2018 年 12 月 4 日陈某安微信发给我的记录、钱某银和陈某安的微信聊天记录截图。截图上面显示"陈某安：'股票什么价格可以卖?'钱某银：'这个星期全部卖光吧。'陈某安：'好的。'"

问：钱某银是何时向陈某安借钱的?

答：具体时间我记不清了，肯定是在 2018 年 7 月 18 日 BL 集团和 HZYZ 签订借款合同之前。

问：为什么由 BL 集团出面借钱?

答：因为钱某银资金紧张，向我们公司董事长陈某安借钱。我们公司又没有钱出借给他，于是陈某安就想到了 XCD 的周某明。之前周某明在中航信托做顾问的时候，BL 集团帮助中航信托在杭州接盘烂尾楼，所以相互比较信任。又因为风险控制需求，XCD 提出由 BL 集团出面签订借款合同，由钱某银做担保。

问：借款合同的内容?

答：第一份借款合同是 2018 年 7 月 18 日 HZHJ 出借给贝控股集团有限公司 4000 万元，借款期限 4 个月，年利率 10%。第二份借款合同是 2018 年 7 月 18 日 HZYZ 出借给 BL 集团 1000 万元，借款期限 4 个月，年利率 15%。另外的保证合同、股票质押合同前期都已经提交给证监会了。

问：资金放款的时间、金额、形式?

答：经过查询银行回单，放款的时间是 2018 年 7 月 18 日，HZHJ 汇款4000万元到BL集团。

问：还款的时间、金额、形式？

答：我只能查到2018年12月4日，BL还款4000万元的记录。剩下的1000万元因为本身就是在HZYZ自己的股票账户中的，如果股票亏损了，钱某银应该已经弥补了这部分亏损的钱。具体是怎么还款的我不清楚，听XCD的人说钱某银已经还掉了。

问：实际的借款人是谁？

答：实际借款人是钱某银。

问：贾某庆为什么要替钱某银开口向陈某安借钱？

答：贾某庆是杭州本地人，之前是江苏银行的。后来钱某银成立了一家环保方面的公司，地址就在BL集团里面。贾某庆任这家公司的总经理。BL集团和这家公司有合作，后来BL集团退出了。因为之前有合作关系，贾某庆就来找陈某安。贾某庆原话的意思是钱某银资金紧张，ZJHJ的股价低，钱某银又碍于面子不肯来求陈某安，希望陈某安能借钱帮钱某银购买ZJHJ股票，维持股价。钱某银已经在动员公司员工购买股票了。我在办公室插嘴说了一句，我们公司借钱有困难，一个是风险控制的困难，一个是财务成本的困难。贾某庆还回了我一句，朋友之间借钱，谈什么利益。

问：投资指令具体是谁做出的？如何传递的？

答：投资指令是钱某银发给陈某安，陈某安再发给我，我填写投资指令单后由陈某安签字。我再将投资指令发给HZYZ的喻某风，由喻某风负责下单。陈某安是不炒股票也不懂股票的。

问：买卖股票的情况？

答：全部是ZJHJ，股票代码300145。

问：钱某银有无向陈某安说起ZJHJ卖控股权的事情？

答：说起过的。2018年7月20日放款后，钱某银多次到陈某安的办公室。我从他们谈话中听到过好几次，钱某银委托陈某安出面借钱。钱某银向陈某安谈起为什么考虑把ZJHJ控股权卖给SZ，而不是卖给四川省发

> 展集团有限公司。因为钱某银认为江浙的风土人情相似，以后相处起来会容易很多。
>
> 问：上述钱某银向陈某安谈及 ZJHJ 卖控股权的时间？
>
> 答：这个时间应该是在 2018 年 11 月 8 日 ZJHJ 发布公告之前。
>
> 问：钱某银为什么要向陈某安谈及 ZJHJ 卖控股权的事情？
>
> 答：因为陈某安出面帮助钱某银借钱，钱某银和陈某安关系比较好，所以在闲谈的时候谈起来的。
>
> 问：钱某银的情况讲一下？
>
> 答：钱某银是 ZJHJ 的法定代表人，他和我们公司董事长陈某安都是“君和会”的成员，两个人相识多年了。2019 年年底我们公司资金紧张，陈某安给我说钱某银之前承诺会借给我们公司钱的，2019 年 1 月 13 日陈某安生病后，我发消息给钱某银说借款的事情，钱某银没回我消息。我就觉得他不讲信用。

3. 喻某婷的证人证言证明：（1）资金出借方及其工作人员与钱某银毫无交集，说明宋某的陈述中的重要细节性内容“我在沈总的办公室见到了 XCD 财富管理股份有限公司的喻某婷、古某日，钱某银和陈某安在商量借钱给钱某银的事情”完全子虚乌有、不符合事实。宋某关于案涉证券账户中的 1000 万元资金系钱某银所借的陈述不能予以采信。（2）本案所涉 4000 万元与 1000 万元两笔借款的法律关系、法律文件、业务逻辑、债务归还等要素完全不同，案涉证券账户中的 1000 万元资金及其所交易的 ZJHJ 股票的权益归属与钱某银完全无关。

> 喻某婷询问笔录（2022 年 12 月 9 日）
>
> 问：你把借款的经过讲一下？
>
> 答：2018 年 6 月底、7 月初的时候，BL 集团的董事长陈某安打电话向 XCD 的董事长周某明提出借款 5000 万元的需求，用于倒贷，借款期限 4 个月。XCD 之前和 BL 集团有过多次合作，周某明就让我和陈某安联系。我电话联系陈某安，开始和 BL 集团商谈借款的具体事项，XCD 要求 BL 集团

提供强担保和强抵押物，BL 集团回应无法提供可抵押物，公司认为仅仅由陈某安夫妇提供个人担保的增信措施不足。陈某安就说去找到其他担保再和我联系。

过了几天，陈某安联系我，说他可以提供南方 ZJHJ 的股东钱某银的股票做质押，但是不做质押登记。因为 ZJHJ 的股票质押登记后，不利于 ZJHJ 后续融资。XCD 认为不做登记的股票质押担保措施较弱，于是提出要求个人担保。后来就由钱某银夫妇个人担保。根据当时 ZJHJ 的股价和市值，结合借款的利率、期限，XCD 计算出放款额度为 4000 万元。BL 集团的陈某安就提出一个方案：XCD 出借 5000 万元，其中 4000 万元汇至 BL 集团，剩下的 1000 万元放在 XCD 控制的证券账户，由 XCD 买入标的股票。这 1000 万元的借款条件是在年利率 15% 基础上加股票盈利分成。最终 XCD 和陈某安谈好，投资利润的 40% 归我公司。如果还款有问题，公司可以处置标的股票。若仍有损失，由 BL 集团承担补足差额本金及利息。XCD 同意了担保的方案，于是就决定通过 ZJHX 出借。

一开始 XCD 打算提供 5000 万元资金，但是由于公司资金不足。于是打算让 XCD 参股的公司 ZJHX 去做这笔借款业务。ZJHX 内部经过评审，决定借款给 BL 集团。XCD 将 1000 万元汇至 ZJHX，另外 4000 万元由 ZJHX 出资。ZJHX 下属两家全资子公司：HZYZ、HZHJ。2018 年 7 月 18 日，由 HZHJ 与 BL 集团签订 4000 万元的《借款合同》，与钱某银夫妇签订《股票质押合同》《保证合同》，与陈某安夫妇签订《保证合同》。由 HZYZ 与 BL 集团签订 1000 万元的《委托投资合同》，与陈某安夫妇签订《保证合同》。当时是 ZJHX 的运营团队负责具体合同签订的事情。具体是谁签合同的我记不清了，可能是吴某雄或者喻某风。

签订合同的时候，标的股票已经确认是 ZJHJ 了。投资指令模板是 HZYZ 拟好提供给陈某安的。每次交易指令都是陈某安填好投资指令后，由 HZYZ 的运营喻某风负责委托交易的。

问：签订借款合同之前，XCD 和钱某银有无交集？

答：从来没有过交集。

问：4000 万元资金的实际用款人是谁?

答：借款合同是和 BL 集团签订的，实际用款人在我们看来也是 BL 集团。

问：为什么实际用款人是 BL 集团，但是利息是钱某银支付的?

答：我也不太清楚。借款的时候钱某银提供第三方担保，在我们看来 BL 集团和钱某银的关系肯定很好。我们关注的是能否收到本息，具体他们之间怎么约定的，我们也没有考虑。

问：4000 万元借款的利息及支付方式?

答：约定一次性还本付息，年利率是 15%（包括 5% 的顾问费是 68.333 万元，这部分是先支付的）。我记得到期后，BL 集团延期还款了几天。2018 年 12 月 4 日，HZHJ 收到 BL 集团的 4000 万元还款。2018 年 12 月 21 日，收到了钱某银汇到 HZYZ 的利息 1,633,333.34 元。2018 年 12 月 24 日，收到钱某银汇到 HZYZ 的股票亏损补足金额 974,093.04 元。YZ 的财务觉得借款合同是和 BL 集团签订的，但是利息却是由钱某银支付的方式在账目上不合适。于是公司就要求 BL 集团和钱某银出具利息代偿函。

问：本金和利息支付的日期为什么不是同一天?

答：按照约定应该是 2018 年 11 月 18 日就应该还本付息。HZHJ 多次催款，BL 集团于 2018 年 12 月 4 日先还了 4000 万元本金。HZHJ 的运营催促陈某安支付利息，陈某安回复说他和钱某银商量好了，利息由钱某银支付。HZHJ 就向钱某银催讨利息。2018 年 12 月 21 日，钱某银转账给 HZYZ 利息。

问：为什么钱某银支付利息给 HZYZ?

答：钱某银汇错账号了，应该是付给 HZHJ 的。

问：财务顾问费是怎么计算？如何支付的?

答：按照 400,000,000 元 ×5%（年利率）×123（天）/360 = 683,333 元。2018 年 8 月 10 日，BL 集团汇款到 HZHJ 财务顾问费 683,333 元。

问：财务顾问费为什么是 8 月 10 日支付的?

> 答：放款是2018年7月18日，一般情况下我们公司在放款10日内收一笔财务顾问费。按照道理BL集团应该于7月28日前支付顾问费，实际晚付了好多天。
>
> 问：利息怎么支付的？
>
> 答：4000万元是按照139天资金占有时间计算，利息的计算方式是40,000,000元×10%（年利率）×123（天）/360+40,000,000×15%×16（天）/360=1,633,333.34元。由钱某银于2018年12月21日转账至HZYZ。
>
> 问：股票的亏损是怎么支付的？
>
> 答：1000万元投资的亏损是我们公司按照本息的差额不足计算的，总共是974,093.04元。2018年12月24日由钱某银转账至HZYZ。
>
> 问：你之前提到，BL集团陈某安就提出一个方案，XCD出借5000万元，其中4000万元汇至BL集团，剩下的1000万元放在XCD控制的证券账户，由XCD买入标的股票。当时买入的标的股票有无确定？
>
> 答：当时没有确定。
>
> 问：陈某安在商谈的时候是否表达过买入ZJHJ的股票？
>
> 答：没有明确表达过要买ZJHJ。2018年股灾，好多上市公司爆雷。大概在2018年也咨询过什么时间买入合适。列举过几个软件科技类的公司，但是没有说过ZJHJ这个股票。

4. 喻某风的证人证言证明：（1）HZYZ证券账户交易ZJHJ股票的指令是包含规定的时间、价格区间、数量等非常具体的要素的指令，而非简单原则性的买入或者卖出指令。相关具体细致的交易指令均来自BL集团的宋某并由陈某安签署；相关指令完全与钱某银无关。（2）HZYZ的证券账户交易ZJHJ股票的相关事宜喻某婷更为清楚，说明喻某婷提供的有关ZJHJ股票以及钱某银的情况更为准确。

> 喻某风询问笔录（2022年2月25日）
>
> 问：你把事情的经过讲一下？

答：之前在证监会询问的时候我已经讲过了。2018 年 7 月 16 日的时候，古某日将起草好的文件发给我，我将文件发到了“厚信资产董事会群”的微信群中。内容是“关于厚信资产 2018 年第八次董事会的四个议案”。议案一提到 BL 集团拟向 HZHJ 申请借款 4000 万元，议案二提到 BL 集团拟向 HZYZ 申请借款 1000 万元，并委托 HZYZ 交易 ZJHJ 的股票。议案通过后，后续协商、签订合同是由业务部的同事具体操作的。2018 年 7 月 18 日，HZHJ 汇款 4000 万元到 BL 集团。同日，HZYZ 将 1000 万元转至证券账户。我将空白的投资指令单模板发给 BL 集团的经理宋某，BL 集团的董事长陈某安签字后再通过宋某发送给我。2018 年 7 月 20 日、2018 年 8 月 2 日、2018 年 10 月 12 日，我根据 BL 集团的投资指令买入 ZJHJ 的股票。2018 年 12 月 4 日，根据 BL 集团的投资指令全部卖出 ZJHJ 的股票。具体成交数量和金额我记不清了，以证券账户的记录为准。我记得最后亏损 40 多万元。2018 年 12 月，这 1000 万元到期后，财务计算出资金使用费及利息 50 多万元，加上利息 40 多万元，BL 集团共计需要支付 97 万多元。2018 年 12 月 4 日，BL 集团还款 4000 万元给 HZHJ。2018 年 12 月 24 日钱某银转账给 HZYZ 5000 万元的利息 1,633,333.34 元。2018 年 12 月 24 日钱某银转账给 HZYZ 1000 万元的损失及利息共计 974,093.04 元。当时我们是和 BL 集团签订的借款合同，钱某银直接付利息的话，我们公司财务的账就不平了。于是我们就拟了《利息代偿函》模板发给宋某，让钱某银在代偿函上签字，这样 HZYZ 的账就平了。

问：BL 集团是如何签订借款合同的？

答：具体负责操作是古某日，我只知道 4000 万元是补充 BL 集团的流动资金。1000 万元是用来买 ZJHJ 的股票。

问：为什么 1000 万元要放在 HZYZ 的证券账户？

答：这是我公司提出来的，资金放在我公司证券账户更安全。

问：BL 集团对以上借款是如何提供增信的？

答：4000 万元是 HZHJ 汇到 BL 集团的，我们要求提供第三方担保，由钱某银夫妇以个人名义提供担保，并由钱某银的 ZJHJ 股票质押担保。1000 万元是 HZYZ 银行账户转到我公司证券账户的，因此就只要求陈某安夫妇提供担保。

问：为什么 HZYZ 的证券账户要交易 ZJHJ 的股票？

答：我是根据合同和投资指令函操作的，具体情况喻某婷会更清楚。

问：XCD 和 ZJHX、HZYZ、HZHJ 之间是什么关系？

答：HZHJ、杭州厚泽投资管理有限公司是 ZJHX 的全资子公司。XCD 持有 ZJHX 20% 的股份。

问：HZYZ 和 HZHJ 之间有什么关系？

答：这两家都是 ZJHX 的全资子公司。HZYZ 和 HZHJ 在同一办公地址，人员混同、财务是独立核算的。

问：HZHJ 的人员结构？

答：业务负责人是喻某婷、业务员古某日，财务郑某，我是出纳。

问：为什么钱某银还利息的时候是将钱汇到 HZYZ 的账户？

答：是钱某银自己还错钱了，所以后来我公司要求钱某银出具《利息代偿函》。

问：你们公司是谁负责对接 BL 集团项目的？

答：喻某婷她比较清楚。

问：讲一下 HZYZ、HZHJ 的银行账户和证券账户情况？

答：HZYZ 开户行是民生银行杭州朝晖支行。HZYZ 证券开户行是财通证券绍兴上虞营业部。HZHJ 开户行是绍兴银行上虞支行，无证券账户。

问：为什么 5000 万元要分 2 笔出借？

答：实际上 ZJHX、HZYZ、HZHJ 都是同一套人员。这是 ZJHX 业务部门设计的方案。整个业务是喻某婷负责的。

问：喻某婷、古某日、郑某的联系方式？

答：喻某婷的手机号码是 138××××6196，古某日的手机号码是 139××××4132。财务郑某的手机号码是 158××××1913。

问：你是操作投资指令的？

答：BL 集团总经理微信上发送投资指令的照片到我微信，我根据指令的内容，在规定的时间和价格区间内使用 HZYZ 财通证券账户进行买卖 ZJHJ 的操作。

问：宋某的联系方式及微信号？

答：他的微信号码是 sy138××××6910，昵称：××。

问：你的微信账号情况？

答：我的微信号是××，昵称：×××。

5. 贾某庆的证人证言与宋某关于贾某庆的传闻证言明显矛盾，从证明力来看应当采信贾某庆本人的证言，宋某的证言不宜采信。

贾某庆询问笔录（2022 年 5 月 19 日）

问：你和钱某银、陈某安之间有无经济往来？

答：我之前向钱某银借过几十万元，后来都还清了。

问：你最后一次见陈某安是什么时候？

答：时间太久了，我不记得了。只记得是在陈某安生病之前，好久没见了。

问：2018 年的时候钱某银资金紧张的情况你是否知道？

答：当时身边的 YH 人茶余饭后都会说起来，钱某银的公司资金紧张，我也是通过这样的方式知道的。

问：钱某银自己是否向你说起过他资金紧张？

答：没有。

问：钱某银有无找你帮忙解决资金困难的问题？

答：没有。

问：你是否帮助钱某银向陈某安借过钱？

答：没有。

问：你是否在钱某银资金紧张的时候，去过陈某安办公室？

答：我很少去陈某安办公室，中金生态科技有限公司在 BL 集团大楼

> 办公的时候我也就去了没几次。我们公司是在2018年4月10日BL集团退股前就搬走了，按照时间推算，我在2018年4月10日以后就没有去过陈某安办公室了。
>
> 问：你和钱某银、陈某安平时有无联系？
>
> 答：我和陈某安平时不联系的，跟钱某银偶尔联系，因为我的社保还挂在中金生态。

6. 赵某美的证人证言印证：案涉行为期间，因为市场行情极度欠佳，公司股票持续下跌，钱某银为鼓励大家购买ZJHJ股票，承诺并实际对可能出现的买入亏损予以“兜底”，但相关股票交易均为购买股票的人各自负责，钱某银并不实际控制相关股票交易。该等情况与案涉证券账户买入ZJHJ股票并由钱某银实际承担亏损完全一致。同时，股票兜底统计数据、账户明细、网银电子回单等大量书证都予以充分印证。

> 赵某美询问笔录（2023年12月6日）
>
> 问：赵某美，钱某银之前有无在你们单位里鼓励过员工去买公司的股票？
>
> 答：这个事情我不是很清楚，不过我印象里有一次他让我这边帮他给一些员工打过钱，说是那些员工买公司的股票亏了钱，钱某银的意思要帮员工兜底。
>
> 问：这个事情的经过你讲一下？
>
> 答：这个事情应该是在2020年1月中下旬的样子，有一次他找到我说让我代他付几笔钱，也告诉我这些钱是员工买了公司股票之后亏损的补偿，我记得总共有2100多万元，后来公司当时的董事会秘书周某1也找到了我，并给了我一张具体的人员名单，上面记录了需要我代付人的名字和所属的部门，这些名单上的人都是所属单位的负责人，之后我就按照名单将钱某银打给我的钱分别打给了名单上的这些负责人，再之后应该就是由这些负责人把对应买股票亏损的钱打到对应单位的员工，不过这个过程我没有参与，具体我就不清楚了。

不过名单上周某1的名字出现了三处，当时周某1因为嫌麻烦，就让我直接把这三处加起来的钱打到了员工本人的账户去了，没有像其他部门一样通过汇总打给负责人，再由负责人打给各部门的员工。周某1这三处的金额加起来总共有2,955,344.7元，我当时就按照周某1的要求分别打到了周某1、傅某华、周某英、陈某、姚某芳、胡某涛、姚某彪的账户上，我这边打给这些账户的金额加起来就是2,955,344.7元。

另外表格上有一个叫周某起的人的钱不是当天打给他的，是按他自己的要求在2020年3月2日才打到他指定的一个长沙银行账户上，不过他的名字银行的系统打不出来，所以回单显示的名字叫“周某2”，其余的钱我都是在2020年1月20日钱某银转给我21,643,376.1元当天就分别转到了对应人员的工资卡账户里了。这些名单和银行回单我都整理好，今天也直接带来提供给你们了。

问：这张“股票兜底统计数据”表上只记录了人的名字、金额以及所属的部门，你怎么知道要打到哪些账户？

答：我是我们公司的出纳，员工每个月的工资都是我这边安排发的，所以我这边掌握着公司所有人的工资卡卡号，当时打款的时候我都是按照对应员工的工资卡卡号打过去的，不需要逐个询问他们的收款账户什么的。

问：你在进行这些操作的时候有无找名单上的每个人核对？

答：没有，也不需要我去核对，反正钱某银给了我这个任务，周某1又给了我名单，名单上的金额和钱某银转账给我的金额是对得上的，我就直接按照名单上的金额打款到了对应人的工资卡上去了，除了周某1和周某起以外，其他人的转款记录和名单上的金额都是对得上的，而且也都是在2020年1月20日当天进行的转账。

问：周某起这边为什么要到2020年3月2日才让你打款？

答：这个当时应该是钱某银通知我缓一缓打的，具体什么原因我也没问过，他也没跟我说过，周某起本人也没有找过我，反正我这边最后还是按照表格上写着的616,185元，在2020年3月2日转到了周某起的长沙银行账户里了。

问：你带来的这些银行回单和“账户明细查询”“股票兜底统计数据”都是哪里来的？

答：银行回单是我本人去银行打出来的，上面是有电子回单签章的；“账户明细查询”也是我从农行拉出来的，但是银行没有盖章；“股票兜底统计数据”是当时周某1给我的。

二、指控被告人钱某银构成内幕交易罪、情节特别严重，属于适用法律错误

根据《刑法》第180条内幕交易罪的法律规定以及相关证券犯罪司法解释，本案中，案涉账户买入ZJHJ股票期间，内幕信息尚未形成，亦不能认定案涉账户为被告人钱某银实际控制，案涉账户成交金额并未达到“情节特别严重”的量化标准。

（一）2018年7月27日YHJK制作《ZJHJ战略投资入股方案》不宜认定为本案内幕信息（钱某银筹划转让ZJHJ股权事项构成内幕信息）形成时间

《内幕交易解释》第5条规定：本解释所称“内幕信息敏感期”是指内幕信息自形成至公开的期间。《证券法》第67条第2款所列“重大事件”的发生时间，第75条规定的“计划”“方案”以及期货交易管理条例第85条第11项规定的“政策”“决定”等的形成时间，应当认定为内幕信息的形成之时。影响内幕信息形成的动议、筹划、决策或者执行人员，其动议、筹划、决策或者执行初始时间，应当认定为内幕信息的形成之时。

内幕信息的公开，是指内幕信息在国务院证券、期货监督管理机构指定的报刊、网站等媒体披露。

本案中，ZJHJ实际控制人钱某银筹划转让ZJHJ股权事项构成内幕信息并无争议。根据《内幕交易解释》关于内幕信息形成时间的规定，本案中作为内幕信息的“钱某银筹划转让ZJHJ股权事项”，其形成时间显然应该是影响“钱某银筹划转让ZJHJ股权事项”形成的筹划人员，其筹划的初始时间。

而 2018 年 7 月 27 日（YHJK 制作《ZJHJ 战略投资入股方案》的时间）并不能构成影响“钱某银筹划转让 ZJHJ 股权事项”形成的筹划人员，其筹划的初始时间，故不应认定为内幕信息形成时间。

1. 制作《ZJHJ 战略投资入股方案》的 YHJK 及其有关负责人员（总经理陈某健、投资发展部经理贾某）不是影响“钱某银筹划转让 ZJHJ 股权事项”（内幕信息）形成的筹划主体或者筹划人员；《ZJHJ 战略投资入股方案》仅是 YHJK 单方面的内部报告，连在 YHJK 内部都未获正式同意上报，更不存在 Y 政府开始统筹策划国资参与 ZJHJ 战略投资入股的初始行动。因此，YHJK 制作《ZJHJ 战略投资入股方案》的时间不能作为本案内幕信息的形成时间。

具体而言，根据《行政处罚决定书》认定的事实，时任 ZJHJ 董事长、实际控制人的钱某银于 2017 年 12 月质押公司股份融资逾 4 亿元，将于 2018 年末到期。受二级市场整体波动影响，ZJHJ 股价下跌，导致其第三期员工持股计划所投资的资管产品面临平仓风险。2018 年 7 月，钱某银商请 Y 政府协助解决相关问题。Y 政府安排 YHJK 等单位与 ZJHJ 协调解决方案，其中 YHJK 由董事贾某负责具体落实。2018 年 7 月 6 日，贾某加了 ZJHJ 时任董事会秘书的沈某惠的微信，开始商谈相关方案。

可见，讨论 ZJHJ 相关问题的主体为 ZJHJ 与 Y 政府，即民营企业遇到困难求助区政府。在级别层次上，YHJK 等单位及其有关人员和 ZJHJ 及其工作人员对接协调层面的工作，并非统筹、策划层面的筹划工作。在沟通事项上，协调商谈的事项也只是 ZJHJ 第三期员工持股计划所投资的资管产品面临平仓风险化解问题，而非“钱某银筹划转让 ZJHJ 股权事项”。在资金能力上，相关事项涉及的资金规模远非 YHJK 的资金能力所能及，上市公司股权收购事项也不在 YHJK 的权限范围之内，YHJK 的经营范围也与收购 ZJHJ 事项完全无法兼容，相关市场要素决定了 YHJK 及其工作人员没有任何可以对该等重大事项进行筹划的客观基础。在沟通人员上，相关对接人员贾某也只是 YHJK 的董事，并无筹划重大事项的权限，不属于影响内幕信息形成的筹划人员。

所以，YHJK 及其负责人员不是影响内幕信息形成的筹划人员，制作

《ZJHJ 战略投资入股方案》也不是筹划行动。作为 YHJK 单方面内部流程的《ZJHJ 战略投资入股方案》，其制作时间不能认定为内幕信息形成时间。

2. 与 ZJHJ 具有对等实力的潜在股权受让方及其负责人员也是影响“钱某银筹划转让 ZJHJ 股权事项”形成的筹划人员，股权交易买卖双方的筹划、动议直至执行的相关事实印证了本案内幕信息形成于钱某银明确表达转让股权合作意向之日，即双方均形成合意之日。

钱某银与 SZ 相关负责人员在实力、资金、意向、实效等各方面要素均对等的情况下，构成了影响“钱某银筹划转让 ZJHJ 股权事项”形成的筹划人员。10 月 18 日 SZ 相关负责人员来到 ZJHJ 表达初步股权合作意向（启动筹划），10 月 31 日钱某银来到 SZ 表达合作意愿（确认筹划），双方最终筹划、动议、推动、执行转让 ZJHJ 股权事项。

因此，钱某银（股权卖方）与 SZ（股权买方）之间的合作过程及其结果印证：（1）钱某银与 YHJK 方面对接初期并不存在筹划转让 ZJHJ 股权事项的主客观条件，而是寻求解决 ZJHJ 员工持股计划平仓风险的融资问题。（2）只有在出现具备推动转让 ZJHJ 股权事项能力以及主客观条件的主体（SZ）出现并表达初步意向的情况下，才有可能明确出现具有影响内幕信息形成的筹划人员（钱某银）筹划股权转让的初步时间（表达合作意愿）。

（二）案涉交易 ZJHJ 股票的 HZYZ 证券账户不应认定为被告人钱某银的实际控制账户，HZYZ 证券账户累计买入的股票，不属于被告人钱某银实际控制下的证券交易行为

尽管《刑法》第 180 条内幕交易、泄露内幕信息罪以及《内幕交易解释》并未就内幕交易行为下的证券账户实际控制问题进行规定，但证券犯罪相关司法解释对于案涉账户的实际控制问题作出了明确的规定，可供内幕交易、泄露内幕信息刑事案件参照适用。

《市场操纵解释》第 5 条规定：“下列账户应当认定为刑法第一百八十二条中规定的‘自己实际控制的账户’：（一）行为人以自己名义开户并使用的实名账户；（二）行为人向账户转入或者从账户转出资金，并承担实际损益的他人账户；（三）行为人通过第一项、第二项以外的方式管理、支配或者使用的他人账户；

(四) 行为人通过投资关系、协议等方式对账户内资产行使交易决策权的他人账户；(五) 其他有证据证明行为人具有交易决策权的账户。有证据证明行为人对前款第一项至第三项账户内资产没有交易决策权的除外。”

根据司法解释的上述规定，本案中，被告人钱某银对案涉交易 ZJHJ 股票的 HZYZ 证券账户的资金并无所有权或者使用权，并不承担交易实际损益，并未管理、支配、使用该账户，亦未行使交易决策权，故不能认定被告人钱某银实际控制案涉证券账户。

1. 案涉交易 ZJHJ 股票的 HZYZ 证券账户中的 1000 万元资金并不属于被告人钱某银。

HZYZ 公司与 BL 集团签署的 1000 万元《借款合同》和《委托投资合同》，陈某安（BL 集团负责人）夫妇为 1000 万元借款提供个人担保而签署的《保证合同》，资金出借方相关负责人员的证言等一系列证据均证明，HZYZ 证券账户中的 1000 万元资金的借款人及其实际控制人系 BL 集团及其负责人陈某安而非钱某银。仅凭借陈某安的单方面矛盾性陈述（尤其是没有资金出借人方面的陈述印证），不能认定该 1000 万元资金系钱某银的借款。

2. HZYZ 证券账户交易 ZJHJ 股票的收益明确不属于钱某银。任何行为人实施内幕交易犯罪行为的目的就是为了获取交易利润或者规避损失，其本质上都是为了获取经济收益。既然案涉证券账户交易 ZJHJ 股票的收益完全不属于钱某银，就根本不存在认定案涉账户系钱某银实际控制、被告人钱某银实施内幕交易行为的现实基础。

根据案涉借款合同、保证合同以及相关资金明细，1000 万元资金放置于 YZ 公司证券账户，资金出借人提供该等资金借款的条件为利息收益与股票交易收益分成，即 1000 万元年利率 15%，加上股票交易利润 40%；如果出现交易亏损，则由 BL 集团补足差额本金及利息。可见，被告人钱某银并不存在承担案涉证券账户实际损益的情况，因为“益”完全不属于钱某银。

3. 钱某银对于陈某安借款 1000 万元资金购买 ZJHJ 所可能出现的亏损承担“兜底”具有正当理由，不能据此推论钱某银对于案涉证券账户具有实际控制权。

根据《ZJHJ：关于董事长及总经理共同向全体员工发出买入公司股票倡

议书的公告》（公告编号：2018—014号），员工增持公司股票产生损失，钱某银及郭某山承诺将以个人资金予以补偿，若产生股票增值收益则归员工个人所有。由于当时的市场环境，为了鼓励购买本公司股票，钱某银也愿意以同样的形式为陈某安购买ZJHJ可能出现的亏损进行“兜底”，但这并不代表相关证券交易由钱某银实际控制。

4. 被告人钱某银对于案涉HZYZ证券账户并无交易决策权。

《市场操纵解释》第5条在实际控制账户认定规则的具体内容上所采用的核心标准是：（1）区分本人账户与他人账户。（2）实际控制他人账户表现为：控制资金流动并承担损益；行使管理权、支配权或者使用权；基于投资或者协议方式行使交易决策权；基于其他方式行使交易决策权。（3）以没有交易决策权作为终极免责事由。故对于非本人账户而言，实际控制账户的核心判断依据是对他人账户的交易行为具有决策权。

本案中没有任何证据显示被告人钱某银对案涉HZYZ证券账户具有交易决策权，其也没有实施任何管理、支配或者使用的行为。所有的信息沟通、具体的交易指令等均发生在BL集团及其相关负责人员与资金出借方及其相关负责人员之间，尤其是作为资金出借方的HZYZ及其证券账户的操作人员，其制作了非常完备的指令方式、指令内容、指令权责等细致流程，但均未与被告人钱某银有任何信息沟通、交易指令互通等。钱某银与HZYZ证券账户交易ZJHJ股票唯一有关的两次极为简短的意思表示，出现在钱某银与陈某安的聊天记录中——2018年7月18日（陈某安获得1000万元资金到账之后），钱某银对陈某安表示“尽快买入”；2018年12月（钱某银转让ZJHJ股权信息公开之后）钱某银对陈某安表示“全部卖出”。一方面，这两句简短的文字信息并不构成交易决策；另一方面，该两条文字信息的真正含义是钱某银希望陈某安在获得资金之后积极买入其公司股票、在上市公司已经易手且交易出现亏损时及时止损以免自己需要承担更多的亏损“兜底”。

（三）本案中将案涉证券账户交易ZJHJ股票的行为认定为钱某银实际控制的内幕交易行为，不符常识与逻辑

《行政处罚决定书》、ZJHJ相关公告等公开材料均证明，2018年7月至

2018 年 12 月，钱某银处于资金极度紧张状态，其频繁通过股权融资、借款等方式获取资金、归还欠款、化解股票质押平仓风险等以缓释紧张的现金流。正是基于资金链紧张，在中介机构推荐适格的股权受让方 SZ 之后，钱某银与对方筹划并成功执行股权转让交易。根据 ZJHJ 的公告，钱某银一方转让 ZJHJ 的股份占公司总股本 8.78%，SZ 支付现金对价约人民币 746,309,539.04 元。据此可知，2018 年 7 月至 2018 年 12 月，钱某银客观上通过卖出 ZJHJ 股份获取大量现金从而解决其资金紧张、流动性风险。

根据《起诉书》的指控，2018 年 7 月至 2018 年 12 月，在钱某银筹划转让 ZJHJ 股份这一内幕信息敏感期内，钱某银以高额的利息为代价通过他人借款 1000 万元购买自己作为控股股东、实际控制人的 ZJHJ 的股票，构成内幕交易罪。

对比钱某银转让 ZJHJ 股份的客观事实与《起诉书》指控的事实，明显可以发现指控事实之不合常理。一方面，钱某银因为资金紧张卖出自己上市公司股份获得 7 亿余元的现金；另一方面，钱某银以支付高额资金成本为代价借款区区 1000 万元购买自己上市公司的股份——如果钱某银需要实施后一种所谓内幕交易行为获取利益，实际上其根本不需要冒着违法犯罪的风险与高额资金成本借款交易股票，其只需要少卖自己已经持有的价值 1000 万元的股份（仅占钱某银实际转让股份的约 1.3%）即可。既然钱某银卖出 ZJHJ 巨额股份是客观事实，则将同期交易方向完全相反的案涉证券账户买入 ZJHJ 股票的行为认定为钱某银实际控制的内幕交易完全不符合常理。

（四）本案并不符合《刑法》第 180 条规定的“情节特别严重”的量化标准

根据《起诉书》指控，在内幕信息敏感期内，案涉证券账户累计买入 ZJHJ 股票 2,434,189 股，买入金额 9,060,450.39 元，并于 2018 年 12 月 4 日全部卖出，卖出金额 8,883,625.41 元，交易累计亏损 176,824.98 元。由于本案案涉账户在内幕信息敏感期内交易亏损，故只能基于成交额（买入金额）判断其属于“情节严重”还是“情节特别严重”。

《内幕交易解释》第 6 条规定：在内幕信息敏感期内从事或者明示、暗示他人从事或者泄露内幕信息导致他人从事与该内幕信息有关的证券、期货交易，具有下列情形之一的，应当认定为刑法第一百八十条第一款规定的“情节严重”：

（一）证券交易成交额在五十万元以上的；

（二）期货交易占用保证金数额在三十万元以上的；

（三）获利或者避免损失数额在十五万元以上的；

（四）三次以上的；

（五）具有其他严重情节的。

《内幕交易解释》第7条规定：在内幕信息敏感期内从事或者明示、暗示他人从事或者泄露内幕信息导致他人从事与该内幕信息有关的证券、期货交易，具有下列情形之一的，应当认定为刑法第一百八十条第一款规定的“情节特别严重”：

（一）证券交易成交额在二百五十万元以上的；

（二）期货交易占用保证金数额在一百五十万元以上的；

（三）获利或者避免损失数额在七十五万元以上的；

（四）具有其他特别严重情节的。

由此可见，《内幕交易解释》规定的“情节严重”“情节特别严重”的数额标准，其相互之间的数量比例关系为1∶5。

2022年最高人民检察院、公安部印发的《关于公安机关管辖的刑事案件立案追诉标准的规定（二）》（以下简称《立案追诉标准（二）》）第30条规定：〔内幕交易、泄露内幕信息案（刑法第一百八十条第一款）〕证券、期货交易内幕信息的知情人员、单位或者非法获取证券、期货交易内幕信息的人员、单位，在涉及证券的发行，证券、期货交易或者其他对证券、期货交易价格有重大影响的信息尚未公开前，买入或者卖出该证券，或者从事与该内幕信息有关的期货交易，或者泄露该信息，或者明示、暗示他人从事上述交易活动，涉嫌下列情形之一的，应予立案追诉：

（一）获利或者避免损失数额在五十万元以上的；

（二）证券交易成交额在二百万元以上的；

（三）期货交易占用保证金数额在一百万元以上的；

（四）二年内三次以上实施内幕交易、泄露内幕信息行为的；

（五）明示、暗示三人以上从事与内幕信息相关的证券、期货交易活动的；

（六）具有其他严重情节的。

内幕交易获利或者避免损失数额在二十五万元以上，或者证券交易成交额在一百万元以上，或者期货交易占用保证金数额在五十万元以上，同时涉嫌下列情形之一的，应予立案追诉：

（一）证券法规定的证券交易内幕信息的知情人实施或者与他人共同实施内幕交易行为的；

（二）以出售或者变相出售内幕信息等方式，明示、暗示他人从事与该内幕信息相关的交易活动的；

（三）因证券、期货犯罪行为受过刑事追究的；

（四）二年内因证券、期货违法行为受过行政处罚的；

（五）造成其他严重后果的。

可见，在没有涉及《立案追诉标准（二）》第30条第2款“同时涉嫌下列情形”的情况下（本案即属该等情形），内幕交易罪“情节严重”的数量标准已经调整为获利或者避免损失数额在50万元以上，或者证券交易成交额在200万元以上。

根据上述《内幕交易解释》规定的“情节严重”“情节特别严重”其相互之间的数量比例关系为1∶5，内幕交易罪“情节特别严重”的数量标准事实上已经调整为获利或者避免损失数额在250万元以上，或者证券交易成交额在1000万元以上。

因此，即使按照本案中公诉机关指控的金额（买入金额906万元），本案也不应当适用情节特别严重，即不应当在5年以上、10年以下的第二档法定刑档次予以量刑。

实践中，关于“情节严重”“情节特别严重”的数额标准以及对应的内幕交易罪法定刑适用问题，有一种观点认为，2012年《内幕交易解释》并未失效，新的内幕交易犯罪司法解释也没有发布，因此，就应当按照2012年《内幕交易解释》第7条规定的数量标准认定“情节特别严重”。这种观点在合法性与合理性层面均值得商榷。

具体而言，上述观点存在以下问题：

其一，违背罪刑法定。在刑法条文、司法解释、立案追诉标准等现行的规则及其数量关系存在不同解释，且从轻解释更为合理的情况下，应当选择有利于被告人的解释。

其二，有悖罪刑均衡。按照上述观点的逻辑，根据最新的立案追诉标准的规定，内幕交易“情节严重”的数量标准为获利或者避免损失数额在50万元以上，或者证券交易成交额在200万元以上，而根据2012年《内幕交易解释》的规定，内幕交易“情节特别严重”的数量标准为获利或者避免损失数额在75万元以上，或者证券交易成交额在250万元以上。“情节严重”与“情节特别严重”之间的数量差仅有15万元（获利或者避损）、50万元（成交额），第一档法定刑与第二档法定刑之间的量化界限荡然无存，显然违反罪刑均衡。

其三，机械司法。最高人民检察院、公安部制定并实施2022年《立案追诉标准（二）》，其目的就是适应当前司法实践数量标准的最新需求，并且时至今日已经实施了接近两年。2012年《内幕交易解释》规定的“情节严重”“情节特别严重”的具体数额显然已经不适应当前的司法实践，司法解释的“情节严重”标准也已经为立案追诉标准所替代。但是，“情节严重”“情节特别严重”之间的倍数关系是符合罪刑均衡以及经济犯罪、金融犯罪司法解释的数量标准规律的。“情节严重”标准已经被立案追诉标准调整，做出改变；“情节特别严重”标准没有变动，即使其数量已经不符合司法实践的现实以及不同档次法定刑的数量标准关系，也不作出合理调整，这显然是机械司法。

其四，信服度低。最高人民法院相关法庭负责人在2022年9月22日最高人民法院举行的人民法院依法惩治金融犯罪工作情况暨典型案例新闻发布会上表示：尽快制定、修改完善洗钱、骗取贷款、贷款诈骗、内幕交易、泄露内幕信息等刑事司法解释。制定出台这些司法解释、司法政策，主要基于以下几个方面的考虑：一是落实罪刑法定原则。主要是明确有关犯罪的认定标准和法律政策界限，防止将经济纠纷作为经济犯罪、民事案件作为刑事案件处理，确保刑法得到正确实施，确保有罪的人受到公正处罚、无罪的人不受刑事追究。二是贯彻宽严相济刑事政策。既要贯彻从严惩处的立法修改精神，明确“情节严重”“情节特别严重”的认定标准，还要贯彻认罪认罚从宽制度，明确从宽处罚情节，确保法律效果和社会效果的统一。可见，新的内幕交易犯罪司法解释已经“箭在弦上”，根据立案追诉标准以及司法解释不同档次法定刑之间的数量关系，“情节特别严重”的数量标准势必根据立案追诉标准的最新规定明确作出显著调整（放大）。在数量标准事实上已经调整（放大）、下一步司法解释情节特别严重标准势必确认这种调整（放大）的情况下，仍然机械地坚持纸面上的数字条文，这样的执法司法选择值得商榷。

所以，本案成交额为906余万元，根据《刑法》《内幕交易解释》《立案追诉标准（二）》的规定，不符合“情节特别严重”的量化标准。

综上，本案中公诉机关的指控事实不清、证据不足，适用法律错误。被告人钱某银的行为不构成内幕交易罪，案涉成交额亦未达到“情节特别严重”的量化标准。

第十一章

泄露内幕信息与推定

——杨某静泄露内幕信息案辩护意见

[辩护逻辑]

泄露内幕信息罪与内幕交易罪分属不同罪名，属于不同行为，具有不同的构成要件，司法解释仅就传递型内幕交易行为认定问题规定了推定规则，泄露内幕信息行为认定不能适用推定。不能基于推定的内幕信息非法获取人员（推定事实）与该内幕信息非法获取人员敏感期内联络、接触知情人员（基础事实），再次推定知情人员向该内幕信息非法获取人员泄露内幕信息。这种二次推定在概率层面导致证明标准明显下降，在形式逻辑层面属于循环论证，在经验法则层面经不起反证。

[案情]

杨某静系Z电视台办公厅主任，ZSCM股份有限公司（以下简称ZSCM）监事。丘某亿系BJCY工程造价估算有限公司（以下简称BJCY）董事长。BJCY自2000年开始与Z电视台开展业务合作，2001年杨某静被Z电视台聘任为审计处处长，对接BJCY的审计工作，二人因业务合作存在频繁日常联系。二人虽然系同学关系，但丘某亿所在公司与Z电视台发生业务合作时，杨某静尚不属于领导职务。

2012年12月13日，ZSCM动议由ZJ证券作为财务顾问收购JYM。2012年6月26日，ZSCM发布公告称收购JYM股份。在上述内幕交易敏感期内，ZSCM 召开主要工作会议 12 次。其中，杨某静参加会议两次，分别为：2013 年 2 月 8 日，在 ZSCM 与 ZJ 证券的资本运作会议中，ZSCM 总经理介绍了项目前期工作，宣布成立项目领导小组、项目工作小组。ZJ 证券详细介绍了此次资本运作的意义、方案核心和具体目标。2023 年 5 月 29 日上午，ZSCM 实际控制人听取 ZSCM 第二次方案汇报后表示同意停牌，指出立即推进实质性工作。

丘某亿实际控制两个股票账户，分别为 BJCY 证券账户和丘某亿个人普通账户。两个账户合计买入 ZSCM 916, 971 股，成交金额 11, 509, 336. 20 元（1150 余万元），获利金额 367, 854. 73 元（36 余万元）。关于证券账户开户时间、买入卖出股票情况见表 11 –1：

表 11 –1　BJCY 账户和个人普通账户对比

账户	开户时间	开户地点	买入股票	卖出股票
BJCY	2008 年 10 月 9 日	HX 证券股份有限公司北京营业部	2013 年 2 月 18 日首次买入，3 月 15 日买入量达到最大，2013 年 5 月 29 日 12：02 再次买入	2013 年 5 月 26 日至 22 日集中出售
个人普通账户	1999 年 2 月 6 日	ZXJS 证券股份有限公司东直门大街营业部	2013 年 5 月 29 日 14：54 卖出账户内持有的其他股，买入 100, 000 股	2014 年 1 月 27 日至 2015 年 1 月 23 日卖出 100, 000 股

在案调取了杨某静与丘某亿 2013 年 2 月至 7 月的通话记录和短信记录（短信内容没有调取）。2013 年 2 月二人通话及短信 24 次，三月 7 次，4 月 11 次，5 月 12 次，6 月 9 次。杨某静参与会议、与丘某亿联系、丘某亿交易股票之间的时间关系见表 11 –2：

表 11 –2　通话时间明细

参加会议时间	通话时间	交易股票时间
2013 年 2 月 8 日	2 月 1 日 ~7 日 8 次	2 月 18 日（春节后第一个交易日）BJCY 首次买入
	2 月 8 日 9：50 被叫 20 秒	
	2 月 8 日 14：27 被叫 24 秒（2 月 9 日除夕）	
	2 月 12 日 20：47 被叫 2 分 14 秒（邯郸）	
	2 月 13 日 18：20 主叫 35 秒（保定）	
	2 月 13 日 18：45 被叫 1 分 17 秒（北京）	

续表

参加会议时间	通话时间	交易股票时间
	2 月 13 日 19：09 主叫 40 秒	
	2 月 17 日 8：58 被叫 32 秒	
	2 月 17 日 14：06 被叫 44 秒	
	2 月 17 日 19：41 被叫 1 分 20 秒	
2013 年 5 月 29 日	2013 年 5 月 29 日主叫 11 分 38 秒	2013 年 5 月 29 日 12：02 BJCY 买入；14：54 个人账户买入

[辩护意见主文]

一、泄露内幕信息刑事案件不能适用推定

泄露内幕信息罪与内幕交易罪分属不同罪名，属于不同行为，具有不同的构成要件，司法解释仅就传递型内幕交易行为认定问题规定了推定规则，泄露内幕信息行为认定不能适用推定。

2012 年最高人民法院、最高人民检察院《关于办理内幕交易、泄露内幕信息刑事案件具体应用法律若干问题的解释》（本章以下简称《解释》）第 2 条、第 3 条专门针对内幕信息非法获取人员及其内幕交易犯罪司法认定问题作出了规定，包括以下 3 方面：（1）通过非法手段获取内幕信息人员的认定规则；（2）内幕信息知情人员的近亲属或者其他与内幕信息知情人员关系密切的人员推定为内幕信息非法获取人员的规则；（3）内幕信息敏感期内与内幕信息知情人员联络、接触人员推定为内幕信息非法获取人员的规则。但需要注意的是，对于信息传递型内幕交易案件（以内幕信息从知情人员传递至非法获取人员为追责逻辑的内幕交易案件）而言，《解释》第 2 条、第 3 条所建构的推定规则，只解决内幕信息受领人刑事责任问题，不解决内幕信息提供人刑事责任问题，即该等推定规则只解决内幕信息非法获取人员的推定及其内幕交易犯罪行为问题（内幕信息非法获取人员是否从事内幕交易、建

议他人从事内幕交易、泄露内幕信息），并不解决任何与内幕信息知情人员是否向该非法获取人员泄露内幕信息进而是否应当承担泄露内幕信息罪刑事责任有关的问题。

因此，在信息传递型内幕交易案件中，根据《解释》第2条、第3条的规定，基于基础要素［（1）行为人在内幕信息敏感期内与内幕信息知情人员的联络、接触；（2）行为人从事与该内幕信息有关的证券交易；（3）行为人的交易行为明显异常；　（4）行为人无法提供正当理由或者正当信息来源］，可以推定该行为人构成内幕信息非法获取人员（推定结论），进而构成内幕交易罪，但不能基于同样的“基础要素+推定结论”，二次推定该内幕信息知情人员泄露内幕信息。

具体到与本案有关的问题为传递型内幕交易行为推定规则：

（1）在内幕信息敏感期内，与内幕信息知情人员（杨某静）联络、接触，从事与该内幕信息有关的证券交易，相关交易行为明显异常，且无正当理由或者正当信息来源的，应当认定为非法获取证券内幕信息的人员（丘某亿）。

（2）非法获取证券内幕信息的人员（丘某亿）“相关交易行为明显异常”，要综合以下情形，从时间吻合程度、交易背离程度和利益关联程度等方面予以认定：①开户、销户、激活资金账户或者指定交易（托管）、撤销指定交易（转托管）的时间与该内幕信息形成、变化、公开时间基本一致的；②资金变化与该内幕信息形成、变化、公开时间基本一致的；③买入或者卖出与内幕信息有关的证券、期货合约时间与内幕信息的形成、变化和公开时间基本一致的；④买入或者卖出与内幕信息有关的证券、期货合约时间与获悉内幕信息的时间基本一致的；⑤买入或者卖出证券、期货合约行为明显与平时交易习惯不同的；⑥买入或者卖出证券、期货合约行为，或者集中持有证券、期货合约行为与该证券、期货公开信息反映的基本面明显背离的；⑦账户交易资金进出与该内幕信息知情人员或者非法获取人员有关联或者利害关系的；⑧其他交易行为明显异常情形。可见，本案中目前所有的基础事实要素都只能推定丘某亿属于非法获取证券内幕信息的人员进而构成内幕交易罪，不能推定杨某静向丘某亿泄露内幕信息进而构成泄露内幕信息罪。

综上，泄露内幕信息行为的证明需遵循刑事诉讼的一般证据规则，在无直接证据的情况下不能认定泄露内幕信息的行为存在。虽然传递型内幕交易推定了内幕信息非法获取人员，但该推定所依托的核心在于其交易行为与内幕信息之间的高度吻合。而泄露内幕信息行为并无其他客观构成事实可供依赖，依据日常经验和常识理性难以形成内心确信，在没有法律或相关司法解释明确规定的情况下，显然不能适用推定方式予以认定。在内幕交易、泄露内幕信息案件中，公诉机关应当承担完整的证明责任，法律与司法解释已经考虑到内幕交易案件在侦查取证上的特殊性，才为适用推定认定事实提供一定的空间和可能，但即便如此，也要考虑到内幕交易、泄露内幕信息刑事案件区别于行政处罚案件，刑法的适用区别于证券法的适用。刑事诉讼对被告人产生巨大影响，在推定的适用标准上应当秉持审慎原则，对据以推定的基础事实的证明标准要求也应当更高。尤其是对于泄露内幕信息行为，即使在证券法的适用以及行政处罚程序中允许进行推定，也应当坚持在刑法的适用以及刑事诉讼程序中不能进行推定。

二、泄露内幕信息案件中被告人不承担任何证明责任，公诉机关应当就全部基础事实承担证明责任

刑事诉讼的证明责任，除个别罪名（如巨额财产来源不明罪）中的个别要素（巨额财产来源）适用举证责任倒置之外，均应当由公诉机关承担证明责任。内幕交易、泄露内幕信息案件的证明责任显然应由公诉机关承担，被告人不仅不应当自证其罪，而且不需要就基础事实承担证明责任。

司法实践中，内幕交易、泄露内幕信息罪的认定往往涉及证券知识和证券法律法规，同时内幕交易行为与合法的证券交易行为往往容易混合、交叉，内幕交易、泄露内幕信息确实隐蔽且复杂。正是基于此，《解释》才针对非法获取内幕信息人员从事内幕交易行为的刑事责任问题建构了推定规则。按照《解释》第 2 条、第 3 条的规定，司法机关在审查证据时可以采用客观事实推定规则，即根据已经查明的基础事实和证据，分析客观事实之间的合理关联及逻辑关系，从而得出客观的既符合逻辑又符合常理的事实认定（内幕信息非法获取人员从事内幕交易犯罪行为），从客观事实印证主观故意，进

而依据主客观一致的原则，依法定罪处罚。在此基础上，可以判定公诉机关完成了证明责任。

但是，这种推定具有明确的限定性：（1）规范限定性，即必须具有明确的司法解释规则依据；（2）对象限定性，即只能针对非法获取内幕信息人员及其从事的内幕交易犯罪问题，不能针对该非法获取内幕信息人员所联络、接触的知情人员及其泄露内幕信息问题；（3）次数限定性，即综合分析基础事实进而推定某项事实时，只能进行一次推定，不能再基于同样的基础事实+该推定事实进行第二次推定。所以，不能基于推定的内幕信息非法获取人员（推定事实）与该内幕信息非法获取人员敏感期内联络、接触知情人员（基础事实），再次推定知情人员向该内幕信息非法获取人员泄露内幕信息。这种二次推定在概率层面导致证明标准明显下降，在形式逻辑层面属于循环论证，在经验法则层面经不起反证。

泄露内幕信息罪中的泄露内幕信息的行为，是指行为人将处于保密状态的内幕信息公开化，通过明示、暗示、书面或口头等方式，透露、提供给不存在合法获取内幕信息依据的其他人员。泄露内幕信息的行为事实证明，完全应当由公诉机关承担证明责任。对于敏感期内内幕信息非法获取人员（丘某亿）与内幕信息知情人员（杨某静）联络、接触这一特定事实情形，如果待证事实是内幕信息知情人员（杨某静）向内幕信息非法获取人员（丘某亿）泄露内幕信息，那么公诉机关至少需要证明：

（1）信息行为的反常性，即敏感期内内幕信息知情人员（杨某静）与内幕信息非法获取人员（丘某亿）进行联络、互动、接触等信息交流行为的模式，明显违背两者之间的固有关系以及联系模式，表现出明显的反常。

（2）信息来源的排他性，即内幕信息非法获取人员（丘某亿）所获悉的内幕信息只能排他性地源于特定的内幕信息知情人员（杨某静），而不存在来源于其他内幕信息知情人员的可能性。然而，在本案中，侦查机关并未就上述反常性、排他性问题所赖以审查的固有关系（丘某亿与杨某静在非内幕信息敏感期的客观关系、联系情况等）、其他信息来源（丘某亿是否认识其他内幕信息知情人员、是否在敏感期内与其他知情人员进行过联络、接触）等情况进行查明。

（3）信息传递的有责性，即内幕信息知情人员（杨某静）对于向内幕信息非法获取人员（丘某亿）传递内幕信息，应当承担泄露内幕信息的刑事责任。这种信息传递的有责性具体体现在主观与客观两个层面。主观上，内幕信息知情人员应当是基于故意的罪过向内幕信息非法获取人员传递内幕信息，即明知自己的行为会产生泄露内幕信息的结果而希望或者放任该危害结果的发生。本案中，如果是非法获取人员（丘某亿）通过刺探的方式从内幕信息知情人员（杨某静）处获取内幕信息，非法获取人员（丘某亿）构成内幕交易罪，内幕信息知情人员（杨某静）因为没有泄露内幕信息的罪过而不构成泄露内幕信息。客观上，内幕信息知情人员的泄露行为导致内幕信息非法获取人员从事与该内幕信息有关的证券交易时，知情人员才符合泄露内幕信息犯罪行为的特征。本案中现有证据并未覆盖这一因果关系事实。

所以，上述反常性、排他性、有责性问题均无充分证据证明，故杨某静是否向丘某亿泄露内幕信息并应当据此承担刑事责任，明显存在合理怀疑的空间与可能。

三、本案中关于是否存在泄露内幕信息行为、是否符合刑事诉讼证明标准，仍存有较大疑问

《刑事诉讼法》第55条规定："对一切案件的判处都要重证据，重调查研究，不轻信口供。只有被告人供述，没有其他证据的，不能认定被告人有罪和处以刑罚；没有被告人供述，证据确实、充分的，可以认定被告人有罪和处以刑罚。证据确实、充分，应当符合以下条件：（一）定罪量刑的事实都有证据证明；（二）据以定案的证据均经法定程序查证属实；（三）综合全案证据，对所认定事实已排除合理怀疑。"

结合刑事诉讼实践以及本案的证据体系，对于本案中的证据标准问题应当注意以下要点：

（1）证明本案中是否存在泄露内幕信息行为时，侦查机关收集证据必须全面，在内容上既包括对被告人有利的证据，也包括对被告人不利的证据，在范围上既要向内幕信息知情人员（杨某静）进行调查，也要向信息传递的直接当事人、内幕信息非法获取人员（丘某亿）进行调查，更应当根据内幕

交易、泄露内幕信息案件的本质（对于内幕信息经济价值的违法获取占有），按照内幕信息传递的行为逻辑，紧密围绕与内幕信息有关的人员进行调查。特别是除了杨某静之外的其他内幕信息知情人员，在有明确线索显示丘某亿与生成内幕信息的上市公司中的其他人员也存在工作联系、密切关系的情况下，其理应成为侦查不可或缺的对象和方向。

（2）证明本案中是否存在泄露内幕信息行为时，侦查机关收集证据必须客观，避免主观随意性，遵循证据相互印证的规则，将侦查获取的直接证据和间接证据、直接当事方证言与其他了解案情的证人证言、直接当事方在平时的固有关系与敏感期的联络关系相互比对，提升据以认定事实的客观性。本案中现有的间接证据并不足以推定杨某静向丘某亿泄露内幕信息；唯一的直接证据即丘某亿在本案调查的10余年期间的供述多有反复；与案件细节紧密关联的证人证言并未全面调取（例如，关于杨某静与丘某亿之间在敏感期内沟通的是内幕信息还是家常信息。双方供述细节一致的是春节期间帮老家的亲友捎带物品，但本案中并未就相关细节与人员证言进行取证）；对直接当事方之间的固有关系、平时的联系行为模式与敏感期内的联系行为模式，并未进行对比。可见，本案在证明标准上的客观性仍有待商榷。

从有利于被告人杨某静的案件事实与证据逻辑来看，本案中被告人杨某静并不存在泄露内幕信息的动机。杨某静与丘某亿之间并无与内幕信息、内幕交易等特定事项有关的风险、收益共担、分担合意，亦无一般的经济利益关系，也不存在通过内幕信息讨好的交往关系。同时，本案证据结构稳定性明显有待商榷，一方面间接证据不足以通过缜密的证据链条锁定泄露内幕信息行为事实，另一方面直接证据无法互为印证且稳定性较弱。全案证据虽然可以认定丘某亿构成内幕交易罪，但无法针对杨某静是否构成泄露内幕信息罪得出唯一且稳定的结论。故应当认定对被告人杨某静泄露内幕信息罪的指控不能成立。

| 第十二章 |

操纵证券市场罪中认定实际控制账户的证据标准

——齐某津操纵证券市场案辩护意见

[辩护逻辑]

司法解释规定的实际控制账户的判断标准为行为人对案涉账户具有交易决策权。如果证据证明案涉账户的交易决策、盈亏风险等均归属于他人，该他人对于终端买入或者卖出股票的账户形成实际控制，则不能将相关账户认定为被告人的实际控制账户。

[案情]

齐某津通过BBL公司控制“齐某珺”等9个银行账户，向阳某捷、邓某控制的“党某英”等9个银行账户支付8300万元，共同操纵BBL公司。为实施操纵行为，阳某捷、邓某使用“赵某峰”等92个证券账户（以下简称账户组）进行证券交易。

2018年7月6日至2019年5月31日，阳某捷等人控制使用账户组，集中资金优势、持股优势，连续交易、对倒BBL公司，多次以盘中拉抬、尾市拉抬等手段影响股票交易价格和交易量，其间造成BBL公司股价明显异常，构成操纵证券市场。

（一）集中资金优势、持股优势连续买卖

操纵期间共计219个交易日，账户组共交易218个交易日，占全部交易日的99.54%。其中，2018年7月6日至10月10日为建仓拉抬阶段，2018年10月11日至2019年5月31日为维持股价阶段。操纵期间累计竞价买入130,369,199股，买入成交金额2,096,049,061.32元，买入成交排名第一的交易日达115个，占账户组交易日的52.75%。累计竞价卖出109,401,467股，卖出成交金额1,783,534,483.14元，卖出成交排名第一的交易日达86个，占账户组交易日的39.45%。操纵期间，账户组持股占BBL公司流通股本比例超过5%的交易日达200个，占账户组交易日的91.74%，最高持股占比达13.22%，账户组资金优势、持股优势明显。

2018年7月6日至10月10日，账户组拉抬特征明显，持股总数从3,718,578股增加至37,788,446股，持股比例从1.55%升至10.48%。账户组以不低于市场卖一价或市价大量申买，申买量占账户组总申买量的平均比例为60.18%，同期账户组买成交量占市场总成交量的平均比例为26.81%。

操纵期间，账户组共计存在49个时段内股价涨幅2%以上且时段买成交占比30%以上的盘中拉抬行为，共计存在8个时段内股价涨幅2%以上且时段买成交占比30%以上的尾市拉抬行为。典型拉抬时段如下：

1. 2018年8月2日14：47：35至14：50：06，账户组申买849,500股，时段内股价从10.76元涨至12.09元，涨幅12.36%。8月2日全天，账户组申买1,831,500股，其中不低于卖一价或市价申买1,602,300股，占账户组总申买量的87.49%；买成交1,739,036股，占市场成交量的51.70%。当日申万纺织服饰指数下跌2.6%，BBL公司上涨2.64%，偏离5.24%。

2. 2018年8月7日9：49：16至10：11：01，账户组申买716,700股，股价由11.47元涨至11.80元，涨幅2.88%。14：30后，账户组再次大额申买。14：30至15：00，账户组申买1,015,900股。股价由11.95元涨至12.58元，涨幅5.27%。在14：45至15：00的收盘阶段，账户组申买901,100股，买成交668,280股，买成交量占市场尾市成交量的48.72%，对收盘价的形成产生决定作用。8月7日全天，账户组申买2,003,500股，其中

不低于卖一价或市价申买1, 519, 100股，约占账户组总申买量的75. 82%；买成交1, 749, 680股，占市场成交量的37. 09%。当日申万纺织服饰指数上涨1. 35%，BBL公司上涨7. 61%，偏离6. 26%。

（二）在自己实际控制的账户之间进行交易

操纵期间，账户组有141个交易日存在对倒行为，占账户组交易日的64. 68%。账户组对倒量为17, 276, 161股，对倒量占账户组竞价买成交量的13. 25%，占账户组竞价卖成交量的15. 79%。账户组对倒量占市场竞价成交量比例超过10%的交易日有12天，最高达到38. 14%。

经测算，账户组亏损12, 349, 569. 46元。

[辩护意见主文]

齐某津不是账户实际控制人，交易策略与具体的交易执行并非由齐某津制定、执行，所以，无法将案涉账户组中的交易归责为齐某津实际控制行为。根据2019年最高人民法院、最高人民检察院《关于办理操纵证券、期货市场刑事案件适用法律若干问题的解释》第5条的“交易决策权”标准，真正形成、提出、执行交易策略的是阳某捷。案涉账户的交易决策、盈亏风险等均归属于阳某捷，其对于终端买入或者卖出股票的账户形成实际控制，不能将相关账户认定为齐某津的实际控制账户。

一、并无充分证据证明齐某津与阳某捷等人存在合谋操纵BBL公司股价的犯意联络

（一）根据本案现有的在案证据，并无法形成证据链证明齐某津存在与阳某捷等人合谋的事实

1. 本案中唯一指控齐某津有份合谋参与操纵BBL公司股票的证据就是阳某捷的笔录证词。但该份证据属于孤证，除此之外并无其他任何一份书证、物证可以与其印证，证明齐某津与阳某捷、邓某等人存在合谋共同操纵BBL公司股价的合意。如果双方确实事先存在约定操纵股价的合意，那么在一个涉及数亿金额的合作事项中，双方必然会对其中的获益、亏损、资金如何流

转等关键问题事先有所约定，对此本案中仅有阳某捷的口头陈述，无法和在案证据体现的事实相互印证。

2. 根据李某秋（介绍阳某捷给齐某津认识的人）的陈述“没想到那些金主一开始以为我是大股东的代表，后来他们也明白了我不是，据我所知，外面传言大股东兜底操纵股票什么的都是谣传，没有的事”（详见李某秋于2019年11月14日所作笔录，笔录卷第4卷第95～98页），可侧面证明阳某捷等人因操盘股票所需，为了骗取那些为其提供账户和资金的投资者对其信任，经常会冒用上市公司大股东的影响力，对投资者谎称其与上市公司大股东很熟，有内部消息，投资这家公司股票不会亏损等，因此本案才会产生类似“大股东兜底操纵股票”的谣传并导致齐某津牵涉其中。

3. 在案证据中，几乎所有证券账户提供人均未与齐某津或BBL公司有过联系，也均称不认识齐某津，卷宗材料中体现的借户配资相关借款合同也没有任何一份与齐某津有关。

4. 阳某捷在其笔录中指认齐某津存在暗仓，但相关证券账户所有人的笔录与阳某捷的陈述均未能相互印证，除了李某如自认其账户是由其自己控制、自行决定买卖，林某森指认是李某秋介绍其购买BBL公司之外，其余人员均是指认将账户及资金出借给阳某捷或阳某捷指定的人，没有一个账户的所有人指认系齐某津掌控账户或者指使他们交易，阳某捷的相关陈述在本案中是孤证，不应采纳。

5. 根据毛某生的笔录，其因出借证券账户给阳某捷亏损后去找阳某捷催债，阳某捷于2018年10月16日曾当着毛某生的面说其明天就要撬动股价，并称其背后的肖总会全力支持（详见笔录卷第3卷第79～81页）。而根据阳某捷在整个事件中资金来源来看，其背后确实有更大的金主，但这个金主并不是齐某津，也不是跟BBL公司有关的人。而阳某捷在其2022年2月21日所作笔录中，也提到萧某凯借入颜某博账户在其盘室进行操盘。

6. BBL公司在股价下跌的情况下，为了改善公司的声誉及经营状况，整顿内部问题、创新优化生产设备并予以公示的行为，是正常的经营行为，任何一家上市公司都会努力去改善公司经营方式，维护公司股价，这不应作为佐证齐某津与阳某捷合谋的证据。

（二）阳某捷的陈述明显存在前后矛盾，且与其他在案证据亦互相矛盾，系虚假陈述，故意构陷齐某津

阳某捷、邓某早在认识齐某津之前就一直从事以借用他人证券账户及场外配资方式进行炒股的业务。从阳某捷掌握的郭某樱、郭某财账户的频繁交易情况来看，阳某捷、邓某所操控的账户远不止案涉的这些买卖 BBL 公司股票的账户。也就是说，阳某捷、邓某是长期、专门从事这种非法证券交易行为的职业操盘手。像阳某捷这样的职业操盘手，为了满足自己牟取非法利益的目的，会以各种方式进行融资、配资，从而充实自己操盘股票的资金流。其为了让客户放心地将账户交给其一起炒作某一只或者几只股票，会经常大肆谎称自己知道某某上市公司的内幕或与某某上市公司的大股东关系密切，甚至像本案一样向投资者们谎称有上市公司大股东保底，稳赔不赚等。因此，阳某捷陈述的内容绝不可信，更不应以此作为认定事实的主要依据。

结合齐某津的陈述以及在案证据，并与阳某捷陈述的内容进行比对，可明显反映阳某捷的陈述不符合客观事实，经不起推敲，这明显是其自己违法违规操作股票失败引发纠纷、产生巨额债务后，急于"甩锅"的行为。具体分析如下：

1. 阳某捷笔录中称"她（齐某津）说她出点本金，让我找资金，把股价拉上去，发展服装业务……口头约定盈利对半分"（详见阳某捷于 2022 年 2 月 21 日所作笔录，补充卷第 1 卷），该陈述不属实且不符合常情常理。

首先，倘若上述模式属实，则本案所有的配资保证金、利息均应由齐某津支付，且齐某津提供的保证金金额均应与阳某捷的支出一一对应。但根据上文详述并非如此，本案中支付给配资方的大部分保证金、利息并非来源于齐某生出借给阳某捷的款项。

其次，若是谈好"五五分账"，应当共负盈亏。据阳某捷自己陈述，其操作 BBL 公司股票的一亿多资金都因此亏损，但其自始至终未向齐某津主张要求齐某津共同承担亏损，这明显与常理不符。

最后，特别要注意的是，本案中投资者董某缘等人的证券账户（实际持有人：毛某生）是亏损后被毛某生强制平仓的，毛某生称阳某捷夫妇已于

2019年2月、3月把该等证券账户中亏损的本金补齐（详见笔录卷第3卷第80页）。但该期间无论是齐某津还是齐某生，均与阳某捷一方没有任何的资金往来，即阳某捷系自行处理归还投资者所亏损的本金。而投资者黄某宁的证券账户是盈利的，2019年4月30日、5月6日，黄某宁向郭某财转账5,391,080元（盈利+保证金）（详见笔录卷第3卷第180页），对此实际盈利部分阳某捷也并没有与齐某津结算。

因此，本案只有一种可能，就是根本不存在由齐某津为阳某捷提供资金操纵BBL公司股价，盈利由双方“五五分账”的事实。

2. 阳某捷笔录中“第一笔500万元打过来后，我就去找配资了嘛，然后才开始操盘股价”的陈述不属实。

根据陈某卿的笔录可知，阳某捷早在2017年末就已经开始在案涉账户中进行借户、借资，而相关账户除了交易BBL公司股票之外，还交易其他股票（详见笔录卷第32页）。

3. 阳某捷关于“因为资金是齐某津出的，所以交易指令都是听她的……我没有权利卖出，所以我没有减仓”的陈述不属实，且与其他客观事实相矛盾。

首先，上文已充分证明无论是配资资金还是配资的保证金，都与齐某生出借给阳某捷的8300万元关系不大，更非齐某津提供。

其次，也是最关键的事实，就是阳某捷一方所有对外签订的配资借款合同，都是以阳某捷、郭某财、邓某等人的名义签订，没有任何一份借款合同涉及齐某津。也就是说，配资而来的这部分资金，债务人都是阳某捷一方的人，齐某津无须对最后有可能亏损导致的本金减损承担任何责任。而就目前阳某捷等人涉及的众多因无法还款而引发的民间借贷纠纷案件的事实来看，阳某捷一方等人也是一直自行在承担还款责任，这与“资金是齐某津出的……我没有权利卖出”的说法显然相悖。倘若资金是齐某津提供的，也理应由齐某津来承担这些配资所产生的风险，阳某捷是一个在证券市场摸爬滚打多年的“老油条”，更是一个思维正常的商人，不可能做这种为了他人利益而为自己“挖坑”的事情。

4. 阳某捷所述内容对案件定性的影响与其自身利益存在巨大的利害

关系。

阳某捷在第一次听证时并未到场，其代理人对于证监会反复确认案涉8300万元性质避而不谈，但在2022年2月21日的笔录中突然首次自认是齐某津找其来拉抬BBL公司股价。但实际上，阳某捷捏造其与齐某津串通拉抬股价，否认借款存在的事实，是为了逃避其与齐某生之间民间借贷纠纷的还款责任，其所述内容对案件的定性与其自身利益存在巨大的利害关系，不应作为定案依据。

综上所述，本案中能指控齐某津有份参与操纵BBL公司股价的证据，只有阳某捷自认其与齐某津之间存在串通拉抬股价的供述，除此之外再无任何物证、书证以及证人证言能与之印证。但阳某捷的供述属于孤证，与其他在案证据无法形成证据链证明齐某津与其合谋的事实，本案无论从资金的引入还是对证券账户的掌控程度来说，都只能证明是阳某捷等人以个人名义进行融资，并自己操作、自负盈亏的事实。阳某捷的陈述与客观事实不符，无法自圆其说，且与本案的定性存在利害关系，其存在为了自身利益而虚假陈述作伪证构陷齐某津的动机，因此其供述绝不可信，更不应作为本案的定案依据。

二、齐某津从未实际控制案涉账户及资金，也未与任何人有合谋，认定齐某津是操纵BBL公司股票的组织者、策划者没有依据

（一）齐某津对“阳某捷”无印象，对“阳千敏”并不熟悉，齐某津在调查中的陈述符合客观事实

1. 根据李某秋在2019年11月14日的笔录，其仅把阳某捷介绍给齐某津夫妇，认为都是同一个圈子的可以相互认识下（笔录卷第4卷第98页）。齐某津在第一次接受调查后，通过向李某秋等人询问后了解到阳某捷是购买BBL公司股票的股民，曾在2018年年底与50多名投资者一同到公司调研。齐某津作为上市公司的总经理，日常事务繁忙，不可能对每一位来访的股民都有印象。两年间，齐某津与阳某捷可能有且仅有两次接触，一次是两年前的普通介绍，一次是在人员众多的场合，均不足以让齐某津对阳某捷有特别印象。

2. 齐某津经过本案调查才回忆起来，2018 年 6 月李某秋曾找齐某津帮他朋友借款，“阳千敏”就是当时那个实际借款人。当时是李某秋出面，称他一个朋友想要借款，齐某津当时也是看在李某秋的面子上，才会帮忙将做资金生意的齐某生介绍给李某秋。由于自己没有实际出借，后续也没有再参与此事，所以当时也没有专门去认识这个“李某秋的朋友”。而当时阳某捷一直是以“阳千敏”自称，并一直是与齐某生直接联系，与齐某津并没有任何联系。根据齐某生 2022 年 2 月 23 日的笔录（第 2 页），也可对此事实予以印证，其称：“……李某秋知道我做资金拆借，就通过我嫂子齐某津找到我，2018 年大概 7 月或 9 月，我嫂子打电话给我，说她的房东李某秋需要借钱，李某秋直接跟我打电话，说他的一个阳姓朋友（后来我才知道是阳千敏，他还有另一个名字叫阳某捷）要借钱……”证明当时是李某秋出面找齐某津，齐某津对具体借款人是谁并没有留意，甚至在找齐某生时说的是“李某秋需要借钱”。因此，在时隔一年多接受调查时，齐某津一时没有想起来阳某捷是谁是符合常理的，并非齐某津故意隐瞒。

3. 阳某捷在听证后 2023 年 2 月 21 日的笔录中称，其是 2018 年 5 月通过朋友认识李某秋，并在同时期通过李某秋的介绍认识齐某津，且当时齐某津宣称要找人拉抬自己公司的股价。该说法与李某秋笔录中陈述的，其系于 2017 年介绍阳某捷给齐某津夫妇的，时间整整相差一年，且介绍的原因也完全不同。根据阳某捷的说法，齐某津作为上市公司实际控制人，竟然直接在刚认识的人面前宣称拟出资拉抬自己公司的股价，而阳某捷又在刚认识齐某津时就接受其资金（第一笔仅 500 万元）并以自己名义负债到市场上做大杠杆配资、借款并操盘，这根本不符合常理。假设阳某捷真的与齐某津有共同操纵股价的合意，那从双方认识到正式着手实施案涉操纵股价行为前应有更深入的联系及交流做铺垫，且若如阳某捷所述交易完全，根据齐某津的指令，则操作买卖股票期间应有大量其与齐某津往来沟通的材料，但实际上其未能提供任何材料予以证明，本案也无其他证据可证明二者存在共谋，甚至无任何证据可证明二者存在联系，故阳某捷的说法明显存在虚假，不应采信。

（二）马某富、萧某凯父子和章某恺笔录中关于阳某捷与齐某津关系的陈述，均系传来证据，不应予以采信

1. 关于马某富和萧某凯父子的陈述

马某富称派自己的证券事务部经理柳某去深圳跟阳某捷学习，根据柳某向其反馈的信息，其认为阳某捷和 BBL 公司有联系，应该与 BBL 公司有合作。对此，证监会稽查人员并未进一步询问马某富是根据什么信息有这样的判断，也并未向柳某进行核实，马某富的陈述属传来证据，也无具体根据，证明力非常低。而根据马某富之子萧某凯的笔录，其称阳某捷向他推荐股票时，曾带他去深圳 BBL 公司厂区，故其与齐某津见过两面，仅握过手而已，之后再无联系。根据该陈述根本无法认定齐某津与阳某捷之间认识甚至存在操纵股价的共谋。齐某津作为上市公司的高管（总经理），在投资者来公司访问调研时进行接待系其正常的职务行为，也是必须履行的义务。不能凭此就认定齐某津认识包括阳某捷在内的全部来访者。更何况根据毛某生的陈述，阳某捷曾透露背后的金主是萧某凯（笔录卷第 3 卷第 81 页），故阳某捷与肖家父子之间是具有利益捆绑关系的，无论是出于向投资者借户借资操作股票时的说服力，还是出于操作失败可能面临的后期索赔，如能把上市公司实际控制人拉下水对其自身减轻甚至免除责任都是有极大好处的。因此，无论是萧某凯还是马某富，关于阳某捷与齐某津之间关系的陈述，均与阳某捷具有直接利害关系，不应予以采信。

2. 关于章某恺的陈述

首先，其称他们曾 10 次约定在深圳见面沟通所谓的“亏损”事宜，且齐某津与万某赢曾协商并草拟过所谓的增资协议方案。倘若其所述系事实，那说明其与齐某津的往来应十分密切，但其从未去过 BBL 公司深圳办公场所，且其在有意保存与阳某捷等人微信聊天记录等书证时，未能提供任何与齐某津有关联或联系的证据，这不符合其行为习惯和常理。其次，章某恺关于齐某津找万某赢借大量证券账户用于操纵 BBL 公司股票的陈述也与调查事实不符。章某恺提供给证监会其与阳某捷的微信聊天记录显示，万某赢提供给齐某津用于购买 BBL 公司的证券账户名单包括锁仓部分 34 个、

撬板部分37个（笔录卷第3卷第57页），但经证监会调查，其中仅有锁仓部分的潘某华、区某芝、黎某梅、欧某，以及撬板部分的陈某楷、廖某洪、麦某玲，合计7个证券账户可能涉案，其名单中的另外64个证券账户没有涉案事实。对此事实，阳某捷的陈述亦可予以印证。根据补充卷《执法笔录－阳×捷》显示，阳某捷于2022年5月7日向调查员表示，"……以下为光大证券营业部章某恺提供的账户……"这些账户是章某恺自己找来操作的，后来账户亏钱了，章某恺对债主说是阳某捷操作的，其实与阳某捷本人无关。这证明章某恺的陈述是具有重大瑕疵的，且与本案具有利害关系，故不应采信。

（三）案涉账户非齐某津掌握控制，账户的盈亏取决于阳某捷、邓某等人与账户持有人之间的约定，齐某津也没有参与

根据账户实际持有人的陈述及银行流水的指向，账户持有人向阳某捷、邓某等人提供账户及配资。倘若按照证监会的逻辑认定，案涉资金来源于齐某津或者保证金来源于齐某津，那么齐某津为了保障自己的资金安全，正常情况下必然需要以某种方式牵制案涉账户，但齐某津在本案中没有控制掌握任何一个账户，反而是账户所有人，随时可以监控账户，在发现账户亏损时也可以及时平仓、收回账户和账户中的资金。且根据阳某捷的陈述，其也确认了后期账户组亏损后资金方强制平仓并收回账户的事实。另一个能够证明齐某津未参与阳某捷与资方操作买卖股票的事实是齐某津未参与阳某捷盈利的分配和亏损的承担。案涉账户亏损之后，一直是阳某捷在自行处理亏损问题，甚至其于2019年1月到5月向他人借款的款项，部分是用来偿还账户所有人的本金，如果是跟齐某津合谋，阳某捷为何从来没有向齐某津要求过让其承担亏损？

综上，从各方陈述、案涉证券账户组的掌握、资金的流向、盈亏的分配来看，都不存在齐某津与阳某捷合谋的事实。

三、齐某生出借给阳某捷并由李某秋担保的款项与齐某津无关，根据本案现有证据，亦不能证明齐某津有提供资金给阳某捷等人用于操纵 BBL 公司股票的行为

（一）齐某生出借给阳某捷并由李某秋担保的款项与齐某津无关

1. 阳某捷向齐某生借款，李某秋为其提供担保，在借条、借款合同上签名并提供两份合同（拆迁安置补偿协议，原件）证明其有还款能力。如果如阳某捷笔录中所述，是齐某津为了防止证监会调查而制作的借款合同等材料，那么又为何要让李某秋提供担保、提供 1000 万元保证金以及将两份拆迁合同的原件质押给齐某生？李某秋和阳某捷都是成年人，在面临如此巨额交易的情况下，不仅没有任何书面合同就其与齐某津之间的合作行为的盈利、亏损问题进行约定，反而签订如此大责任的一份借款合同，而李某秋作为“局外人”还无端为巨额债务提供担保，这显然不符合常情常理。

2. 阳某捷在向齐某生借款时，李某秋先行支付了 1000 万元保证金，并提供担保物。据齐某生反馈，该 1000 万元保证金用于借款人未按时支付利息时抵扣利息，阳某捷向齐某生借款并提供保证金用于抵扣未付利息的交易习惯，与阳某捷向在案其他配资方借款的习惯一致。

3. 齐某生因家族稍有经济实力，平常会帮朋友做一些拆借，其有时拆借的金额较大，周转不过来的时候向家族或家族成员借款也是比较正常的事情，本案的资金来源不足以证明齐某津与阳某捷有合谋的事实。

本案中，齐某津并没有直接或与阳某捷合谋操纵股价，更不是本案集中资金的行为组织者、策划者，认定齐某津通过 BBL 公司控制相关银行账户将 8300 万元资金提供给阳某捷、邓某用于操纵股价，是操纵行为的组织者、策划者，在本案中起主要作用，缺乏事实和法律依据，更与在案卷宗体现的事实相左。

（二）阳某捷等人用于操纵 BBL 公司股票的资金来源与齐某津无关

要证明齐某津向阳某捷等人提供了 8300 万元用于操纵 BBL 公司股价，则需要证明证券账户组中的资金或配资的保证金来源于该 8300 万元，即应查明该 8300 万元是撬动整个操盘事件的开始和持续的关键。但本案在案证据显

示，证监会认定用于操纵 BBL 公司股票的 92 个证券账户中的资金来源均与齐某津无关。

1. 案涉证券账户组的配资本金为证券账户出借账户时一并提供的配资，并未通过附表 1 所列银行账户流转，资金来源与齐某津无关。

证券账户组提供人不仅向阳某捷、邓某提供证券账户，几乎还都提供了配资资金，并由阳某捷、邓某提供保证金共同用于购买股票。经不完全统计，案涉账户组用于买卖股票的本金约计 8 亿元，大部分证券账户组的本金为证券账户实际持有人向阳某捷方提供账户时一并配资的出借款，且未通过证监会所认定的案涉银行账户划付，故不能证明与齐某津有任何关系。前述事实有笔录卷第 3 卷、第 4 卷中相关配资中介和证券账户持有人的陈述或情况说明，银行卷中配资中介和证券账户持有人的银行流水记录，以及阳某捷的陈述及提供的证券账户说明予以充分证明。

2. 案涉证券账户组的配资保证金也并非来源于齐某津

通过分析在案卷宗的笔录、银行流水等，可知案涉证券账户组的配资保证金并非来源于齐某津。具体体现在以下 3 个方面：

（1）部分保证金的收款时间、转款链路及资金来源尚未查明。例如：林某士提供的林某士和林某萱账户，其称通过陈某卿银行账户收取阳某捷方 120 万元的保证金的情况尚未查明；阳某捷称章某恺收取的 1500 万元保证金、张某华收取郭某樱账户转入的保证金具体收取时间、收取账户尚未查明。

（2）部分保证金收取的时间或数额与案涉齐某生向阳某捷提供 8300 万元借款的转款时间或数额无法对应，不应认为相关证券账户组与认定的 8300 万元有关。例如：①配资中介吴某向阳某捷出借 11 笔资金共计 28, 440 万元，借款协议约定的保证金共计 9560 万元，通过屠某园银行账户收取，通过查询流水，其中仅有 3 笔保证金收取的时间可与齐某生给阳某捷提供借款的时间对应；②阳某捷通过郭某财尾号 6103 银行账户于 2018 年 9 月 14 日向黄某宁支付保证金 157. 2 万元，与齐某生向阳某捷提供借款的时间不一致；③李某耀、邵某晨证券账户的提供人杨某波于 2018 年 9 月 19 日收取阳某捷方（李某）合计 810 万元是在同时期齐某生向阳某捷提供借款之前。

（3）大量证券账户组的保证金是在齐某生 2018 年 10 月 17 日给阳某捷方

提供最后一笔借款的很长时间之后才收取，显然该等保证金并非来源于齐某生提供的借款，不应认为相关证券账户组与认定的8300万元有关。例如：阳某捷称给开户人为曾谋等的证券账户支付保证金的时间均在2018年10月17日之后很长时间才发生。前述事实有笔录卷第3卷和第4卷、银行卷第15卷第40～45页和第82～100页、补充卷第3卷阳某捷材料说明声明—材料补充（二）（3.11）和阳某捷材料补充（一）（3.11）、补充卷第4卷阳某捷增补账户资料（5.12）予以充分证明。

四、阳某捷方收取案涉8300万元后并未全部用于证券账户组购买BBL公司股票，该8300万元中的大部分与证监会认定的几个典型拉抬时段没有关联性

不论证监会认定的案涉银行账户是否为齐某津本人通过BBL公司控制的银行账户，也不论案涉8300万元款项的性质究竟是齐某生向阳某捷和李某秋提供的借款，还是齐某津提供给阳某捷用于操纵BBL公司股票的资金（在下文详述），在此先仅就该8300万元与BBL公司股票变动是否存在直接关联性进行论述。

（一）关于案涉8300万元的转款路径

证监会并没有认定由齐某津提供的8300万元具体是哪几笔款、转款路径是怎样的，只是认定案涉的8300万元主要包括4个日期提供的资金：第一是2018年6月28日9时11分左右通过吕某亿账户转入郭某樱账户的合计500万元；第二是2018年7月5日10时3分左右，薛某通过李某秋控制的谢某财账户转入陈某芳账户的1000万元；第三是2018年9月20日12时21分至13时6分通过吕某亿账户转入路某账户的合计4000万元；第四是2018年10月17日11时24分至12时51分通过杨某峰账户转入郭某财账户的合计2800万元。前述8300万元中每笔款项转入阳某捷方控制的银行账户后的具体流向如下：

1. 第一笔，2018年6月28日，通过尾号3276银行账户分两笔转500万元到郭某樱尾号6862账户后，郭某樱账户同日分别转出100万元到余某强尾

号9999平安银行账户、244万元到黄某敏尾号1887平安银行账户，隔日转出210.4万元到谢某芳尾号3728建行账户（详见银行卷第15卷第41页）。前述余某强、黄某敏均不涉及证监会查得的证券账户组或银行账户，即其中的344万元并未用于案涉证券账户组，不应认定与案涉操纵证券市场行为相关。

2. 第二笔，2018年7月5日，陈某芳尾号3276银行账户分3笔转1000万元到郭某樱尾号6862账户后，郭某樱账户同日分别转出4,781,171元到余某强尾号9999平安银行账户、200万元到郭某樱尾号7755平安银行账户、60万元到韩某尾号2084工商银行账户、30万元到唐某丽尾号8905民生银行账户、3万元到陈某辉尾号5988工商银行账户、5万元到唐某丽尾号8556平安银行账户，后两日内分两笔转80万元到张某智尾号0172平安银行账户、分两笔转150万元到江某尾号3807工商银行账户（详见银行卷第15卷第42页）。前述余某强、韩某、陈某辉、唐某丽尾号8556、江某的银行账户所收的合计6,961,171元均不涉及证监会查得的证券账户组或银行账户，也无证据证明该等账户用于收取案涉证券账户组收取资金款，不应认定与案涉操纵证券市场行为相关。此外，郭某樱尾号7755平安银行、唐某丽尾号8905民生银行账户流水资料，齐某津尚未阅得，无法核实该230万元是否实际流向案涉证券账户组。

3. 第三笔，2018年9月20日，吕某亿尾号1919银行账户分8笔转3800万元到路某尾号3239银行账户后，路某账户随即转出3500万元到通淘电子商务集团有限公司，后吕某亿账户又分3笔转1200万元到路某账户，路某账户不到一分钟之内立即将该1500万元如数转到通淘电子商务集团有限公司。现无证据证明通淘电子商务集团有限公司与案涉证券账户组有任何联系，经查该公司的企业登记信息，也未有任何与本案的联系。故该4000万元不应认定与案涉操纵证券市场行为相关。

4. 第四笔，2018年10月17日，杨某峰尾号3375银行账户分8笔转2800万元到郭某财尾号6103银行账户，郭某财账户分4笔转出2071.12万元到屠某圆尾号5621银行账户，隔天分两笔转403.3万元到屠某圆账户。这期间李某秋尾号7888账户向郭某财账户转入200万元（备注“借款”），郭某财账户向蔡某欧尾号4255银行账户转入50万元、向唐某丽尾号8556账户转入 8 万元、向李某尾号 3144 账户转入 800 万元（详见银行卷第 15 卷第 84～85 页）。经查李某尾号 3144 账户流水，收到 800 万元后李某随即将该 800 万元如数用于支付“智能日添利主动申购”（详见银行卷第 15 卷第 77 页）。前述蔡某欧、唐某丽尾号 8556、通过李某尾号 3144 支付的“智能日添利主动申购”，均不涉及证监会查得的证券账户组或银行账户，也无证据证明该等账户用于收取案涉证券账户组收取资金款，故该部分金额中的约 400 万元不应认定与案涉操纵证券市场行为相关。

上述分析及相关银行流水证据已可充分证明案涉的 8300 万元中，至少有约 5440 万元未实际用于购买 BBL 公司股票，故不应认定案涉金额为 8300 万元。

（二）关于案涉 8300 万元对本案认定操纵 BBL 公司股票的作用

通过上述分析可知齐某生向阳某捷提供的借款中涉及证券账户组的数额仅约 2800 万元。综合阳某捷方操纵 BBL 公司股票的整体规模、证监会认定的几个典型拉抬时段等因素来看，齐某生向阳某捷方提供的借款涉及本案的部分，根本无法起到操纵证券市场的作用。理由如下：

1. 前文已充分证明了案涉证券账户组用于交易的资金规模合计约 8 亿元，其中保证金合计不少于 2 亿元（卷宗无法完全体现保证金支付情况，故无法具体统计）。相较于其他配资方出借的巨额资金，案涉的 8300 万元（实际涉及本案中买卖 BBL 公司股票的仅约 2800 万元）占比非常小，即便以 8300 万元计算，也仅约案涉交易资金的 1/10，甚至不到保证金的一半。因此，无论案涉买卖 BBL 公司股票的约 2800 万元资金穿透后是否来源于齐某津或 BBL 公司，该等规模都无法起到操纵 BBL 公司股票的作用，不应认定齐某津具有操纵证券市场的行为。

2. 证监会认定的两个典型拉抬时段，齐某生并未提供足以达到该拉抬情况的资金。证监会认定的两个典型拉抬时段为 2018 年 8 月 2 日、2018 年 8 月 7 日，而这期间，齐某生仅分别于 2018 年 6 月 28 日向阳某捷出借 500 万元、于 2018 年 7 月 5 日向阳某捷提供 1000 万元，即便按照全额合计 1500 万元计算，该资金规模也远远不足以影响 BBL 公司股票的股价或成交量，更何况上文已充分证明齐某生出借给阳某捷的款项中仅有约2800万元涉及案涉证券账户组，而对应两个典型拉抬时段的实际涉案金额仅不到450万元。该资金规模即便通过配资在典型拉抬时间段中，对BBL公司股价或成交量的影响也是极为有限的。而在此期间，郭某樱、郭某财等阳某捷控制的银行账户还有其他巨额资金入账。BBL公司股票之所以在该期间具有股价上涨的情况，极有可能是阳某捷通过借入的证券账户组以及集中其从其他方融得的巨额资金实施大笔买入导致，也有可能与其他自己持有证券账户所有人经阳某捷等人的推荐大量买入BBL公司股票有关，不应认定该期间的股价上涨与实际涉案的不到450万元的资金有直接联系，也不应认定与齐某津有关。

3. 对于2018年10月17日之后BBL公司股价的上涨，齐某生并未提供足以导致该上涨情况的资金。需要特别注意的是，证监会在听证会中认为“在杨某峰向郭某财转账之后，2018年10月17日至11月1日，BBL公司股价累计上涨52.76%”。该说法并未反映案件客观事实的全貌，实际上2018年11月BBL公司股价仍然呈涨势。结合本案笔录卷及银行流水卷来看，吴某于2018年8月、10月、11月前后共向阳某捷方出借资金11次。2018年8月、11月累计21,240万元借款的保证金共6960万元均是由阳某捷等人用从其他地方融资而来的款项支付，与案涉齐某生出借款项无关，更与齐某津或BBL公司无关。齐某生出借的款项只是恰好被阳某捷用于支付其中10月3笔配资的保证金而已。2018年11月之后，齐某生已没有再向阳某捷出借任何款项，但阳某捷仍然“自掏腰包”支付保证金，向吴某融资1亿多元，该事实也可证明2018年10月17日之后BBL公司股价的上涨并非受案涉齐某生出借款项影响，更与齐某津无关。

4. 阳某捷等人是长期以操盘股票为业的，其以自身经验及资源完全有能力自行操纵，而无须齐某津的任何谋划和组织。根据阳某捷2022年2月21日的陈述（详见补充卷1. 阳某捷笔录2022.2.21），其从2009年就开始做股票，而后自己“带着几个人的团队专门操盘股票业务”。从其团队成员的分工、使用无线网卡、对不记名手机等设备熟练的操作行为来看，其对操盘股票甚至是操纵股票并规避监管极具经验，且因从事该违规业务获得巨额利益、发展团队。从本案阳某捷以自己名义就能轻易从市场上融得巨额资金的事实来看，其完全具有独立操纵证券市场的能力，而根本不需要齐某津的资金或齐某津的任何谋划、组织。齐某生支付最后一笔借款的时间为 2018 年 10 月 17 日，而阳某捷直到 2019 年 3 月、4 月还在不断借账户、融资、操作股票，在此期间融资的金额高 2 亿多元。前文已充分证明该期间的融资支付的保证金多与齐某生的出借款无关，该事实亦可进一步证明案涉操纵 BBL 公司股票的行为是阳某捷方独立实施的。

综上，通过比对本案涉案账户的资金来源、资金保证金来源，以及证监会认定的阳某捷、邓某掌握的银行账户流水可知，相关账户中资金来源十分庞杂，即为阳某捷、邓某提供资金的资方很多，案涉账户中的资金大多并非来源于齐某生提供的借款，而用于配资的保证金也绝大部分来源于其他第三方，仅有几笔的时间交叉重叠，并不足以证明案涉齐某生出借款项是用于操纵 BBL 公司股票。更贴近客观事实的理解应该是该笔借款仅为阳某捷等人融资过程中的其中一笔，从提供资金的数额、提供的方式（支付保证金以抵扣利息）、签订的借款协议等方面来看，齐某生提供借款与其他配资方提供借款的方式无异，不应单列出来追究齐某津的其他责任。

第十三章

操纵证券市场罪的行为模式

——李某操纵证券市场案辩护意见

[辩护逻辑]

对于认定以连续交易的方式成立操纵证券市场罪的情形，应当比照自买自卖、对倒交易等异常交易行为设立交易量的标准，达到此交易量标准的方才构成本罪，此交易量标准以下则属于行政处罚的范围。利用信息优势型操纵证券市场罪的构成要件应当包括以下内容：行为人以利用虚假信息优势这种不正当的手段，连续交易股票，误导了一般投资者的决策，从而影响了正常的股票价格和交易量，扰乱了正常交易秩序；或者行为人利用真实信息优势，连续交易股票达到了具体量的标准，误导了一般投资者的决策，从而影响了正常的股票价格和交易量，扰乱了正常交易秩序。

[案情]

2009 年至 2015 年，被告人李某成立上海择夕投资管理有限公司、上海择夕资产管理中心等多家有限责任公司及合伙企业（以下统称择夕公司），由被告人李某实际控制，发行“择夕 1 期”至“择夕 12 期”、“择夕”、“择夕增煦”、“瑞金 1 号”等信托产品（以下统称择夕产品），进行证券投资。李某在妻子应某（另案处理）配合下，以亲友郑某贞、择夕公司员工韩某、员工的亲友潘某江等人名义开设大量证券账户供自己控制、使用。李某以自有资金注入上述账户，指令应某、胡某、王某华等人具体操作。李某还与周某明、应某军、杨某可、徐某及被告人竺某等人约定，由上述人员自筹资金，以本人及其亲友名义开设证券账户，根据李某指令买卖股票，获利与李某按比例分成。通过上述方式，李某实际控制近百人的证券账户。

2012 年至 2015 年，被告人王某成立极限资产管理股份有限公司、克州喜马拉雅工程咨询有限公司、新疆金鲨资产管理有限公司，使用上述公司账户进行证券市场投资。其间，王某还以亲友及公司员工名义开设并实际控制近 20 人的证券账户，进行股票买卖。

2010 年至 2015 年，被告人李某单独或与被告人王某、竺某共同与华丽家族股份有限公司（以下简称华丽家族）等 13 家上市公司董事长、实际控制人合谋后，按照李某等人要求，由上市公司董事长或实际控制人，控制上市公司发布高送转方案、释放公司业绩、引入热点题材等利好信息的披露时机和内容，由李某、王某、竺某利用合谋形成的信息优势，通过实际控制的择夕产品证券账户、个人证券账户择机进行相关股票的连续买卖，共同操纵上市公司股票交易价格和交易量，在股价高位时减持上市公司股份，或将提前建仓股票、定向增发解禁股票抛售，从中获利。

起诉书认定，被告人李某触犯《刑法》第 182 条第 1 款第 1 项，与他人合谋，利用信息优势连续买卖，操纵证券市场价格和交易量，情节特别严重，构成操纵证券市场罪。

[辩护意见主文]

认定本罪成立的关键在于证明被告人李某的行为及其特征符合刑法意义上的“利用信息优势＋连续买卖”，且这两个要件必须同时具备。

一、被告人李某的涉案行为不符合成立操纵证券市场罪所要求的“利用信息优势”要件，其并未利用信息优势来操纵股票价格和交易量

起诉书的指控逻辑是，上市公司董事长或实际控制人具有信息优势，李某因为与其合谋而具有了信息优势。公诉机关认为李某所具有、利用的信息优势主要在于，李某控制了上市公司发布高送转消息的节奏、内容，因而比

一般投资者提前知悉高送转信息。

（一）高送转的信息优势具有时间性，被告人李某所具有的信息优势并非一直持续不断

公诉机关将被告人李某等人的“合谋”作为起始点，并将其后所有的行为均视为一个整体来评价，将建议高送转、实施高送转、大宗交易减持等环节均作为实现“合谋”之犯罪意图的具体环节和步骤，而这种整体性指控忽略了一个重要问题，即所谓李某具有的信息优势并非一以贯之地存在，而是在某个时间节点丧失。相应地，李某丧失信息优势之后的行为，即使构成“连续交易”，但因为不具有“利用信息优势”这一个定罪要件，从而无法归为犯罪。

据证监会《证券市场操纵行为认定指引（试行）》（以下简称《认定指引》，已失效）第 19 条可知，信息优势是指行为人相对于市场上一般投资者对标的证券及其相关事项的重大信息具有获取或者了解更易、更早、更准确、更完整的优势。本案中，李某所具有的信息优势可概括为：相较于其他一般投资者，更早、更容易地知道了上市公司会发布高送转的利好消息。至于上市公司何时发布高送转的利好、内容是什么等具体信息，李某同一般投资者一样不知情。

基于前述李某对高送转这一利好所具有的信息优势内容可知，在高送转的预公告日这一时间节点，一般投资者即可与李某同等知晓，他们对高送转利好消息的掌握具有平等性、公平性，易言之，预公告日李某即丧失信息优势，其此后的行为未利用任何信息优势。以某某材料公司为例，在某某材料公司预公告高送转利好消息之后，股价便有明显上涨，由此可知是广大投资者在知悉这一利好消息后大量买入股票，引发供求关系变化使得股价发生变化。这一客观存在的现象，亦可佐证在高送转预公告之后，李某与一般投资者对于信息的知情是平等的，前者不具有任何信息优势。

（二）“利用信息优势”操纵证券市场的行政处罚与刑事制裁的界线

1. 行为人利用虚假信息来误导一般投资者，才是值得以本罪进行刑法评价的行为。

从信息本身的性质来看，其有真实与虚假之分，若利用信息优势构成操纵证券市场罪，那么利用真实信息进行的操纵与利用虚假信息进行的操纵，二者在入罪的标准方面是否应当有所区分？再进一步而言，二者在犯罪的主观恶性和社会危害性层面是否应当有所区分？综合本罪的立法本意和社会常理进行刑法学解释可知，二者在入罪标准上应当有所区分，以符合刑法本身的逻辑自洽，以符合行政执法权与刑事处罚权之间的合理衔接。

纵观本案所涉事实，即使认为李某利用了信息优势，其在与大多数上市公司合作过程中所利用的也是真实的信息、信息优势，在考量主观恶性和行为的社会危害性方面，应当作出相较于利用虚假信息及优势来操纵证券市场而言，更加轻缓的认定和处罚。这是设立行政处罚和刑事处罚两种不同法益救济和恢复方式的应有之义。

同时，《立案追诉标准（二）》第39条第1至7项明确规定了7种应当以操纵证券、期货市场罪立案追诉的情形，包括连续交易、对倒交易（又称“对敲”）、自买自卖、虚假申报、虚假推荐（又称“抢帽子”），且证券市场上还有“尾市拉抬”等为业内人士熟知的操作方式，综合比较这些操纵行为的特征可知，操纵手段的虚假性是它们的共性，即利用虚假信息或虚假交易不正当地影响或者误导投资者、影响交易决策的行为，才可归为操纵行为。换言之，即买卖股票的操作行为具备手段的不正当性才可能成立操纵行为。而在本案中，被告人李某所利用的高送转信息本身是真实的，经过了上市公司的内部表决，也严格遵守信息披露规则进行了披露，其并未利用不正当的手段误导投资者，因此不能成立操纵行为。

2. 行为人利用（真实）信息优势进行股票交易达到一定交易量的标准，才值得以本罪进行刑法评价。

从体系解释的角度看，《刑法》第182条第1款将利用资金优势、持股或持仓优势、信息优势三种情形并列置于同一条款之中，且《立案追诉标准（二）》第39条第1项明确规定了利用持股优势操纵证券市场的具体交易量的要求，在逻辑上即可解释为此条款规定的交易量要求对于“信息优势”同样适用，或者说对于成立“利用信息优势”操纵证券市场罪同样有着交易量的要求，这样才能实现刑法条文本身的逻辑自洽，以及《刑法》和《立案追诉标准（二）》之间的逻辑统一。

换言之，对于利用信息优势成立操纵证券市场罪的行政处罚和刑事处罚之间，应当设定以交易量为区分标准的界线，比如，按照《立案追诉标准（二）》所规定的两个“30%以上”的标准来作为二者之间的区分界线，这也是目前刑法和证券法律规范中唯一可知的交易量标准。本案被告人李某利用信息优势进行交易的交易量远未达到前述规定标准（具体数据分析详见附件一），因此，其利用信息优势的行为在性质上并不符合刑法的要求，即便存在违规利用信息优势的情况，也仅是违反行政法规，属于行政处罚的范围。

3. 本罪的“利用”信息优势，本质上应当理解为“滥用”信息优势，且“滥用”的构成是以违反行政法规为前提。

利用信息优势操纵证券市场，影响股票价格和交易量，要求行为人不仅必须具有左右其他参与者投资决策的信息优势，而且要求其对信息优势的使用违反法定限制条件进而构成滥用。这是因为信息优势本身的具有并不为法律所禁止，而且是所有市场参与者都渴望通过努力而拥有的竞争力。因而滥用信息优势，人为控制股票市场行情，破坏股票市场正常供求关系和自由竞争机制，进而损害投资者的合法权益，才是利用信息优势操纵证券市场行为的本质特征和危害实质所在。

如前述分析，李某所利用的高送转信息本身是真实的，发布程序合法，并未违反证监会和交易所制定的相关信息披露规则，且利用信息优势买卖股票未达到一定交易量的标准，因而不构成滥用信息优势，本质上不符合本罪所要求的“利用信息优势”。

按照公诉机关的指控，被告人李某与上市公司董事长或实际控制人合谋，控制上市公司发布高送转利好消息，并借着这种利好消息连续交易助推股价上涨，最后高位减持股票实现非法获利，这一系列行为中李某对信息优势的“利用”体现在连续交易股票这一环节，前面的合谋、发布高送转消息只是利好消息的形成过程，而非利用行为。由此，既然“利用”信息优势体现在连续交易这一环节，而利用信息的本质是滥用信息优势，“滥用”本身即包含着交易量的要求（利用信息优势连续买卖大量的股票才可能影响股票价格和交易量），那么“利用”信息优势这一定罪要件本身也相应地包含着交易量的要求。

（三）高送转信息的可操纵性特征不明显，利用信息优势操纵证券市场的可能性很低，而认定操纵行为则必须达到明显优势证明标准

所谓高送转信息的可操纵性，是指人为控制高送转利好消息的发布节奏和内容等的可能性，这种人为控制可能性越高，则其可操纵性特征越强、越明显，反之亦然。

1. 高送转信息的属性是中性的，不必然属于利好消息。

从信息的属性来看，人们对信息的理解和利用是主观的，但信息本身是客观的。在股票交易中，会出现上市公司发布利好消息后其股价并未上涨甚至下跌的情形，本案所涉上市公司股票也存在这种情形。由此可知，投资者对于高送转信息是否属于利好消息的判断，会综合考虑很多因素，这种个体判断是主观的，但不影响高送转信息本身的客观性。股票价格会受到诸多复杂因素影响，其中有些因素会抵消高送转信息的利好性。

从高送转信息的具体实施来看，必然需要公司具备相应的实际能力，比如盈利能力、股本总量等，这些信息是完全对外公开的，一般投资者均可知悉，高送转的消息可信度直接受制于公司的客观能力，这并不会因为主观的操纵意图而改变。

本案中李某向上市公司董事长或实际控制人建议高送转并不违法，这是其作为上司公司股东的权利，这一点在《公司法》和证监会制定的规范性文件中均有体现。一方面，据2018年《公司法》第102条规定，单独或者合计持有公司3%以上股份的股东，具有临时提案权；另一方面，据证监会《关于进一步落实上市公司现金分红有关事项的通知》的内容也可知，股东对于上市公司利润分配政策和股东利益回报规划等的制定及实施，有着充分的建议权、知情权和参与决策权。

2. 高送转作为利好消息的可操纵性特征不明显。

从信息披露和公司治理角度来看，高送转利好消息的产生、决议、发布全过程，首先是需经上市公司内部依据相应程序和规则来进行，比如董事会

的决议、股东会的批准，上市公司董事长或实际控制人也不能操纵董事会、股东会，李某连上市公司董事长或实际控制人都无法操纵，更遑论操纵上市公司通过相关议案并发布相关公告。

此外，高送转利好消息需按照证券法及交易所的规定进行披露，且披露的时间、内容等均有既定规则的约束，上市公司发布包括高送转预公告和公告、季报、半年报等均是履行法定信息披露义务的行为，而并非董事长或实际控制人可以随意控制并随时发布的，李某更不可能操纵上市公司随意发布。

可见，人为控制高送转利好消息的发布节奏和内容等，需要同时克服前述内外双重规则的约束，从理性分析的层面看是难以实现的。换言之，即便高送转利好消息可以进行人为的控制，其可操纵性的特征也是极为薄弱的。

综合全案事实来看，李某对所涉 13 家上市公司所谓“控制高送转利好消息的发布节奏和内容”的特征并不明显，操纵性的表现并不突出，具体体现在以下 3 个方面：第一，上市公司发布高送转的利好消息本身是真实的，并无虚假欺骗；第二，上市公司发布高送转利好消息的程序完全合法，不存在违反信息披露规则的问题；第三，不少上市公司在李某建议高送转之前，便已自主决定进行高送转（比如某某材料公司），况且李某建议的高送转内容，上市公司往往并未采纳，而是依据公司实际情况制定高送转方案，并按照公司的节奏自主决定发布的时间和内容（比如李某建议某某材料公司“10 送 20”，某某材料公司自行决定“10 送 15”）。

因此，当高送转消息本身不必然属于利好消息，进而不能必然影响投资者决策时，加之高送转消息的发布受到公司治理规则和信息披露制度的约束，则利用高送转信息来操纵证券市场在客观上亦不可能，或者可操纵性很低。

3. 操纵行为的认定有着较高的证明标准，本案并无证据证明李某的行为达到了认定标准。

其一，《认定指引》第 54 条，明确规定操纵行为的认定，应当适用明显优势证明标准，又称为清楚的、明确的、令人信服的标准，这是行政诉讼一般采用的证明标准，其是相较于民事诉讼的优势证明标准、刑事诉讼排除合理怀疑标准而言的。明显优势证明标准的证明严格程度介乎民事诉讼和刑事诉讼二者之间，本案并无证据证实公诉机关的指控达到了这一证明标准。

其二，《认定指引》第 14 条也明确规定，操纵行为是指行为人的行为是证券交易价格异常或交易量异常的“重要原因”，而公诉机关所举证的 13 份证监会的行政认定函中，表述均为“李某的行为影响了、明显影响了股票交易价格和交易量”，并未明确认定李某的行为是导致涉案公司股票价格和交易量异常的“重要原因”，即证监会未认定李某的行为属于操纵行为。

其三，若以本罪来评价被告人李某的行为，则必须证明李某利用信息优势的交易行为与本罪危害结果之间存在因果关系，而公诉机关举证的鉴定意见书和行政认定函中仅依据李某的“参与交易日占比”“偏离值”这两项数据来认定因果关系，忽略了“交易量占比”这一关键数据统计，是不够充分的。

二、被告人李某在本案中的股票交易行为，并非全然符合操纵证券市场罪所要求的“连续交易”要件，其涉案期间的一些股票交易不属于连续交易

《认定指引》虽然明确给出了“连续交易”的概念，但根据起诉书的行文思路和指控逻辑来看，似乎有仅从形式上理解之嫌。

（一）连续交易的实质必然包含着交易量的要求，被告人李某的交易远未达到操纵所需的交易量

《认定指引》第 21 条明确规定：连续买卖，是指行为人在某一时段内连续买卖某种证券。在 1 个交易日内交易某一证券 2 次以上，或在 2 个交易日内交易某一证券 3 次以上的，即构成连续买卖。从反证的角度理解之，可以追问：是否任何买卖股票的行为只要符合前述规定，即可构成连续交易？进而，行为人在 1 个交易日内连续 2 次以上交易 1 股股票，是否构成以连续交易方式操纵证券市场？从社会危害性来看，将前例中的连续交易 1 股股票的行为认定为操纵证券市场罪，仅依常理和情理便可知其不妥，何况刑法作为其他所有法律规范的补充和保障，应当具有谦抑性。

根据公诉机关所列举的证据，从交易数据能看出李某存在不少“只买不卖”或者“买进后隔几月后才卖出”的情形，但公诉机关仍将这一部分交易

量及获利计入犯罪数额和违法所得。在李某并无买卖股票的期间，股价依然大幅度上涨，这也可以佐证股价上涨不是李某的连续交易行为所致。比如，从 2015 年 3 月 6 日至 4 月 7 日，李某的账户组无任何委托、交易行为，“文峰股份”股价依然涨幅 147. 53%，同期大盘涨 21. 95%（详见附件二）。

《刑法》第 182 条将连续交易规定为操纵证券市场犯罪的手段进行打击，显然应当将“连续交易”放在本罪的前提和框架下来理解。换言之，连续交易的行为必须符合操纵证券市场罪的本质特征——影响股票价格和交易量，只有连续交易构成异常交易行为，才可能符合操纵证券市场罪中的连续交易之实质含义，否则，对诸如前述举例中的连续交易 1 股股票的行为进行刑法评价和制裁，不仅有违此刑法条文本意，还有扩大刑罚打击的嫌疑，更是浪费有限的司法资源。

此外，如前所述，从刑法学体系解释的角度同样可以得出“连续交易”不能仅从形式上理解的结论，其应当具有如自买自卖、对倒交易等《立案追诉标准（二）》规定的操纵行为一样的具体交易量标准。《立案追诉标准（二）》第 39 条明确列举了 7 种构成操纵证券市场罪的异常交易行为，包括连续交易、自买自卖等。该条款对于自买自卖、对倒交易等行为均明确了具体数量要求，从刑法条文逻辑自洽角度可知，对交易量的要求同样应适用于连续交易，方能实现形式解释与实质解释的统一。

（二）交易量的大小区分构成对连续交易行为进行行政处罚和刑事制裁的界线

在前述分析构成连续交易需要交易量要求的基础上，进一步从操纵证券市场罪的本质来理解其内涵。前已述及，本罪的本质特征或者社会危害性主要表现为——影响股票价格和交易量。那么，若行为人在 1 个交易日内连续 2 次以上交易 1 股股票，是否构成连续交易并影响股票价格和交易量？此连续交易行为是否已经无法为行政处罚所涵盖，而必须动用刑法评价？试问，本案中被告人李某买入股票后，几个月之后才卖出股票，这种行为是否需越过行政处罚的边界而动用刑事制裁？显而易见的是，无论这种行为本身的主观恶性，还是其所导致的社会危害，均不足以触发刑事处罚，否则以国家追诉的方式发动对公民的最严厉制裁，便显得过于轻率，公民合法权利便有被随意侵犯之虞。况且，还有“法无明文规定不为罪”的刑事法律原则，因此对此条文的解释应当做到形式与实质相统一。

一言蔽之，对于认定以连续交易的方式成立操纵证券市场罪的情形，应当比照自买自卖、对倒交易等异常交易行为设立交易量的标准，达到此交易量标准的方才构成本罪，此交易量标准以下则属于行政处罚的范围。进一步即可得出结论，操纵证券市场罪本质上要求有具体交易量及其所致危害结果，而非单纯的行为犯。

（三）交易量构成论证连续交易行为与本罪危害结果之间因果关系的关键

从刑法因果关系的角度同样可以得出前述应当设立交易量标准的结论。公诉机关要认定李某成立本罪，还必须证明是李某的连续交易行为导致了股票交易价格和交易量异常变动的危害结果，即必须证明二者之间的因果关系。而要证明因果关系的成立，只有从交易量入手方才具有论证力和说服力。公诉机关提供的司法鉴定意见和证监会行政认定函，仅依据“参与交易日占比”和“偏离值”两项统计指标的异常来认定因果关系成立，缺乏数据支撑和论理说服。

第一，证监会的行政认定函中所列明的李某参与“××股份××交易日，账户组在其中××交易日有成交，占比××；其中，××个交易日买入，占比在××以上的共有×个交易日，占买入日数的××，××个交易日卖出，卖出占比在××以上的共有×个交易日，占卖出日总数的××”等，仅是对参与交易时间的统计，不是对具体参与交易量的统计，因而不能证明是李某的连续交易行为导致了证券价格和交易量异常，缺乏行为与危害结果之间的因果关系论证。

证监会的行政认定函的这种简单列明，一方面仅能证明李某确实参与了股票交易，但参与买卖股票本身并不违法；另一方面也仅能证明李某买入和卖出股数占当日该股买卖量的占比，但无法准确解释李某的交易行为如何导致了交易异常，具体达到什么交易量才导致交易异常。

第二，证监会的行政认定函中所列明的李某参与“××期间××股份累计涨幅××，同期中小板综指累计涨幅××，偏离××”等，是以“偏离值”大小来认定李某连续交易行为导致了股票价格和交易量异常，也缺乏行为与危害结果之间的因果关系论证。

客观而言，证监会所选取的诸如“中小板综指”“创业板综指”等可比指数均是相关板块所有股票按照一定计算公式计算出的综合指数，证券市场上不可能有任何一只股票与这些可比指数的走势完全一致，均存在不同程度的偏离。换言之，选取市场上任何一只股票，均有可能高于本案所涉股票的“偏离值”，而且在大盘暴涨或暴跌时，个股同可比指数的偏离情况会更加严重。

不过，现行刑法及相关证券法律规范中，对于“偏离值”达到多少才构成交易异常，从而构成对证券市场的操纵，并未明确具体量的标准。而根据前述《认定指引》明确规定的“重要原因”，其显然是要求有具体量的标准和界定的。证监会的行政认定函仅粗略地以“偏离值”推导出构成操纵证券市场，并没有明确具体量的标准，这样的统计和认定是不合理、不严谨的，不能仅据此来认定李某操纵证券市场。

公诉机关在论证李某的证券交易行为构成操纵证券市场的过程中，既没有证明李某的交易行为在成千上万的交易行为中的具体作用，也没有证明本案所涉股票在交易量和交易价格方面异常于其他股票，所以无论在情形上还是在结果上都不能得出本案所涉股票价格和交易量被李某操纵的结论。

综合前述两点可知，对于操纵证券市场罪的成立，立法不仅要求在质上系影响股票交易价格和交易量的行为，而且要求在量上必须具有影响证券市场行情的具体危害结果，此即“情节严重”的立法规定。《立案追诉标准（二）》对“情节严重”的解释，其实是对操纵证券市场行为本质的进一步重申：滥用证券市场优势行为，只有在主观上出于操纵证券市场的意图，客观上具有操纵证券市场的可能性并造成了实际危害结果，才能充足操纵证券市场罪的法定构成要件，构成操纵证券市场行为。所以，在我国操纵证券市场罪就其客观定罪要件而言，应当是结果犯而非行为犯。

因此，对于利用信息优势型操纵证券市场罪的构成要件的完整理解应当是：行为人以利用虚假信息优势这种不正当的手段，连续交易股票，误导了一般投资者的决策，从而影响了正常的股票价格和交易量，扰乱了正常交易秩序；或者行为人利用真实信息优势，连续交易股票达到了具体量的标准（比如连续20个工作日内连续交易量达到该股票同期总成交量的30%），误导了一般投资者的决策，从而影响了正常的股票价格和交易量，扰乱了正常交易秩序。

究其根本，辩护人认为造成本案所涉上市公司股价和交易量异常的真正原因在于——李某的名人效应引发投资者大量跟进买卖。本案所涉13家上市公司积极寻求与李某合作，也是意在利用李某的名人效应。事实上在证券市场中，有相当数量的资深投资者长期跟踪李某买卖股票，甚至专门跟踪李某开设账户的证券营业部和交易席号的动向（比如根据证券业内俗称的“龙虎榜”揭示的买入和卖出前几位营业部，可以揣测主力运作意图）。而李某利用自身具有的商业信誉、名人效应并不违法，《刑法》也并未规定利用商业信誉优势操纵证券市场罪，其反倒是合乎证券市场属性、为证券市场所鼓励的行为。

三、被告人李某参与定向增发和大宗交易减持的行为不属于操纵证券市场罪规制的对象

（一）从大宗交易的概念及其制度设立意义、目的来看，其独立于二级交易市场，不在操纵证券市场罪规制的范围之内

根据《上海证券交易所交易规则》（2013）的规定可知：第一，该交易规则对大宗交易设立了区别于二级市场交易的标准，比如，A股单笔买卖申报数量应当不低于30万股，或者交易金额不低于200万元人民币。第二，大宗交易申报方式和申报时间均不同于二级市场交易，比如，15：00至15：30接受固定价格申报大宗交易。第三，大宗交易不纳入证券交易所即时行情和指数的计算，成交量在大宗交易结束后计入该证券成交总量，即大宗交易的成交量不计入二级交易市场的总成交量。这种独立的统计，也是为了隔绝大宗交易与二级市场，维护二级市场的稳定，这正好鲜明体现了大宗交易制度设立的目的和意义。

操纵证券市场罪的本质在于人为影响股票交易价格和交易量，误导投资者进行决策，从而扰乱了证券市场的正常交易秩序，侵犯了投资者的合法权利。从本罪的危害性特征和所保护的法益即可知，其隐含着保护对象是二级交易市场的含义。而大宗交易市场与二级交易市场是两个独立的交易系统，前者在证券行业内被通俗地称为“一级半市场”，并不在操纵证券市场罪所规制的“二级市场”之内。

（二）定向增发也不涉及二级市场，不在操纵证券市场罪规制的范围之内

定向增发，是指上市公司向符合条件的少数特定投资者非公开发行股份的行为。上市公司向特定对象发行的股票是上市公司的新增股票，并非已经在证券交易所进行交易的存量股票，而且投资者认购上市公司定向增发的股票通常会有至少 1 年的锁定期，绝无可能对证券市场产生任何影响。因此，李某认购上市公司定增股票的行为并不会对证券交易市场产生任何影响。

四、13 家上市公司和被告人李某运作股票的方法，符合市值管理制度的要求和内涵，根据李某和上市公司董事长或实际控制人的供述也可知他们确实存在市值管理的计划和安排

国务院《关于进一步促进资本市场健康发展的若干意见》第二部分第 6 项明确：鼓励上市公司建立市值管理制度。市值管理制度本身也包含着低位增持、高位减持等操作方式，以追求股价在合理水平范围内波动，体现上市公司真实价值和股票真实价格水平。

上市公司股票价值可以分为内在价值与市场价值。股票的内在价值是上市公司在存续期内为股东创造的真实投资回报的总和（如现金分红或者归股东所有的现金流）；上市公司股票的市场价值，是市场对于上市公司股票内在价值的估计，市场投资者同上市公司内部人士相比，在信息获取上处于天然弱势，因此上市公司与投资者之间存在普遍的信息不对称问题。市场投资者只能根据有限信息为股票定价，其结果就是股票市价常常会偏离其内在价值。市值管理，正是以上市公司股票内在价值为基准，通过向投资者传递更

多的高质量信息，从根本上改善信息不对称状况，让投资者对于公司内在价值的决定因素有更全面的了解，从而稳定投资者预期，推动市场更加准确地为公司股票定价，缩小股票市场价值相对于内在价值的偏离度，使市场价值能够更好地反映股票的内在价值。

因此，李某建议上市公司发布高送转，也是基于市值管理的考虑，上市公司发布、实施高送转是符合其自身实际情况的，信息本身真实、发布程序合法，使得投资者获取信息更加全面、完整，刺激股价上涨也只是使得股价回归到上市公司真实价值水平，从统计数据来看这种涨幅波动是合理的，并不是犯罪结果与目的的实现。

五、被告人李某属于初犯、偶犯，一贯表现良好，并无前科，且到案后能积极配合司法机关查明事实，认罪态度好，具有悔罪表现

根据传唤证、监视居住决定书、变更羁押期限通知书、关于对李某等人涉嫌犯罪案件指定管辖的通知等所记载的时间和内容可知，李某在侦查机关仅掌握其涉嫌内幕交易的犯罪线索时，便主动供述了自己涉嫌操纵证券市场犯罪的相关事实，故应当成立李某操纵证券市场罪部分的自首，请法院依法予以考量。

第十四章

连续交易操纵的定罪量刑标准

——曹某名等操纵证券市场案辩护意见

[辩护逻辑]

案涉交易行为是否“影响证券、期货交易价格或者证券、期货交易量”是连续交易操纵的实质标准，没有合法且有效证据证明案涉行为符合操纵证券市场罪所必备的客观构成要件——“价量”影响——不能认定为操纵证券市场。连续交易操纵、相对委托操纵、洗售操纵都具有独立的量化标准。如果控方已经将部分案涉交易行为评价为实际控制账户之间的“自我交易”“对倒”，则该部分交易量已经被指控方自行从连续交易操纵行为模式中分离，评价为洗售交易操纵，这便分化了连续交易操纵的交易量，相关交易量不能在连续交易操纵中予以评价。

[案情]

2015 年 10 月 8 日至 2018 年 4 月 27 日，浙江 JLHD 股份有限公司董事长曹某名通过从李某峰等人处配资，以拉抬或维持“JLHD”股票价格为目的，集中资金优势、持股优势并利用信息优势，连续买卖，自买自卖，部分交易日通过盘中拉抬等多种手段影响“JLHD”股票交易价格和交易量。其间，曹某名为保证其配资账户的安全，专门安排沈某航前往李某峰公司，由沈某航按照曹某名指令负责对曹某名控制的证券账户进行买卖操作，同时安排吕某苹提供银行账户为曹某名支付配资公司的保证金走账、对配资账户进行清算核对，以及在2018年之后，接收曹某名指令，对控制的6个配资账户与沈某航控制的账户进行对倒。

经深交所测算，2015年10月8日至2018年4月27日，曹某名公开及通过112个证券账户（以下简称案涉账户组）持有“JLHD”股票的流通股占其实际流通股份总量的比例超过30%且存在多个时段连续20个交易日内连续买卖“JLHD”股票数量达到该证券同期总成交量30%以上。其中，2018年1月18日至2018年3月7日连续20个交易日中，案涉账户组买卖“JLHD”股票累计交易量占市场总成交量的65.05%，此段期间交易占比最高。2018年2月，在“JLHD”股票停牌期间，曹某名召集李某峰、吕某苹、沈某航在浙江JLHD股份有限公司一楼会议室内分析关于“JLHD”复牌后的走势。在李某峰认为“JLHD”股票复牌后肯定跌停的情况下，曹某名决定从李某峰处配资1.5亿元，并于“JLHD”股票复牌之日，要求沈某航用配资账户资金将“JLHD”跌停板砸开并复红。截至2018年4月27日（操纵行为结束日），曹某名控制利用的案涉账户组，共计亏损1.57亿元。2020年11月24日，犯罪嫌疑人沈某航主动退赃30万元；2020年11月27日，犯罪嫌疑人吕某苹主动退赃1000万元；2021年6月2日、7月13日，犯罪嫌疑人李某峰分别退赃1100万元、900万元。建议对以上退赃款依法予以没收。

……

综上所述，被告人曹某名、吕某苹、沈某航触犯了《刑法》第182条之规定，涉嫌操纵证券、期货市场。依照《刑事诉讼法》第162条之规定，现将此案移送审查起诉。

[辩护意见主文]

一、总体辩护意见

1. 案涉账户组在特定时间区间的实际控制情况、实际决策情况、实际操作权归属情况等重要问题，存在事实不清、证据不足的重大疑问，导致本案最为重要的基础事实存在整体坍塌的显著风险。有证据或者线索显示，案涉账户组中相当数量的证券账户在特定时间区间系由配资中介、配资资金提供者实际控制，并非被告人曹某名实际控制。本案中没有锁定案涉账户组交易的 MAC 地址（物理地址）、IP 地址（网络地址）等电子数据信息与犯罪嫌疑人交易行为及其网络行为轨迹之间的重合度与连贯度，没有查证案涉账户组交易网络信息与杠杆资金实际提供者之间的网络行为痕迹，没有向账户、资金实际提供者进行询问，导致重要基础事实不清、证据不足，该证明责任及其证明不能的不利后果应当由指控方承担。

2. 本案中目前认定实际控制账户的法律逻辑紊乱，关于案涉账户组实际控制关系的认定结论所依托的法律适用与法律解释是错误的。被告人曹某名在特定时间区间对于案涉账户组中的部分账户并无交易决策权，不能将相关账户认定为曹某名实际控制账户。

3. 无论本案适用行为时《刑法》第 182 条［《刑法修正案（六）》］，还是适用裁判时《刑法》第 182 条［《刑法修正案（十一）》］，都需要评价一个核心构成要件，即案涉交易行为是否"操纵证券、期货交易价格或者证券、期货交易量"［《刑法修正案（六）》］，或者是否"影响证券、期货交易价格或者证券、期货交易量"［《刑法修正案（十一）》］，而本案中目前并无任何合法且有效证据证明本案中的行为符合操纵证券市场罪所必备的客观构成要件——"价量"影响（"价量"操纵）。

4. 关于本案的量化标准问题，应当适用 2010 年《立案追诉标准（二）》；结合本案交易数据，被告人曹某名的案涉交易行为并没有达到"情节严重"的入罪标准。

5. 本案中指控方始终没有准确说明，是否已经锁定操纵证券市场行为模式及其对应的量化标准，并据此评价被告人曹某名的案涉交易行为，而是堆砌、混同多种操纵市场行为模式，导致指控失焦与重复评价的双重逻辑障碍；即使锁定连续交易操纵这种特定的行为模式进行指控，由于在案证据已经将部分案涉交易行为评价为实际控制账户之间的"自我交易""对倒"，部分交易量已经被指控方自行从连续交易操纵行为模式中分离，评价为洗售交易操纵，这便分化了连续交易操纵的交易量，实际上意味着案涉交易数量对应操纵模式不清（事实不清）、适用标准模糊（具体法律条款依据不稳定）、定量标准不构罪（适用任何操纵模式所对应的量化标准都不符合《立案追诉标准

（二）》的量化要求）。

二、案涉账户组在特定时间区间的实际控制情况、实际决策情况、实际操作权归属情况等重要问题，存在事实不清、证据不足的重大疑问，导致本案最为重要的基础事实存在整体坍塌的显著风险

对案涉账户组的认定是操纵证券市场刑事案件证据审查与事实认定首先需要解决的问题，因为只有明确其归属且其实际控制于犯罪嫌疑人的账户范围，才能将相关交易量、相关交易占比归责于犯罪嫌疑人。一旦案涉账户组实际控制情况问题出现事实不清、证据不足的疑问，即使交易量及交易占比数据经有关部门测算且反复核对无误，对于犯罪嫌疑人的归责问题也没有任何意义——本案中正是存在这样的疑似问题。

本案中，指控方（侦查）关于案涉账户组的事实认定所依托的事实逻辑是：

2015 年 10 月至 2018 年 4 月，曹某名、吕某苹以配资、借用等方式控制涉案 109 个证券账户交易“JLHD”，其中唐某喜等 96 个证券账户由配资中介李某峰提供，吕某苹等 13 个证券账户由其他配资中介和吕某苹亲属、朋友提供。配资证券账户的保证金、利息和借用吕某苹亲属、朋友证券账户的交易资金实际来源于曹某名，案涉账户组结算资金和盈利大部分流向曹某名及其指定的银行账户，少部分流向吕某苹控制的银行账户。配资中介李某峰提供的 96 个证券账户中有 92 个证券账户系沈某航按曹某名、吕某苹指令下单交易，有 4 个证券账户系吕某苹本人下单交易。其他配资中介和吕某苹亲属、朋友所提供的 13 个证券账户由曹某名、吕某苹共同控制，并由吕某苹亲自下单交易或委托配资中介下单交易。

然而，上述事实判断并无确实、充分的证据支持。在案证据至多可以证明的是，被告人曹某名曾经在某个时间区间控制利用过案涉账户组，但是无法证明的是，案涉账户组在所谓“2015 年 10 月至 2018 年 4 月”这个时间区间内持续处于被告人曹某名的实际控制之下。

相反，本案有证据或者相关线索显示，2017 年 11 月直至案涉行为结束，

被告人曹某名早已对案涉账户组中的相当部分证券账户失去控制，相关交易行为根本不是本案中的曹某名等犯罪嫌疑人控制、决策、操作，而是配资账户的“金主”（加了杠杆的那部分资金所对应的终端出资人）直接收回账户、直接操作“JLHD”股票交易。

（一）指控的事实逻辑中缺乏有关实际控制账户的核心证据审查要素

纵观（调查）侦查阶段所形成的本案中现有的证据，概括而言，审查行为人实控账户主要参考了以下要素。（1）部分犯罪嫌疑人、部分配资机构人士的陈述：通过提供保证金，加上配资杠杆，通过实际“金主”提供的底层账户，由犯罪嫌疑人所指定的操盘手或者下单人员与配资机构的人员，共同操作相关案涉账户组的股票买卖。（2）资金往来记录：账户内资金来源、账户之间是否有资金划转记录等。（3）交易对象、方式：账户交易的产品是否相似、交易的方向及频率是否趋同。（4）行为人与账户开户人之间的关系：是否存在亲友、同事关系等。

上述审查要素本身是准确的，但在证据审查逻辑体系中存在明显且重大的漏洞——忽略了与案涉账户组有关的电子证据及其网络行为轨迹的全面证据搜集与全面证据审查。也就是说，证据分析及其推论所依据的要素本身基本上是正确的，但缺少核心的证据推论要素（客观电子数据），导致证据推论缺少充分条件。具体而言：本案中案涉账户组的网络行为轨迹与账户实际控制关系之间存在巨大的证据断裂；本案中没有锁定案涉账户组交易的 MAC 地址、IP 地址等电子数据信息与犯罪嫌疑人交易行为及其网络行为轨迹之间的重合度与连贯度。

起诉书认定上述犯罪事实的证据如下：中国证监会移送的相关材料，证人证言，调取证据材料，被告人曹某名、吕某苹、沈某航、李某峰的供述和辩解，侦破（归案）经过等；没有案涉账户组交易的 MAC 地址、IP 地址等网络数据信息与犯罪嫌疑人交易行为指令、网络行为轨迹之间的重合度证据。上述证据材料乃至监管机构在行政程序中形成的证据材料中，也只见证券账户资料、银行账户资料、询问笔录、上市公司公告、交易所相关数据信息等，均未见上述网络信息证据内容。

实际上，本案中已经有充分的证据以及明显的线索显示，案涉账户组在特定时间区间，尤其是在 2017 年 11 月之后，并不处于被告人曹某名的实际控制之下，案涉账户组并非曹某名“实控的账户”，而是被告人曹某名“失控的账户”。在此情况下，更应当查证案涉证券账户的 MAC 地址、IP 地址等网络数据痕迹与被告人曹某名一方指定的账户操作人员之间的网络数据轨迹重合度问题，以此判断案涉部分账户究竟是否由被告人曹某名所实际控制。然而，如此重要的证据竟然处于缺失状态，导致本案存在事实不清、证据不足的严重硬伤。

（二）本案中有证据表明，被告人曹某名在被指控的时间区间中的特定时间区间，没有或已经彻底失去对相当数量的案涉账户组的实际控制

案涉部分账户在配资中介接管后由该配资中介实际控制权，而曹某名相应失去实际控制权，对应的交易量、交易占比不应当计入案涉相关交易数据体系。

配资机构及其负责人李某峰以及其他配资中介等，向被告人曹某名提供案涉配资账户，采用的模式为典型的“配资资管账户模式”，即客户（曹某名）提供保证金，配资机构（中介）提供放大一定比例的杠杆资金，使用众多个人独立的证券账户（实际提供杠杆资金的“金主”证券账户）从事“JLHD”股票交易。客户与配资机构（中介）事先约定预警和平仓线数值，配资机构采取人工盯盘风控的方式，证券账户股票价格跌至预警线，客户必须追加保证金；证券账户股票价格跌至平仓线，配资机构通过人工介入方式接管账户——此时，客户及其指定操盘手失去账户实际控制权，所有平仓交易均由配资机构及其工作人员实施。

本案中，后期的案涉“JLHD”股票交易，随着该证券标的市场价格的不断下跌，大量出现配资机构人工介入平仓的情况，本案中的犯罪嫌疑人供述、配资机构负责人李某峰以及员工的笔录等，均可以予以证实。因此，从证券账户实际交易决策、实际控制的角度而言，案涉部分配资账户的交易显然并非被告人曹某名控制，而是配资机构（中介）风控介入之后直接接管账户实际控制权。至于哪些案涉账户失控、哪些账户被强行接管、哪

些账户交易系强行平仓、哪些账户交易根本不是被告人曹某名所指定的交易人员实际操作等，都应当由指控方予以查明，但本案中并未对该等事实进行查证。

1. 李某峰讯问笔录（2021年4月20日）明确证实：触发平仓线后，客户（被告人曹某名）失去部分账户控制权，账户实际控制权由配资机构（中介）行使，具体表现为强制平仓。

> 问：说一下杭州奔腾投资管理有限公司和杭州炫顶投资管理有限公司的情况。
>
> 答：杭州炫顶投资管理有限公司是我在2012年10月成立，法人是我自己，这家公司在2018年12月的时候被吊销了。杭州奔腾投资管理有限公司是2014年11月我出资成立的，法人和名义出资人都是我的员工汪某，这家公司实际出资人就是我。这两家公司的主要业务就是做配资，也就是公司根据客户的需求寻找有意向的资金提供方，客户自己提出配资比例需求，公司业务员根据客户资金需求寻找资金方商谈。等双方谈好后，再由资金方提供证券账户，配资方和资金方分别将保证金和配资资金转到资金方提供的证券账户，等证券账户里的钱到位后资金方就会把证券账户的账号和密码告诉我，我再将账号和密码提供给配资客户。
>
> 问：说一下杭州奔腾投资管理有限公司的人员情况？
>
> 答：公司当时有30多个人分为财务部门、风控部门、业务部门、交易部门。财务部门是负责财务记账、员工工资发放的。风控部门主要是监控配资账户的平仓线和警戒线，如果配资账户的持仓达到了警戒线，就要提醒配资客户追加保证金；如果到达平仓线，风控部门负责执行平仓指令。业务部门主要负责对外寻找资金方和配资方，开展相关配资业务。交易部门就是根据客户的指令下单。

2. 沈某沛询问笔录（2021年2月23日）证实：案涉证券账户涉及配资机构风控介入强制平仓。

问：你们杭州奔腾投资管理有限公司靠什么盈利？

答：杭州奔腾投资管理有限公司靠配资的佣金（利息）赚钱，具体佣金怎么算的我不清楚，业务部门的人是清楚的。

问：你在杭州生马投资管理有限公司主要是做什么工作的？

答：我在杭州生马投资管理有限公司工作的时候是做风控的，我们风控部门的领导是童某，部门里的风控人员还有孙某骏、王某鸽、宋某、钱某梅。童某当时给我们每个风控人员都分配了一些证券账户进行风控管理，我手上共管理过七八个账户。我们公司会给每个证券账户设置警戒线和平仓线，警戒线和平仓线设置的亏损金额比例是多少，我记不清楚了。我们风控部门的工作就是每天监测手上的账户有没有到警戒线或者平仓线，如果触及警戒线，我就会跟童某汇报，如果触及平仓线，客户没有自己进行平仓，我也会跟童某汇报，童某就会安排我对账户进行平仓，这样做的目的就是保证公司配资的本金不亏损。我都是听童某指令进行操作的。

问：说一说你负责风控的证券账户里的资金情况？

答：股票账户里几百万至上千万元资金都有。

问：你是否知道曹某名这个客户？

答：我不知道。

问：你有无风控过涉及浙江 JLHD 股份有限公司的股票账户？

答：有，当时证监会的工作人员过来调查，从我的工作电脑上提取数据的时候，是有浙江 JLHD 股份有限公司的股票账户的，具体几个我记不清楚了。

问：证监会过来调查的时候，你是否还在杭州奔腾投资管理有限公司上班？

答：我还在杭州奔腾投资管理有限公司上班。

3. 林某皓询问笔录（2021 年 2 月 22 日）证明：配资中介风控介入后，案涉账户组实际控制归属发生变动，被告人曹某名对部分案涉账户无实际控制。钱某梅询问笔录（2021 年 2 月 23 日）等均能予以印证。

> 问：你是否知道杭州奔腾投资管理有限公司？
>
> 答：知道的，我之前在杭州奔腾投资管理有限公司做风控管控。
>
> 问：你将杭州奔腾投资管理有限公司的成员架构和经营情况讲一下。
>
> 答：杭州奔腾投资管理有限公司的老板是李某峰，风控部门的领导是童某。我们公司风控人员是我和孙某峻，其他人事情况我不清楚。我们杭州奔腾投资管理有限公司就是做股票配资业务的。
>
> 问：说一说杭州奔腾投资管理有限公司的经营地址？
>
> 答：杭州市江干区（已撤销）千页国际大厦，具体几楼忘记了，后面搬迁到了杭州市萧山区天水城。
>
> 问：风控具体是什么？
>
> 答：风控就是控制股票账户的交易风险，当时风控主管童某交给我管理的股票账户有两三个。我记得每个账户里面有一两千万元的资金。我的工作就是按照童某的要求做到不能亏掉本金，比如500万元的股票账户，20%是保证金，80%也就是400万元是本金。我做风控的时候，因为要预留一个缓冲区，所以就将11.5%设置为亏损警戒线，我关注到证券账户亏损到警戒线就立即把情况告诉童某。
>
> 问：你风控的证券账户是谁的？
>
> 答：我不清楚。
>
> 问：你是否知道曹某名？
>
> 答：我不清楚。
>
> 问：你是否知道浙江JLHD股份有限公司？
>
> 答：被查之前我不知道，被证监会查过之后，我知道我们公司是给浙江金利华股份有限公司配资的。

4. 汪某询问笔录（2021年2月24日）证明：配资中介风控介入后，案涉账户组实际控制权归属发生变动，被告人曹某名对部分案涉账户无实际控制权。

> 问：你们杭州奔腾投资管理有限公司是经营什么业务的？
>
> 答：杭州奔腾投资管理有限公司是做股票配资的业务的。公司配资的

杠杆比例为1∶3、1∶4、1∶5不等，应客户自己的需求。如果客户需要进行配资，就将保证金打给老板李某峰，李某峰将保证金转入指定的股票账户，公司就会根据在杆比例给客户进行配资。我们公司相当于一个中介，客户把保证金打给李某峰，李某峰将钱打给“金主”，“金主”提供配资资金和股票账户。配资完成后，股票账户的盈亏都是由客户承担，客户最大亏损不能超过其缴纳的保证金。比方客户缴纳1000万元，按照1∶4杠杆进行配资，约定年利息15%，月息1.25%，相当于客户配资了4000万元，一年需要支付利息600万元，每月需要支付50万元。“金主”拿利息的大头，我们月息拿0.15%左右。

问：你们杭州奔腾投资管理有限公司靠什么盈利？

答：这家公司是我和马某卿注册的，不能说是我们公司靠什么盈利，我们公司是没有盈利的。配资其实是李某峰和客户的双方行为，产生的盈利收益都是归李某峰个人所有，然后李某峰帮公司的员工缴纳社保、发放工资等。我和马某卿等人都没有公司的盈利分成。

问：你在杭州奔腾投资管理有限公司主要是做什么工作的？

答：我当时在杭州奔腾投资管理有限公司是做风控的，我们风控部门领导是童某。童某会给我们风控人员分配股票账户，我当时风控管理的股票账户有5至10个，我们每天的工作就是检测客户股票账户有无触及警戒线或者平仓线，如果触及警戒线，我们就会电话联系客户进行告知，让客户追加保证金或者减仓，如果触及平仓线，客户不追加保证金，我们就会把客户账户里的全部股票卖掉进行清算。警戒线是亏损至多少我记不清楚了，平仓线是客户股票账户里至少要有配资资金。一个跌停板（10%）的资金，如果低于这个资金，就触及平仓线了，这样做的目的是保证公司的配资资金不被亏损。一般触及警戒线或触及警戒线和平仓线之前，我们都会通知客户追加保证金。如果客户触及了平仓线没有追加保证金，我们才会卖掉一部分的股票降低仓位。

……

问：说一说你负责风控的证券账户里的资金情况？

答：股票账户里几十万至上千万元资金都有。

问：你是否知道曹某名这个客户？

答：本来不知道的，证监会来调查以后我才知道我们公司有曹某名这个客户。但是具体情况我不清楚。

问：你有无风控到过涉及浙江 JLHD 股份有限公司的股票账户？

答：没有，当时证监会的工作人员过来调查，从我的工作电脑上提取数据的时候，是没有浙江 JLHD 股份有限公司的股票账户的。

5. 董某菲询问笔录（2021 年 2 月 26 日）印证：配资账户强制平仓机制影响相关账户的实际控制归属。

…… ……

答：我叫董某菲，男，身份证号码：41280××××××××0613。我之前应章某的请求，帮浙江 JLHD 股份有限公司的老板曹某名配资炒股过。

问：说一下章某找你配资买卖“JLHD”股票的事情？

答：好的，我记得是 2018 年 3 月初的时候，我在上海的朋友章某跟我说，他的一个朋友炒股需要配资，让我帮忙找找有没有愿意配资的人。于是我就在微信里找到了愿意配资的人，介绍给了章某，最终他们谈好配资比例是 1∶3，之后他们就给了我需要打保证金的银行账户，我又把账户给了章某。等曹某名将保证金打到对方提供的账户后，对方就用相应的证券账户买入“JLHD”股票。通过我这边配资买入“JLHD”股票的账户有：陈某珍（股东代码：××××××2913）、林某星（股东代码：××××××9152）、蒋某珍（股东代码：××××××6065）、李某 1（股东代码：××××××1126）、李某 2（股东代码：××××××8855）、邹某蔚（股东代码：××××××5516）。到了 2018 年 4 月 27 日，曹某名他们就因为操作“JLHD”股票被查了。过了没多久，我这边的这些配资账户就因为“JLHD”股票一直跌停，将该股强制平仓了。

问：你帮章某配资，有无获利？

答：没有。因为操作的时间很短，而且我就是帮一下章某的忙，利息都是配资账户收取的。

（三）本案中有证据表明，被告人曹某名在被指控的时间区间中的特定时间区间，没有或已经彻底失去对相当数量的案涉账户的实际控制权——案涉部分账户由配资证券账户、配资杠杆资金的提供者（“金主”）实际控制权，而曹某名相应失去实际控制权，对应的交易量、交易占比不仅主观上违背被告人曹某名意图，而且客观操作上也与被告人曹某名完全无关，不应当计入案涉相关交易数据体系

被告人曹某名、吕某苹、沈某航以及李某峰等人的言词证据证明，李某峰等负责的配资机构（中介）本质上只是案涉终端证券账户、杠杆资金的提供者与客户（被告人曹某名）之间的中介。一方面，李某峰等配资中介基于合同安排，对被告人曹某名的约束力、控制力很强，一旦触及平仓线，案涉账户组随即由李某峰等配资中介实际控制。另一方面，李某峰等配资中介对于“金主”的约束力、控制力很弱，案涉配资账户中的相当部分实际上由“金主”控制，且在2017年年底至2018年4月，相当部分交易客观上并非由被告人曹某名指定的交易人员（沈某航），而是由“金主”实际控制并做出了违背被告人曹某名意志的交易。相应地，这部分案涉账户组并不能归为被告人曹某名的实际控制账户；特定时间区间的交易量、交易占比亦不能纳入案涉相关交易数据体系。

1. 吕某苹讯问笔录（2020年11月20日）明确证实：部分配资账户、杠杆资金实际提供者，更改账户密码自行卖出“JLHD”股票，相关交易不仅主观上违背曹某名意志，而且客观上与曹某名完全无关，对应案涉配资账户在该等时间区间不能认定为由曹某名实际控制，相关交易不能纳入案涉相关交易数据体系。

问：你把你参与整件事情的详细情况讲一下？

答：好的。2016年5月的时候，我当时是在东晶电子工作的，曹某名要我帮他走账，给配资打保证金，我就提供了一些我亲戚（徐某跃）、

朋友[陈某强、钱某香(陈某强的母亲)]的银行账户。曹某名叫他的员工从他的银行账户里把钱取出来,然后存进我提供的银行账户里,然后我再联系银行账户的所有人将钱打到曹某名告诉我的指定银行账户里,前后走账一亿多元。刚开始曹某名并没有告诉我这些钱打给别人配资买什么股票,那时候我大概知道他会买一些"JLHD"股票,但是直到2016年7月左右,我有一次和我的朋友章乙聊天的时候,才知道章乙在一个叫李某峰的人的公司里做配资(章乙自己的业务,章乙未参与李某峰和曹某名之间的操纵股票的配资业务)。曹某名是通过李某峰配资购买股票的,而且购买的全是浙江JLHD股份有限公司的股票,章乙告诉我曹某名通过这个方式赚了不少钱,原来浙江JLHD股份有限公司的员工沈某航也被曹某名派到李某峰那里上班,专门负责处理曹某名配资的证券账户交易。2017年11月之后,因为有的配资账户提出不买浙江JLHD股份有限公司的股票了,李某峰就得重新找配资账户,而对于之前不做的那些证券账户里的股票,沈某航就会对倒到李某峰提供的其他账户里,如果涉及的账户比较多的话,曹某名就会让我去杭州李某峰那里帮他对账。从2017年年底开始,因为当时股市不行,很多出资人要退出去,所以李某峰提供的很多证券账户都要退出去了,于是曹某名又让李某峰另外找了一新的配资账户,曹某名也通过章某(据说是棒杰股份前董秘)配资了一些证券账户,另外李某峰那边剩余的一些证券账户也还在用。因为曹某名想把股价稳住,他将吕某苹、陈某强以及另外三个李某峰提供的账户(杨某岗、张某诚、任某寿)交由我买卖,其他由沈某航负责买卖。我就是负责将沈某航手上要退出去的账户里的浙江金利华股份有限公司的股票转手到我控制的6个账户里,目的也是把股价稳住,防止大面积的亏损。这种倒卖主要集中在2018年,主要就是沈某航将他控制的证券账户的股票在交易日卖一、卖二的位置挂单,然后我在买一、买二的位置挂单买入。沈某航也会把股票卖给曹某名从章某那边配资来的账户。在2018年2月,"JLHD"股票出现较大跌幅,有的出资方还更改账户密码卖出"JLHD"股票,有很多账户也濒临追加保证金警戒线,还有很多出资方要撤资,所以那时候我、

> 李某峰、曹某名还有沈某航一起在李某峰办公室对这一情况进行商量。当时我说要么把我们持有的股票全都卖了，李某峰说如果市场中抛，会有三个跌停，但曹某名不同意，他觉得亏太多。过了没几天“JLHD”就突然停牌了。2月5日“JLHD”发布《关于筹划重大事项停牌公告》。停牌期间，我、曹某名、李某峰、沈某航几个人在浙江JLHD股份有限公司一楼会议室商量等股票复牌之后，怎么操作稳定股价。曹某名问李某峰，如果“JLHD”复牌，会是怎么样的走势，李某峰说可能跌的概率比较大。如果跌的话，曹某名还是有爆仓的风险，唯一的办法就是追加资金。最后他们俩决定，由曹某名继续追加保证金，李某峰另外去筹集资金，等复牌买入“JLHD”股票。之后曹某名在李某峰这里又追加了5000万元的保证金，按照1∶3的比例新配资了1.5亿元。这笔钱是等“JLHD”复牌的时候用的。2月26日，“JLHD”股票复牌，复牌当天，“JLHD”的股票是跌停的，曹某名就要求沈某航大量买入“JLHD”的股票，把跌停板撬开。最后“JLHD”的股票是红的。到了2018年4月24日，李某峰所在的公司被证监会查了。

2. 被告人曹某名讯问笔录证实：曹某名在特定时间区间对于案涉部分配资账户失去控制，相关交易不仅主观上违背曹某名意志，而且客观上与曹某名完全无关，对应案涉配资账户在该等时间区间不能认定为曹某名实际控制、相关交易不能纳入交易量、交易占比。

（1）曹某名讯问笔录（2020年11月25日）。

> ……
>
> 我平时基本上是用0069这个号码直接打电话给沈某航，给他下达交易指令的。偶尔也会有用短信给他下达交易指令的情况。在2016年的时候，我赚了一亿多元，当时我就把股票卖了一些，当时李某峰那边的配资账户打到我控制的账户上的钱应该有9000多万元。这些都是我操作“JLHD”股票赚到的钱。2016年年底，因为沈某航帮我操作股票，我就给了他30万元的奖金。因为在这一波行情赚的钱比较多，这就更加坚定

了我操作“JLHD”股票的信心，之后，我又用赚来的钱和自己的本金不断通过配资账户买入“JLHD”股票。到了2017年下半年，因为整个股市行情不好，“JLHD”股票也下跌得很厉害。我从李某峰那边弄来的很多配资账户所有人要求退资，如果他们把账户里“JLHD”股票抛到市场上去，必然会导致“JLHD”股票暴跌，那样我就会爆仓，我的投资就会血本无归。所以我跟李某峰商量之后决定，由我重新向李某峰交保证金，另外配资一些账户，把原来配资账户里的“JLHD”股票卖给新的配资账户。这样可以稳住“JLHD”股票，不让它暴跌。到了2018年年初，股市的行情变得更加差了，那时候我为了稳住“JLHD”的股价，不断让李某峰找新的配资账户，用来跟原来的配资账户进行倒仓。后来我感觉李某峰这里的公司不太稳，也会经常被查，我也担心自己跟李某峰做的事情被证监会查，再加上李某峰这边的配资能力也越来越差，所以慢慢的我就开始想抛弃李某峰，寻找新的配资人。2018年3月、4月，我找到了在上海的章某，他是义乌人，平时都在上海，由章某帮我牵线找新的配资账户。之后我又通过吕某苹这边将保证金打到指定账户，之后再将配资账户交给沈某航具体操作。还有几个配资账户是章某那边操作的，但是具体是哪几个我不太清楚，这种事情我都是交给吕某苹管的。到了2018年4月26日，李某峰公司就被证监会查了。我后来因为害怕被查，还专门跟吕某苹、李某峰、沈某航商量过，让吕某苹出面顶包。

问：你是如何下指令给沈某航，让他买卖“JLHD”股票的？

答：我一般都是直接打电话给沈某航下指令，有时候是让他大量买入“JLHD”股票，拉升一下股价，还有就是在“JLHD”停牌期间，我和李某峰、沈某航等人一起在浙江JLHD股份有限公司的一楼会议室里商量关于“JLHD”复牌之后走势的问题，李某峰说“JLHD”股票复牌后肯定要跌停的，我就说那要把跌停板撬开。之后我们就商量准备资金的事情，我说我这边再打5000万元的保证金，从李某峰那边配资1.5亿元，这个钱就是专门用来等“JLHD”股票复牌后操作用的。到了2月26日“JLHD”复牌，我就打电话给沈某航，要他把“JLHD”从跌停板撬开。

问：说一下你们几个人操作“JLHD”股票的分工？

答：我是资金实际出资人，也是实际受益人。2016 年李某峰那边赚的钱，最终也是归我所有的。2018 年我操作股票失败，亏的钱也是我的。我的配资保证金都是通过中间账户进入李某峰或者章某那边的指定账户，然后再由沈某航负责具体配资账户的买卖操作的。买卖“JLHD”股票的指令基本上是由我下达给沈某航的，有时候我也会让吕某苹代我给沈某航下达交易指令。吕某苹在整个操作过程中主要负责提供中间账户，协助我将保证金打给配资方。还有就是李某峰那边查我们双方的账目是否清楚，利息结算是否准确。另外，吕某苹手中也有几个账户是她负责操作买卖的。章某是 2018 年 4 月开始给我找寻配资账户的人，4 月之后有些账户是章某的人在这里操作买卖的。另外，在我操作期间，还让一个叫包某平的人操作过配资账户，我记得马某跃、马某珍的账户都是他操作的。

问：在你操作“JLHD”股票期间，一共控制了哪些账户进行操作？

答：具体有哪些账户我是不太清楚的，因为这种事情我不会去管的，但是之前证监会从李某峰那边搜出来的账户名单包括后来沈某航指认的名单，我都是认可的，因为这些账户，李某峰那边都有记录。我记得证监会那边一共认定了 112 个账户，我对这 112 个账户也认可。

问：沈某航、吕某苹等人帮你操纵“JLHD”股票，有无获得好处？

答：有的，沈某航在帮我操作期间，我记得有次给过他 10 万元。

（2）曹某名讯问笔录（2020 年 11 月 18 日）。

…… ……

答：好的。2015 年的时候，我开始指使我们公司的员工沈某航通过配资账户购买“JLHD”股票，因为我是不能私自购买自己公司的股票的，然后我就让吕某苹找了其他人的银行账户，我将自己的保证金通过吕某苹找来的账户打到了李某峰那里，李某峰提供配资账户，然后再让沈某航操作李某峰提供的配资账户购买“JLHD”股票。我是通过从移动公司开通的号码，以短信或者电话的方式给沈某航下达交易指令的。

2016 年，我通过操作自己控制的配资账户买卖“JLHD”股票，赚取了一亿多元，我当时将股票卖了一部分，当时李某峰将配资账户上的钱通过原来提供保证金的账户打还到我这里，应该差不多有 9000 多万元。我当时给了沈某航 30 万元奖金。因操作自己公司的股票赚钱比较多而且比较容易，然后我又将赚来的钱通过同样的方式指使沈某航不断购买“JLHD”股票。到了 2017 年下半年，因为股市行情不好，“JLHD”股票也在下跌，很多配资账户所有人要求退资。配资账户进行平仓抛出股票的话，“JLHD”股票就会大幅度下跌，我手上控制的配资账户就会爆仓，我就会血本无归，所以我让李某峰找新的配资账户，将老配资账户里的股份接过来，实现换仓。2018 年 2 月 5 日的时候，“JLHD”股票停牌了，然后我召集了沈某航、李某峰一起在浙江 JLHD 股份有限公司一楼会议室商量“JLHD”股票复盘后怎么操作，当时李某峰说复盘后“JLHD”股票肯定会跌停的，当时我就决定拿出 5000 万元，让李某峰配资 1.5 亿元，然后用新的配资账户将跌停板撬开。2 月 26 日股票复盘后，我指使沈某航一定要将“JLHD”股票跌停板撬开，使股价复红。2018 年 3 月、4 月的时候，我认为李某峰的配资能力越来越差了，然后就找到了上海的章某，让他帮我牵线找新的配资账户，然后我还是通过吕某苹将保证金打到指定账户，之后再将配资账户交由沈某航操作。2018 年 4 月 26 日左右，李某峰的公司被证监会调查了，我因为害怕，还专门和李某峰、吕某苹、沈某航一起串通，让吕某苹出面顶包。

（3）曹某名讯问笔录（2021 年 1 月 25 日）。

问：你将自己涉嫌违法犯罪的事情再说一下？

答：好的。我是 2015 年上半年的时候认识李某峰的，后来我知道他是专门给股票配资的。之后我想着自己操作“JLHD”股票，于是在 2015 年 9 月左右，我将钱打到了李某峰提供的资金账户，然后李某峰将配资账户交给了沈某航买卖“JLHD”股票。那是我第一次通过别人的证券账户操作“JLHD”股票。后来我就不断地从李某峰那边配资来买卖“JLHD”

股票。我在2016年的时候，通过操作“JLHD”股票赚了1亿元左右。后来到了2017年下半年，股票不太好做，“JLHD”股票一直在跌，我为了稳住“JLHD”的股价，不断配资买入“JLHD”股票。到了2018年1月，股市行情更加差了，李某峰这边有很多配资账户所有人要求退资，所以李某峰又找了新的账户，跟原来的配资账户进行对倒，以此稳住“JLHD”的股价。2018年2月5日，“JLHD”股票停牌，在2月中旬的时候，我召集沈某航、李某峰一起在我们浙江JLHD股份有限公司的一楼会议室商量股票复牌后的操作。那时候李某峰说“JLHD”股票复牌后肯定要跌停的，于是我当时就说拿5000万元，让李某峰给我配1.5亿元，等“JLHD”复牌后，用这笔钱把跌停板撬开，让股价复红。到了2018年3月，李某峰在行业里信誉越来越差，很多证券账户所有人不愿意配资了，所以我就找了章某配资，将李某峰那边的很多证券账户内持有的“JLHD”股票转到章某这边的配资账户上来。

问：你为何要找章某配资？

答：原来我一直是用李某峰这边的配资账户将“JLHD”股票进行对倒的，后来李某峰这边的配资能力越来越差，我觉得李某峰不太稳，如果李某峰突然不能配资了，“JLHD”股票就要崩盘，那我之前的投资就要全亏光了，所以我找了章某进行配资，将李某峰这边的配资都转移到章某这边来。

问：你是如何从章某这边配资的？

答：我是通过吕某苹这边提供的账户将钱打到章某那边提供的账户上的。

问：你们是什么时候结束操作“JLHD”股票的？

答：李某峰这家公司是2018年4月28日被证监会查的，之后我们就没再操作这个股票了。

3. 沈某航讯问笔录（2020年11月24日）印证：部分配资账户、杠杆资金实际提供者自行操作交易，不仅主观上违背曹某名意志，而且客观上与曹某名完全无关，对应案涉配资账户在该等时间区间不能认定为由曹某名实际控制，相关交易不能纳入案涉相关交易数据体系。

问：你把事情的经过详细地说一下？

答：好的。我是2012年9月到浙江JLHD股份有限公司上班的，刚到公司的时候，我是在外贸部工作的，之后公司的董事会秘书吕某苹将我调到证券部，做证券事务助理。吕某苹从公司离职后，大概是2014年下半年，我开始当公司的证券事务代表。那时候曹某名就让我帮他操作股票了，就是用他的配资账户，按照他的指示，买入卖出股票。那时候曹某名大部分的资金还是用来购买其他公司的股票的。到了2015年3月，因为我老婆在大连读书，我就跟公司提出要去大连，因为我的工作主要是在电脑上操作的，对工作地点没什么要求，曹某名就同意我去了。之后我就在大连帮曹某名炒股，那时候曹某名已经开始买"JLHD"股票了。曹某名当时就说有人在操作"JLHD"股票，他买点可以赚钱。但是2015年正好碰上股灾，所以曹某名没怎么赚。那期间曹某名还专门去拿了几个号码，让我、曹某名和吕某苹单线联系。到了2015年12月，曹某名要求我去杭州，专门操作"JLHD"股票。当时我也同意了，然后曹某名就安排我去了李某峰的公司去操作"JLHD"股票。刚开始李某峰的公司是在江干区万银国际3101室的，李某峰专门给我弄了张办公桌，配了电脑、无线网卡供我操作用。我那时候还算是浙江JLHD股份有限公司的证券事务代表，工资是浙江JLHD股份有限公司发的，每个月3000元。我在李某峰那里工作的时候，买卖"JLHD"股票的配资账户都是曹某名在李某峰这里的配资账户。刚开始曹某名让我操作的账户有几十个。在2016年的时候，曹某名赚了一亿多元，当时曹某名在"JLHD"股价比较低的时候通过配资账户买入了很多，然后在高位的时候卖出。那一年曹某名还给了我30万元的奖金。2017年年中的时候，李某峰位于万银国际3101室的公司被证监会查了，然后我们就换到了萧山英冠水天城2幢3单元2101室继续操作股票。2017年的时候，股票行情一直不好，"JLHD"股票也一直在下跌，为了防止股价下跌，曹某名就一直安排我买入"JLHD"股票，让我拉一下"JLHD"的股价。到了2017年年底，很多配资账户所有人都觉得"JLHD"这只股票起不来，也不愿意继续给曹某名配资，曹某名就得找新的配资账户把原来的配资账户中的“JLHD”股票换仓。所以那时候配资账户的清理工作就比较多，吕某苹就开始经常来查账了。吕某苹过来查账的目的主要是看李某峰这边有没有多算曹某名的利息。到了2018年，因为股票继续在下跌，很多账户已经接近平仓线了，曹某名只能让李某峰不断去寻找新的配资账户。在2018年停牌之前，曹某名大部分的配资账户还是由李某峰提供的。到了2018年1月底，“JLHD”的股价已经下跌得非常厉害了，如果继续跌下去，很有可能要爆仓。2月2日左右，曹某名打电话给我说他要想个办法让公司停牌，维持一下股价。然后在2月4日的时候，浙江JLHD股份有限公司就发布了停牌公告。在停牌期间，曹某名还召集我、吕某苹、李某峰一起在浙江JLHD股份有限公司一楼会议室开会，主要就是商量关于复牌之后“JLHD”股票防止爆仓的对策。当时李某峰说复牌之后，股票肯定是要跌停的，曹某名就说要把跌停板撬开。最后曹某名定下来，把李某峰这边要退资的配资全部砸到跌停板，然后用新的配资账户将原来李某峰那边的配资账户里的股票全买过来，撬开跌停板。当时打5000万元的保证金，配资共1.5亿元，另外李某峰那边也出了点钱。2018年2月26日股票复牌，当天“JLHD”股票复牌后就开始跌了，然后曹某名就一直给我下指令，让我拉股价，而且说在收盘之前一定要拉到32块以上。于是我就按照曹某名的指令一直在买“JLHD”股票，最后是把“JLHD”股票从跌停板撬开了。之后曹某名一直想着把“JLHD”股票住上拉，但一直拉不起来，李某峰这边的配资账户不断有人要退资，曹某名就安排我和吕某苹将股票进行倒仓。后来李某峰的公司被证监会查了，曹某名还安排吕某苹为他顶包。

2016年3月，曹某名安排我去杭州李某峰的公司专门帮他操作股票，当时我工资还是浙江JLHD股份有限公司发的，每个月是3000元。在去杭州之前，曹某名通过他自己的账户给我转账10万元，用于我在杭州的房租和生活开销。2016年年底，曹某名通过操作股票赚了不少钱，他就通过别人的账户给我打了30万元的奖金。2017年，李某峰的配资公司因为"温州帮"的事情被证监会调查了，曹某名害怕我帮他操作股票的事情被证监会调查，然后就让我卸任浙江JLHD股份有限公司的证券事务代表，帮他操作股票的报酬到年底再讲，之后我就继续干了。2018年的时候，当时我说没钱付房租了，不想做了，然后吕某苹转给我10万元钱用于支付房租和生活开销，且曹某名答应之后每个月给我1万元的报酬，但是答应给我的这些报酬没有领到，公司就被查了。

问：曹某名为何要购买"JLHD"股票？

答：就是为了赚钱。自己公司的股票比较好操作，而且公司平时会发布收购转让公司股份的公告，曹某名作为浙江JLHD股份有限公司的实际控制人，知悉相关重大事项可能对股价产生何种较大影响，这样更方便其操作股价。

问：你是否知道曹某名购买"JLHD"股票的行为是违法的？

答：知道的。曹某名如果通过正规程序购买股票是需要发增持公告的。他私底下这样让我操作买卖"JLHD"股票就是想赚钱。

问：说一下曹某名通过李某峰配资的配资账户的情况？

答：之前证监会调查的时候，他们出示配资账户名单给我进行确认过，我确认过的都是曹某名通过李某峰配资的配资账户。

问：哪些账户是你负责操作的，哪些账户是吕某苹负责操作的？

答：我之前在证监会出示的配资账户名单上面打过钩，打钩的配资账户都是我负责操作的。另外张某诚、陈某、杨某岗、任某寿这4个账户是吕某苹负责操作的，其他的我就不清楚了。

问：你在李某峰那边操作的配资账户的实际控制人是谁？

答：实际控制人是曹某名，配资账户的保证金都是曹某名通过不同的不属于自己的银行卡转到李某峰这里，然后朱某峰负责安排配资账户给我进行操作。

问：曹某名是如何让你买卖"JLHD"股票的？

答：曹某名基本是通过××××××0069这个号码打电话、发短信给我下达交易指令，让我操作买入卖出。交易的基本内容就是让我大量买入“JLHD”股票，拉升一下股价，或者就是在股价下跌的时候买入护盘维持股价，还有就是明确告知我在卖一、卖二的某个价位挂卖单，倒仓给其他账号。

问：2017 年下半年以来，你们为什么在自己控制的账户之间进行频繁交易？

答：原因就是“JLHD”股票价格一直下跌，曹某名控制的很多配资账户都快到平仓线了，再跌的话就要爆仓了，还有就是一些配资账户所有人不愿意做了，想退出。但是曹某名当时不同意抛，如果抛的话，他的配资账户就会爆仓，他就血本无归了。为了维持股价，他就指示我在他控制的配资账户之间频繁交易，将老的配资账户内的股票倒仓到新的配资账户，以延缓股价的下跌。

4. 孔某显（配资中介员工）讯问笔录（2021 年 1 月 11 日）明确证实：案涉账户组中有账户在特定时间区间并非被告人曹某名实际控制，而是由账户、杠杆资金实际提供者直接自行交易。

问：你是否在杭州奔腾投资管理有限公司工作过？

答：是的，我在 2015 年 5 月至 2018 年年底在杭州奔腾投资管理有限公司工作过。

问：你在该公司从事什么工作？

答：刚进公司的时候我做的是配资方面的工作，从 2016 年春节以后，我开始做交易员，同时也会去找配资，挣一些提成。2016 年开始做交易员以后，工作内容就是李某峰通过 QQ、微信或者电话向我下指令，我按照指令操作股票交易。每次操作，都由李某峰告诉我买入股票名称和金额，买入的时机是他来定，他会告诉我绿盘时、红盘时或者在某个具体的价位进行交易。

问：交易的账户由谁提供？

答：交易账户是由李某峰提供的，每个账户使用一段时间以后会停用，并启用新账户，最多的时候我同时操作四五个账户，这些账户都是资方的账户，由李某峰决定什么时候启用、什么时候停用。

…… ……

问：哪个账户交易过“JLHD”股票？

答：只有许某亮的账户交易过。

问：把你操作许某亮的账户交易“JLHD”股票的情况说一下？

答：好的。该账户在2008年2月1日上午10：49分三次买入3,000,000股，每次买入1,000,000股。2018年2月26日上午9：22一次买入80,000股，价格27.90元/股。2018年2月26日9：34至14：55，大概以31.50元/股的价格分多笔卖出300,000股。2018年2月27日13：30一次性卖出80,000股，价格38.50元/股。

问：具体交易指令如何下达？

答：每次交易以前，李某峰会通过QQ、微信或者电话通知我，告知我交易数量、交易时机，让我进行买入或者卖出。

问：李某峰具体如何在QQ、微信里面通知你？

答：在QQ群、微信群或者1对1发微信的情况都有，以前李某峰在QQ群下过指令的QQ号昵称是“tim”。群里面的成员有李某峰、马某卿、方某丰。

问：你使用之前那3个账户买过哪些股票？

答：买过“JLHD”等。

问：你自己是否使用证券账户交易过“JLHD”？

答：没有的。

问：你是否知道你们公司其他交易“JLHD”股票的情况？

答：我曾经找过一个资方路某华，这个人是我通过居间人言某方认识的。路某华的资金放在他自己的证券账户里面，他把证券账户交给我后，我将账户交给杭州奔腾投资管理有限公司财务，至于财务交给谁去操作交易我就搞不清楚了。后来路某华通过言某方问过我为什么用他的账户买入“JLHD”，当时我们公司用他的账户买入了很多“JLHD”股票，超过仓位的6成，路某华对此不太满意，所以后来我就偷偷用他的账号密码登录账户，把仓位降低到了6成，过了几天路某华自己操作将“JLHD”清仓了，后来就不与我们合作了。

> 问：资方提供的账户如何管理？
>
> 答：资方将账户密码告诉我们由我们来管理，他自己也可以登录上去查看交易情况。
>
> 问：你是否认识曹某名？
>
> 答：我知道他是浙江 JLHD 股份有限公司的老板，但我没有跟他打过交道。
>
> 问：你操作的证券账户资金由谁提供？
>
> 答：我只负责操作，资金应该是资方的。
>
> 问：你当时的收入是否和交易情况挂钩？
>
> 答：不是的，我是拿固定工资的，应该是每个月 8000 多元。
>
> 问：公司找来的配资一般用多久？
>
> 答：配资一般用 3 个月，对方同意继续使用的，就继续用。

5. 李某峰讯问笔录（2021 年 4 月 20 日）印证：案涉部分配资账户的实际账户提供者、实际资金提供者，在 2017 年年底至 2018 年年初自行退资，实际控制了案涉部分配资账户的具体交易。

> 问：你将自己帮助曹某名配资操作“JLHD”股票的事情说一下？
>
> 答：好的。我刚开始是通过章乙认识吕某苹的，大概是 2015 年的时候吕某苹向我配过资，金额不是很大，而且买的也不是“JLHD”股票。但是在 2015 年年底的时候，吕某苹开始从我这里配资购买“JLHD”股票。到了 2016 年年初，吕某苹又介绍了曹某名跟我认识。曹某名跟我认识后，就开始从我这里大量配资购买“JLHD”股票了。那时候为了方便操作配资账户，曹某名叫我安排个办公室给沈某航，让他专门在我公司里用配济联户买卖“JLHD”股票。2016 年，曹某名通过操作“JLHD”股票赚了一亿多元。但之后曹某名又把赚来的钱继续投入操作“JLHD”股票上去了。后来曹某名也一直在我这里配资买卖“JLHD”股票。到了 2017 年年底，整个股票大盘行情比较差，“JLHD”股票也一直在跌，我这边很多资方就提出来要退资，曹某名就又让我找新的配资账户，与原先

> 资方账户里的"JLHD"股票进行对倒。到了2018年年初，越来越多的资方提出来要退资，于是我就跟曹某名、吕某苹还有沈某航一起商量该怎么应对。当时我提出来把股票都卖到市场，但是曹某名不同意，他让我继续跟配资方沟通。2018年2月，因为"JLHD"股票跌得太厉害了，所以曹某名就给"JLHD"停牌了。停牌期间，我、曹某名、吕某苹还有沈某航一起在浙江JLHD股份有限公司一楼的会议室里商量向我配资的事情。曹某名说想等"JLHD"复牌后继续买入"JLHD"股票，之后曹某名就又交了5000万元的保证金，并从我这里配资1.5亿元用来买卖"JLHD"股票。2018年3月，因为很多资方提出不想继续持有"JLHD"股票，所以曹某名就开始从其他地方找配资方慢慢接手我这里的"JLHD"股票。2018年4月底，我公司就被证监会调查了。

可见，对于指控方而言，显然应当从主观证据、客观证据两个方面查证案涉部分配资账户在特定时间区间究竟为何人所控制。主观证据方面，应当逐一锁定案涉终端证券账户、杠杆资金的提供者并制作询问笔录，明确2017年年底至2018年年初，"JLHD"股票交易的实际控制权、实际交易行为归属何人。客观证据方面，应当逐一查证案涉部分配资账户的MAC地址、IP地址等网络痕迹与账户、杠杆资金的提供者的网络交易之间的重合度、匹配度。但是，本案缺失上述关键证据，造成实际控制账户的主体事实不清、证据不足。

三、本案中目前认定实际控制账户的法律逻辑紊乱，关于案涉账户组实际控制关系的认定结论所依托的法律与司法解释是错误的

本案中，指控方（侦查）关于案涉账户组的事实认定所依托的法律逻辑是：案涉账户组主要通过配资或亲友出借获得，并由曹某名、吕某苹、李某峰决策交易并承担账户盈亏，且证明相关事实的证据能够主客观相印证，构成完整的链条。因此，曹某名、吕某苹、李某峰虽非案涉账户组的名义持有人，但其通过配资或借用账户并转入资金等方式，能够实际管理、使用或处分案涉账户组内的资金和股票，足以认定其为案涉账户组的实际控制人。

从目前本案关于案涉账户组实际控制人认定的法律逻辑来看，在法律适用与司法解释方面显然存在明显误解。

2019年最高人民法院、最高人民检察院《关于办理操纵证券、期货市场刑事案件适用法律若干问题的解释》第5条①规定："下列账户应当认定为刑法第一百八十二条中规定的'自己实际控制的账户'：（一）行为人以自己名义开户并使用的实名账户；（二）行为人向账户转入或者从账户转出资金，并承担实际损益的他人账户；（三）行为人通过第一项、第二项以外的方式管理、支配或者使用的他人账户；（四）行为人通过投资关系、协议等方式对账户内资产行使交易决策权的他人账户；（五）其他有证据证明行为人具有交易决策权的账户。有证据证明行为人对前款第一项至第三项账户内资产没有交易决策权的除外。"

可见，2019年最高人民法院、最高人民检察院《关于办理操纵证券、期货市场刑事案件适用法律若干问题的解释》在实际控制账户认定规则的具体内容上所采用的核心标准包括以下3个。（1）区分本人账户与他人账户。（2）实际控制他人账户表现为：控制资金流动并承担损益；行使管理权、支配权或者使用权；基于投资或者协议方式行使交易决策权；基于其他方式行使交易决策权。（3）以没有交易决策权作为终极免责事由。对于非本人账户而言，实际控制账户的核心判断依据是，是否对他人账户的交易行为具有决策权。

前述"能够实际管理、使用或处分案涉账户组内的资金和股票，足以认定其为账户的实际控制人"的观点，显然是将"能够管理、使用、处分"等同于交易决策权，从而认定为实际控制。上述意见存在诸多法律逻辑错误：（1）"能够管理、使用、处分"存在于特定的时空条件，即基于一定（合同

---

① 由于该司法解释条款是在吸收相关证券监管文件条款［中国证监会《证券市场操纵行为认定指引（试行）》（证监稽查字〔2007〕1号）（已废止）第8条规定："利用他人账户操纵证券市场的，利用人为操纵行为人。具有下列情形之一的，可认定为前款所称利用他人账户：（一）直接或间接提供证券或资金给他人购买证券，且该他人所持有证券之利益或损失，全部或部分归属于本人；（二）对他人持有的证券具有管理、使用和处分的权益"］的基础上进一步提出实际控制账户的核心判断依据，本质上并无标准与规则上的改变，完全可以直接予以适用，不存在讨论溯及力的前提（新旧规则存在不同），故此处无须分析溯及力问题。

等）安排在特定的时间区间“能够管理、使用、处分”，这并不意味着既有的安排会被切实执行，也不意味着特定时间区间中的所有时间段都能够行使交易决策权。(2) 在具体案件中，被指控的实际控制人与账户提供者之间关系账户交易决策权的既定（合同等）安排，并不是绝对化的非此即彼权利安排，甚至通常都通过合同安排的方式，明确何种时空条件下，被指控的实际控制人行使交易决策权，何种时空条件下，账户提供者行使交易决策权。(3)“能够管理、使用、处分”显然区别于“实际管理、使用、处分”，当案件中的账户提供者已经超越被指控的实际控制人，在客观上实际进行对案涉账户的管理、使用、处分时，被指控的所谓实际控制人便就“失控”了，“能够管理、使用、处分”便变成了“客观不能管理、使用、处分”。相应地，就不能认定其对相应的账户进行实际控制。

结合本案的实际情况分析实际控制账户的法律判断标准，本案中的配资证券账户结构具体表现为：客户（曹某名）—配资中介（李某峰）—“金主”。在这种配资证券账户结构中包括以下两方面的安排：

其一，存在客户与配资中介之间关于账户交易决策权的（合同等）安排。尽管根据《全国法院民商事审判工作会议纪要》等民事法律司法解释性质等文件，此类合同等安排属于无效，但从刑法实质判断的角度分析，相应的权利与行为是客观的：客户在账户净值处于一定数值之上时，具有交易决策权。配资中介在账户净值处于一定数值之下时，具有交易决策权，且有权强行平仓。此时，客户（曹某名）显然不是账户实际控制人，交易策略与具体的交易并非由客户制定、执行，所以，无法将配资中介接管后的证券账户中的交易归责为客户（曹某名）的实际控制行为。根据 2019 年最高人民法院、最高人民检察院《关于办理操纵证券、期货市场刑事案件适用法律若干问题的解释》第 5 条的交易决策权标准，真正形成、提出、执行交易策略的是配资中介，不能认定已经失去账户控制权的客户（曹某名）对账户具有交易决策权。

其二，存在“金主”与配资中介之间关于账户交易决策权的（合同等）安排。同理，尽管根据《全国法院民商事审判工作会议纪要》等民事法律司法解释性质等文件，此类合同等安排属于无效，但从刑法实质判断的角度分析，相应的权利与行为是客观的：账户净值处于一定数值之上时，配资中介具有交易决策权；账户净值处于一定数值之下时，“金主”具有交易决策权，且有权强行平仓。更为复杂的是，“金主”与客户（曹某名）之间没有任何约束关系，且通常根本就不认识对方，“金主”实际上能够随时对账户进行管理、操作、处分（尤其是在股价下跌时）。也就是说，“金主”可能根据其自身的风控判断等全权自主认定的因素，决定是否以及何时进行自主交易。如果“金主”通过修改密码等方式，自行接管账户，显然，自此之后的交易都是“金主”独立决策下的交易行为。根据 2019 年最高人民法院、最高人民检察院《关于办理操纵证券、期货市场刑事案件适用法律若干问题的解释》第 5 条的交易决策权标准，此类账户的交易决策、盈亏风险等均归属于“金主”，“金主”对于终端买入或者卖出股票的账户形成实际控制，不能将相关账户认定为客户（曹某名）的实际控制账户。

四、本案中目前并无任何合法且有效证据证明本案中的行为符合操纵证券市场罪所必备的客观构成要件——“价量”影响（“价量”操纵）

本案行为时法律为《刑法修正案（六）》修改后的《刑法》第 182 条，裁判时法律为《刑法修正案（十一）》修改后的《刑法》第 182 条，并且上述两个刑法修正案关于《刑法》第 182 条操纵证券、期货市场罪的罪状规定存在显著差异，因此，本案适用法律势必需要明确法律选择问题。

《刑法修正案（六）》修改后的《刑法》第 182 条规定：

有下列情形之一，操纵证券、期货市场，情节严重的，处五年以下有期徒刑或者拘役，并处或者单处罚金；情节特别严重的，处五年以上十年以下有期徒刑，并处罚金：

（一）单独或者合谋，集中资金优势、持股或者持仓优势或者利用信息优势联合或者连续买卖，操纵证券、期货交易价格或者证券、期货交易量的；

（二）与他人串通，以事先约定的时间、价格和方式相互进行证券、期货交易，影响证券、期货交易价格或者证券、期货交易量的；

（三）在自己实际控制的账户之间进行证券交易，或者以自己为交易对象，自买自卖期货合约，影响证券、期货交易价格或者证券、期货交易量的；

（四）以其他方法操纵证券、期货市场的。

《刑法修正案（十一）》修改后的《刑法》第182条规定：

有下列情形之一，操纵证券、期货市场，影响证券、期货交易价格或者证券、期货交易量，情节严重的，处五年以下有期徒刑或者拘役，并处或者单处罚金；情节特别严重的，处五年以上十年以下有期徒刑，并处罚金：

（一）单独或者合谋，集中资金优势、持股或者持仓优势或者利用信息优势联合或者连续买卖的；

（二）与他人串通，以事先约定的时间、价格和方式相互进行证券、期货交易的；

（三）在自己实际控制的账户之间进行证券交易，或者以自己为交易对象，自买自卖期货合约的；

（四）不以成交为目的，频繁或者大量申报买入、卖出证券、期货合约并撤销申报的；

（五）利用虚假或者不确定的重大信息，诱导投资者进行证券、期货交易的；

（六）对证券、证券发行人、期货交易标的公开作出评价、预测或者投资建议，同时进行反向证券交易或者相关期货交易的；

（七）以其他方法操纵证券、期货市场的。

单位犯前款罪的，对单位判处罚金，并对其直接负责的主管人员和其他直接责任人员，依照前款的规定处罚。

与本案有关的罪状差异，显然是连续交易操纵、洗售操纵等交易型操纵模式的构成要件配置问题。对此，关于《刑法修正案（十一）》证券期货犯罪条款的权威解读指出：将“影响证券、期货交易价格或者证券、期货交易量”作为操纵证券、期货市场罪的共同要件，更有利于实践中把握。同时需注意的是，《证券法》第55条将“影响”和“意图影响”证券、期货交易价格、交易量的行为均规定为操纵，而《刑法修正案（十一）》没有将“意图影响”作为构成要件，刑事案件中构成犯罪的标准更高，需区别把握。①

可见，核心问题便是“影响证券、期货交易价格或者证券、期货交易量”这一构成要件。《刑法修正案（十一）》修改后的《刑法》第182条操纵证券、期货市场罪，相对于《证券法》的操纵市场条款而言，“影响证券、期货交易价格或者证券、期货交易量”作为刑事案件中构成犯罪的标准更高，明显高于《证券法》中的“意图影响”证券、期货交易价格、交易量。相对而言，“影响证券、期货交易价格或者证券、期货交易量”的构成犯罪的标准，低于《刑法修正案（六）》修改后的《刑法》第182条中的单独或者合谋，集中资金优势、持股或者持仓优势或者利用信息优势联合或者连续买卖，“操纵”证券、期货交易价格或者证券、期货交易量的构成犯罪的标准。也就是说，“影响”的标准低于“操纵”的标准。

当然，从另一角度分析，《刑法修正案（十一）》在《刑法》第182条罪状的开端之处，便将“影响证券、期货交易价格或者证券、期货交易量”作为操纵证券、期货市场罪的共同要件，更为鲜明地强调了操纵证券、期货市场刑事案件中，必须证明案涉交易行为是否“影响证券、期货交易价格或者证券、期货交易量”。这显然有利于统一法律适用上的认识，有助于化解《刑法修正案（六）》修改后的《刑法》第182条在原来的司法实践中存在的认识分歧，即程序上是否要对“操纵”证券、期货交易价格或者证券、期货交易量进行证明，实体上“操纵”证券、期货交易价格或者证券、期货交易量是否涉及独立的客观行为构成以及因果关系的要素。

归根结底，无论是选择行为时法还是裁判时法，判断是否构成操纵证券市场罪，都必须“定性”与“定量”相结合。其中，“定性”是基于《刑法》第182条及《立案追诉标准（二）》或者司法解释（后续辩护意见中将会分析司法解释性文件的适用问题）的规定，对案涉行为模式的操纵证券市场法律性质予以确认，显然包括对于案涉行为是否“操纵”或者“影响”证券、期货交易价格或者证券、期货交易量的判断。“定量”是根据《立案追诉标准（二）》或者司法解释，判断操纵证券市场的行为是否构成“情节严重”。

---

① 参见孙谦：《刑法修正案（十一）的理解与适用》，载《人民检察》2021年第8期。

无论是《立案追诉标准（二）》，还是司法解释，都将交易量指标作为“情节严重”的量化标准，但指控方不能误解“情节严重”量化标准与操纵证券市场定性标准之间的法定差异，而本案中就出现了法律适用错误。起诉书以及卷宗材料中呈现的指控逻辑都显示，本案中目前的证据只能说明案涉交易构成连续交易，且交易量、交易占比达到了一定的量化标准①，指控方认为按照相关量化标准，案涉交易行为即构成操纵证券市场罪。

《起诉书》：

2015年10月8日至2018年4月27日，浙江JLHD股份有限公司董事长曹某名通过从李某峰等人处配资，以拉抬或维持“JLHD”股票价格为目的，集中资金优势、持股优势并利用信息优势，连续买卖，自买自卖，部分交易日通过盘中拉抬等多种手段影响“JLHD”股票交易价格和交易量。其间，曹某名为保证其配资账户的安全，专门安排沈某航前往李某峰公司，由沈某航按照曹某名指令负责对曹某名控制的证券账户进行买卖操作，同时安排吕某苹提供银行账户为曹某名支付配资公司的保证金走账、对配资账户进行清算核对，以及在2018年之后，接收曹某名指令，对控制的6个配资账户与沈某航控制的账户进行对倒。

经深交所测算，2015年10月8日至2018年4月27日，曹某名公开及通过案涉账户组持有“JLHD”股票的流通股占其实际流通股份总量的比例超过30%且存在多个时段连续20个交易日内连续买卖“JLHD”股票数量达到该证券同期总成交量30%以上。其中，2018年1月18日至2018年3月7日连续20个交易日中，案涉账户组买卖“JLHD”股票累计交易量占市场总成交量的65.05%，此段期间交易占比最高。2018年2月，在“JLHD”股票停牌期间，曹某名召集李某峰、吕某苹、沈某航在浙江JLHD股份有限公司一楼会议室内分析关于“JLHD”复牌后的走势。在李某峰认为“JLHD”股票复牌后肯定跌停的情况下，曹某名决定从李某峰处配资1.5亿元，并于“JLHD”股票复牌之日，要求沈某航用配资账户资金将“JLHD”跌停板砸

① 此处不分析证据问题并不代表辩方认可本案中交易量的数据。上文已经分析，本案的交易量、交易占比数据因为实控账户事实不清、证据不足、法律适用错误，在无有效证据证明的情况下，不能归责于被告人曹某名。

开并复红。截至2018年4月27日（操纵行为结束日），曹某名控制利用的案涉账户组，共计亏损1.57亿元。2020年11月24日，犯罪嫌疑人沈某航主动退赃30万元；2020年11月27日，犯罪嫌疑人吕某苹主动退赃1000万元；2021年6月2日、7月13日，犯罪嫌疑人李某峰分别退赃1100万元、900万元。建议对以上退赃款依法予以没收。

……

综上所述，被告人曹某名、吕某苹、沈某航触犯了《刑法》第182条之规定，涉嫌操纵证券、期货市场。依照《刑事诉讼法》第162条之规定，现将此案移送审查起诉。

上述起诉意见在法律逻辑与法律解释上明显错误，即仅确认行为模式（连续交易）+交易量标准，就直接认定案涉行为构成操纵证券市场罪。虽然在文字描述上看到了“影响”交易量、交易价格，但并无对于“影响”的证明，只有简单的数字计算，并将简单计算后的交易量、交易占比，等同于“影响”交易量、交易价格。也可以说是用“情节严重”层面的交易量、交易占比数据在“影响”交易量、交易价格层面进行毫无意义的重复评价。这明显不符合《刑法》第182条操纵证券、期货市场罪的构成要件。

（一）连续交易等交易行为达到《立案追诉标准（二）》或者司法解释所规定的交易量标准，只是满足了《刑法》第182条操纵证券、期货市场罪的犯罪构成体系中的部分内容，不一定符合操纵证券、期货市场罪的实质

无论本案适用行为时《刑法》第182条［《刑法修正案（六）》］，还是适用裁判时《刑法》第182条［《刑法修正案（十一）》］，该法律规定的操纵证券、期货市场罪的文本内容和罪状结构都清晰地呈现了犯罪构成前后递进的三个层次：

第一层次，行为模式，即对操纵性行为的样态、特征、情形的具体规范描述。市场操纵行为模式具体包括：（1）连续交易，即独立、联合其他行为主体，实施连续性的证券交易行为。（2）相对委托，即复数行为主体在对交易价格等核心要素有约定的情况下，相互买卖证券。（3）洗售，即独立行为主体在实际控制证券、期货合约交易账户中买卖证券。（4）《刑法修正案

（十一）》增加的“抢帽子”交易等行为模式。（5）“影响证券、期货交易价格或者证券、期货交易量”的其他方法。

第二层次，刑事违法性实质，即对符合刑法及其司法解释既定行为模式所具体描述的各类操纵性行为，赋予刑事违法性层面的实质内涵。符合第一层次的行为模式之后，必须能够被评价为“影响”或者“操纵”交易价格或者交易量，才能在刑法上具备操纵证券、期货市场的法律属性。

第三层次，刑事处罚标准。“情节严重”是刑法介入的具体数量标准；“情节特别严重”是提升至第二档法定刑的具体数量标准。对于连续交易、相对委托、洗售、虚假申报等行为模式而言，《立案追诉标准（二）》或者司法解释所规定的交易量指标，实际上只解决了刑事处罚标准中的定量问题，并没有解决行为模式与刑事违法性实质中亦需要解决的定量问题，即如何认定“影响”或者“操纵”证券、期货交易价格或者证券、期货交易量。

（二）对于连续交易等涉嫌操纵的行为是否“影响”或者“操纵”证券、期货交易价格或者证券、期货交易量，应当在犯罪构成要件评价与判断环节，就价量形成机制是否受到扭曲进行独立评估，并且不能重复使用《立案追诉标准（二）》或者司法解释规定的“情节严重”中的交易量标准

《立案追诉标准（二）》或者司法解释明确规定，连续交易、相对委托、洗售、虚假申报等行为模式的交易量，属于判断其是否可以认定为“情节严重”的量化标准。法律明确规定了“影响”或者“操纵”证券、期货交易价格或者证券、期货交易量这一独立的犯罪构成要素。所以，作为“情节严重”判断尺度的交易量标准不能重复用以直接证明是否存在影响或者操纵证券、期货交易量。显然，这些数据与交易价格更加无关。

事实上，任何交易行为介入市场之后都会对交易量产生影响，因为在一定交易日期间内实际控制一定数量的证券或者超出持仓限额的期货合约，行为人的交易量客观上都会在市场总量中占据一定比例，这就是一种经济上的影响，并不能直接等同于法律意义上的“影响交易量”。作为法律标准的“影响交易量”更侧重强调的是对交易量的扭曲。本案中，显然并无证据显示被告人曹某名的案涉行为扭曲了市场交易价格或者交易量。

（三）《刑法》第 182 条所规定的“影响”或者“操纵”证券、期货交易价格或者证券、期货交易量，是对结果性内容的罪状界定，而本案中并无任何证据建构这种结果及其与连续交易等案涉行为之间的因果关系

《刑法》第 182 条规定的连续交易、洗售、相对委托、虚假申报等，都是操纵证券、期货市场罪构成要素中的行为。连续交易等疑似具有操纵属性的交易行为，必须在证券、期货市场中形成具有可责性的结果——价量形成机制受到扭曲——才能将交易行为与危害结果联系起来认定为犯罪。价量形成机制受到扭曲的核心是证券、期货合约的价格或者交易量处于明显异常水平，可比数据的选择标准应当根据不同的操纵行为类型的特征相应调整，不能机械地使用同期主板、创业板等大盘指数，同期行业指数等并不具有必然可比性的指标进行比较。本案中所指控的连续交易时间区间横跨 2015 年 10 月 8 日至 2018 年 4 月 27 日整整两年半，选择同期大盘、同期行业等累计价格波动幅度的数据，并无任何实际意义。对于是否“影响”或者“操纵”证券交易价格或者交易量的判断，应当通过金融量化工具有针对性地测算案涉交易行为介入市场后对于价格形成机制与交易量的实际影响，而本案中并无相应的证据材料证明涉案行为“影响”或者“操纵”证券交易价格或者交易量。

五、结合本案交易数据，被告人曹某名的案涉交易行为并没有达到“情节严重”的入罪标准

本案行为时与裁判时共涉及以下三个司法文件。

1. 2010 年最高人民检察院、公安部《关于公安机关管辖的刑事案件立案追诉标准的规定（二）》

第三十九条　［操纵证券、期货市场案（刑法第一百八十二条）］操纵证券、期货市场，涉嫌下列情形之一的，应予立案追诉：

（一）单独或者合谋，持有或者实际控制证券的流通股份数达到该证券的实际流通股份总量百分之三十以上，且在该证券连续二十个交易日内联合或者连续买卖股份数累计达到该证券同期总成交量百分之三十以上的；

（二）单独或者合谋，持有或者实际控制期货合约的数量超过期货交易所业务规则限定的持仓量百分之五十以上，且在该期货合约连续二十个交易

日内联合或者连续买卖期货合约数累计达到该期货合约同期总成交量百分之三十以上的；

（三）与他人串通，以事先约定的时间、价格和方式相互进行证券或者期货合约交易，且在该证券或者期货合约连续二十个交易日内成交量累计达到该证券或者期货合约同期总成交量百分之二十以上的；

（四）在自己实际控制的账户之间进行证券交易，或者以自己为交易对象，自买自卖期货合约，且在该证券或者期货合约连续二十个交易日内成交量累计达到该证券或者期货合约同期总成交量百分之二十以上的；

……

（六）上市公司及其董事、监事、高级管理人员、实际控制人、控股股东或者其他关联人单独或者合谋，利用信息优势，操纵该公司证券交易价格或者证券交易量的；

……

2. 2019年最高人民法院、最高人民检察院《关于办理操纵证券、期货市场刑事案件适用法律若干问题的解释》

第二条　操纵证券、期货市场，具有下列情形之一的，应当认定为刑法第一百八十二条第一款规定的“情节严重”：

（一）持有或者实际控制证券的流通股份数量达到该证券的实际流通股份总量百分之十以上，实施刑法第一百八十二条第一款第一项操纵证券市场行为，连续十个交易日的累计成交量达到同期该证券总成交量百分之二十以上的；

（二）实施刑法第一百八十二条第一款第二项、第三项操纵证券市场行为，连续十个交易日的累计成交量达到同期该证券总成交量百分之二十以上的；

（三）实施本解释第一条第一项至第四项操纵证券市场行为，证券交易成交额在一千万元以上的；

（四）实施刑法第一百八十二条第一款第一项及本解释第一条第六项操纵期货市场行为，实际控制的账户合并持仓连续十个交易日的最高值超过期货交易所限仓标准的二倍，累计成交量达到同期该期货合约总成交量百分之二十以上，且期货交易占用保证金数额在五百万元以上的；

（五）实施刑法第一百八十二条第一款第二项、第三项及本解释第一条第一项、第二项操纵期货市场行为，实际控制的账户连续十个交易日的累计成交量达到同期该期货合约总成交量百分之二十以上，且期货交易占用保证金数额在五百万元以上的；

……

3. 2022 年《立案追诉标准（二）》

第三十四条〔操纵证券、期货市场案（刑法第一百八十二条）〕操纵证券、期货市场，影响证券、期货交易价格或者证券、期货交易量，涉嫌下列情形之一的，应予立案追诉：

（一）持有或者实际控制证券的流通股份数量达到该证券的实际流通股份总量百分之十以上，实施刑法第一百八十二条第一款第一项操纵证券市场行为，连续十个交易日的累计成交量达到同期该证券总成交量百分之二十以上的；

（二）实施刑法第一百八十二条第一款第二项、第三项操纵证券市场行为，连续十个交易日的累计成交量达到同期该证券总成交量百分之二十以上的；

（三）利用虚假或者不确定的重大信息，诱导投资者进行证券交易，行为人进行相关证券交易的成交额在一千万元以上的；

（四）对证券、证券发行人公开作出评价、预测或者投资建议，同时进行反向证券交易，证券交易成交额在一千万元以上的；

（五）通过策划、实施资产收购或者重组、投资新业务、股权转让、上市公司收购等虚假重大事项，误导投资者作出投资决策，并进行相关交易或者谋取相关利益，证券交易成交额在一千万元以上的；

（六）通过控制发行人、上市公司信息的生成或者控制信息披露的内容、时点、节奏，误导投资者作出投资决策，并进行相关交易或者谋取相关利益，证券交易成交额在一千万元以上的；

……

（十）利用虚假或者不确定的重大信息，诱导投资者进行期货交易，行为人进行相关期货交易，实际控制的账户连续十个交易日的累计成交量达到同期该期货合约总成交量百分之二十以上，且期货交易占用保证金数额在五百万元以上的；

……

其中，2019年司法解释与2022年《立案追诉标准（二）》实质标准相同，故问题便在于如何选择新旧量化标准。辩护人认为，根据罪刑法定原则、刑法溯及力法定要求、司法解释适用效力等，本案的量化标准选择适用问题非常明确，即显然只能适用2010年《立案追诉标准（二）》。

（一）2019年最高人民法院、最高人民检察院《〈关于办理操纵证券、期货市场刑事案件适用法律若干问题的解释〉的理解与适用》已经非常清楚地明确了该特定司法解释的适用效力问题

最高人民法院相关人士在《人民法院报》发表的《〈关于办理操纵证券、期货市场刑事案件适用法律若干问题的解释〉的理解与适用》中明确指出：

（七）关于《解释》的适用效力问题

本《解释》自2019年7月1日起施行。应当明确的是，司法解释是对审判、检察工作中适用法律问题所作的解释，其效力适用于作为解释对象的法律施行期间。对于法律施行后、《解释》实施前发生的操纵证券、期货市场行为，《解释》施行后尚未处理或者正在处理的案件，依照《解释》的规定处理，但《立案追诉标准（二）》规定的立案追诉标准与《解释》规定的“情节严重”的入罪标准不一致的，应当按照从旧兼从轻的原则处理；对于《解释》施行前已经办结（包括已经行政处理）的案件，按照当时的法律和司法解释，在认定事实和适用法律上没有错误的，不再变动。[①]

本案中，行为时的2010年《立案追诉标准（二）》所规定的标准，与裁判时的司法解释及2022年《立案追诉标准（二）》不一致，按照从旧兼从轻的原则，很显然本案应当适用2010年最高人民检察院、公安部《立案追诉标

---

① 参见姜永义、陈学勇、朱宏伟：《〈关于办理操纵证券、期货市场刑事案件适用法律若干问题的解释〉的理解与适用》，载《人民法院报》2020年3月12日，第5版、第6版。

准（二）》所规定的量化标准。

（二）司法解释或者司法解释性文件（包括《立案追诉标准（二）》）的溯及力不能背离罪刑法定原则与刑法溯及力的法定要求

刑法溯及力解决的是选择适用法律的问题。“从旧兼从轻”是我国有关刑法溯及力的基本原则，其依据来源是我国《刑法》第12条。“从旧兼从轻”原则的具体内容是指，对于行为时尚未规定为犯罪，裁判时法新增为犯罪的行为，应当以行为时法作为依据，不适用裁判时法；对于行为时规定为犯罪，裁判时法不认为是犯罪或者虽认为是犯罪但处刑较轻的行为，应当以裁判时法作为依据，而不适用行为时法。

可见，溯及力规定中的“从旧”突出表现了罪刑法定原则的基本内容，即对行为时不受处罚的行为，不能适用裁判时法给予处罚，即使行为时应受处罚的行为，原则上应按行为时的法律处罚，说明对行为人定罪量刑应以行为时法律明文规定为限。“从轻”则表明当适用裁判时法有利于行为人时，应该适用裁判时法，这里的“有利于”具体包括按裁判时法不受处罚或按裁判时法处罚较轻两种情况。这正是罪刑法定原则根本精神（有利于被告）的直接体现。

就此而言，“从旧兼从轻”的溯及力的法定要求，实际上是罪刑法定原则基本内容和根本精神的高度统一。同时，“从旧”与“从轻”不是并列关系，而是主次关系、补充与被补充的关系，“从旧”是前提、是原则，而“从轻”则是例外——只有在“新法”不认为是犯罪或者较刑法原有条文处刑较轻时才能适用“新法”。

本案涉及的司法解释或者司法解释性文件的相关内容，实质上是对“情节严重”这一不确定法律概念的量化填充，本质上呈现了“新法”与“旧法”对于是否构成犯罪的不同规定。本案中，基于司法解释性文件的量化驱动，“旧法”入罪门槛高，“旧法”更轻；“新法”入罪门槛低，“新法”更重，因此本案只能适用“旧法”，不能适用“新法”。因为裁判时的2019年司法解释与2022年《立案追诉标准（二）》明显将行为时不认为是犯罪的情况（在该证券连续20个交易日内联合或者连续买卖股份数累计达到该证券同期总成交量30%以下，但连续10个交易日的累计成交量达到同期该证券总成交量20%以上）认为是犯罪，故显然不能予以适用。

（三）应当依法准确理解与适用刑法司法解释时间效力问题的相关规定，依法准确判断《立案追诉标准（二）》、司法解释的选择适用问题

2001年最高人民法院、最高人民检察院《关于适用刑事司法解释时间效力问题的规定》的相关规定如下：

为正确适用司法解释办理案件，现对适用刑事司法解释时间效力问题提出如下意见：

一、司法解释是最高人民法院对审判工作中具体应用法律问题和最高人民检察院对检察工作中具体应用法律问题所作的具有法律效力的解释，自发布或者规定之日起施行，效力适用于法律的施行期间。

二、对于司法解释实施前发生的行为，行为时没有相关司法解释，司法解释施行后尚未处理或者正在处理的案件，依照司法解释的规定办理。

三、对于新的司法解释实施前发生的行为，行为时已有相关司法解释，依照行为时的司法解释办理，但适用新的司法解释对犯罪嫌疑人、被告人有利的，适用新的司法解释。

四、对于在司法解释施行前已办结的案件，按照当时的法律和司法解释，认定事实和适用法律没有错误的，不再变动。

对于诸如本案等行为时只有《立案追诉标准（二）》、裁判时已有司法解释的情况，尤其不能对2001年最高人民法院、最高人民检察院《关于适用刑事司法解释时间效力问题的规定》中的第2条进行曲解。

对于2001年最高人民法院、最高人民检察院《关于适用刑事司法解释时间效力问题的规定》所有规定应当在刑法溯及力法定要求的基础上进行统一且系统的理解——根据《刑法》第12条关于刑法溯及力的规定，对于刑事司法解释的溯及力问题也同样采用从旧兼从轻原则、有利于被告人精神，并且刑事司法解释溯及力不能与刑法溯及力的规定相排斥、相抵触。

根据2001年最高人民法院、最高人民检察院《关于适用刑事司法解释时间效力问题的规定》第1条的规定，司法解释的效力适用于法律的施行期间，

也就是说，无论司法解释在何时发布，其效力都始自它所解释的法律开始施行的日期，止于法律停止适用的日期，除非其在法律施行期间又被新的司法解释所取代。我国最高司法机关没有法律创制权，司法解释只是对司法工作中如何适用法律问题提出的具体意见，司法解释不是法律本身，司法解释必须依托于法律进行适用，司法解释的效力相应地适用于法律的整个施行期间。

根据2001年最高人民法院、最高人民检察院《关于适用刑事司法解释时间效力问题的规定》第2条的规定，对于司法解释实施前发生的行为，行为时没有相关司法解释，司法解释施行后尚未处理或者正在处理的案件，依照司法解释的规定办理。这一规定表明，司法解释是有溯及力的，这也是前述司法解释效力适用于法律施行期间这一总体原则的题中应有之义，但是，司法解释的溯及力显然不能与刑法的溯及力相抵触。换句话说，对于司法解释实施前发生的行为，行为时没有相关司法解释，司法解释施行后尚未处理或者正在处理的案件，依照司法解释的规定办理，是有不言自明的前提条件的，即不能违反刑法罪刑法定、从旧兼从轻、有利于被告人精神的具体适用。对于司法解释实施前发生的行为，行为时没有相关司法解释，但行为时显然是有刑法规定的，如果案涉行为基于行为时的刑法认定为无罪，而基于裁判时的刑法+司法解释认定为有罪，显然应当按照《刑法》第3条罪刑法定原则、《刑法》第12条刑法溯及力原则（从旧兼从轻）以及有利于被告人的精神，认定被告人无罪。由于与《刑法》规定相比，刑事司法解释总是具有滞后性的特点，解决司法解释溯及力的问题，仍应以从旧兼从轻原则为准。刑事司法解释的溯及力限定于刑事司法解释的规定更有利于行为人。

根据2001年最高人民法院、最高人民检察院《关于适用刑事司法解释时间效力问题的规定》第3条的规定，对同一个具体应用法律问题先后有两个司法解释时的处理原则是，对于新的司法解释实施前发生的行为，行为时已有相关司法解释，依照行为时的司法解释办理，但适用新的司法解释对犯罪嫌疑人、被告人有利的，适用新的司法解释。可见，司法解释具有溯及力的根本价值是体现出有利于被告人的精神。

根据2001年最高人民法院、最高人民检察院《关于适用刑事司法解释时间效力问题的规定》第4条的规定，对于在司法解释施行前已办结的案件，按照当时的法律和司法解释，认定事实和适用法律没有错误的，不再变动。司法解释是在准确理解立法本意，系统总结司法实践经验的基础上做出的。因此，在司法解释施行以前，司法机关依照对法律的理解，根据证据认定事实并依法作出的裁判也是正确的，并不因司法解释的发布而必须作出变更。这一规定也是我国法律稳定性原则的体现和司法实践的一贯做法，有利于保持人民法院、人民检察院已办结案件的稳定性和生效裁判的既判力，最大限度地节约司法资源。2001 年最高人民法院、最高人民检察院《关于适用刑事司法解释时间效力问题的规定》第 2 条规定，对于司法解释实施前发生的行为，行为时没有相关司法解释，司法解释施行后尚未处理或者正在处理的案件，依照司法解释的规定办理。其更多的也是对应性地强调已经办结的案件不依照司法解释的规定办理，未办结的案件，依照司法解释的规定办理；而非强调行为时“刑法 +0 司法解释”认为无罪，裁判时“刑法 + 司法解释”认为有罪时，认定为有罪。

还应当注意到，司法解释的内容是不同的。有的司法解释是“出罪式”的或者中性的（澄清具体法律适用问题，并不导致刑法条文适用出罪或者入罪变化的），在该司法解释之前并无司法解释的，其溯及力的有无以其生效后有关案件是否正在办理或尚未办理为准即可。然而，有的司法解释是“入罪式”的（扩大犯罪范围）。例如，2019 年司法解释就是“入罪式”的，即通过降低交易行为的数量标准来扩大操纵证券市场罪的犯罪范围。对于正在办理或者尚未办理的，行为时只有刑法没有司法解释，而裁判时出现司法解释的案件，该“入罪式”司法解释显然对被告人不利，对该类案件只能适用行为时刑法。

因此，本案的根本问题并非 2010 年《立案追诉标准（二）》与 2019 年司法解释、2022 年《立案追诉标准（二）》之间的选择问题，而是对于交易量达到一定量化标准的交易行为，行为时刑法认定无罪，裁判时“刑法 + 司法解释”认定有罪，应当如何适用刑法的问题。故不应当形式化地曲解 2001 年最高人民法院、最高人民检察院《关于适用刑事司法解释时间效力问题的规定》，从而选择 2019 年司法解释、2022 年《立案追诉标准（二）》等裁判时的量化标准。对于刑事司法解释生效后尚未处理或者正在处理的且行为时没有相关司法解释的案件，刑事司法解释原则不应加以适用，除非这种解释对行为人是有利的。判断是有利还是不利的标准是：（1）行为时没有相关司法解释，所以不存在新旧司法解释的比较问题，但并不排斥司法解释与当时的《立案追诉标准（二）》的比较。（2）应当结合司法解释规定的具体内容，对照刑事法律规定的内容以及行为时适用法律且无司法解释的一般做法进行比较。这种一般做法显然就是行为时的“刑法＋当时的《立案追诉标准（二）》（若有）”。综上分析，本案中针对被告人曹某名的行为，适用刑法＋当时的立案追诉标准对行为人更有利，理应据此予以适用。

（四）根据2010年最高人民检察院、公安部《立案追诉标准（二）》，结合本案交易数据，被告人曹某名的案涉交易行为并没有达到操纵证券市场罪“情节严重”的入罪标准

结合在案证据所反映的有关实际控制账户的客观归属，被告人曹某名提供的证监会作出行政处罚时依据的数据，以及被告人曹某名的陈述，测算结果如下（存在一定的合理误差）：

（1）在2018年3月26日至2018年4月24日，“JLHD”的市场总成交量约为21,589,200股，因资方实际控制且强制平仓导致的买卖交易量共计5,532,351股，占总成交量的25.62%，从被指控的交易占比33.51%中剔除后，交易占比仅为7.89%。

（2）2018年1月2日至2018年1月29日，“JLHD”的市场总成交量约为14,141,400股，因资方实际控制且强制平仓导致的买卖交易量共计2,977,500股，占总成交量的21.05%，应当从被指控的交易量中予以剔除。

（3）2018年1月18日至2018年3月7日，“JLHD”的市场总成交量约为22,522,500股，因资方实际控制且强制平仓导致的买卖交易量共计12,892,100股，占总成交量的57.24%，从被指控的交易占比65.05%中剔除后，交易占比仅为7.81%。

可见，从被指控的数据中将资方实际控制且强制平仓导致的交易量剔除后，与被告人曹某名有关的交易量、交易占比等数据，未达2010年最高人民检察院、公安部《立案追诉标准（二）》中操纵证券市场罪的追诉标准。

六、本案案涉交易数量对应操纵模式不清（事实不清）、适用标准模糊（具体法律条款依据不稳定）、定量标准不构罪（适用任何操纵模式所对应的量化标准都不符合《立案追诉标准（二）》的量化要求）

证券监管机构在对案涉行为作出行政处罚时，可以综合适用多种操纵证券市场的行为模式对行政程序中的曹某名的行为进行评价。这是由《证券法》的规定所决定的。

《证券法》第55条第1款规定：

禁止任何人以下列手段操纵证券市场，影响或者意图影响证券交易价格或者证券交易量：

（一）单独或者通过合谋，集中资金优势、持股优势或者利用信息优势联合或者连续买卖；

（二）与他人串通，以事先约定的时间、价格和方式相互进行证券交易；

（三）在自己实际控制的账户之间进行证券交易；

（四）不以成交为目的，频繁或者大量申报并撤销申报；

（五）利用虚假或者不确定的重大信息，诱导投资者进行证券交易；

（六）对证券、发行人公开作出评价、预测或者投资建议，并进行反向证券交易；

（七）利用在其他相关市场的活动操纵证券市场；

（八）操纵证券市场的其他手段。

可见，《证券法》没有对操纵行为是否“情节严重”作出规定，因此，只要相关行为性质涉及上述条文中的任一属性与特征，监管机构就可以以此作为行政处罚的法律依据。

然而，刑事司法机关在对案涉行为进行审查时，必须通过“定性+定量”的严格标准锁定指控的案涉行为的模式、性质及其量化标准，并且不能重复评价、重复计算。这是由《刑法》第182条操纵证券市场罪中的“情节严重”所决定的。

本案中，起诉书指出：2015年10月8日至2018年4月27日，浙江

JLHD 股份有限公司董事长曹某名通过从李某峰等人处配资，以拉抬或维持“JLHD”股票价格为目的，集中资金优势、持股优势并利用信息优势，连续买卖，自买自卖，部分交易日通过盘中拉抬等多种手段影响“JLHD”股票交易价格和交易量……经深交所测算，2015 年 10 月 8 日至 2018 年 4 月 27 日，曹某名公开及通过案涉账户组持有“JLHD”股票的流通股占其实际流通股份总量的比例超过 30% 且存在多个时段连续 20 个交易日内连续买卖“JLHD”股票数量达到该证券同期总成交量 30% 以上……

上述指控逻辑存在疑问，模糊指控焦点、影响指控逻辑稳定性，具体体现在以下几个方面：

其一，仅就起诉书的内容而言（不代表辩方认可这种事实与观点），真正符合“操纵行为模式 + 量化标准”的只有连续交易操纵，因此，在指控内容中堆砌与混同其他行为模式并无实际法律意义，反而会引起重复评价的质疑。

其二，部分交易日通过盘中拉抬在理论上可以归类为特定时间操纵，但其并非《刑法》明示性操纵证券市场的行为模式或者手段，目前亦无任何司法解释、《立案追诉标准（二）》规定“情节严重”的量化标准，同时无刑事案例将此类行为明确判定为独立的操纵证券市场罪的行为手段。将部分案涉行为事实认定为特定时间操纵，不仅没有实际法律意义，而且由于该特定时间操纵的交易量已经计算在连续交易操纵之中，还会涉及重复评价的问题。

其三，根据规定“自买自卖”，实际上应当归类为《刑法》第 182 条第 1 款第 3 项所规定的洗售操纵，即“在自己实际控制的账户之间进行证券交易”。这是一种独立的操纵证券市场行为模式或者手段，《立案追诉标准（二）》与司法解释都为之配置了对应的“情节严重”量化标准。起诉书提及了该种行为模式，但并未认定对应的量化数据，正是因为量化数据不明，造成该种行为模式的指控并无任何法律意义，即被告人曹某名的案涉行为，不能独立构成洗售操纵且情节严重，进而不能构成操纵证券市场罪。同时，在案材料显示：2015 年 10 月 8 日至 2018 年 4 月 27 日，案涉账户组进行自买自卖交易的交易日有 184 天，累计自买自卖的成交数量为 26, 530, 548 股。平均自买自卖占市场成交量比例（简称对倒占比）为 14. 87%，对倒占比最高为

2018 年 2 月 26 日，当日案涉账户组对倒成交 2,433,961 股，对倒占比为 84.75%。具体来看，操纵期间案涉账户组对倒占比超过 10% 的交易日有 87 个，对倒占比超过 20% 的交易日有 51 个，对倒占比超过 30% 的交易日有 31 个……曹某名、吕某苹控制案涉账户组在连续买卖过程中，频繁进行自买自卖，且自买自卖累计成交数量较大，多个交易日中自买自卖成交量占市场成交量的比重均较高。案涉账户组的自买自卖行为已构成 2014 年《证券法》第 77 条第 3 项所述操纵证券市场行为。

可见，在案材料已经说明，被告人曹某名的部分交易行为在性质上明确属于洗售操纵，但由于交易量、交易占比等量化指标没有符合“情节严重”的量化标准，不能据此评价其为犯罪。更为重要的是，既然相关交易量已经被评价为洗售操纵，就不应当被重复评价为连续交易操纵，同时，上述洗售操纵所对应的交易量就需要在连续交易操纵中予以剔除，这实际上造成了分化连续交易操纵交易量的客观法律效果。因此，剔除上述并未达到“情节严重”的洗售操纵交易量，连续交易操纵的交易量就更加无法满足入罪的“情节严重”量化标准了。

综上分析，本案事实不清、证据不足，适用法律错误，不能证明被告人曹某名的行为构成操纵证券市场罪。

第十五章

虚假申报操纵的定罪量刑标准

——田某奇等操纵证券市场案辩护意见

[辩护逻辑]

虚假申报操纵的实质特征就是通过短期的大量申报、撤单，影响特定时间节点的证券价格，从意图或者实际通过被扭曲的价格波动所形成、放大的价差中获取交易利润。所以，评价虚假申报操纵情节是否严重、是否特别严重，其核心要素就应当是撤单规模、延续次数、涉及股票数量、跨越时间、撤单比例等与短期交易紧密关联的因素。

[案情]

被告人田某波、田某舟、田某奇采取当日连续申报买入或卖出并在成交前撤回申报等手法操纵证券市场，其行为均触犯了《刑法》第182条之规定，犯罪事实清楚，证据确实、充分，应以操纵证券市场罪追究刑事责任，且属情节特别严重。

[辩护意见主文]

辩护人的总体辩护意见是：被告人田某波、田某舟、田某奇等采取当日连续申报买入或卖出并在成交前撤回申报等手法操纵证券市场，并不构成“情节特别严重”；被告人田某奇客观上参与共犯行为的程度、主观恶性显著轻微，具有从犯、自首、坦白等诸多法定从宽情节，恳请法院认定其情节轻微不需要判处刑罚，对其判处免予刑事处罚或者缓刑。

第一部分　关于被告人田某奇被控操纵证券市场共犯责任层面的辩护意见

被告人田某波、田某舟、田某奇等采取当日连续申报买入或卖出并在成交前撤回申报等手法操纵证券市场，并不构成“情节特别严重”；结合被告人田某奇自身具有的其他法定、酌定从轻情节，恳请法院认定其情节轻微不需要判处刑罚，对其判处免予刑事处罚或者缓刑。

具体事实与理由如下。

一、起诉书认定本案 3 名被告人操纵证券市场行为“情节特别严重”，在适用法律层面存在一定疑问，法律与司法解释依据不足

1.《刑法》

第一百八十二条　【操纵证券、期货市场罪】有下列情形之一，操纵证券、期货市场，情节严重的，处五年以下有期徒刑或者拘役，并处或者单处罚金；情节特别严重的，处五年以上十年以下有期徒刑，并处罚金：

（一）单独或者合谋，集中资金优势、持股或者持仓优势或者利用信息优势联合或者连续买卖，操纵证券、期货交易价格或者证券、期货交易量的；

（二）与他人串通，以事先约定的时间、价格和方式相互进行证券、期货交易，影响证券、期货交易价格或者证券、期货交易量的；

（三）在自己实际控制的账户之间进行证券交易，或者以自己为交易对象，自买自卖期货合约，影响证券、期货交易价格或者证券、期货交易量的；

（四）以其他方法操纵证券、期货市场的。

单位犯前款罪的，对单位判处罚金，并对其直接负责的主管人员和其他直接责任人员，依照前款的规定处罚。

2. 2010 年《立案追诉标准（二）》

第三十九条　［操纵证券、期货市场案（刑法第一百八十二条）］操纵证券、期货市场，涉嫌下列情形之一的，应予立案追诉：

（一）单独或者合谋，持有或者实际控制证券的流通股份数达到该证券的实际流通股份总量百分之三十以上，且在该证券连续二十个交易日内联合或者连续买卖股份数累计达到该证券同期总成交量百分之三十以上的；

（二）单独或者合谋，持有或者实际控制期货合约的数量超过期货交易所业务规则限定的持仓量百分之五十以上，且在该期货合约连续二十个交易日内联合或者连续买卖期货合约数累计达到该期货合约同期总成交量百分之三十以上的；

（三）与他人串通，以事先约定的时间、价格和方式相互进行证券或者期货合约交易，且在该证券或者期货合约连续二十个交易日内成交量累计达到该证券或者期货合约同期总成交量百分之二十以上的；

（四）在自己实际控制的账户之间进行证券交易，或者以自己为交易对象，自买自卖期货合约，且在该证券或者期货合约连续二十个交易日内成交量累计达到该证券或者期货合约同期总成交量百分之二十以上的；

（五）单独或者合谋，当日连续申报买入或者卖出同一证券、期货合约并在成交前撤回申报，撤回申报量占当日该种证券总申报量或者该种期货合约总申报量百分之五十以上的；

（六）上市公司及其董事、监事、高级管理人员、实际控制人、控股股东或者其他关联人单独或者合谋，利用信息优势，操纵该公司证券交易价格或者证券交易量的；

（七）证券公司、证券投资咨询机构、专业中介机构或者从业人员，违背有关从业禁止的规定，买卖或者持有相关证券，通过对证券或者其发行人、上市公司公开作出评价、预测或者投资建议，在该证券的交易中谋取利益，情节严重的；

（八）其他情节严重的情形。

从上述法律与司法解释的规定可见，起诉书指控本案构成操纵证券市场罪且情节特别严重的法律依据是《刑法》第182条兜底条款“以其他方法操纵证券、期货市场”，司法解释（司法解释性文件）依据是《立案追诉标准（二）》规定的虚假申报操纵的定罪量化标准。

一方面，本案的法律与司法解释依据是非常确定的，就是《刑法》与

《立案追诉标准（二）》；另一方面，除此之外，再无其他司法解释或者司法解释性文件依据。这就意味着，就《刑法》第182条操纵证券市场罪而言，没有“情节特别严重”的司法解释标准。既然没有明确的认定标准，在这种情况下，就应当从有利于被告人的角度处罚，不予认定情节特别严重。也许日后会有司法解释确定“情节特别严重”的标准，但是无论现在涉案数额多高、将来司法解释中规定的“情节特别严重”的数额标准多低，只要现在没有发布，就应当认定这种“情节特别严重”的标准并不存在，既然标准不存在，就不应当在特定案件中适用“情节特别严重”法定刑档次。

二、对于本案中3名被告人以虚假申报手段操纵证券期货市场的行为，在现有证据、事实以及刑法解释上，将其认定为操纵证券市场“情节特别严重”，还是非常值得商榷的

有必要通过本案的争议梳理与法律辩论，澄清一种在操纵证券市场刑事案件司法实践中经常陷入的误区，即只要涉案行为的交易量标准达到了《立案追诉标准（二）》规定的量化标准，就一定构成操纵证券市场犯罪。具体而言，辩护人认为，将超过虚假申报交易量标准（撤单比例）等同于操纵证券市场犯罪，是不符合《刑法》第182条操纵证券市场罪的刑法解释规则的。

1. 虚假申报操纵达到《立案追诉标准（二）》所规定的交易量，只是《刑法》第182条操纵证券市场罪构成要件体系中的一部分内容，不一定符合操纵证券市场罪的实质，更没有齐备该罪的犯罪构成。

从《刑法》第182条操纵证券、期货市场罪的文本、罪状结构中，我们能够清楚地看到本罪的犯罪构成前后递进的三个层次：

第一层次，行为模式。市场操纵行为模式具体包括：（1）连续交易，即独立、联合其他行为主体，实施连续性的证券交易行为，操纵证券的市场价格、交易量。（2）相对委托，即复数行为主体在约定交易价格等核心要素的情况下，相互买卖证券，影响证券、期货合约的市场价格或者交易量。（3）洗售，即独立行为主体在实际控制的证券、期货合约交易账户中买卖证券，影响证券、期货合约的市场价格或者交易量。（4）以其他方法实施操纵

行为。

第二层次，犯罪实质。符合上述行为模式特征的，必须能够被评价为“操纵证券、期货市场”，才能在刑法上构成操纵证券、期货市场的犯罪。

第三层次，刑事处罚标准。情节严重是刑法介入的具体标准；情节特别严重是提升至第二档法定刑的具体标准。

对于虚假申报操纵而言，《立案追诉标准（二）》所规定的行为模式和交易量标准，即第39条第5项“单独或者合谋，当日连续申报买入或者卖出同一证券、期货合约并在成交前撤回申报，撤回申报量占当日该种证券总申报量或者该种期货合约总申报量百分之五十以上的”的规定，实际上只解决了“行为模式”和“刑事处罚标准”两个层次的问题，并没有解决“犯罪实质”的问题。而当前刑法和司法解释并没有就操纵证券、期货市场罪的实质提供明确的法律标准。但这并不意味着法律没有明确，就不需要控方进行证明。

2. 特定的操纵行为模式达到司法解释规定的交易量标准，不能成为构成操纵证券市场犯罪的唯一且直接的条件。

无论是作为金融概念或者市场操作，还是作为法律概念或者违法犯罪，操纵证券市场罪都包括行为、结果以及因果关系的构成要素体系。尤为重要的是，《刑法》第182条规定的“操纵证券、期货市场”，是一个具有结果性内容的罪状表述。以连续交易、洗售、相对委托等法律明确规定的市场操纵行为模式为例，单纯地连续买卖、自买自卖或联合一致行动人在相关控制账户中买卖证券的交易，只是市场操纵犯罪内涵中的行为，这种具有操纵属性的交易必须在资本市场中制造可归咎的操纵性结果，才能将交易与结果联系起来合并构成市场操纵犯罪行为。因此，市场受到操纵或者操纵性“影响”是结果性要素，而一种介入因素（例如，法律规定的连续买卖、洗售、相对委托等交易行为）是否对市场实现操纵或者形成操纵性“影响”，其核心判断基准应当是证券市场价格是否受到扭曲。如果操纵行为所指向的特定证券的市场交易价格，并没有偏离能够合理推论或者计算的、资本市场正常或者自然竞争所形成的定价，则意味着特定证券并没有受到操纵，也就并不存在成立市场操纵犯罪的结果性条件。

就本案而言，即使涉嫌市场操纵的交易行为的撤单比例超过50%，也不能将之视为作为结果的操纵或者操纵性“影响”。因为交易量只是特定交易行为介入证券买卖市场之后的自然结果，而非具备经济或者法律意义的操纵结果。交易行为通过数据化的形式呈现为交易量；交易量是对交易行为在数量上的规定。无论特定市场参与者交易量的绝对数额有多大规模，或者相对比例在证券交易总量中占据何种地位，“量”始终在交易这一“质”的范畴中发展。在能够锁定行为具有操纵属性的条件下，交易量也只是操纵性交易行为的组成要素，而不可能成为结果要素。所以，交易量超标事实上并不契合市场操纵犯罪的实质。

3.《刑法》第182条规定的“操纵证券、期货市场”，其实质应当是价格扭曲或者信息扭曲，仅仅是交易量超标，并没有产生价格扭曲或者信息扭曲的结果，并不符合操纵证券市场罪的犯罪构成。

在证券市场中，对其进行操纵，无非包含操纵两个证券市场要素，即市场中的商品（证券）与资本（投资者）。前者就是扭曲价格，是证券价格产生异常波动；后者就是扭曲信息，即通过受到操控的信息误导投资者将资本投入或者撤出特定证券交易。结合《刑法》第182条与《立案追诉标准(二)》的规定，针对价格扭曲与信息扭曲这两大操纵犯罪实质的操纵行为类型，可以分为交易型操纵和信息型操纵。交易型操纵包括《立案追诉标准(二)》前几项规定的，诸如连续交易操纵、相对委托操纵、洗售操纵、短线交易操纵、虚假申报操纵等；信息型操纵包括后几项规定的，诸如“抢帽子”交易操纵、蛊惑交易操纵、信息操纵等。所以，符合操纵行为模式特征与交易量标准的虚假申报操纵，最终能否被评价为操纵证券市场犯罪，还应当证明其是否具有价格扭曲的操纵实质。从本案中目前的指控证据以及辩护人提出的专家意见等材料来分析，涉案行为是否扭曲价格至少是不明确的。

综上，本案相关被告人均认罪认罚，上述分析旨在提出刑法解释存在的争议以及本案证据层面存在的冲突，以此说明，在各方面争议相对明显的情况下，不宜将其认定为“情节特别严重”。

此外，虚假申报操纵的实质特征就是通过短期的大量申报、撤单，影响特定时间节点的证券价格，从意图或者实际通过被扭曲的价格波动所形成、放大的价差中获取交易利润。所以，评价虚假申报操纵情节是否严重、是否特别严重，其核心要素就应当是撤单规模、延续次数、涉及股票数量、跨越时间、撤单比例等与短期交易紧密关联的因素。

本案涉及的股票数量并不属于“特别众多”，虚假申报次数并不属于“特别多次”，撤单比例基本刚刚越过“50%”的标准，似乎不应当认定为“情节特别严重”。

三、关于涉案被指控受到操纵的股票的价格波动与涉案交易行为的关联性问题，存在事实不清、证据不足、因果关系不明的疑问

起诉书认定本案操纵性质、价量影响、非法获利金额等要素的核心技术性依据实际上就是司法鉴定意见。但相关司法鉴定意见存在实质性的瑕疵，既不符合金融原理，也不符合市场操纵犯罪案件的法律适用规则。

《司法鉴定意见书》（3100025）指出：

……

5.“华资实业”“京投银泰”“银基发展”区间累计涨幅

2012年2月24日至5月31日，华资实业股价从期初的5.4元上升至5.98元，涨幅10.74%，同期上证综指下跌1.91%，偏高12.65%。属于证监会食品加工板块，同期该板块指数下联工1.66%，偏高12.40%。

2012年2月2日至5月29日，京投银泰股价从期初的4.73元上升至6.08元，涨幅28.60%，同期上证综指上涨5.36%，偏离23.24%，京投银泰属于证监会房地产板块，同期该板块指数上涨27.88%，偏离0.72%。

2012年6月6日至10月10日，银基发展股价从期初的3.41元上升至4.11元，涨幅20.53%，同期深成指数下跌10.90%，偏离31.43%。银基发展现属于证监会非金属矿物制品业板块，同期该板块指数下跌12.06%，偏离32.59%。

《司法鉴定意见书》将涉案行为介入之后直至实施完毕之日，涉案行为交易的标的股票的涨幅，与同期大盘指数、板块指数进行比较，计算偏离度。这种试图建构涉案行为、价格波动、非法获利之间关联性的方法，在逻辑性与科学性上存在明显的缺陷，值得商榷。

其一，这种与大盘、板块指数进行比较的方法并无实际意义，不能基于

个股与大盘、板块的偏离就认定涉案行为的介入造成了价格异常。这种认定方法并没有会计准则和法律规则作为合法合理的依据。个股涨幅超过同期大盘、板块指数涨幅本身就是一种正常的市场价格现象。超过同期中小板综指涨幅的部分是由多种市场因素共同作用形成的，不能直接将超过的部分全部且直接认定为偏高或者市值提升。

其二，退一步分析，即使认可这种偏离度比较，但是对于偏离多大程度能够认定是涉案行为影响市场价格，或者是否只要有任何偏离就能够直接认定为操纵，实践中并未有任何量化标准。这就说明这种方式的科学性存在交易的随意性。

其三，再退一步分析，即使认可这种偏离度的比较，京投银泰属于房地产板块，同期房地产板块大幅上涨，涉案行为持仓涨幅与板块指数涨幅之差仅为0.72%，这意味着实质上并未发生大的偏离。查询涉案交易行为发生的时间区间（2012年2月至5月）的房地产业指数（399200.SZ）（参见《附件一：地产指数（399200）大盘走势图》），可以非常清晰地看到，当时房地产整体板块形成了一个非常陡峭的上升曲线。这就证明涉案行为与市场价格波动之间并无任何实质上的因果关系。所以，京投银泰这一节的获利数额应在共犯非法获利总额中予以扣除。

四、本案中指控被告人通过虚假申报操纵手段非法获得交易利润，在非法获利司法认定问题上存在适用法律错误的疑问

（一）获利金额计算的规则及其适用问题

起诉书将本案中相关虚假申报操纵行为起始时间之前的持仓，作为累计买入部分进行获利计算，值得商榷。

根据起诉书的认定：2012年5月至2013年1月，被告人田某波伙同被告人田某舟、田某奇，控制“杨某花”“申某虎”“王某珍”等30余个证券账户，采取当日连续申报买入或卖出并在成交前撤回申报等手法，影响“华资实业”“京投银泰”“银基发展”等证券交易价格和交易量。分述如下：

2012年5月7日至5月23日，田某波伙同田某舟、田某奇等人，使用自己及控制的他人账户，买入或卖出“华资实业”股票，账面盈利4,257,728

元（以下币种均为人民币）。其间，5 月 9 日，田某舟申报买入 16,666,600 股，撤回申报 14,743,594 股，撤回申报量占当日该种证券总申报量 57.02%；5 月 10 日，田某波伙同田某舟、田某奇，申报买入 71,903,800 股，撤回申报 54,392,952 股，撤回申报量占当日该种证券总申报量 55.62%；5 月 14 日，田某波伙同田某舟、田某奇，申报买入 47,054,000 股，撤回申报 39,708,802 股，撤回申报量占当日该种证券总申报量 61.10%。

2012 年 4 月 24 日至 5 月 7 日，田某波伙同田某舟、田某奇采用上述手法，买入或卖出“京投银泰”股票，账面盈利 13,691,473 元。其间，5 月 3 日，田某波伙同田某奇，申报买入 77,649,000 股，撤回申报 61,529,833 股，撤回申报量占当日该种证券总申报量 56.29%；5 月 4 日，田某波伙同田某奇，申报买入 94,439,400 股，撤回申报 67,644,786 股，撤回申报量占当日该种证券总申报量 52.47%。

2012 年 6 月 5 日至 2013 年 1 月 8 日，田某波伙同田某奇采用上述手法，买入“银基发展”股票，获利 7,862,920.25 元。其间，2012 年 8 月 24 日，田某波申报卖出 29,775,537 股，撤回申报 29,775,537 股，撤回申报量占当日该种证券总申报量 52.33%。

可见，起诉书认定的“华资实业”“京投银泰”“银基发展”等三节涉嫌操纵事实中，非法获利金额计算的起始时间，与虚假申报行为首次实施时间，分别相距 2 日、9 日乃至 30 余日。这种将前期最初持仓时间纳入非法获利计算的逻辑，实际上并不完全符合市场操纵违法犯罪获利数额计算的规则。

对此，《证券市场操纵行为认定指引（试行）》的相关规定如下：

第四十九条　违法所得，是指行为人实施操纵行为获取的不正当利益。其所得不正当利益的形式，既可以表现为持有的现金，也可以表现为持有的证券。

第五十条　违法所得的计算，应以操纵行为的发生为起点，以操纵行为终止、操纵影响消除、行政调查终结或其他适当时点为终点。

第五十一条　在计算违法所得的数额时，可参考下列公式或专家委员会认定的其他公式：

违法所得 = 终点日持有证券的市值 + 累计卖出金额 + 累计派现金额 − 累

计买入金额－配股金额－交易费用

前款所称交易费用，是指已向国家交纳的税费、向证券公司交付的交易佣金、登记过户费、交易中其他合理的手续费等。

从上述规定可见，对于虚假申报操纵这样的短线交易操纵，其操纵行为前的持券与操纵行为因果关系相当有限，在计算获利时纳入建仓成本（累计买入金额）的计算，值得商榷。

其一，在时间区间上分析，如果一定要将前期持仓计入累计买入，在特定股票首次虚假申报操纵行为发生之日，往前推算的时间不应当过长。基于此，“京投银泰”“银基发展”两节在计算获利的时间基点上存有疑问。

其二，本案中虚假申报操纵的模式是日内大量申报买入、撤单，制造日内的短期价格拉升，反向卖出，寻求价差波动后的收益。对于这种虚假申报操纵模式，严格意义上，应当只能以日内反向卖出交易量为基点，减去与之交易量相匹配的前期累计买入成本，据此认定非法获利。基于此，前述三节涉案事实的获利计算实际上均存有疑问。

其三，庭审中公诉人在辩论环节指出，本案在超标（50%）的交易日之外，被告人还存在频繁的虚假申报操纵，尽管没有超过《立案追诉标准（二）》的量化尺度，但在计算非法获利数额层面，仍然应当将相关区间作为认定操纵起点、操纵终点的非法获利计算基准。辩护人认为，这种意见是很难成立的。因为本案显然是虚假申报操纵这种单一的操纵模式，并不属于连续交易操纵，所以，脱离了超过50%撤单比例这一尺度，便不属于刑事入罪、刑事法律适用问题，而是行政处罚问题。在刑事司法判断层面，只能衡量超标（50%）日或者超标区间的非法获利，不能将应当纳入行政处罚的撤单比例超标的区间纳入刑事司法范畴。本案现有的指控逻辑和司法鉴定意见，显然是将应当由证券法进行评价的行为纳入了刑法体系进行评价，显然模糊了行政处罚与刑事司法的界限。

（二）获利金额计算方法问题

本案中，对于获利金额的计算方法，采取的是“卖出总金额－持仓总成本”的计算公式：

鉴定意见书相关内容如下：

1. 田某波控制的证券账户组2012年2月至5月合计买入“华资实业”“京投银泰”“银基发展”506,301,763股，买入金额2,148,583,780.73元，卖出506,301,763股，卖出金额2,181,465,596.83元，合计获利32,881,816.10元。其中，买入“华资实业”74,564,622股，买入金额476,462,107.42元，卖出74,564,622股，卖出金额486,291,715.73元，获利9,829,608.31元；买入“京投银泰”252,599,732股，买入金额974,668,815.31元，卖出252,599,732股，卖出金领989,858,102.85元，获利15,189,287.54元；买入“银基发展”179,137,409股，买入金额697,452,858.00元，卖出179,137,409股，卖出金额705,315,778.25元，获利7,862,920.25元。

2. 田某舟控制的证券账户组2012年2月至10月合计买入“华资实业”“京投银泰”10,935,686股，买入金额72,280,209.62元，卖出10,935,686股，卖出金额71,909,160.55元，获利－371,049.07元。其中，买入“华资实业”3,909,763股，买入金额25,390,228.23元，卖出“华资实业”3,909,763股，卖出金额25,276,115.74元，获利－114,112.49元；买入“京投银泰”7,025,923股，买入金额46,889,981.39元，卖出7,025,923股，卖出金额46,633,044.81元，获利－256,936.58元。

但是，该种计算方法存在以下问题：

在涉案交易股票标的首次触发50%撤单比例（操纵证券市场犯罪的入罪标准）的交易日之前，田某波等人已经完成了大量的买入与卖出行为。而该时间区间内即使存在申报与撤单，其比例也没有达到入罪标准。如果已经通过买入卖出完成交易、存在获利，则理应不属于犯罪获利。

本案中的操纵行为模式并非连续交易操纵，而是虚假申报操纵。如果是连续交易操纵，可以将建仓的第一个交易时间作为起点，卖出的最后一笔交易作为终点，在这个时间区间内计算交易的获利金额。但是，对于虚假申报操纵而言，审查其交易的刑事违法性的起点时间或者起点交易，显然应当以首次撤单比例超过50%为基点。即使要将首次超标之前的交易纳入操纵获利的计算范畴，也应当有一个限度——买入持仓标准。对于本案而言，以第一个股票为例，5月9日首次申报撤单比例超标，如果当时还有持仓（先期的买入建仓)，那么至多将这部分纳入操纵获利统计范围，之前的已经通过买入与卖出完成完整的交易的部分，不能纳入获利统计范围。目前起诉意见书实际上用连续交易操纵的标准替换了虚假申报操纵的标准，在获利计算模式上存在标准错位的问题。

更为重要的是，计算非法获利金额的方法应当采用“先进先出”规则，即先买进的股票被最先卖出，卖出成本以最先购进的股票价格确定。这意味着，在首次申报撤单比例超标之前，已经完成的买入与卖出应当按照“先进先出”计算方法算出获利金额，如果为正数，应当在非法获利总额中予以扣除。

第二部分　关于被告人田某奇情节轻微的辩护意见

被告人田某奇客观上参与共犯行为的程度、主观恶性显著轻微，具有从犯、自首、坦白等诸多法定从宽情节，恳请法院认定其情节轻微不需要判处刑罚，对其判处免予刑事处罚或者缓刑。

一、据本案中被告人田某奇、田某波的供述等证明，被告人田某奇客观上参与共犯行为的程度、主观恶性显著轻微

从客观行为层面来看，被告人田某奇主要是根据被告人田某波的指令从事开车、打杂、保管账户、偶尔下单等活动。庭审中查明，田某奇个人从不炒股，也完全不懂股票，每个月从田某波处领取5000元报酬，且其领取的雇佣薪酬完全不存在与下单等挂钩的情况。可见，其行为涉及得非常浅，基于雇佣（开车、照顾田某波生活）关系的薪酬也很微薄。

从主观内容层面来看，被告人田某奇对于被告人田某波的股票交易模式、技术、机制、原理、标的、策略、风险、盈利等均不知情。

从主体能力层面来看，被告人田某奇也没有操纵任何一只股票的技术、能力、水平、知识、条件等。

因此，在被告人田某奇基于认罪认罚，对于从犯的地位与作用予以认罪悔过的情况下，还要进一步看到其客观上的参与程度是极其微弱的、碎片化的，主观上的认知是非常模糊的，获得信息是极度不充分的，在共犯结构上

的作用是从属性的、地位是显著低下的，恳请法院充分考虑上述因素，给予其最大限度地从宽处理。

二、被告人田某奇具有诸多从宽情节

根据起诉书的认定，被告人田某奇具有从犯、自首等情节，自始至终积极配合调查，态度良好，认罪认罚，主动坦白，真诚悔罪。因此，被告人田某奇具有诸多法定、酌定从宽情节，法院依法应予以最大限度地从宽处罚。

综上分析，被告人田某波、田某舟、田某奇等采取当日连续申报买入或卖出并在成交前撤回申报等手法操纵证券市场，并不构成“情节特别严重”。被告人田某奇客观上参与共犯行为的程度、主观恶性显著轻微，具有从犯、自首、坦白等诸多法定从宽情节，法院认定其情节轻微不需要判处刑罚，对其判处免予刑事处罚或者缓刑。

第十六章

信息操纵的证明标准与刑法解释

——涂某寻操纵证券市场案辩护意见

[辩护逻辑]

利用信息优势操纵市场必须证明涉案的公告信息注入市场之后，市场中的投资者受到了信息的影响，交易量水平、交易模式等出现了明显的异常，进而引发了H股股票交易价格的异常波动。股价上涨幅度超过大盘或者板块平均涨幅，是由诸多市场因素共同造成的，尤其是小盘股，很容易受到市场游资炒作的影响。因此，在其他重要市场因素介入的情况下，股票价格出现波动实属正常，这种股价波动也不能归责于涉案交易者。

[案情]

2015年5月，被告人涂某寻在明知HXSP股份有限公司（以下简称HXSP）不具备实际履约能力的情况下，仍代表HXSP假意与XM国际银行股份有限公司（以下简称XM国际银行）洽谈协商，并于同月8日违规擅自签订《关于HXSP股份有限公司与XM国际银行股份有限公司之增资协议》（以下简称增资协议），且决定将该虚假信息予以公告发布。2015年5月9日，被告人凌某山在明知HXSP不具备实际履行增资协议能力的情况下，仍在被告人涂某寻授意下将该虚假信息以公告的形式予以发布。被告人以类似操作模式还实施了其他3起基于信息的疑似市场操纵行为。

[辩护意见主文]

一、总体辩护意见

本案事实不清、证据不足，指控适用法律错误，被告人涂某寻不构成操纵证券市场罪。

认定被告人涂某寻构成信息操纵的前提是：(1) 信息端相关行为受到上市公司实际控制人的人为控制；(2) 交易端相关行为配合利好信息发布；(3) 信息与交易共同推动股价上涨。

这意味着控方意图通过相关证据从反面印证，制造并发布利好信息是为了与交易行为形成相互配合关系拉抬股价，而不是为了上市公司切实地实施相关信息所指向的利好内容。起诉书的逻辑是：(1) 发布利好信息最终没有兑现且根本没有客观实施条件的（购买 XM 国际银行股权），显然证明该信息端行为就是为了配合交易行为；(2) 发布的利好信息即使兑现，其真实目的也不是上市公司实施该信息内容从而有助于上市公司经济利益提振，其实质目的指向仍然是发布利好信息配合实际控制人的交易行为操纵“HXSP”交易价格、交易量。

然而，本案中应当看到以下情况：(1) 实际控制人参与信息生成、运作、兑现过程中相关信息端行为的独立性以及目的的单纯性（就是正常的上市公司经济运作与信息披露）；(2) 实际控制人与相关账户的交易不存在关联性；(3) 信息端行为与交易端行为不存在相互配合。

因此，现有证据无法充分且确实地证明被告人涂某寻伙同他人“利用信息优势，发布不以实际实施为目的的利好公告信息，并在二级市场交易该股，操纵‘HXSP’的交易价格及交易量，情节特别严重”；起诉书认定被告人涂某寻触犯《刑法》第 182 条之规定，涉嫌操纵证券市场罪，属于适用法律错误。

二、从现有证据分析，本案事实不清、证据不足，起诉书指控的犯罪事实不能成立，被告人涂某寻不构成操纵证券市场罪

1. 没有证据证明被告人涂某寻实际控制相关账户或者伙同他人（合谋）

通过涉案账户购买 HXSP 股票。

2. 没有证据证明涉案相关账户的交易量达到了《立案追诉标准（二）》规定的任何一种操纵模式的量化标准。

3. 没有证据证明被告人涂某寻实际控制上市公司 HXSP 信息披露，涉嫌“发布不以实际实施为目的的利好公告信息”。相反，HXSP 相关公告、股权转让协议、投资协议、增资协议、被告人涂某寻供述、被告人凌某山供述等证据均能够证明，相关公告信息均符合《证券法》以及信息披露监管规则，公告的信息内容与实际事件的起因、筹备、策划、合约签署、执行、具体实施、最终收尾（结果）完全吻合。公告信息所对应的事件就是为了实际实施相关上市公司经济行为；发布相关公告信息是独立的上市公司日常信息披露工作与事务，不存在其他不正当目的。

（1）HXSP 收购上海冒诚电子商务股份有限公司（以下简称上海冒诚）的信息公告发布符合信息披露规则，实际执行、实施完毕，该信息披露并无其他不正当目的。

①HXSP 发布的关于签订《投资意向书》的公告证明信息内容如下：HXSP 于 2015 年 1 月 30 日与汤某平（以下称乙方）、王某洪（以下称丙方）签署了《投资意向书》。经三方协商，HXSP 拟采用受让乙方、丙方所持有的上海冒诚部分股权并认缴上海冒诚新增注册资本的方式，合计投资不超过 4600 万元人民币取得上海冒诚 40% 的股份。

②HXSP 发布的《第四届董事会第三次会议决议公告》以及《关于使用部分超募资金进行对外投资的公告》证明信息内容如下：HXSP 采用互联网行业通行的投资估值方法即市销率（PS）估值法，按 2014 年收入 7476.3 万元（经审计确认）的 1.47 倍市销率确认了上海冒诚的股权估值为 1.10 亿元，对应此次收购的 40% 股权价格为 4400 万元，并于当日 HXSP 董事会审议通过了该决定。

③《HXSP 与冒诚电子合作意向协议书》（2015 年 1 月）、《关于上海冒诚电子商务股份有限公司增资扩股及股权转让协议》（2015 年 3 月）、上海冒诚新增注册资本验资报告、上海冒诚工商登记信息（HXSP 持股比例为 37.96%）等书证证明：HXSP 收购上海冒诚的公告信息合法、全面、准确，

项目客观上执行且实施完毕，并不存在其他不正当目的。

④被告人涂某寻、凌某山供述以及汤某平证言等证明：HXSP 收购上海冒诚经过完整的筹备、磋商、尽职调查、合同签订、执行、项目实施等过程，交易流程与估值水平符合互联网企业市场规律，信息披露合法合规，不存在其他不正当目的。

（2）HXSP“10 转 10 派 1 元”分配方案的信息公告发布符合信息披露规则，实际执行、实施完毕，该信息披露并无其他不正当目的。

①HXSP 发布的《2014 年度报告》证明信息内容如下：HXSP 2014 年净利润 18,393,285.86 元，2014 年度分红方案为“10 转 10 派 1 元”，分红总额为 14,140,000 元，占当期净利润比例约为 76.88%。

②被告人涂某寻、凌某山供述等证据证明：HXSP 送转方案并未违规违法，该方案信息披露内容与后续内容一致，被告人涂某寻实际控制的股份在解禁后减持的时间与高送转相隔数月，高送转实际上不存在其他不正当目的。同时，高送转作为利润分配与资本公积金转增股本的一种方式，是上市公司自主决定的事项，在符合《公司法》利润分配规则、证监会现金分红监管规则等法律法规的基础上，司法机关不应当从没有充分证据证实的不正当目的或者动机等角度进行过度介入或者干涉。

（3）HXSP 与华某庆合作设立“上海六碗投资管理有限公司”（以下简称上海六碗）的信息公告发布符合信息披露规则，项目实际实施，该信息披露并无其他不正当目的。

①HXSP 发布的《关于使用自有资金进行对外投资的公告》（公告影响日自 2015 年 3 月 27 日起）显示，HXSP 拟与华某庆合作设立上海六碗，注册资本 5000 万元，HXSP 占比 70%，华某庆占比 30%。

②被告人涂某寻、凌某山供述及上海六碗工商登记资料等证明：HXSP 与华某庆合作设立上海六碗经过完整的筹备、磋商、合同签订、项目执行、实际经营规划等过程，交易流程与投资程序符合市场正常操作，信息披露合法合规。至于最后上海六碗各个投资方并未实缴注册资本、后续注销公司，主要原因在于合作方华某庆没有完成项目推进与落地工作，属于正常的工作停滞与项目取消，不存在其他不正当目的。

③该公告明确披露："股东出资：本公司认缴出资 3500 万元，占注册资本的 70%；华某庆认缴出资 1500 万元，占注册资本的 30%。"可见，投资设立上海六碗的出资形式是认缴出资，是否实缴资本并不影响项目的有效性及其实施。同时，该公告明确披露风险："公司参与投资餐饮投资管理公司，具有投资周期长、流动性较低等特点，并且投资标的又受宏观经济、行业周期、经营管理等多种因素影响，存在面临投资失败及亏损的风险。"也就是说，最后项目终止或者失败的风险已经在信息披露中明确揭示，该信息披露内容具有完整性。

（4）HXSP 收购 XM 国际银行股权的信息公告发布符合信息披露规则，合同签署后项目并未实际履行系项目推进过程中客观且正常的不确定性造成的，信息披露公告对于该风险进行了合理揭示，该信息披露并无其他不正当目的。

①HXSP 发布的《关于使用自有资金投资 XM 国际银行的公告》（以下简称 XM 国际银行公告 1）证明以下信息内容：HXSP 拟使用不超过 22. 500 万元认购 XM 国际银行增发的 3000 万股股份。公告信息进行了特别风险提示：本项投资行为尚需取得公司股东大会批准和原中国银监会的核准，存在不确定性，请投资者注意投资风险。投资行为存在不能获得有关机构批准的风险。

②HXSP 发布的《关于取消 XM 国际银行投资事项暨取消 2015 年度第一次临时股东大会的公告》（以下简称 XM 国际银行公告 2）证明以下信息内容：因未达成一致意见，HXSP 取消了认购某银行增发股份的计划。

③HXSP 与 XM 国际银行之间的增资协议证明：公告信息符合实际情况，HXSP 收购 XM 国际银行的事件客观真实，合同系交易双方真实意思表示，不存在其他不正当目的。

④被告人涂某寻、凌某山供述，XM 国际银行公告 1，XM 国际银行公告 2，黄某志、魏某武证言等证明：HXSP 拟收购 XM 国际银行的交易关系真实，但后续由于资金无法按照合同约定支付，合同无法履行而终止该项目。同时，这项投资工作本身就是一个推进过程，拟投资的行为也可能基于各种原因停滞或者终止。该项目风险在信息披露公告中进行过充分披露。参与银

行定增对于市场而言属于重要的商业机会，HXSP签署定增合同的意图是抓住商业机会，信息公告也是披露重大投资行为的常规信息披露工作。

4.《司法鉴定意见书》存在重大瑕疵，不能作为起诉书认定相关事实的依据。

作为本案最为重要的证据之一的《司法鉴定意见书》存在鉴定内容超越委托事项，鉴定所提出的意见内容超越会计师事务所的专业判断能力，鉴定标准、判断与意见存在重大疑问等问题。因此，该份《司法鉴定意见书》的鉴定意见、内容与结论不准确，不能作为认定本案相关事实的依据。

（1）鉴定意见超越委托范围，对部分不属于财务问题的事实认定、法律判断问题提出鉴定意见。

《司法鉴定意见书》第1页对委托事项的范围进行了明确的限定："对涂某寻、华某庆等人涉嫌操纵证券市场案中证券账户、银行账户明细进行鉴定。"而《司法鉴定意见书》中大量内容都超越了财物问题的鉴定范围，针对大量超越委托事项范围的事项提出鉴定意见。

此类超越委托事项范围的鉴定意见内容包括但不限于：

①《司法鉴定意见书》第3页：

（二）案情概况：2015年1月26日至2015年10月14日（涉案期间），涂某寻在所持HXSP股票均为限售流通股的前提下涉嫌与华某庆合谋利用信息操纵HXSP股价。涂某寻利用上市公司实际控制人的地位，发布了与HXSP相关的高送转、并购其他公司以及重大投资等多个公告。涉案期间内，HXSP股票涨幅远高于同期中小板综指，涂某寻及其一致行动人所持可用于质押的HXSP股票市值上升了100%以上。此外，涉案期间在公告发布前，涂某寻、华某庆利用他人证券账户或以他人名义认购资管产品，大量买入HXSP股票，公告发布股价拉升后抛售先前买入的HXSP股票以此谋利。

上述对被告人涂某寻相关行为的概括涉及本案中重要证据的分析、重大事实的认定，显然不属于对"证券账户、银行账户明细进行鉴定"的范围，而是属于司法审查的范畴。司法鉴定意见不应当对上述有待查明的事实自行判断，而应当交由司法机关进行判断，或者在司法机关就相关事实进行确认的基础上再进行审计。而本案中审计报告直接对重大争议事实进行判断，显然超越了其财务专业范围以及明确规定的委托事项范围。

②《司法鉴定意见书》第12至13页：

四、分析说明

……

（二）上市公司公告行为方面

1. 上海冒诚的情况

首先，委托方提供的上海冒诚收购尽职调查报告书［由国金证券股份有限公司、福建华兴会计师事务所（特殊普通合伙）、至理律师事务所共同出具］显示：该调查报告书编制日期为2015年1月，调查报告书中提示了上海冒诚存在账外收款、虚增存货、收入不入账、主要经营场所未办理食品流通许可证等可能导致被处罚的风险的情况。

其次，尽职调查报告书中明确列明本应由上海其他会计师事务所指导上海冒诚审计调账，由福建华兴会计师事务所（特殊普通合伙）负责审计，再由评估师进场开展评估。最终演变为由上海舜弘会计师事务所（以下简称舜弘事务所）2015年2月10日出具舜弘审（2015）第100号、101号报告确认的2014年收入为作价基础，由HXSP自主确认市销率为1.47倍，最终确认上海冒诚所有股权价值1.10亿元。需要说明的是，HXSP更换了多年为其提供服务的会计师事务所，改由舜弘事务所进行审计。

再次，2015年2月16日，涂某寻利用名下光大银行福州金山支行尾号6333账户，以名为活期取款实为转账的方式，汇入汤某平中国银行上海市春申路支行尾号3313账户600万元。

……

综上，司法鉴定意见认为，涂某寻及HXSP在收购上海冒诚股权过程中，多种行为有悖常理。

司法鉴定意见应当严格根据委托事项审计HXSP收购上海冒诚过程中的财务问题，例如其收购行为是否与会计准则相符，至于其收购行为是否有悖常理，显然是司法判断问题，不应当在司法鉴定意见中对此事实问题进行分析说明。收购项目的目标公司财务存在疑问、证照不全存在被处罚风险、更换会计师事务所、估值标准、涂某寻与目标公司负责人之间存在借贷关系等，即使属于疑点，也都有待法庭予以调查与排除。因此，在没有司法机关审查、没有司法机关准确梳理复杂情况的基础上作出的鉴定分析及在此基础上形成的鉴定意见，明显存在合法性疑问。

（2）鉴定意见作出的相关认定存在重大疑问。

①关于上市公司公告行为的分析说明存在疑问。

其一，根据《司法鉴定意见书》，尽职调查报告书中提示了上海冒诚存在账外收款、虚增存货、收入不入账、主要经营场所未办理食品流通许可证等可能导致被处罚的风险的情况，最后 HXSP 仍然收购上海冒诚，属于有悖常理。

这种分析说明显然没有事实依据，也不符合市场规律。上市公司溢价收购具有一定风险的资产属于市场中的常见现象，是一种风险自担、追逐收购效应的市场行为。考虑到上海冒诚团队多年休闲食品电商运营经验，供应链管理、线上推广、客户服务、软件开发等价值，以及收购后良好的协同效应，基于这种完全没有违背常理的市场原因，HXSP 完成了对上海冒诚的收购。因此，《司法鉴定意见书》的分析说明并不准确。

其二，根据《司法鉴定意见书》，HXSP 更换会计师事务所，采用市销率进行高估值，是 HXSP 收购上海冒诚有悖常理的因素之一。

这种分析说明显然也是不合理的。更换会计师事务所同样属于常见现象，更为重要的是，HXSP 收购上海冒诚过程中的估值与财务行为均具有合理性。

第一，《国金证券股份有限公司关于 HXSP 股份有限公司使用部分超募资金进行对外投资的核查意见》明确指出：互联网行业通行投资估值方法为市销率（PS）估值法，HXSP 在评估此项交易时采用以上方法，并参考了近期上市公司收购互联网企业的估值水平。可见，该项目中的估值方法符合市场规律。

第二，上海冒诚电商业务并购符合公司战略发展方向。HXSP 近年来积极从战略顶层上规划大消费品、大健康的产业蓝图，坚持内生性增长与外延式扩张相结合的策略方针，主动运用互联网思维促进传统业务的转型和升级。因此，上海冒诚并购是公司践行外延式扩张战略的重要一步，符合公司战略规划下的长远利益。根据《国金证券股份有限公司关于 HXSP 股份有限公司使用部分超募资金进行对外投资的核查意见》的说明，收购上海冒诚股权有望在产品和渠道上实现互补。上海冒诚是一家主营休闲食品的电子商务公司，主要通过自有 B2C 网站和天猫、京东、1 号店、当当网、苏宁等主流的电商渠道从事休闲食品 B2C 电子商务贸易，拥有丰富 B2C 电子商务经营管理经验。股权收购完成后，一方面使公司未来可直接获得标的公司的营利收益，另一方面有助于公司快速拓展电子商务销售渠道，对增进家庭消费鱼肉制品也有极大帮助。此外，收购也有利于公司休闲即食产品的开发和推广。HXSP 基于更高更长远的发展战略思考，未来将加大向休闲食品业务拓展。公司通过系列常温休闲即食产品的引入和推出，不仅增加了品类和延伸了渠道，培育了新的增长点，而且有利于在消费者心中建立良好的品牌印象，有望带来更好的品牌溢价。上述说明明确阐述了估值的合理性，并且与被告人涂某寻等人的供述、汤某平的证言等证据完全印证。

第三，HXSP 在公告信息中明确揭示了收购风险。一是标的公司估值风险：上海冒诚估值较其账面净资产增值较高，主要是上海冒诚的客户资源、技术积累和经验丰富的管理团队等未充分体现在上海冒诚的净资产账面价值上。若未来实际情况与评估假设不一致将会出现资产估值与实际不符的情况。二是标的公司承诺利润实现的不确定性风险：本次股权交易的交易对方对标的公司 2015 年、2016 年及 2017 年的业绩作出了承诺，虽然该承诺系以标的公司的经营计划、市场和业务拓展计划现实情况为参考，并基于谨慎性原则制定的，但承诺利润的实现仍存在不确定性。上述风险揭示证明，HXSP 无论在收购行为还是在信息公告中，都全面评估且披露了投资风险，不存在《司法鉴定意见书》中指出的有悖常理的问题。

第四，根据上海冒诚增资扩股协议、《国金证券股份有限公司关于 HXSP 股份有限公司使用部分超募资金进行对外投资的核查意见》、被告人涂某寻的供述、证人汤某平的证言等，上海冒诚按照股权投资的市场规律签署了业绩承诺（“对赌条款”），并且最后都按照约定实现了业绩承诺。这也再次证明投资上海冒诚完全具有经济上的合理性，并不存在有悖常理之处。

其三，根据《司法鉴定意见书》，涂某寻汇入汤某平账户资金的行为属于不正常现象。然而，被告人涂某寻的供述、汤某平的证言、上海冒诚的增资等均已经互为印证：这是涂某寻提供给汤某平对上海冒诚的增资款，并无违背常理之处。

②关于股价波动与市值浮动的分析说明存在疑问。

《司法鉴定意见书》第 15 至 16 页指出：

3. 二级市场交易情况

（1）股价

2015 年 1 月 26 日至 2015 年 10 月 14 日，HXSP 股价（后复权价）从 40.18 元/股上涨至 82.32 元/股，上涨约 104.88%；最高涨幅出现在 2015 年 6 月 11 日，盘中最高涨至 155.88 元/股，最高涨幅约 287.95%，同期中小板综指从 8399.32 点上涨至 10,994.48 点，上涨约 30.90%，HXSP 股价较同期中小板综指偏高 73.98%；按最高涨幅日测算，HXSP 股价较同期中小板综指偏离 172.49%。

（2）市值情况

2015 年 1 月 26 日至 2015 年 10 月 14 日期间：2015 年 1 月 26 日，涂某寻及其一致行动人共持有 HXSP 股权比例为 56.58%，总股数为 141,400,000 股，按 2015 年 1 月 26 日前一个交易日收盘价 19.85 元/股计算，涂某寻及其一致行动人持有 HXSP 股票市值约为 1,588,081.782 元。2015 年 10 月 14 日收盘，涂某寻及其一致行动人共持有 HXSP 股权比例仍为 56.58%，总股数为 282,800,000 股，按 2015 年 10 月 14 日收盘价 20.41 元/股计算，涂某寻及其一致行动人持有 HXSP 股票市值约为 3,265,768,178.40 元，相较涉案前上涨了 105.64%，比同期中小板综指涨幅 30.90% 多上涨了 74.74%，涂某寻及其一致行动人共同持有的 HXSP 股票市值因此多提升了 1,186,969,125.76 元。

根据《司法鉴定意见书》的意见，涉案行为介入之后直至实施完毕之日，HXSP 的股价和市值，只要是超过同期中小板综指涨幅的部分均应当认定为偏高或者市值多提升。这种认定意见显然没有会计准则和法律规则作为合法合理的依据。个股涨幅超过同期中小板综指涨幅本身就是一种正常的市场价格现象。超过同期中小板综指涨幅的部分是由多种市场因素共同作用形成的，不能直接将超过的部分全部且直接认定为偏高或者市值多提升。

③关于获利的鉴定意见存在疑问。

《司法鉴定意见书》中第五部分鉴定意见指出：

经鉴定：

1. 翁某华等人涉案期间通过“中信中金1号”累计买入“HXSP”4,586,729股，买入金额127,408,005.47元，累计获得红股3,185,435股；累计卖出7,772,164股，卖出金额158,045,819.81元，获利30,637,814.34元。

需要说明的是：截至2015年10月14日，上述“中信中金1号”所有子账户均已卖出所持HXSP股票；上述红股按各个账户股权登记日（2015年5月6日）收盘后结存股数确认；2015年10月14日集中清算股数和金额，按上述子账户2015年10月13日结存股数分配至各个子账户确认；上述获利计算未考虑交易税费及2015年5月6日的分红情况。

2. 林某、余某红等人证券账户涉案期间累计买入“HXSP”2,197,545股，买入金额51,090,545.97元，获得红股804,401股；卖出3,001,944股，卖出金额89,176,747.02元，截至2015年10月14日，结存2股，按2015年10月14日收盘价20.41元/股计算，共计获利含浮盈38,086,241.87元。

需要说明的是，上述红股按各个账户股权登记日（2015年5月6日）收盘后结存股数确认；上述获利计算未考虑交易税费及2015年5月6日的分红情况。

但是，对照附件中的交易数据可以发现，上述账户中相当数量的卖出交易均发生在涉案信息（“报收购上海冒诚电子商务有限公司”、“10转10派1元”分配方案、“与华某庆共同投资设立上海六碗投资有限公司”、“投资购买XM国际银行3000万股”等与市场热门概念相关的利好公告信息）公告之后相对久远的时间（相隔数月）。也就是说，相当部分的卖出行为发生之时，公告信息对HXSP市场交易价格或者交易量已经不具有影响。这部分的获利显然应当剔除在涉案获利的范围之外，或者至少应当在鉴定意见中对这部分交易获利与信息影响期间的交易获利分别进行计算，从而客观地反映获利的不同组成部分。但鉴定意见部分没有考虑到上述因素，导致鉴定意见的结论并不准确全面。

因此，《司法鉴定意见书》超越委托范围出具鉴定意见，相关分析、说明、意见存在重大疑问，不能作为本案认定相关事实的依据，起诉书基于此认定的相关事实不清、证据不足。

5. 现有证据证明，被告人涂某寻及其一致行动人减持时，涉案信息已经公告超过半年时间，对 HXSP 股票的交易价格早已不具有影响力。同时，HXSP 所公告的信息并非全部为利好信息，也有相关项目最终进展不顺利而终止的利空信息，而被告人涂某寻及其一致行动人减持均发生在相关负面信息之后，其不但不会受益于公司发布的利好信息，反而可能因为利空信息而在低位减持。

HXSP 于 2016 年 1 月 19 日发布《关于控股股东、实际控制人减持计划的提示性公告》证明以下事实：HXSP 控股股东、实际控制人将在 2016 年 1 月 22 日至 12 月 31 日通过协议转让或大宗交易的方式进行减持。

根据上述文件以及实际减持行为发生的时间，在减持之前，不但涉案的 4 项利好消息都已经发布逾半年，而且终止投资 XM 国际银行、注销上海六碗的利空信息也已经进行充分且完整的信息披露。

所以，HXSP 公告利好信息配合被告人涂某寻及其一致行动人减持股份获利的认定并无事实依据，因为利好信息公告与减持行为之间根本不存在客观上的价格影响与主观上的目的指向。相反，HXSP 相关项目进展不顺利、最终终止执行的利空信息，发生在与被告人涂某寻及其一致行动人减持行为较近的时间，反而会对减持的价格产生负面影响。因此，无法认定发布公告与减持之间存在因果关系，HXSP 发布公告不存在起诉书所指控的不以实施项目为目的、意图配合交易行为操纵证券交易价格或者交易量，

综上分析，本案中的现有证据无法证明：（1）被告人涂某寻与他人合谋，通过其实际控制的“中信中金 1 号”信托计划和林某、余某伟、凌某萍、魏某燕、凌某、魏某铝买卖 HXSP 股票。（2）被告人涂某寻利用信息优势，发布不以实施为目的的利好公告信息，配合交易，影响 HXSP 交易价格或者交易量。（3）涉案账户中的交易获利，与 HXSP 发布信息公告不存在因果关系。（4）2016 年 1 月，被告人涂某寻及其一致行动人所持 HXSP 限售股解禁上市流通后减持 3300 万股的行为，与 HXSP 的信息公告不存在因果关系。因此，起诉书认定的“被告人涂某寻、凌某山，伙同华某庆等人，利用

信息优势，发布不以实际实施为目的的利好公告信息，并在二级市场交易该股，操纵‘HXSP’的交易价格及交易量，情节特别严重”，事实不清、证据不足。

三、起诉书认定，被告人涂某寻、凌某山，伙同华某庆等人，触犯《刑法》第182条涉嫌操纵证券市场罪，属于适用法律错误

1. 涉案账户不能认定为被告人涂某寻实际控制。

起诉书认定：2015年1月26日至2015年10月14日，被告人涂某寻伙同华某庆，通过控制“中信中金一号”信托计划及“余某红”等多个个人证券账户在二级市场大量交易“HXSP”，累计买入490余万股，锁定该股流通股6.7%，配合上述利好信息的发布，共同推动“HXSP”在2014年度、2015年一季度净利润同比分别下降45.51%、134.83%的情况下，股价（后复权价格）由40.18元上涨至82.32元，涨幅106.17%，偏高同期食品加工板块及深圳成指涨幅为86.01%、110.85%。

辩护人认为，除了上述证据分析所指出的认定被告人涂某寻实际控制账户交易HXSP股票的证据不足之外，起诉书的上述认定并不符合实际控制账户的司法认定规则。

根据证券犯罪司法实践中的一般判断规则，实际控制账户是指行为人具有交易决策权的账户，通常包括：行为人以自己名义开户的实名账户；行为人实际使用的他人账户；行为人虽不是账户的名义持有人，但通过投资关系、协议或其他安排行使交易决策权的他人账户；行为人虽不是账户的名义持有人，但向账户转入或从账户转出资金，并承担实际损益的他人账户。

从本案中的实际情况分析，被告人涂某寻并没有对涉案账户具有交易决策权。没有任何证据证明涉案账户的交易行为受到被告人涂某寻的指挥或者接受其决策支配。被告人涂某寻完全不符合实际控制账户判断标准中的绝大部分指标。应当看到，本案中确实存在部分证据指向被告人涂某寻的资金与交易账户存在流入或者流出，但需要强调的是，仅仅这一点并无法认定被告人涂某寻实际控制该账户。资金流出或者流入只能证明被告人涂某寻的账户与涉案账户之间存在财务上的流动关系、资金上的结算关系，而不能据此认

定被告人涂某寻对其进行控制。因为被告人涂某寻并不实际承担这些涉案账户的损益，同时被告人涂某寻的供述、相关账户持有人的证言等也证明被告人涂某寻不存在对交易进行决策的问题（其主观上根本不知道涉案账户交易HXSP股票），其账户与涉案账户之间只是单纯的资金提供与归还关系。

2. 涉案账户进行的HXSP股票交易量并未达到构成操纵证券市场罪的量化标准。

根据起诉书的认定，涉案账户在长达9个月的时间内累计买入量占到HXSP流通股6.7%。这样的交易量水平并不符合操纵证券市场罪的构罪量化标准。

根据《立案追诉标准（二）》第39条的规定，操纵证券、期货市场，涉嫌下列情形之一的，应予立案追诉：（1）单独或者合谋，持有或者实际控制证券的流通股份数达到该证券的实际流通股份总量30%以上，且在该证券连续20个交易日内联合或者连续买卖股份数累计达到该证券同期总成交量30%以上的……（3）与他人串通，以事先约定的时间、价格和方式相互进行证券或者期货合约交易，且在该证券或者期货合约连续20个交易日内成交量累计达到该证券或者期货合约同期总成交量20%以上的；（4）在自己实际控制的账户之间进行证券交易，或者以自己为交易对象，自买自卖期货合约，且在该证券或者期货合约连续20个交易日内成交量累计达到该证券或者期货合约同期总成交量20%以上的……

可见，无论将涉案账户的交易行为认定为哪种具体的行为模式，本案涉案账户的交易量水平均不符合《立案追诉标准（二）》规定的任何一种量化标准。

3.《立案追诉标准（二）》中规定的信息操纵实际上同样需要证明涉案行为与市场交易价格、交易量之间的操纵与被操纵关系，但本案中被告人涂某寻的行为并不符合这一构成特征。

根据《立案追诉标准（二）》第39条第6项的规定，上市公司及其董事、监事、高级管理人员、实际控制人、控股股东或者其他关联人单独或者合谋，利用信息优势，操纵该公司证券交易价格或者证券交易量的，应当予以立案追诉。暂且不论该《立案追诉标准（二）》能否等同于司法解释对操纵证券市场罪的具体行为模式进行解释，仅就《立案追诉标准（二）》规定的上述内容而言，本案中涂某寻的行为并不符合信息操纵的构成要件。

（1）利用信息优势操纵证券交易价格或者交易量，本质上仍然应当符合《刑法》第 182 条操纵证券市场罪所规定的行为特征，即“单独或者合谋，集中资金优势、持股或者持仓优势或者利用信息优势联合或者连续买卖，操纵证券、期货交易价格或者证券、期货交易量”。所以，信息操纵不能超越《刑法》第 182 条操纵证券市场罪及《立案追诉标准（二）》设定的量化标准。也就是说，即使将相关涉案行为定性为信息操纵，也必须在交易量层面符合《立案追诉标准（二）》规定的量化标准，才可能构成操纵市场罪。

同时应当强调的是，《立案追诉标准（二）》第 39 条第 6 项所使用的表述是：上市公司及其董事、监事、高级管理人员、实际控制人、控股股东或者其他关联人单独或者合谋，利用信息优势，操纵该公司证券交易价格或者证券交易量。此处使用的规范表述为“操纵”而非“影响”。这就意味着涉案行为对于公司证券交易价格或者交易量的控制应当达到相当强度的控制水平，不能通过定性化的法律论证来阐释涉案行为与公司证券之间操纵与被操纵的关系，而需要相当强度的量化指标锁定“操纵”而非“影响”的行为特征。

但是，正如前一部分的论证，本案中涉案账户的交易量并没有符合《立案追诉标准（二）》规定的交易量指标，因而本案也不能认定为信息操纵。

（2）本案中的所谓信息优势没有达到操纵证券交易价格或者交易量的水平。

退一步来讲，即使认为信息操纵不需要适用《刑法》第 182 条操纵证券市场罪及《立案追诉标准（二）》规定的交易量的量化标准，本案中的信息优势实际上也根本无从对 HXSP 交易价格或者交易量形成操纵，现有证据客观上也没有完成上述证明责任。

①涉案信息（“报收购上海冒诚电子商务有限公司”、“10 转 10 派 1 元”分配方案、“与华某庆共同投资设立上海六碗投资有限公司”、“投资购买 XM 国际银行 3000 万股”等与市场热门概念相关的利好公告信息），其内容及其对应的事件本身并不属于《证券法》规定的重大事件，作为与上市公司 HXSP 有关的信息而言，并不具备《证券法》意义上的“重大性”特征，不能直接认定其对于证券市场交易价格或者交易量具有重要影响。

②没有证据表明涉案的公告信息对于证券市场产生了操纵与被操纵的影响。信息本身不会作为一种交易量注入市场对上市公司股票价格产生影响，信息即使对市场具有影响，也是通过信息引发的资本流动的变化才能产生股票的市场价格波动结果。不能仅仅基于信息行为与价格波动结果的存在，就认定该信息优势对证券市场形成了操纵。也就是说，本案中如果要认定利用信息优势操纵市场，就必须证明涉案的公告信息注入市场之后，市场中的投资者受到了信息的影响，交易量水平、交易模式等出现了明显的异常，进而引发了 HXSP 股票交易价格的异常波动。但本案中现有证据只涉及信息行为（暂不论是否属于不以实施为目的）、价格波动（暂不论是否异常），没有证据表明信息介入市场之后对于投资者资本配置的影响。

4. 信息操纵构成操纵证券市场罪实际上具有相当严格的司法判断标准，本案中被告人涂某寻的行为并不符合操纵证券市场罪意义上的信息操纵。

《刑法》第 182 条操纵证券市场罪实际上并没有明示性地规定信息操纵这种操纵证券市场犯罪行为类型，当前司法实践中也存在将信息操纵解释为“以其他方法操纵证券市场”的判例。但通过兜底条款的解释将信息操纵认定为犯罪，其实质标准仍然应当坚持同质性解释原则，即将信息操纵认定为犯罪，相关行为必须达到操纵证券市场的实质标准。从既有的判例来看，即使将信息操纵纳入兜底条款“以其他方法操纵证券、期货市场”进而认定为犯罪，也需要符合如下构成要件：一是控制上市公司信息的生成或控制信息披露的内容、时点；二是诱导不特定多数投资者作出投资决策；三是操纵证券交易价格或者交易量；四是进行相关交易或谋取相关利益。

（1）被告人涂某寻没有控制上市公司信息的生成或控制信息披露的内容、时点。从现有证据情况分析，本案中被告人涂某寻作为上市公司的实际控制人，显然对于信息披露具有直接的管理权，但是并没有证据表明其控制信息披露的内容、节奏、时间等。相反，现有证据表明，涉案公告信息的生成、披露等均符合《证券法》以及证监会信息披露规定，公告信息所对应的事件均按照收购、投资等市场行为的发展规律与逻辑运行，信息披露的内容符合实际且发布时间均与事件本身保持稳定的联系。

（2）被告人涂某寻没有诱导不特定多数投资者作出投资决策。对于

HXSP 公告信息期间公众投资者的交易行为特征以及公告信息对于市场资本流动的影响问题，现有证据材料并未对此进行证明。同时，相关供述、证言中没有任何内容证明任何涉案人员主观上具有利用信息优势诱导投资者的目的或者意图。

（3）被告人涂某寻没有影响甚至操纵 HXSP 股票交易价格或者交易量，也没有利用涉案的公告信息实施相关的交易或者谋取相关的利益。被告人涂某寻及其一致行动人的减持行为是公开的市场操作，严格按照减持股份的信息披露规则向市场公开，并且该减持行为与涉案公告信息时隔半年，完全没有关联性。HXSP 的股价上涨幅度超过中小板平均涨幅，是诸多市场因素共同造成的，尤其如被告人涂某寻、凌某山供述等提及的，HXSP 属于小盘股，很容易受到市场游资炒作的影响，同时，涉案行为期间更有被已决判决认定的具有市场号召力的游资买卖 HXSP 股票。因此，在其他重要市场因素介入的情况下，HXSP 的股票价格出现波动实属正常，这种股价波动也并不能归责于被告人涂某寻。

综上分析，涉案账户既非被告人涂某寻实际控制，其交易量水平也远未达到操纵证券市场罪立案追诉标准规定的量化标准。被告人涂某寻并未与他人合谋控制上市公司信息的生成或控制信息披露的内容、时点，诱导不特定多数投资者作出投资决策，操纵证券交易价格或者交易量，进行相关交易或谋取相关利益，因而不属于信息操纵且情节严重，不能认定其构成操纵证券市场罪。

第十七章

尾市操纵的金融机理与司法认定

——锦绣前程证券投资基金管理有限公司操纵证券市场案辩护意见

[辩护逻辑]

收益权互换等复杂金融交易结构所内含的民事法律关系是市场操纵刑事案件法律适用的基础，可以将民事法律关系背后所隐藏的异常要素作为补强证据方向，但不应以“权利”依据为导向设定实际控制账户的核心判断规则。在尾市阶段参与连续竞价并作用于价格形成机制，并不属于违规行为，不属于操纵行为。证券市场设置涨跌停板限制，在涨跌停价范围内挂单是符合监管、交易所规则的，且全部建议经券商、信托、交易所重重审查，最终予以采纳并执行。既然是在价格限制范围内的价格申报，就不应当基于其与报价前的市场价格存在偏差就认定为操纵股票。如果在规则允许的范围内的下单买入行为构成操纵市场，则完全可以通过修订规则限定相关买入申请为无效申请，从而可完全避免市场操纵。因此，无主观故意操纵的买入挂单完全符合交易所规则，并实际被认定为有效的交易申请，不构成市场操纵行为。

[案情]

锦绣前程证券投资基金管理有限公司（以下简称锦绣前程）控制的5个账户（以下简称锦绣前程账户组）包括荣耀信托·锦绣前程5号结构化证券

投资集合资金信托计划、富民信托·汇富183号（锦绣前程10号）结构化证券投资集合资金信托计划、荣耀信托·锦绣前程11号结构化证券投资集合资金信托计划、荣耀信托·锦绣前程12号结构化证券投资集合资金信托计划等4个信托产品账户（上述4个信托产品投资顾问为锦绣前程），以及根据锦绣前程和养河证券股份有限公司（以下简称养河证券）签订的收益互换相关协议，长江锦绣前程7号证券投资基金（锦绣前程为基金管理人）对应的养河证券收益互换产品账户。许某临时任锦绣前程的法定代表人、董事长，章某飞时任锦绣前程的总经理。锦绣前程账户组由许某临、章某飞共同作出投资决策。

2015年7月3日14：59：12至收盘，锦绣前程账户组分2笔申报买入“ZJ运能”共计420,000股，委托数量分别是订单申报后与该订单同向前五档和前十档其他账户申报总量的80.77倍和46.53倍，委托数量占收盘前15分钟该股全市场买入委托总量的81.54%；委托买入申报均价为143.5元，高于申报前市场最新成交价8.55%。上述委托共成交345,160股，成交金额48,708,717元，占收盘前15分钟该股总成交量的81.47%。当日“ZJ运能”收盘价高于操纵前市场最新成交价6.71%。锦绣前程账户组7月6日卖出“ZJ运能”343,100股，成交金额47,873,256.86元。

2015年7月6日14：58：36至收盘，锦绣前程账户组分3笔申报买入“ZJ运能”共计450,000股，委托数量分别是订单申报后与该订单同向前五档和前十档其他账户申报总量的125倍和36倍，委托数量占收盘前15分钟该股全市场买入委托总量的81.86%；委托买入申报均价为149元，高于申报前市场最新成交价10.55%。上述委托全部成交，成交金额65,821,193元，占收盘前15分钟该股总成交量的88.44%。当日“ZJ运能”收盘价高于操纵前市场最新成交价9.56%。锦绣前程账户组次日卖出“ZJ运能”175,900股，成交金额23,799,598.65元。

2015年7月16日14：52：46至收盘，锦绣前程账户组分9笔申报买入“ZJ运能”共计189,600股，委托数量分别是订单申报后与该订单同向前五档和前十档其他账户申报总量的4.69倍和2.22倍，委托数量占收盘前15分钟该股全市场买入委托总量的46.94%；9笔委托价格分别为122元（第1~2

笔)、121元（第3笔）、125元（第4~7笔）及135元（第8~9笔），单笔申报价格均高于申报前市场成交价（2.54%~11.75%），委托买入申报均价为126.11元，高于申报前市场最新成交价9.23%。上述委托全部成交，成交金额23,136,455元，占收盘前15分钟该股总成交量的73.53%，单笔委托经撮合成交价格上涨，幅度达1.88~6.95元，当日“ZJ运能”收盘价高于操纵前市场最新成交价7.11%。锦绣前程账户组次日卖出“ZJ运能”291,900股，成交金额37,162,462.5元。

2015年7月28日14：58：53至收盘，锦绣前程账户组分4笔申报买入“ZJ运能”共计180,000股，委托数量分别是订单申报后与该订单同向前五档和前十档其他账户申报总量的13.53倍和8.53倍，委托数量占收盘前15分钟该股全市场买入委托总量的73.53%；委托买入申报均价为137元，高于申报前市场最新成交价8.73%。上述委托全部成交，成交金额23,451,626元，占收盘前15分钟该股总成交量的79.51%。当日“ZJ运能”收盘价高于操纵前市场最新成交价3.52%。锦绣前程账户组次日卖出“ZJ运能”44,300股，成交金额5,956,471元。

综上，锦绣前程于2015年7月3日至2015年7月28日控制锦绣前程账户组，通过集中资金优势连续买卖、尾盘拉抬等方式，影响了“ZJ运能”的价格和交易量，后反向卖出获利共计277,664.63元。

[辩护意见主文]

《起诉意见书》对锦绣前程的相关行为的认定，事实不清、证据不足、适用法律错误，本案中锦绣前程的行为并不构成操纵证券市场违法犯罪，法院应当依法作出不起诉决定。

一、《起诉意见书》认定的锦绣前程控制账户情况，事实不清、证据不足、适用法律错误

本案中相关协议、询问笔录、涉案账户委托交易流水资料、风险控制情况、相关公司提供的产品和交易资料、相关公司提供的情况说明等一系列证据证明，锦绣前程并无控制上述账户情况；《起诉意见书》的上述认定证据

不足、与事实不符。

（一）荣耀信托·锦绣前程5号结构化证券投资集合资金信托计划等4个信托产品账户并非锦绣前程控制账户

（1）锦绣前程仅是荣耀信托·锦绣前程5号结构化证券投资集合资金信托计划等4个信托产品的投资顾问，信托公司为产品的管理人，对于锦绣前程的投资决策建议，管理人有权予以采纳或者拒绝。管理人采纳锦绣前程的投资建议，最终实施投资行为的主体为相关信托产品账户管理人即信托公司，而非作为投资顾问的锦绣前程。锦绣前程通过信托公司提供的系统下达的仅是投资顾问指令，最终无论是买入还是卖出证券，从事金融交易的主体不是锦绣前程而是相关信托公司。

（2）长江锦绣前程7号证券投资基金在涉案时段仅与养河证券开展收益互换业务，其间并未买卖和持有任何股票。与养河证券的收益互换业务指的是，根据锦绣前程与养河证券的协议约定，在未来某一期限内针对特定股票的收益表现与固定利率进行现金流交换。这是一种典型的权益衍生工具交易形式。在锦绣前程作为管理人的相关基金与养河证券进行收益互换时，养河证券自营账户同时买卖相同的股票完全是券商的风险控制手段，锦绣前程既不知情，也不能控制养河证券的风险对冲行为。锦绣前程在系统中下达的仅是收益互换要约指令，买卖股票是养河证券自身经营行为，与锦绣前程并无任何事实或者法律关系。在属性上，基金仅有收益互换权益，而收益互换交易对手养河证券自营账户买卖股票的风险对冲行为，锦绣前程根本无权也不可能进行任何形式的控制。同时，锦绣前程作为管理人的基金的收益来源于进行收益互换证券未来一段时间的收益表现，并非来自证券买卖差价；证券买卖盈亏均归属养河证券，与锦绣前程亦无任何关系。此外，收益互换交易实践中，其风险控制手段并不完全是同向证券买卖，完全可以是反向交易，国际上进行收益互换交易的投资银行很少采取完全风险对冲策略。

（3）根据《证券法》（本章指2014年《证券法》）以及相关规章，锦绣前程显然不可能控制养河证券自营账户。《证券法》第137条规定：证券公司的自营业务必须以自己的名义进行，不得假借他人名义或者以个人名义进行。证券公司的自营业务必须使用自有资金和依法筹集的资金。证券公司不得将其自营账户借给他人使用。结合中国证监会《证券公司证券自营业务指引》等一系列关于券商自营账户的管理规定，锦绣前程显然不可能控制养河证券自营账户。

因此，《起诉意见书》认定锦绣前程控制荣耀信托·锦绣前程5号结构化证券投资集合资金信托计划等4个信托产品账户以及长江锦绣前程7号证券投资基金对应的养河证券收益互换产品账户，不仅明显违背信托产品、收益互换产品的基本事实属性与交易常识，而且明显与事实不符，证据明显不足。

支持锦绣前程上述意见的证据如下：

1. 相关投资顾问合同、信托公司情况说明等证据证明：荣耀信托·锦绣前程5号结构化证券投资集合资金信托计划等4个信托产品并非锦绣前程控制。

（1）《锦绣前程12号投资顾问合同》第4.5.2条约定："甲方对乙方发出的投资建议进行审查，甲方有权根据本合同及信托文件、相关法律法规的规定拒绝执行乙方发出的投资建议。"

（2）荣耀信托出具的情况说明显示："产品投资过程为投资顾问通过我司提供的恒生资管系统客户端发出投资顾问指令，经过我司电子审核后发出。"

上述证据证明：在荣耀信托·锦绣前程5号结构化证券投资集合资金信托计划等4个信托产品中，锦绣前程系投资顾问，通过信托公司提供的系统发出的仅为投资顾问建议，最终投资交易指令均由荣耀信托发出。4个信托计划运作方式相同，投资交易指令均由信托公司下达。锦绣前程从事的行为是证券投资顾问业务，是证券投资咨询业务，是锦绣前程接受信托公司的委托，并按照约定，向信托公司提供涉及证券及证券相关产品的投资建议服务，辅助信托公司作出投资决策，信托公司产品直接或者间接获取经济利益的经营活动。

2. 《权益类收益互换交易确认书》、询问笔录、《收益互换业务模式及对冲方式说明》等证据证明：长江锦绣前程7号证券投资基金对应的养河证券收益互换产品账户并非锦绣前程控制。

（1）锦绣前程与养河证券签订的《权益类收益互换交易确认书》所有条款内容均说明：养河证券根据锦绣前程提供的互换交易指令自行全权决定是否进行对冲交易，锦绣前程对于养河证券权益互换自营账户交易无法干涉或者持有异议。锦绣前程在选定进行收益互换的目标股票标的后，需通过养河证券提供的系统发出收益互换要约指令，在接到锦绣前程指令后，养河证券会进行审核，其决定是否接受锦绣前程的收益互换要约并全权决定是否进行对冲交易。锦绣前程认为需要结束收益互换时，仍需通过养河证券提供的系统发出结束收益互换要约，养河证券审核通过接受此要约后结束收益互换合约。锦绣前程作为管理人的基金与养河证券之间只对收益进行现金流交换，不需要进行股票实物交割，股票所有权、投票权等均属于养河证券。在整个交易过程中，锦绣前程作为管理人的基金并不买卖任何证券。

（2）2015 年 12 月 10 日养河证券金融衍生部高级经理张某询问笔录就收益互换产品的叙述是："主要是客户通过与我公司签订收益互换协议，向我公司缴纳现金保证金，获得一定名义本金额度，在名义本金额度内约定挂钩标的证券，实现挂钩标的的收益，并向我公司支付利息。每个收益互换产品都会对应一个独立的公司自营账户，该业务目前我公司采取的是完全对冲的策略，即客户通过互换交易终端发出的交易申请，通过我公司风控系统审查后，我公司会通过该产品对应的自营账户买入或卖出相同数量的该标的，并将该标的股票的收益计入客户的盈亏。"

（3）《收益互换业务模式及对冲方式说明》（养河证券盖章、张某签字）再次对上述情况予以说明。

（4）2015 年 12 月 10 日养河证券投资部副总肖某询问笔录："长江自营账户产品下单人：周某；具体下单的是周某有权限的系统。"

上述证据证明：长江锦绣前程 7 号证券投资基金仅与养河证券开展收益互换业务，而养河证券在与长江锦绣前程 7 号证券投资基金开展收益互换业务时，出于风险控制需要开立了与长江锦绣前程 7 号证券投资基金对应的自营账户，该账户系养河证券自营账户，该账户的股票买卖均由养河证券下达交易指令，锦绣前程对最终交易情况并不知情，也不可能操作养河证券自营账户。

锦绣前程与养河证券进行收益互换交易，使用的是互换交易终端，而非证券账户。锦绣前程所发出的交易申请仅为收益互换交易申请（要约），最终与养河证券达成的仅为收益互换交易，与证券交易无关。

养河证券在与锦绣前程达成收益互换交易的同时，自身采取完全风险对冲的策略，在经过其内部风控审查，认为未违反法律法规风控制度时，才由其工作人员操作自营账户进行买入操作，下单人为养河证券员工。在此之前，锦绣前程并不知悉养河证券的风险控制策略。锦绣前程仅在行政处罚程序中阅卷后才得知，养河证券为管理收益互换敞口风险，在与锦绣前程达成收益互换交易的同时，采取了完全风险对冲策略，在二级市场上通过其自营账户买卖与锦绣前程收益互换合约相同价格和数量的证券，从而实现零风险敞口。所有买卖股票的交易指令，均由养河证券下达，与锦绣前程无关。实际上，如果养河证券有足够的其他风险管理手段或愿意承担风险敞口，在收益互换过程中可以完全不持有挂钩标的证券，或持有挂钩标的证券的数量与收益互换可以不完全相同。锦绣前程仅参与互换交易，并没有实际操作养河证券自营账户。

养河证券自营账户买入的股票所有权、收益权、处分权及其他股东权利（如投票权等），锦绣前程均不享有任何权益且无任何关联。养河证券买卖上述证券的盈亏均归属养河证券，与锦绣前程完全无关。养河证券随时可以改变风险对冲策略，增加或减少持有相关证券或完全不使用风险对冲策略而不持有相关证券，锦绣前程也无权干涉。

因此，收益互换要约并不对养河证券持有股票证券产生实质性的控制；锦绣前程并不存在控制养河证券内部开立的与长江锦绣前程 7 号证券投资基金收益互换业务对应的养河证券自营账户的情况。

3. 涉案账户委托交易流水资料等证据证明：荣耀信托 · 锦绣前程 5 号结构化证券投资集合资金信托计划等 4 个信托产品账户、养河证券内部开立的与长江锦绣前程 7 号证券投资基金收益互换业务对应的养河证券自营账户的资金权属、流向明晰，利益分配合法合规，锦绣前程根本不存在控制上述账户的情况。

荣耀信托·锦绣前程5号结构化证券投资集合资金信托计划等4个信托产品账户、长江锦绣前程7号证券投资基金对应的养河证券收益互换产品账户相关交易流水、资金流水等证据显示：涉案账户内资金均来源于不同的合格投资人，其自由意思表示不受其他第三方控制。相关证券公司、信托公司的成立、存续、交易运作，设立在不同托管行的资金账户，证券账户均独立不受任何第三方干扰。涉案账户中的财产和收益均归入基金财产，锦绣前程仅依约收取投资顾问费或管理费。涉案账户内资金从未出现相互流动、交叉或混同现象。

因此，荣耀信托·锦绣前程5号结构化证券投资集合资金信托计划等4个信托产品账户、养河证券内部开立的与长江锦绣前程7号证券投资基金收益互换业务对应的养河证券自营账户并非锦绣前程控制。

（二）《起诉意见书》认定养河证券自行开立的与长江锦绣前程7号证券投资基金收益互换业务对应的养河证券自营账户系锦绣前程控制的证据不足

具体而言，2018年5月30日调查养河证券3位工作人员的询问笔录不能证明锦绣前程对养河证券的对冲策略明知，更不能证明证券公司收益互换交易自营账户归属于锦绣前程控制。

第一，该次调查中被询问的3名养河证券工作人员所作叙述，与2015年12月10日接受询问时内容存在出入且无合理说明，同时，两次调查都没有询问实际下单人周某。

第二，被询问人在回答关于完全风险对冲策略的问题时，均推测当时客户明知，并且补充证据中增加了一份宣传册。但实际上锦绣前程及其公司管理人员许某临或章某飞当时均未收到该宣传册，该宣传册中全无关于完全风险对冲策略的表述。3位被询问人并非当时与锦绣前程直接联系之人、亲身经历产品推介之人，3份询问笔录的内容实际上并不具有证明效力，不能作为认定事实的依据。

第三，2018年5月30日的相关询问笔录，基于养河证券并无参与产品推介的人员的推测，意图证明锦绣前程知道养河证券自营账户所采取的策略为完全风险对冲策略，据此认定锦绣前程作出的投资建议即为直接下达投资指令，没有任何关联证据支持。事实上，锦绣前程仅参与互换交易，并没有实际操作相关养河证券自营账户。本案证据中并无交易下达的 MAC、IP 地址等证据，无法证明锦绣前程直接下达交易指令。首先，养河证券并未告知锦绣前程及其管理人员许某临、章某飞，该产品采取何种风险对冲策略；其次，养河证券提供收益互换系统并不能控制养河证券自营账户，养河证券相关人员笔录明确说明，养河证券自营账户的风险对冲买卖由养河证券周某下达交易指令，对此锦绣前程不知情、无权干涉；最后，养河证券可以随时改变风险对冲策略，其增加或减少持有相关证券或完全不使用风险对冲策略而不持有相关证券，锦绣前程均无权干涉。

第四，根据锦绣前程与养河证券的协议约定以及双方的履行事实，养河证券不仅有权拒绝锦绣前程提出的互换交易指令，而且可以全权决定是否进行对冲交易，锦绣前程无条件接受相应结果。所以，证券公司权益互换自营账户完全系券商自行控制，与锦绣前程无关，基于现有证据根本无法证明锦绣前程控制养河证券开立的与长江锦绣前程 7 号证券投资基金收益互换业务对应的养河证券自营账户。

（三）《起诉意见书》认定锦绣前程对于案涉账户具有投资决策权，进而据此认定其实际控制案涉账户，属于适用法律错误

锦绣前程不具有相关交易的指令权、决策权、交易权。案涉信托账户、证券公司账户所对应的交易行为均不可认定为锦绣前程的行为。锦绣前程的案涉行为性质是投资顾问建议行为、收益权互换交易对手方行为，其在性质上不可能是实际控制账户行为、交易行为。锦绣前程不具有案涉相关交易的标的股票的任何权益。可见，一方面，锦绣前程对于案涉账户不具有投资决策权；另一方面，法律适用层面实际上也不存在所谓的“投资决策权”的概念。在法律上判断特定行为主体对于相关账户是否进行实际控制，其核心标准应当是“交易决策权”，即对相关账户的交易行为是否具有决策权限。本案《起诉意见书》不仅在适用法律概念层面存在值得商榷的问题，而且没有准确适用“交易决策权”标准判断锦绣前程与案涉账户之间的法律关系。

二、锦绣前程并不存在使用锦绣前程账户组操纵“ZJ运能”的情况，《起诉意见书》所认定的事实不清、证据不足

《起诉意见书》认定锦绣前程于2015年7月3日至28日控制锦绣前程账户组，通过集中资金优势连续买卖、尾盘拉抬等方式，影响了“ZJ运能”的价格和成交量，通过反向卖出获利，与事实不符。

（一）《起诉意见书》认定的所谓锦绣前程实施操纵行为，买入交易决策和买入时间点具有经济合理性，买入交易指令是以实现交易目标为目的，无任何操纵股票的主观故意与客观行为

1.《起诉意见书》认定的所谓锦绣前程实施操纵的时间，是中国证券市场处于极度非理性下跌的异常波动期间，在市场异常波动背景下，股价在短期内波动巨大，锦绣前程下达的买入建议指令完全合乎市场逻辑，而非市场操纵行为。

《起诉意见书》认定锦绣前程操纵“ZJ运能”价格的交易时间分别为2015年7月3日、2015年7月6日、2015年7月16日和2015年7月28日，当时市场正处于极度非理性下跌的异常状态、异常波动。根据市场公开信息，有关部门密集出台救市措施，“国家队”通过巨量资金连续买入、巨额托单申报等方式稳定市场。

《起诉意见书》认定锦绣前程操纵“ZJ运能”的第一笔买入发生于2015年7月3日，即国家密集出台救市政策之际，那时中国证券市场正处于极度非理性下跌的异常波动的大环境之下。该特定时间是中国证券投资基金业协会发出倡议之后，锦绣前程遵守中国证券投资基金业协会倡议，相信救市政策能够奏效，相信监管当局的判断，相信当时股市下跌仅是阶段性非理性抛售，在市场稳定后会重归牛市轨道，出于对公司价值的判断，合规、合法建议买入股票。《起诉意见书》机械地截取孤立的若干个时间点并据此将锦绣前程建议买入股票救市的行为认定为操纵市场，明显脱离最基本的历史事实、市场逻辑与金融常识。

2. 根据《起诉意见书》的认定，锦绣前程于2015年7月3日申报买入2笔，2015年7月6日申报买入3笔，2015年7月16日申报买入9笔，2015

年7月28日申报买入4笔，如此少量的申报买入显然不符合连续买卖的事实。更为重要的是，上述尾盘买入行为完全是基于当时特定的市场行情所作出的特定的交易决策，《起诉意见书》认定其为尾盘拉抬与事实不符。

锦绣前程使用的操作系统均由券商提供，完全靠手工交易，无自动报价功能，无市价委托功能。2015年7月3日收盘前最后一分钟，锦绣前程建议以不高于143.5元，买入420,000股“ZJ运能”股票，其客观上只能采取这样的方式报价，其他任何交易指令均无法顺利完成交易目标。同时，143.5元的价格与7个交易日前的最高价171.61元相比折价了16.2%，在如此短的时间内，能以如此低的价格买入，锦绣前程认为这是极为难得的投资机会，如此考虑显然具有经济合理性，符合逻辑。事实也证明，当时市场非理性下跌确实对大多数公司股价“错杀”是难得的投资买入点，此后中国股市经历熔断等大幅非理性下跌后，“ZJ运能”股价（复权）最高达到了300.74元，以143.5元价格建议买入，即使在当下案件审理时看来也并不高。

在尾盘时段买入主要原因在于，市场处于恐慌的异常波动状态下，投资建议的形成必须汇集各方信息，经综合考虑最后时段的整体市场情况，锦绣前程才在收市前最后一刻作出买入决策并下达建议。

以2015年7月3日为例，当日是周五，此前国家密集出台了救市政策，7月3日一早已经确认中央汇金投资有限责任公司出手395亿元申购ETF，在交易时段的最后时刻基于对国家救市政策的信任，经分析，锦绣前程认为周末国家一定会出台更加有力的政策措施，市场将结束异常波动，重回牛市轨道，所以最后一分钟是最后的买入时机。因此，锦绣前程下达了以完全成交为目的的交易指令建议。在当时的市场环境下，这样的决策并不具有操纵意图。

事实证明，锦绣前程的决策是正确、合理且符合市场逻辑与常识的。周末时段国家发布救市政策，一时间大盘周末涨停，股民奔走相告。2015年7月6日周一一早上证指数以3975.21点，大幅跳空7.82%高开，再次创造历史。站在2015年7月6日的早晨，身处2015年7月6日前的一个周末看，2015年7月3日最后一分钟锦绣前程的买入决策建议具有准确且客观的市场逻辑。从“ZJ运能”个股表现来看，7月6日开盘价153.99元，涨幅达到9.16%，足以证明2015年7月3日锦绣前程建议买入行为并未影响该证券的量价形成机制。其他 3 个交易日也是类似。而 2015 年 7 月 6 日的卖出行为更加具有经济合理性，在所谓“王炸”之后，市场高开，但由于没有救市资金介入，市场高开低走，市场恐慌程度加剧，众多投资人陷入绝望之中。在此情况下，该交易行为完全是在市场出现恐慌后的被迫纠错行为，而不是操纵获利交易行为。如果为操纵获利，在 2015 年 7 月 6 日集合竞价高开 9.16%，股价达到 153.99 元时可以一次性卖出获利。而锦绣前程的交易行为完全符合恐慌时被迫选择的纠错交易行为，显然锦绣前程不具有操纵意图。

同样，2015 年 7 月 6 日、2015 年 7 月 16 日、2015 年 7 月 28 日，基于上述逻辑，锦绣前程系实施正常的买入指令建议，在买入过程中无任何虚假申报、虚假撤单等操纵股价的行为，显然不具有操纵股票的故意与行为等事实。

（二）《起诉意见书》认定锦绣前程通过集中资金优势连续买卖、尾盘拉抬等方式，影响“ZJ 运能”的价格和交易量，与事实不符

锦绣前程既不具有资金、信息、持仓等优势，也未进行连续买卖操纵，更没有进行尾盘拉抬，完全没有影响“ZJ 运能”价格和交易量。2015 年 7 月 3 日、2015 年 7 月 6 日、2015 年 7 月 16 日、2015 年 7 月 28 日，锦绣前程的买入行为并未导致“ZJ 运能”交易量发生异常变化，更未影响“ZJ 运能”价格。

1. 在当时市场异常波动期间，股价波动幅度较大是常态。2015 年 7 月 3 日、7 月 6 日，7 月 16 日及 7 月 28 日，绝大多数股票价格甚至指数都是大幅波动的，与市场整体状况相比，“ZJ 运能”的价格波动在正常范围之内。

2. 锦绣前程在 2015 年 7 月 3 日、2015 年 7 月 6 日、2015 年 7 月 16 日和 2015 年 7 月 28 日的买入行为，并未导致股价异常波动。

以 2015 年 7 月 16 日为例，“ZJ 运能”盘中最高价为 125.61 元，并非锦绣前程担任投资顾问的相关基金买入行为所致。收盘价为 123.66 元，下跌 1.29%，而当日深证成份指数上涨 1.86%，创业板指数上涨 1.43%，上证指数上涨 0.45%，锦绣前程的买入行为并未导致股价异动。2015 年 7 月 16 日整个市场波动都极大，“ZJ 运能”股价走势与大盘相符。2015 年 7 月 16 日上证指数收盘 3823.18 点，涨幅 0.46%；最低 3688.44 点，较前日下跌 117.26

点或 3. 08%；最高 3877. 51 点，比前日上涨 71. 81 点或 1. 87%；全日指数振幅达 189. 07 点或 5. 12%。见图 17－1：

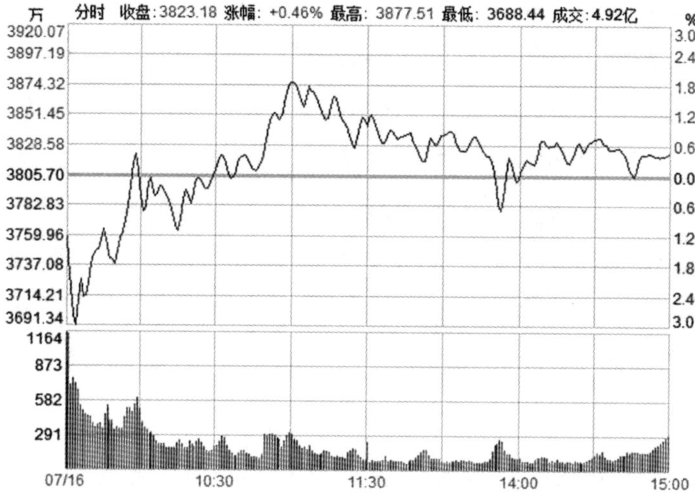

图 17－1 2015 年 7 月 16 日上证指数情况

深证成份指数收盘 12, 357. 61 点，涨幅 1. 86%；最低 11, 637. 47 点，较前日下跌 495. 02 点或 4. 08%；最高 12, 600. 65 点，较前日上涨 468. 23 点或 3. 86%；当日指数振幅达到 963. 25 点或 8. 28%。见图 17－2：

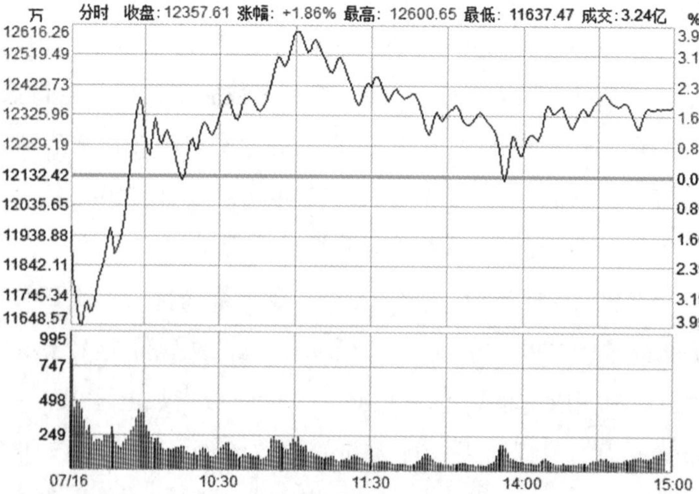

图 17－2 2015 年 7 月 16 日深证成份指数情况

创业板指数收盘 2627.08 点，涨幅 1.43%；指数最低点 2439.24 点，下跌 150.79 点或 5.82%；指数最高点 2698.16 点，上涨 108.13 点或 4.17%；全日指数振幅为 258.92 点或 10.61%。见图 17－3：

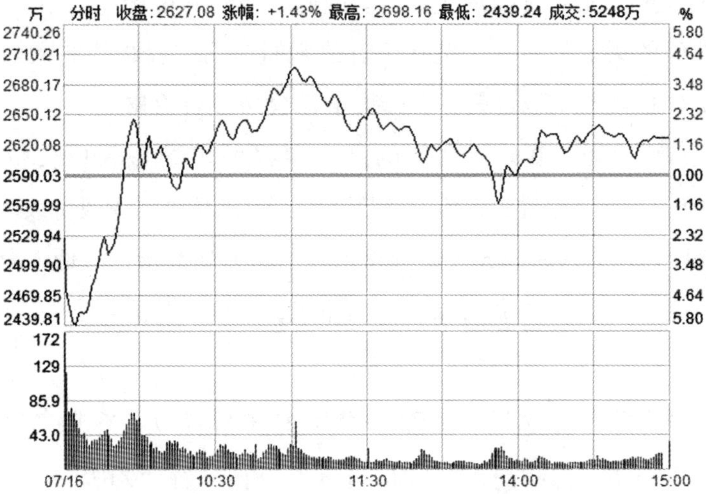

图 17－3　2015 年 7 月 16 日创业板指数情况

“ZJ 运能”的股价走势与大市相若，锦绣前程担任投资顾问的相关基金产品买入行为并未影响该股价格。见图 17－4：

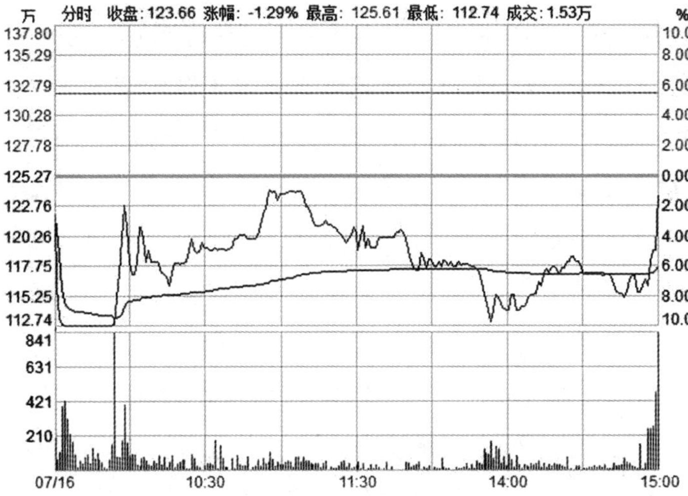

图 17－4　2015 年 7 月 16 日“ZJ 运能”与大市对比情况

3. 锦绣前程当时的买入建议是基于对公司价值的判断，买入价格处于合理范围内。在经历市场异常波动、熔断等一系列市场重大调整后，绝大多数股票价格跌幅巨大，但“ZJ 运能”的股票价格仍然远高于锦绣前程担任投资顾问的相关基金产品当时的买入价格。因此在当时的市场环境和指数点位下，锦绣前程建议的买入价格完全是基于价值判断，锦绣前程的买入建议具有非常强的经济合理性与市场逻辑，并未影响该公司股票价格。

所以，《起诉意见书》所认定的高于申报前市场最新成交价 8.55% ~ 11.75% 的价格，既未超过当天该股票最高价，也未超过当天股价波动范围。同时，锦绣前程建议买入后该股收盘价既未高于当天最高价，且低于全部市场指数涨幅。即使相关基金产品买入“ZJ 运能”，也根本不存在扭曲市场价格的问题。

（三）锦绣前程建议买入“ZJ 运能”股票的行为具有坚实的客观基础

因研究员介绍，锦绣前程自 2015 年 4 月开始了解“ZJ 运能”，多次派人去其公司实地调研。经过投研部门多方考察，锦绣前程认为该公司业绩稳健，公司自身财务状况良好，公司销售业绩稳步增长，现金流稳定，符合锦绣前程的价值投资理念，具有很高的投资价值。鉴于上述因素，锦绣前程投资决策认为“ZJ 运能”值得长期持有，可重仓持有。

事实证明锦绣前程的选择完全正确，在中国证券市场经历了大幅异常波动、熔断之后，在大部分股票股价出现极大幅度下跌的情况下，“ZJ 运能”股价目前仍然大幅高于建议买入时的价格。此外，锦绣前程担任投资顾问的信托计划，从 2015 年 4 月开始一直在陆续买入并长期持有“ZJ 运能”股票，并一直持有到产品结束。由此可知，锦绣前程的投资建议是以长期持有为目的。

在 2015 年 7 月的特殊市场背景下，个股每日价格幅度波动很大，锦绣前程每日只能具体分析当日市场状况，考虑各种因素后根据个股波动情况作出投资建议。个别股票即使恰逢尾市发出建议，也是出于具体情况具体分析而作出的金融行为，在当时只是顺势而发。在这种市场环境下，“ZJ 运能”属于值得买入的股票，锦绣前程建议买入且长期持有的行为，并不具备操纵意图。

而且，锦绣前程担任投资顾问的信托产品和锦绣前程管理的基金对应的收益互换账户，自买入“ZJ 运能”后一直并长期持有“ZJ 运能”。特定交易日内偶然的交易行为不能改变事实上因客观认可“ZJ 运能”股票的投资价值，而一直长期持有“ZJ 运能”的主观意图。故此，锦绣前程确实不具有短期操纵的主观意图。

(四)《起诉意见书》指出的相关卖出行为，不能认定为尾市拉抬价格后的反向卖出行为

考虑到国家密集出台的救市政策的影响力，为响应中国证券投资基金业协会倡议，锦绣前程建议 7 月 3 日买入“ZJ 运能”。事实上，在 7 月 3 日后的周末时间里，国家密集出台了救市政策，其中包括被称为“王炸”的中国人民银行对中国证券金融公司无限量流动性支持的政策，两市大盘“周末涨停”。但是，7 月 6 日证券市场开盘后，指数出现大幅高开低走的情况，市场情绪更加恐慌，受恐慌情绪影响，锦绣前程被迫纠错建议少量卖出，与尾市收盘价格完全无因果关系。从细节上分析，7 月 6 日，“ZJ 运能”大幅高开，案涉账户在高开时并不存在卖出行为，而是在大市出现恐慌、“ZJ 运能”出现大幅下跌时，被迫纠错式卖出。这显然不符合操纵获利的交易行为，如果前日操纵仅为此日获利卖出，则在大幅高开时就是最佳卖出时机，即其完全可以在大幅高开时实施卖出动作。而交易行为显然证明，7 月 3 日买入行为并无次日卖出获利之操纵意图。

锦绣前程预判 2015 年 7 月 17 日是股指交割日，7 月 16 日收市后必会出台更强有力的政策，但是国家并未出台政策，相关信托产品被迫纠错。《起诉意见书》认定的 7 月 17 日反向卖出，系个别相关信托产品的自身策略因素驱动的。锦绣前程在此前多个交易日里一直在减持“ZJ 运能”股票，7 月 17 日卖出行为是自身策略的延续，与 7 月 16 日的尾盘买入行为无任何关联。《起诉意见书》不能仅截取涉及“ZJ 运能”的前后两个交易日买入、卖出的数字，完全忽略同期证券市场背景情况，忽视已经拟定的长期投资策略，而断章取义地推定锦绣前程具有操纵股价的主观意图与操纵行为。

此外，纵观2015年7月的中国证券市场，无论是大市还是个股，次日走势完全取决于国家救市政策和“国家队”救市力度，前一日收盘股价不是后一日开盘股价的影响因素，次日卖出行为与相关基金产品上日买入行为毫无关系。《起诉意见书》认定次日盈亏与前日相关基金买入有关，没有任何事实依据。

（五）《起诉意见书》认定的锦绣前程通过操纵获利与事实不符

锦绣前程收益仅为管理费和投资顾问费，股价波动与锦绣前程无关。

锦绣前程仅担任相关基金产品的投资顾问，锦绣前程收益仅为投资顾问费，股票买卖损益均归属基金财产，为基金全体持有人所有。基金的损益与锦绣前程无直接关系，锦绣前程更无法从基金收益中获益。因此，《起诉意见书》认定锦绣前程在交易中获利与事实严重不符。且即使相关交易存在收益，锦绣前程从该交易收益中也并无任何违法所得。

三、《起诉意见书》认定锦绣前程的行为违反《证券法》第77条第1款第1项、第4项的规定，构成《证券法》第203条所述操纵证券市场的行为，属于适用法律错误

（一）锦绣前程的行为不构成连续交易操纵

参考中国证监会《证券市场操纵行为认定指引（试行）》（已废止）的相关规定，锦绣前程的行为完全不符合《证券法》第77条第1款第1项规定的连续交易操纵。

《证券市场操纵行为认定指引（试行）》相关规定如下：

第十四条　本指引所称影响证券交易价格或者证券交易量，是指行为人的行为致使证券交易价格异常或形成虚拟的价格水平，或者行为人的行为致使证券交易量异常或形成虚拟的交易量水平。

前款所称致使，是指行为人的行为是证券交易价格异常或形成虚拟的价格水平、或者证券交易量异常或形成虚拟的交易量水平的重要原因。

行为人的行为致使证券交易出现下列情形之一的，可认定为影响证券交易价格或者证券交易量：

（一）致使新股或其他证券上市首日出现交易异常的；

（二）致使相关证券当日价格达涨幅限制价位或跌幅限制价位或形成虚拟的价格水平，或者致使相关证券当日交易量异常放大或萎缩或形成虚拟的交易量水平的；

（三）致使相关证券的价格走势明显偏离可比指数的；

（四）致使相关证券的价格走势明显偏离发行人基本面情况的；

（五）证券交易所交易规则规定的影响证券交易价格或者证券交易量的情形；

（六）中国证监会认定的影响证券交易价格或者证券交易量的其他情形。

前款第（一）项至第（四）项所称异常、虚拟的价格水平、虚拟的交易量水平和明显偏离等，可以结合专家委员会或证券交易所的意见认定。

第十五条　证券执法人员可以根据证券市场有关状况或证券市场发展规律，依据普遍的经验法则和证券市场常识，对行为人的行为是否是证券交易价格或者证券交易量变动的重要原因进行判断，并说明判断的依据和结果。

第二十一条　连续买卖，是指行为人在某一时段内连续买卖某种证券。在1个交易日内交易某一证券2次以上，或在2个交易日内交易某一证券3次以上的，即构成连续买卖。

本条所称买卖，包括未成交的买卖申报，不限于实际成交的买入或卖出交易。

第二十二条　具有下列情形的，可以认定为连续交易操纵：

（一）集中资金优势、持股优势或者利用信息优势；

（二）联合买卖证券或者连续买卖证券；

（三）影响证券交易价格或证券交易量。

《起诉意见书》认定的锦绣前程涉嫌市场操纵的时间区间，属于中国证券市场异常波动的特殊历史时期。当时，中国证券投资基金业协会号召私募基金积极买入股票，维护市场稳定。国家救市资金，集中数以万亿计的资金优势，以巨额托单连续买入，属于稳定市场操作，不构成市场操纵。在同样的市场环境下，在同一时期，锦绣前程同样的响应国家号召的买入行为显然也不构成连续交易操纵。因为当时的市场行情决定了锦绣前程的交易行为或者交易量水平，根本不可能且实际上也不存在致使相关证券当日价格达涨幅限制价位或跌幅限制价位或形成虚拟的价格水平，或者致使相关证券当日交易量异常放大或萎缩或形成虚拟的交易量水平，或者致使相关证券的价格走势明显偏离可比指数。根据证券市场有关状况或证券市场发展规律，依据普遍的经验法则和证券市场常识，完全可以判断锦绣前程的行为不属于证券交易价格或者证券交易量变动的重要原因。

锦绣前程担任投资顾问的相关基金买入“ZJ 运能”股票是发生在中国证券市场前所未有的异常波动期间，当时中国证券市场处于极度非理性波动状态，股价大幅波动几乎是常态。国家密集出台救市政策维护市场稳定。锦绣前程响应国家号召，基于对公司价值判断，合情、合理、合规、合法正常买入。所有买入行为均是以真实成交为目的，在锦绣前程担任投资顾问的相关基金买入期间，该公司股票价格未发生明显异动，与市场总体状况和绝大多数股票走势相符。因此，锦绣前程的行为不可能构成连续交易操纵。

2015 年 7 月 3 日，锦绣前程一共仅建议买入 2 笔；2015 年 7 月 6 日，锦绣前程一共建议买入 3 笔；2015 年 7 月 16 日锦绣前程建议买入 9 笔；2015 年 7 月 28 日，锦绣前程建议买入 4 笔。如此少量的建议买入以及少量的卖出行为，如果可以构成连续买卖进而构成连续交易操纵，而当时比锦绣前程交易量大的交易不在少数，比涉案股票波动幅度大且波动时间长的股票也不在少数，那么这些交易行为没有被认定为连续交易操纵，只能说明《起诉意见书》所依据的规则错误，或者本案的《起诉意见书》存在选择性执法的疑问。

（二）锦绣前程的行为不构成尾市交易操纵

其一，锦绣前程的行为并未影响股票价格，不符合尾市交易操纵的构成。

按照《起诉意见书》所认定的交易时间区间、当时个股实时价格，即使相关信托公司采纳锦绣前程投资建议买入“ZJ 运能”，买入价也不是当日最高价，更不会致使当日价格达涨幅限制价位或跌幅限制价位。即使锦绣前程以完成成交为目的建议适当提高买入报价，最高报价仍然大幅度低于几个交易日前的实际成交价；“ZJ 运能”的价格走势未偏离可比指数。纵观“ZJ 运能”股价情况，即使经历了股市异常波动和熔断，“ZJ 运能”依然被市场看好，公司经营一直向好，股价合理，这恰恰证明锦绣前程对其的买入建议是有理有据的。《起诉意见书》不可以割裂事物发展规律，仅凭短短十数分钟发生的情形，就断章取义地认定锦绣前程的行为影响收盘价格。结合当时证券市场有关状况或证券市场发展规律，综合考虑当日或者该时间区间“ZJ 运能”股票的市场价格波动幅度，完全可以看到锦绣前程的申报价格完全不是股票价格波动的重要影响因素。同时，价格影响不能只看委托买入均价，而应当通过数据量化分析每一笔买入行为对市场的影响以及最后一分钟所有买入行为对市场的影响，并分析当时市场有无系统性风险。但《起诉意见书》只对锦绣前程在最后时间段的行为进行放大分析，而忽略了特定时间区间以及当日的整体交易情况、市场系统性风险等因素，从而错误地认定锦绣前程的行为影响股票市场价格。

其二，锦绣前程的行为符合当时的规则，其在尾市阶段参与连续竞价并作用于价格形成机制，并不属于违规行为，不属于操纵行为。

中国证券市场设置涨跌停板限制，在涨跌停价范围内挂单是符合监管、交易所规则的，且全部建议经券商、信托、交易所重重审查，最终予以采纳并执行。既然是在价格限制范围内的价格申报，就不应当基于其与报价前的市场价格存在偏差就认定为操纵股票。如果在规则允许的范围内的下单买入行为构成操纵市场，则完全可以通过修订规则限定相关买入申请为无效申请，从而可完全避免市场操纵。因此从投资人能理解的角度，无任何主观故意操纵的买入挂单，完全符合交易所规则，并被认定为有效的交易申请，显然不构成操纵。在全世界范围内，几乎所有交易所都实施了限价申报制度，2019 年 6 月交易所在科创板交易机制中也引入了限价交易机制，即不符合要求的申报将不能成交。在《起诉意见书》认定的锦绣前程涉案行为中，有的仅有一笔申报，如果该笔申报会造成价格异常波动，那全世界交易所都会实行限制申报制度，致使交易不能成交。按照锦绣前程的理解，能被交易所接受的单笔申报，都是合理、合法、合规的买入行为。因此锦绣前程的单笔申报，无论如何也不应该被认定为市场操纵行为。如果这样的申报都被认定为市场操纵行为，那么所有市场参与主体的交易行为安全将无法得到保障，这也违背了法律的本义。

在《起诉意见书》认定的锦绣前程涉案行为发生时，交易所是以连续竞价方式结束收盘阶段，每日收盘价由最后一笔交易前一分钟的成交量平均加权价决定。在这种机制下，收盘价受尾盘大额订单集中申报影响。因此，即使锦绣前程的申报行为在一定程度上属于影响收盘价格的因素之一，也是符合当时的交易规则与收盘价形成机制的合法合规行为。

如果要对收盘阶段大额申报影响价格的问题进行归责或者改变，实际上也只能修改交易规则，而不应当对行为时符合交易规则的行为进行处罚。也正是因为如此，2018 年 8 月 20 日，交易所针对交易规则的不完善作了修订，将收盘价形成机制修改为最后三分钟集合竞价，即在当天还没有成交价的时候，可根据前一天的收盘价和对当日股市的预测来输入股票价格。在这段时间里输入计算机主机的所有价格都是平等的，不需要按照时间优先和价格优先的原则交易，而是按最大成交量的原则来定出股票价位，这个价位就被称为集合竞价的价位，而这个过程被称为集合竞价。集合竞价采用最大成交量原则，即以此价格成交能够得到最大成交量。高于集合竞价产生的价格的买入申报全部成交；低于集合竞价产生的价格的卖出申报全部成交；等于集合竞价产生的价格的买入或卖出申报，根据买入申报量、卖出申报量的多少，按少的一方的申报量成交。可见，即使《起诉意见书》认定的锦绣前程行为对收盘价具有一定影响，其后果也应当是交易规则不完善所致，不能据此认为锦绣前程的行为不合规、不合法。

所以，荣耀信托 · 锦绣前程 5 号结构化证券投资集合资金信托计划等 4 个信托产品账户、长江锦绣前程 7 号证券投资基金对应的养河证券收益互换产品账户并非锦绣前程控制账户。2015 年 7 月 3 日至 2015 年 7 月 28 日，锦绣前程并未控制上述账户，通过集中资金优势连续买卖、尾盘拉抬等方式，影响“ZJ 运能”的价格和交易量，然后反向卖出获利。锦绣前程的行为并未违反《证券法》第 77 条第 1 款第 1 项、第 4 项的规定，并不构成《证券法》第 203 条所述操纵证券市场的行为，更不符合《刑法》第 182 条操纵证券市场罪的规定。综上，《起诉意见书》的认定事实不清、证据不足，适用法律错误。

第十八章

操纵类金融工具行为的司法认定

——邮票交易平台诈骗案辩护意见

[辩护逻辑]

利用邮票等标准化的类金融工具市场中的持仓优势及资金优势，买卖邮票并从中获利，并不是诈骗行为。其行为模式实际上属于《刑法》第182条规定的操纵证券、期货市场行为，即利用自己的资金优势与持仓优势，联合或连续买卖邮票，导致邮票价格在被告人行为的影响下涨跌，从巨大的市场价格波动中获取巨额收益。诈骗行为所侵犯的法益是公私财产的所有权，而操纵行为所侵犯的客体是社会主义市场经济中的金融管理秩序，操纵邮票市场行为不能认定为诈骗行为。

[案情]

2015年11月以来，被告人符某斌、张某以非法占有为目的，在金华、义乌等地招募被告人胡某勇等人为骨干成员，利用海滨大宗商品交易平台（以下简称海滨平台），采取操盘的方式操纵邮票的价格走势，从而骗取被害人资金。

该诈骗集团层级清楚、分工明确：由被告人符某斌、张某出资将13种邮票在海滨平台上市；被告人胡某勇、龚某等人担任营业部经理，负责营业部的管理及业务员培训等，被告人胡某勇还负责和平台对接等；被告人张某山、肖某巍、罗某豪、陈某、梅某欢等人为讲师团队成员，讲师团队负责诱骗被害人操作买卖邮票等；被告人杨甲、符某语、王某、张乙、瞿某、杨乙、楼某园、黄某伟等人为操盘团队成员，被告人张某、张某山负责指挥操盘手操盘，操盘团队负责操纵邮票价格走势等；被告人闫某龙等人为营业部业务员小组组长，被告人倪某晓等人为营业部业务员小组副组长，被告人成某行、瞿某杰等人为营业部小组组员，和营业部经理胡某勇、龚某等人共同组成营销团队，营销团队负责物色被害人等。

具体操作模式：被告人成某行、瞿某杰等业务员先物色被害人，被告人闫某龙等组长则包装成“资深分析师”等，业务员和组长共同诱骗被害人到新浪直播间听讲师张某山、肖某巍等人讲课，或者被告人倪某晓等副组长负责诱骗被害人加入新浪直播间听直播间内张某山、肖某巍等人讲课。之后被告人张某山、罗某豪、陈某、肖某巍、梅某欢等人则诱骗被害人投入资金进行邮票交易，然后由业务员当托，与讲师相互配合，诱骗被害人购买符某斌、张某在海滨平台上市的13种邮票。操盘团队则操纵邮票价格的涨跌，以配合讲师对邮票价格走势的“预测”，使讲师得到被害人的信任。之后讲师团队、操盘团队、营销团队又相互配合，通过操盘团队操纵邮票价格使邮票价格上涨，诱骗被害人买进邮票而操盘团队高价位抛售邮票，操盘手再操纵邮票价格使邮票价格下跌，操盘团队则伺机在低价位购买邮票，从而骗取被害人资金。

被告人符某斌、张某、胡某勇、张某山、龚某、罗某豪、符某语、王某、闫某龙、倪某晓、成某行、瞿某杰自2015年11月参与犯罪，被告人陈某、张乙、瞿某、杨乙自2015年年底参与犯罪，被告人肖某巍自2016年3月参与犯罪，被告人楼某园自2016年4月参与犯罪，被告人杨甲自2016年7月参与犯罪，被告人梅某欢、黄某伟自2016年8月参与犯罪。其中被告人王某于2016年10月离开。

自2015年11月至2016年12月，被告人符某斌、张某等人骗取被害人赵某梅、刘某伟等全国各地20,000余名被害人的资金共计人民币1,005,898,225.61元（以下币种均为人民币）。

被告人符某斌、张某、胡某勇、张某山、罗某豪等诈骗数额为1,005,898,225.61元，被告人肖某巍、陈某、梅某欢的诈骗数额为

226,339,997.48 元，被告人符某语的诈骗数额为 1,109,957,104.1 元，被告人王某的诈骗数额为 375,979,927.95 元，被告人张乙、瞿某、杨乙、杨甲、黄某伟的诈骗数额为 223,488,187.59 元，被告人楼某园的诈骗数额为 2,851,809.89 元。

被告人龚某管理的“鲲鹏队”“龙魂队”“SKY 神之队”“风启队”所诱骗的被害人的入金数额共计约为 189,052,950 元，已查明（有被害人报案，下同）的诈骗数额共计 4,165,726.13 元；被告人闫某龙、倪某晓、瞿某杰所在的“疾风队”所诱骗的被害人的入金数额约为 32,504,566.66 元，已查明的诈骗数额共计 2,527,451.89 元。被告人成某行于 2016 年 8 月转入“疾风队”之后，“疾风队”所诱骗的被害人的入金数额约为 8,818,833.33 元，已查明的诈骗数额共计 202,741.33 元。

自 2015 年 12 月以来，朱某杰、刘某韦（均另案处理）伙同被告人符某斌共同出资将 1 种邮票在海滨平台上市，并利用海滨平台采取操盘的方式操纵邮票的价格走势，从而骗取被害人资金。

2016 年 5 月被告人符某斌撤资，2015 年 12 月至 2016 年 5 月，被告人张某负责指挥操盘等，被告人张某山、肖某巍、罗某豪、陈某负责诱骗被害人操作买卖邮票等。

朱某杰、刘某韦、符某斌利用讲师团队、操盘团队、营销团队相互配合的方式，通过操盘团队操纵邮票价格使邮票价格上涨，诱骗被害人买进邮票而操盘团队高价位抛售邮票，操盘手再操纵邮票价格使邮票价格下跌，操盘团队则伺机在低价位购买邮票，从而骗取被害人资金。

自 2015 年 12 月至 2016 年 4 月，朱某杰、刘某韦及被告人符某斌等人骗取被害人资金共计 8,799,980 元。被告人符某斌、张某、张某山、罗某豪的诈骗数额为 8,799,980 元。

被告人符某斌、张某、胡某勇、张某山、龚某、杨甲、符某语、王某、张乙、瞿某、杨乙、楼某园、黄某伟、闫某龙、倪某晓、瞿某杰、成某行于 2016 年 12 月 29 日被公安机关抓获归案；被告人肖某巍于 2017 年 2 月 15 日被公安机关抓获归案；被告人梅某欢于 2017 年 2 月 23 日被公安机关抓获归案；被告人陈某于 2017 年 2 月 24 日被公安机关抓获归案；被告人罗某豪于

2017年4月6日被公安机关抓获归案。

检察机关认为，被告人符某斌、张某、胡某勇、张某山、龚某、肖某巍、罗某豪、陈某、梅某欢、杨甲、符某语、王某、张乙、瞿某、杨乙、楼某园、黄某伟、闫某龙、倪某晓、瞿某杰、成某行以非法占有为目的，采用虚构事实、隐瞒真相的手段，骗取他人财物，其中被告人符某斌、张某、胡某勇、张某山、龚某、肖某巍、罗某豪、陈某、梅某欢、杨甲、符某语、王某、张乙、瞿某、杨乙、楼某园、黄某伟、闫某龙、倪某晓、瞿某杰骗取数额特别巨大，被告人成某行骗取数额巨大，上述各被告人的行为均已触犯《刑法》第266条之规定，犯罪事实清楚，证据确实、充分，应当以诈骗罪追究各被告人的刑事责任。本案系共同犯罪、集团犯罪，同时适用《刑法》第25条、第26条之规定。

[辩护意见主文]

公诉机关关于本案所有被告人构成诈骗罪及符某语的诈骗数额1,109,957,104.1元的指控，事实认定错误、证据严重缺失、法律适用错误，法院应当坚持罪刑法定原则，对其依法作出不构成诈骗罪的判决。具体法律意见如下。

一、认定本案被告人构成诈骗罪所依据的事实，首先应当客观、真实，条理清晰，符合逻辑，而起诉书指控事实的描述，违背了基本逻辑，歪曲了事实

（一）被告人符某斌选择海滨平台的过程，以及浙江华恩公司经营的性质，决定了其并不是靠虚构事实、隐瞒真相的诈骗行为来获利的

要判断本案被告人买卖邮票的行为是否构成诈骗罪，必须首先确定海滨平台为一个真实、合法、有效的邮票市场交易平台，只有在海滨平台合法的前提下，才能继而讨论浙江华恩资本管理有限公司（以下简称浙江华恩公司）和本案被告人是否构成诈骗罪。如果海滨平台为虚假、非法的平台，由于本案被告人是按照海滨平台的规则、投入了近3000万元资金后加入的，则

本案的被告人将成为海滨平台违法犯罪的被害人。因此，海滨平台真实、合法的特点，决定了被告人及浙江华恩公司无法通过虚构事实、隐瞒真相的诈骗行为来获利，进而不构成诈骗罪。

1. 被告人符某斌在全国200多家同类平台中，经审慎对比，选择了海滨平台，并实际投入超过2600万元全额购入9支邮票实物，该行为不存在任何违法性。

海滨平台于2009年8月26日在河北省沧州市注册成立，并于2013年4月15日经证监会部际联席会议检查并验收通过，由河北省人民政府办公厅印发的办字〔2013〕34号《关于公布保留各类交易场所的通知》予以保留。被告人符某斌依据上述具有公信力的文件选择了海滨平台，按照海滨平台的要求从事邮票经纪业务，并以实际出资购得9支邮票的经纪权。这种基于政府行为的信赖本身不具有任何违法性，而且符某斌的出资还导致其首先需要承担相应的风险，这也反过来佐证了符某斌主观上不具有犯罪的故意。

2. 所有人在海滨平台上作出买卖邮票的判断，都是基于相同的、实时的数据，浙江华恩公司在操作上不存在虚构事实、隐瞒真相的情况。

根据海滨平台的交易规则，任何一笔交易都会对某只邮票的价格产生影响，而所有的投资人——包括浙江华恩公司——均需要依据当下、实时的邮票价格作出买入、持仓、卖出的决定。这些决定是由投资人自己作出的，任何决定都可能面临盈利或亏损的风险，且任何决定都需要以自己的实际交易真实作出。因此，就邮票交易所依据的基础数据和购买邮票所支付的成本来说，浙江华恩公司与普通投资人是相同的、平等的，不存在虚构事实、隐瞒真相的情况。

3. 海滨平台为开放的交易平台，任何投资者都可以通过经纪公司开户，并自由选择海滨平台上所有的邮票种类进行买卖交易，亏损者与盈利者之间不具有一一对应关系。

浙江华恩公司在海滨平台上经纪的邮票共13支，而同期有超过300支邮票经各个不同的经纪公司在海滨平台上供所有参与者交易。通过浙江华恩公司开户的投资者，并不限于买卖浙江华恩公司经纪的13支邮票。实际上，即使这些投资人只购买了浙江华恩公司提供的邮票，由于其自主选择权未受限制，浙江华恩公司也无须为这些投资人的投资决策负责。

因此，浙江华恩公司作为海滨平台众多经纪全员单位之一，按照平台制定的规则和要求，真实地投入资金、真实地经营邮票业务，不具有非法占有的故意和诈骗的行为。

（二）无论浙江华恩公司的三个团队之间是否存在配合，普通投资者的亏损与三个团队的配合之间都不具有刑法上的因果关系

浙江华恩公司分为三个团队：营销团队负责向投资人介绍邮票投资行业，吸引投资人关注及投资邮票；讲师团队负责与投资人交流行情趋势、进行技术指导、推荐邮票；操盘团队负责使用浙江华恩公司的账户买卖邮票。无论这三个团队是否相互配合，都不能因此而认定被告人构成诈骗罪。具体分析如下。

1. 三个团队之间不存在互相配合的情况

任一团队的行为均为独立的单一行为，不具有诈骗罪的全部构成要件，故不构成诈骗罪。营销团队只负责向客户宣传邮票投资行业，讲师团队只负责分享相关行情，操盘团队只负责操作相关交易，任一团队单独都与单个普通投资者的亏损没有刑法上的因果关系。

2. 三个团队之间存在互相配合的情况

按照起诉书的指控，营销团队“负责诈骗被害人到新浪直播间听讲师张某山、肖某巍等人讲课”，“由业务员当托，与讲师互相配合，诱骗被害人购买符某斌、张某在平台上市的 13 种邮票”，操盘团队“操纵邮票价格的涨跌，以配合讲师对邮票价格走势的预测”，三个团队之间“通过操盘团队操纵邮票价格使邮票价格上涨，诱骗被害人买进邮票而操盘团队高价位抛售邮票，操盘手再操纵邮票价格使邮票价格下跌，操盘团队则伺机在低价位购买邮票，从而骗取被害人资金”。这段指控至少预设了以下 3 个错误的客观事实。

（1）预设了邮票价格为虚假，而实际上邮票价格为真实

首先，浙江华恩公司并不能控制邮票的价格。任何投资者对邮票的每一次买卖，都会对邮票的价格产生一定的影响。浙江华恩公司利用自己的持仓

优势和资金优势来买卖邮票，确实会对邮票的价格产生一定影响，但这种对价格的影响并不等于控制了邮票的价格。

其次，即使操盘团队能够随意操纵邮票价格的涨跌，也是浙江华恩公司使用自有资金实实在在进行买卖的结果，任何时间的邮票实际价格，都是当下的、真实的、可交易价格，不存在虚构。对于投资人来说，任何价格都是真实的，都是可以交易的。对于浙江华恩公司来说，如果想要拉抬价格，便需要不断以高于当前市场价的价格出资购买其他投资者手中的邮票，此时浙江华恩公司不但没有任何获利可言，还需要支付大量溢价；如果想要压低价格，则需要不断以低于当前市场价的价格卖出手中持有的邮票，此时浙江华恩公司将始终亏损于当前市场价。因此，浙江华恩公司的“操盘”行为，只能算是以巨额的资金优势制造了邮票涨跌的事实，而不是虚构了邮票涨跌的事实。同样，投资人即使是基于信任讲师而参与了交易，也是因为讲师团队所述确实是客观事实，不存在虚构的情况。因此，起诉书认定邮票价格为虚假的指控是错误的。

（2）预设了风险就是亏损，而实际上风险还包括获利

普通投资者参与邮票的购买，不是参与了一个必然亏损的交易，而是参与了一个或盈利或亏损的投资。在海滨平台上购买邮票，本质上是一种投资行为，而所有的投资行为均存在盈亏风险，这种风险符合客观经济规律，也为法律所容许，世界上也不存在只有盈利没有亏损的投资。如果一个行为会导致两个截然相反的结果产生，那么这个行为就不是其中任一结果产生的必要条件。因此，起诉书认为参与风险就等同于现实亏损的指控是错误的。

（3）预设了被告人不但能随意控制邮票价格，还能随意控制投资人的买卖行为，而实际上被告人既不能控制邮票价格，也不能控制投资人的买卖行为

纵观整个投资人参与邮票交易的过程，真正导致投资人产生亏损的唯一原因，是投资人在邮票价格低于其买入价时卖出。而买入卖出，都是投资人独立决定的，被告人无法控制普通投资人何时、以何种价格买卖多少数量的邮票。而且，在海滨平台上购买的邮票，还可以选择提现，可以要求认领邮票实物，即使当前的邮票价格低于投资人的购买价，投资人也可以选择持仓

等待价格回升或者兑换为实物。虽然不能否认投资人所作出的决定受到了讲师的影响，但这并不是唯一的影响因素，甚至无法判断、量化这种影响的程度。故起诉书认为被告人可以控制投资人的买卖行为的指控是错误的。

也就是说，即使三个团队之间存在配合的情况，被告人也没有虚构事实、隐瞒真相，普通投资人也应当认识到自己参与了一个有风险的投资行为，且其应当基于自己的情况综合判断并作出买入及卖出的决定。综上，无论浙江华恩公司的三个团队之间是否存在相互配合的情况，都不成立诈骗罪。

二、起诉书据以指控被告人构成诈骗罪的证据严重不足

（一）现有证据不能证明被告人具有犯罪故意、实施了犯罪行为

1. 本案被告人在公安机关侦查阶段的供述的客观性存疑

在庭审过程中，所有被告人均不认可其在公安机关侦查阶段所作的有罪供述，理由是笔录所记载的内容并不是被告人当时所述的内容。被告人供述的合法性，不仅包括证据的取得方式是否合法，还包括证据的记录程序是否合法；供述的客观性，不仅包括被告人如实陈述行为的客观经过，还包括讯问人员如实记载了被告人对事实的陈述。本案中，数名被告人均提出自己的陈述与记载不一致的意见，故需要通过对讯问过程记载最客观的同步录音录像来证明讯问人员是否如实记录了被告人的陈述。

起诉书指控的本案的涉案金额为 11 亿余元。依据《刑法》第 266 条及《关于办理诈骗刑事案件具体应用法律若干问题的解释》第 1 条的规定，以及《关于办理刑事案件严格排除非法证据若干问题的规定》第 10 条“对于可能判处无期徒刑、死刑的案件或者其他重大犯罪案件，应当对讯问过程进行录音录像”和最高人民法院《关于适用〈中华人民共和国刑事诉讼法〉的解释》第 80 条“必要时，可以调取讯问过程的录音录像……并结合录音录像……对上述内容进行审查”的规定，本案被告人为“可能判处无期徒刑”的人。

因此，对于被告人在公安阶段供述的客观真实性，应当依据同步录音录像的内容来认定，再将结果与庭审时被告人的当庭陈述进行比对，进而对被告人是否如实供述、供述是否客观真实进行综合判断。

2. 本案以被追诉的浙江华恩公司其他团队成员的供述作为本案的证人证言，导致无法对其客观性进行有效质证

本案有大量所谓“证人证言”，包括但不限于刘某飞、赵某坡、张某峰、杨某等人，其均已被公安机关以涉嫌利用海滨平台诈骗为由追诉。这些人的供述，无论何时，都属于《刑事诉讼法》第 48 条证据种类第 5 项中的“犯罪嫌疑人、被告人供述和辩解”，不因更换了案件归属就改变其证据种类。之所以要划分证据种类，是因为不同的证据有不同的证明效力和质证方式。被告人供述需要在开庭时与被告人当庭质证，这不但是查明证据合法性、客观性、关联性的要求，还是认定被告人是否如实供述、是否翻供、是否具有良好的认罪态度的依据。因此，本案的公诉人以这些被告人的供述作为本案的“证人证言”来规避对被告人供述的质证程序，违反了最高人民法院《关于适用〈中华人民共和国刑事诉讼法〉的解释》第 80 条的规定，这些“证人证言”不能作为证据在本案使用。

3. 本案的电子数据不具有合法性，不能作为定案的依据

2014 年 5 月 4 日最高人民法院、最高人民检察院、公安部《关于办理网络犯罪案件适用刑事诉讼程序若干问题的意见》第 13 条规定：“收集、提取电子数据，应当由二名以上具备相关专业知识的侦查人员进行。取证设备和过程应当符合相关技术标准，并保证所收集、提取的电子数据的完整性、客观性。”第 14 条规定：“收集、提取电子数据，能够获取原始存储介质的，应当封存原始存储介质，并制作笔录，记录原始存储介质的封存状态，由侦查人员、原始存储介质持有人签名或者盖章；持有人无法签名或者拒绝签名的，应当在笔录中注明，由见证人签名或者盖章。有条件的，侦查人员应当对相关活动进行录像。”第 16 条规定：“收集、提取电子数据应当制作笔录，记录案由、对象、内容，收集、提取电子数据的时间、地点、方法、过程，电子数据的清单、规格、类别、文件格式、完整性校验值等，并由收集、提取电子数据的侦查人员签名或者盖章。远程提取电子数据的，应当说明原因，有条件的，应当对相关活动进行录像。通过数据恢复、破解等方式获取被删除、隐藏或者加密的电子数据的，应当对恢复、破解过程和方法作出说明。”

由于电子数据具有易篡改、易替换、易灭失的特点，故如果电子数据的

收集、提取过程没有严格按照法律规定进行，则该电子数据的合法性、客观性将受到质疑。本案的电子数据，没有由具有相关专业知识的侦查人员进行，没有对取证设备和过程是否符合相关技术标准作出证明或说明，没有记录原始存储介质的封存状态，没有侦查人员、原始存储介质持有人签名或者盖章，没有侦查人员对相关取证活动的录像，制作的笔录没有记录收集、提取电子数据的清单、规格、类别、文件格式、完整性校验值。因此，本案的电子数据不能作为定案的依据。

（二）现有证据不能证明哪些人才是“被害人”

诈骗犯罪的被害人，必须是基于行为人虚构事实、隐瞒真相而产生的认识错误，作出交付财产的行为，并因此而产生财产损失的人。但是，起诉书及《变更起诉书》所认定的54,566名被害人中，无法具体认定哪些是通过浙江华恩公司的营销人员而了解邮票市场的、哪些是听过讲师的课的、哪些是基于讲师的宣传而买卖了邮票的、哪些是只买卖了浙江华恩公司的13支邮票的、哪些是买卖了邮票还亏损了的等。在这些内容都无法认定的情况下，将所有参与邮票买卖的人认定为本案的被害人，于法无据。

（三）据以认定犯罪数额的金安鉴（2018）13号《审计鉴定检验报告》不具有合法性及客观性，不能作为定案依据

1. 金华安泰会计师事务所及吴某英和胡某忠二人不具有司法鉴定资格

金华安泰会计师事务所没有取得司法鉴定许可证，鉴定人吴某英和胡某忠只具有注册会计师资格，并没有司法鉴定人执业证，故其没有资格接受司法机关的委托，进行司法鉴定。

2. 检验依据的数据来源不具有真实性

金安鉴（2018）13号《审计鉴定检验报告》所依据的鉴定材料为“MD5值为1DA17A87B05335C81F130BCF2BD0C714”的压缩文件，但并没有证据证明该文件来源于二名以上具备相关专业知识的侦查人员，没有证据证明该文件的取证设备和取证过程符合相关技术标准，也没有证据证明该文件原始存储介质处于封存状态。因此，该鉴定材料的合法性和客观性存疑，据此作出的审计鉴定也不足以采信。

3. 审计鉴定的过程和方法不符合相关专业的规范要求

作为刑事诉讼证据之一的鉴定意见，是各行业的专家对案件中的专门性问题所出具的专门性意见，其鉴定过程和方法必须首先体现其专业性，同时必须要符合相关专业的规范要求。

金安鉴（2018）13 号《审计鉴定检验报告》是按照委托人金华市公安局江南分局出具的《审计运算要求》进行的审计，该份要求详细列明了审计所依据的数据及计算方法，金华安泰会计师事务所完全是按照公安机关的要求计算出结果的。既然数据来源、数据使用范围、数据的计算方式都已经由公安机关指定清楚，那么所谓的鉴定机构无非只是一个“计算器”，既没有体现鉴定人的专业性，也谈不上符合相关专业的规范要求。

事实上，金安鉴（2018）13 号《审计鉴定检验报告》也没有列明其审计鉴定所依据的法律法规、行业规范，故该《审计鉴定检验报告》不符合鉴定意见的证据标准，不能作为定案依据。

4. 不应当将交易手续费计算在涉案 13 种邮票的亏损额中

金安鉴（2018）13 号《审计鉴定检验报告》所依据的计算方法为：亏损额 = 买入金额 + 手续费 + 配售金额 + 配售手续费 - 卖出金额。剔除了亏损额小于 0 的交易。

本案被告人被指控为诈骗罪，那么对被害人损失数额的计算也应当符合诈骗罪的构成要件，即被害人的交付必须是在产生认识错误的情况下进行的，如果被害人对交付的原因没有认识错误，则不属于被诈骗财物。在本案中，手续费为每笔交易均存在的固定支出，无论普通投资人对邮票的未来价格持有什么样的预期，对于手续费部分均不具有任何认识上的错误，故不应当将其按照投资人的亏损来计算。

三、本案在法律适用上也存在问题

（一）本案不成立共同犯罪或集团犯罪

1. 被告人之间因不具有犯罪通谋，而不成立共同犯罪

《刑法》第 25 条规定，共同犯罪是指二人以上共同故意犯罪。二人以上

共同过失犯罪，不以共同犯罪论处。根据该规定，成立共同犯罪必须具备三个条件：（1）二人以上；（2）有通谋的犯罪故意；（3）对他们的共同犯罪行为会发生危害社会的结果，都抱有希望或者放任的态度。

按照上述标准，本案的被告人并不构成共同犯罪。

第一，法律所规定的“通谋”，其前提条件是要互相认识、互相了解他人所从事的工作内容和性质，并认识到相互间存在配合的情况。现有证据证明，被告人只是做自己的工作，并不知晓其他团队的存在，也不知道其他团队所做的具体事项，被告人之间并不具有通谋的情况。不具有通谋，则不成立共同犯罪。

第二，除了通谋外，还需要被告人对将会发生危害社会的结果，抱有希望或者放任的态度，具体到本案，是指被告人对自己将要通过虚构事实、隐瞒真相的方式诈骗他人财产的行为具有事先的认识，并认识到其他被告人与自己一起在共同实施这种诈骗。事实上，营销团队成员只负责向客户介绍邮票投资，讲师团队只负责分享投资知识，操盘团队只负责按要求操作买卖，并无证据证明被告人是为了实施诈骗而参加工作并分工合作。

2. 浙江华恩公司并不是为犯罪而成立的组织，被告人在单位内的不同职责并不是为了犯罪而设，故本案不成立集团犯罪

根据《刑法》第26条第2款规定：“三人以上为共同实施犯罪而组成的较为固定的犯罪组织，是犯罪集团。”也就是说犯罪集团的成员也必须具有实施犯罪的共同故意。如果行为人之间就所从事的行为没有犯罪认识，没有通谋的故意，没有为了一个共同的犯罪目的而配合、分工，则难以认定其构成了犯罪集团。

（二）被告人利用邮票的持仓优势及资金优势买卖邮票并从中获利，不是诈骗行为

本案被告人对邮票市场的买卖操作，其行为手法更像是《刑法》第182条规定的操纵证券、期货市场行为，即第182条第1项规定的“单独或者合谋，集中资金优势、持股或者持仓优势或者利用信息优势联合或者连续买卖”的行为。本案被告人利用自己的资金优势与持仓优势，联合或连续买卖

邮票，导致邮票价格在被告人行为的影响下涨跌。

但从《刑法》的逻辑可以看出，第266条的诈骗罪，隶属于《刑法》分则第五章“侵犯财产罪”，而第182条的操纵证券、期货市场罪，则隶属于第三章“破坏社会主义市场经济秩序罪”第四节“破坏金融管理秩序罪”。这种法条设置说明，诈骗行为所侵犯的客体是公私财产的所有权，而操纵行为所侵犯的客体是社会主义市场经济中的金融管理秩序，二者是完全不同的。因此，即使当前的《刑法》并没有规定“操纵邮票市场罪”，也不能认定被告人的行为属于诈骗行为，否则将导致诈骗罪的滥用。

四、符某语单独不构成诈骗罪，也不构成诈骗罪的共同犯罪，对符某语构成犯罪的指控和对其涉案金额的指控均是错误的

第一，符某语并不直接与其他普通投资人接触，只是完成杨甲交代的工作任务，符某语自身的行为并不满足成立诈骗罪的所有构成要件，故其单独不构成诈骗罪。

第二，符某语接受浙江华恩公司的工作安排，不直接等同于参与犯罪集团犯罪。作为只单向按照公司要求从事具体工作的人员，符某语并不为其没有参与的公司的决策承担责任。

第三，符某语只按照要求操作了“政协成立四十周年”和“新笋翠竹”两种邮票，即使要认定符某语的责任，也应当按照《刑法》第26条第4款的规定，按照其所参与的或者组织、指挥的全部犯罪处罚。因此起诉书指控的符某语的涉案金额为110,995.71万元，没有任何事实和法律依据。

第四，符某语在浙江华恩公司的收入为每月10,000元，该收入为其劳动所得，与投资人的财产没有任何关系，没有非法所得。

综上所述，符某语作为浙江华恩公司基层员工，没有非法占有他人财产的故意，没有欺骗行为，没有非法所得，也没有与他人共同从事犯罪行为，不应认定其构成诈骗罪。恳请人民法院坚持罪刑法定原则，坚持排除合理怀疑的证明标准，依法判处符某语不构成诈骗罪。

第十九章

上市公司财务造假刑事责任问题解析

——炫酷乐公司及高管欺诈发行证券、违规披露、不披露重要信息案辩护意见

[辩护逻辑]

对于财务造假认定问题，应当区分真实销售业务与受指控的虚假销售业务。对于只负责上市公司真实销售业务的行为人，不能仅基于其在上市公司的职务而认定其涉嫌相关虚假陈述犯罪。对于欺诈发行证券罪、违规披露、不披露重要信息罪认定问题，应当区分财务造假行为与信息披露行为。作为担任上市公司董秘、证券事务代表等职务的行为人，如果证据证明其只负责信息披露工作，尽管其在行政、民事法律层面作出了信息披露真实性承诺，但对于信息本身在刑法实质判断层面的真实性问题，其客观上不承担、在刑法上也不存在所谓的保证义务。如果主观上亦不明知公司存在财务造假行为，则其不应当承担违规披露、不披露重要信息罪等刑事责任。上市前以及上市后的行为客观上是一个持续、连续的完整行为，不能进行拆分，即不能将前半段行为匹配发行环节的披露行为，构成欺诈发行股票罪，将后半段行为匹配持续信息披露环节的披露行为，构成违规披露、不披露重要信息罪。事实上信息披露义务人（炫酷乐公司）只实施了一个完整的财务造假行为，只不过经历了两个披露阶段，即公开发行阶段与持续信息披露阶段。如果行政处罚决定书、行政复议决定书明确只按照违规信息披露一个证券法条文进行定

性，或者行政处罚决定书明确将财务造假认定为一个连续、持续的完整行为，则应当将整个案件认定为违规披露、不披露重要信息罪。提供虚假的财务会计报告，在证券发行文件中虚假记载，导致首次公开发行、非公开发行股票等，固然符合欺诈发行股票罪的犯罪构成，但其本质上就是违规披露、不披露重要信息罪包含的情形，同时被违规披露、不披露重要信息罪的犯罪构成所包容，在法律与《立案追诉标准（二）》已经有明确规定的情况下，应当按照法律规定予以定性，认定为违规披露、不披露重要信息罪一罪，即将相关犯罪行为进行统一评价，认定为违规披露、不披露重要信息罪，从而避免重复评价。

[案情]

一、炫酷乐公司及程某厚等人涉嫌欺诈发行证券罪的事实

炫酷乐公司的实控人程某厚、汪某珠，董秘姜某霖，财务总监辛某封为达到让炫酷乐公司上市的目的，组织公司财务人员虚增营业收入，虚增利润总额、虚增银行存款，在向证监会报送的《首次公开发行股票招股说明书》《非公开发行股票发行情况报告书暨上市公告书》等公开发行文件中编造重大虚假内容，骗取证监会的股票发行核准。虚构内容如下：首次公开发行股票募集资金 610, 663, 800. 00 元，扣除发行费用 48, 923, 764. 60 元，募集资金净额为 561, 740, 035. 40 元。2016 年非公开发行股票募集资金 988, 482, 168. 80 元，扣除发行费用 10, 904, 601. 35 元，募集资金净额为 977, 577, 567. 45 元。

1. 虚增营业收入和利润总额

炫酷乐公司通过虚构与矿磁公司及其关联方、千灵山及其关联方之间的服装设计、组织生产业务，虚增营业收入和利润总额。经依法查明：炫酷乐公司在《首次公开发行股票招股说明书》（报告期 2012 年至 2014 年）、2016 年《非公开发行股票发行情况报告书暨上市公告书》（报告期 2013 年至 2016 年 1—9 月）等发行文件中编造重大虚假内容，2013 年至 2016 年 9 月累计虚增营业收入 862, 393, 000. 15 元，累计虚增利润总额 268, 090, 677. 47 元。其

中：2013 年虚增营业收入 145, 917, 290. 70 元，虚增利润总额 47, 850, 914. 29 元，占炫酷乐公司当年利润总额的 40. 47%；2014 年虚增营业收入 214, 377, 724. 53 元，虚增利润总额 63, 285, 230. 36 元，占炫酷乐公司当年利润总额的 50. 83%；2015 年虚增营业收入 294, 071, 376. 00 元，虚增利润总额 96, 164, 052. 82 元，占炫酷乐公司当年利润总额的 68. 25%；2016 年 1 月至 9 月虚增营业收入 208, 026, 608. 92 元，虚增利润总额 60, 790, 480. 00 元，占炫酷乐公司当期利润总额的 65. 01%。

2. 虚假记载银行存款

炫酷乐公司通过伪造银行对账单回执和财务报表、资金进出不入账等方式，虚增炫酷乐公司对公银行账户的银行存款。经依法查明：炫酷乐公司在《首次公开发行股票招股说明书》（报告期 2012 年至 2014 年）、2016 年《非公开发行股票发行情况报告书暨上市公告书》（报告期 2013 年至 2016 年 1—9 月）等发行文件中编造重大虚假内容，2012 年年末虚假记载银行存款 74, 177, 440. 20 元，2013 年年末虚假记载银行存款 105, 269, 056. 89 元，2014 年年末虚假记载银行存款 228, 713, 271. 09 元，2015 年年末虚假记载银行存款 261, 975, 314. 92 元，2016 年 9 月 30 日虚假记载银行存款 434, 150, 138. 57 元，占炫酷乐公司对应期末资产总额比例分别为 16. 84%、20. 63%、39. 07%、20. 80%、29. 26%。

二、炫酷乐公司及程某厚等人涉嫌违规披露、不披露重要信息罪的事实

炫酷乐公司上市后，实控人程某厚、汪某珠，董秘姜某霖，财务总监辛某封为实现炫酷乐公司股票增值目的，组织公司财务人员持续进行虚增营业收入，虚增利润总额、虚增银行存款等财务造假行为，隐瞒公司违规担保事项，隐瞒募集资金用途等，导致 2015 年至 2020 年公司年报中存在虚假记载，严重损害股东及其他人利益。

1. 虚增营业收入和利润总额

炫酷乐公司通过虚构与矿磁公司及其关联方、千灵山及其关联方之间的服装设计、组织生产业务，虚增营业收入和利润总额。炫酷乐公司 2015 年至 2018 年累计虚增营业收入 916, 703, 284. 51 元，累计虚增利润总额

304, 924, 843. 51 元。其中：2015 年虚增营业收入 294, 071, 376. 00 元，虚增利润总额 96, 164, 052. 82 元，占炫酷乐公司当年利润总额的 68. 25%；2016 年虚增营业收入 237, 157, 066. 30 元，虚增利润总额 77, 324, 840. 95 元，占炫酷乐公司当年利润总额的 56. 85%；2017 年虚增营业收入 243, 190, 547. 43 元，虚增利润总额 71, 847, 751. 79 元，占炫酷乐公司当年利润总额的 48. 48%；2018 年虚增营业收入 142, 284, 294. 78 元，虚增利润总额 59, 588, 197. 95 元，占炫酷乐公司当年利润总额的 27. 32%。这导致炫酷乐公司 2015 年至 2018 年年报存在虚假记载。

2. 虚假记载银行存款

炫酷乐公司通过伪造银行对账单回执和财务报表、资金进出不入账等方式，虚增炫酷乐公司对公银行账户的银行存款。炫酷乐公司 2015 年年末虚假记载银行存款 261, 975, 314. 92 元，2018 年年末虚假记载银行存款 737, 975, 363. 28 元，2019 年年末虚假记载银行存款 1, 097, 554, 969. 81 元，占炫酷乐公司对应期末资产总额比例分别为 20. 80%、24. 38%、34. 93%。导致炫酷乐公司在 2015 年、2018 年、2019 年年报存在虚假记载。

3. 炫酷乐公司在 2017 年至 2019 年度报告中未如实披露"其他非流动资产"报表项目的情况，在 2018 年度报告中未如实披露募集资金使用的情况

炫酷乐公司在 2017 年至 2019 年度报告中未如实披露"其他非流动资产"报表项目的情况，在 2018 年年度报告中未如实披露募集资金使用的情况。炫酷乐深圳子公司友衣乐的在建工程——深圳炫酷乐友衣乐项目，累计预付工程款 3. 3 亿元，其中 2017 年支付 1. 1 亿元，2018 年支付 2. 2 亿元（募集资金）。上述预付工程款在 2017 年至 2019 年度报告中均作为"其他非流动资产"列报。而实际上，上述累计预付工程款 3. 3 亿元中的 2. 835 亿元最终转入炫酷乐公司所控制使用的银行账户，用于炫酷乐公司体外资金循环等用途。炫酷乐公司在 2017 年至 2019 年度报告中未如实披露"其他非流动资产"报表项目的情况，在 2018 年度报告中未如实披露募集资金使用的情况。

4. 炫酷乐公司在 2018 年至 2020 年度存在对外担保未履行审批程序及信息披露义务的情况

2018 年至 2020 年 10 月，炫酷乐公司的董事长程某厚、总经理汪某珠、

董秘姜某霖等人以炫酷乐公司在HKLH农村商业银行股份有限公司定期存单为PN市BYL纺织品有限公司、PN市LTF纺织品有限公司、深圳市SYSY有限公司、深圳市LYTD实业有限公司、PN市LTY纺织品有限公司、PN市AL服饰有限公司、PN市AYA服饰有限公司、PN市SGS服饰有限公司等第三方借款提供质押担保33笔，累计担保合计金额11亿元人民币。上述担保均未经过炫酷乐公司记载的董事会决议通过，并存在部分担保事项未在2018—2020年度报告中及时进行披露的情况。

以上犯罪事实，程某厚、汪某珠、辛某封、姜某霖是主要的决策人员、实施人员，程某厚、汪某珠、辛某封、姜某霖等人制定虚增业绩目标后，安排凌某茹、赵某枚、程某儒及炫酷乐公司其他财务人员实施财务造假行为。其中汪某珠、辛某封联系矿磁公司、千灵山等公司合意虚构订单，虚增业绩，并安排凌某茹签订虚假的业务合同，安排赵某枚及其他财务人员虚开发票和为供应商办理开具银行公户，以炫酷乐公司供应商的名义进行融资。程某厚安排程某儒操作炫酷乐公司控制的个人银行账户和供应商对公账户的应收应付，形成与矿磁公司、千灵山等公司的体外资金循环，达成炫酷乐公司虚增业绩的目标。此外，辛某封安排炫酷乐公司财务人员伪造炫酷乐公司农行基本户对账单，并安排程某儒进行打印，安排程某儒带领冒充会计师事务所工作人员的炫酷乐公司员工前往相关银行进行虚假函证。时任炫酷乐公司董秘、董事、副总经理的姜某霖，于2013年安排炫酷乐公司财务人员武某捷担任PN市AL服饰有限公司的监事，2016年以前负责公司的融资业务，在炫酷乐公司2018年至2020年为供应商公司提供质押担保的相关董事会决议上签名同意，参与并安排时任炫酷乐公司证券代表的柳某威编制虚假年报等披露材料。

程某厚、汪某珠、辛某封、姜某霖系炫酷乐公司《首次公开发行股票招股说明书》、《非公开发行股票发行情况报告书暨上市公告书》、2015年至2019年年报存在虚假记载的直接负责的主管人员，对炫酷乐公司的财务造假负有主要责任。凌某茹、赵某枚、程某儒、柳某威知悉并参与炫酷乐公司财务造假，为财务造假提供帮助，是其他责任人员。

认定上述犯罪事实的证据如下：犯罪嫌疑人供述与辩解、证人证言、辨认笔录、财务报表、招股说明书、上市公告书、年报等报告、银行对账单、银行流水、银行日记账、司法鉴定报告等。

[辩护意见主文]

一、核心辩护意见

1. 本案指控罪名前后不一致

事实认定部分将发行阶段的犯罪行为认定为欺诈发行证券罪，而法律适用部分将本案该节事实认定为欺诈发行股票罪。本案中，欺诈发行的行为不存在适用《刑法》（2020 修正）的任何法律依据。

2. 错误地将违规披露、不披露重要信息罪适用《刑法》（2020 修正）

本案指控逻辑是意图通过将违规信息披露（违规担保）行为纳入刑事评价，以便将案涉犯罪行为延伸至 2020 年年报（2021 年 4 月），从而提供适用《刑法》（2020 修正）（2021 年 3 月 1 日）的事实与法律依据。

《刑法》（2017 修正）相关规定如下：

第一百六十一条　依法负有信息披露义务的公司、企业向股东和社会公众提供虚假的或者隐瞒重要事实的财务会计报告，或者对依法应当披露的其他重要信息不按照规定披露，严重损害股东或者其他人利益，或者有其他严重情节的，对其直接负责的主管人员和其他直接责任人员，处三年以下有期徒刑或者拘役，并处或者单处二万元以上二十万元以下罚金。

《刑法》（2020 修正）相关规定如下：

第一百六十一条　依法负有信息披露义务的公司、企业向股东和社会公众提供虚假的或者隐瞒重要事实的财务会计报告，或者对依法应当披露的其他重要信息不按照规定披露，严重损害股东或者其他人利益，或者有其他严重情节的，对其直接负责的主管人员和其他直接责任人员，处五年以下有期徒刑或者拘役，并处或者单处罚金；情节特别严重的，处五年以上十年以下有期徒刑，并处罚金。

前款规定的公司、企业的控股股东、实际控制人实施或者组织、指使实施前款行为的，或者隐瞒相关事项导致前款规定的情形发生的，依照前款的规定处罚。

犯前款罪的控股股东、实际控制人是单位的，对单位判处罚金，并对其直接负责的主管人员和其他直接责任人员，依照第一款的规定处罚。

适用《刑法》（2020 修正）的前提是评价违规担保这节事实。然而，该节事实单独并不符合《立案追诉标准（二）》的规定，故该节事实单独并不构成违规披露、不披露重要信息罪。

《立案追诉标准（二）》相关规定如下：

第六条 〔违规披露、不披露重要信息案（刑法第一百六十一条）〕依法负有信息披露义务的公司、企业向股东和社会公众提供虚假的或者隐瞒重要事实的财务会计报告，或者对依法应当披露的其他重要信息不按照规定披露，涉嫌下列情形之一的，应予立案追诉：

（一）造成股东、债权人或者其他人直接经济损失数额累计在一百万元以上的；

（二）虚增或者虚减资产达到当期披露的资产总额百分之三十以上的；

（三）虚增或者虚减营业收入达到当期披露的营业收入总额百分之三十以上的；

（四）虚增或者虚减利润达到当期披露的利润总额百分之三十以上的；

（五）未按照规定披露的重大诉讼、仲裁、担保、关联交易或者其他重大事项所涉及的数额或者连续十二个月的累计数额达到最近一期披露的净资产百分之五十以上的；

（六）致使不符合发行条件的公司、企业骗取发行核准或者注册并且上市交易的；

（七）致使公司、企业发行的股票或者公司、企业债券、存托凭证或者国务院依法认定的其他证券被终止上市交易的；

（八）在公司财务会计报告中将亏损披露为盈利，或者将盈利披露为亏损的；

（九）多次提供虚假的或者隐瞒重要事实的财务会计报告，或者多次对依法应当披露的其他重要信息不按照规定披露的；

（十）其他严重损害股东、债权人或者其他人利益，或者有其他严重情节的情形。

因此，2020 年年报未依法披露违规担保这节事实，只能尝试通过与其他违规信息披露情节组合，按照“多次对依法应当披露的其他重要信息不按照规定披露的”进行评价。但是，本案中构成“对依法应当披露的其他重要信息不按照规定披露的”这种立案追诉情形的，只有“两次”（未依法披露募集资金用途、未依法披露担保），未达“多次”。所以，该种情形不能适用。

同时，提供虚假的或者隐瞒重要事实的财务会计报告，与“对依法应当披露的其他重要信息不按照规定披露”，属于不同类型的信息披露违法行为，不能将提供虚假的或者隐瞒重要事实的财务会计报告，算作“对依法应当披露的其他重要信息不按照规定披露”，因为“其他重要信息”明确不包括财务会计报告。

进一步的，本案即使可以评价为“多次提供虚假的或者隐瞒重要事实的财务会计报告”，但财务造假行为到 2019 年编制财务会计报告时就已经实施终了，因此，“多次提供虚假的或者隐瞒重要事实的财务会计报告”的行为，结束时间为 2020 年 4 月，并无法延伸至 2021 年 3 月 1 日《刑法》（2020 修正）实施之后。

最后，根据虚增营收、虚增利润、虚构银行存款的事实进行评价，结合《立案追诉标准（二）》“30%”“50%”的数值，至多只能评价到 2019 年年报（2019 年 4 月），同样不能适用《刑法》（2020 修正）。

综上分析，本案违规披露、不披露重要信息罪应当适用《刑法》（2017 修正），适用《刑法》（2020 修正）属于法律适用错误。

3. 区分基于财务造假行为的违规披露、不披露重要信息与基于隐瞒违规行为的违规披露、不披露重要信息

炫酷乐公司实施违规披露、不披露重要信息的案涉行为，分为财务造假型与非财务造假型两种情形。前者与财务会计报告、营收、利润、现金流有关，后者与财务问题无关；前者构成犯罪，后者单独并不构成犯罪；前者情节严重，后者并非情节严重。对此，在事实与法律层面要做好充分切割。

4. 区分炫酷乐公司的真实业务与案涉指控业务

除被指控的财务造假对应的所谓虚假业务之外，炫酷乐公司本身实际上

经营着真实、合规、正常且具有真实利润的业务。责任人员主动承担案涉指控业务的部分；非责任人员（汪某珠等）实际上负责的是公司的真实业务。

5. 区分汪某珠日常经营管理的行为与参与案涉指控事实的行为

汪某珠是公司的总经理，负责公司日常经营管理，但其负责的只是公司的合法经营业务、真实销售业务，并未参与财务造假部分。不能将汪某珠是公司实际控制人之一，是公司总经理，就等同于其参与财务造假的决策。

6. 区分信息披露行为与财务造假行为

无论是欺诈发行股票罪，还是违规披露、不披露重要信息罪，均包括两方面的行为：其一，在披露文件（财务文件）中进行虚假记载；其二，披露隐瞒重要事实、编造重大虚假内容的文件。作为董秘、证券事务代表，本质上并不负责财务文件内容的制作与审核，在不明知造假的情况下，不应当承担违规披露、不披露重要信息罪等虚假陈述犯罪的刑事责任。因此，本案中柳某威不构成犯罪。进一步分析，作为董秘的姜某霖参与财务造假但证明其明知财务造假的证据相对薄弱，即使认为其明知，亦应当作为从犯处理。

7. 统一财务造假行为的连续性从而适用违规披露、不披露重要信息罪一罪［适用《刑法》(2017 修正)］，全案 3 年封顶

本案中，无论是证监会的行政处罚认定事实，还是公安机关的侦查事实，均能够确认，2012 年年报至 2018 年年报中的财务造假行为具有持续性、连续性，应当进行统一的法律评价。证监会的行政认定是将其统一评价为违规披露、不披露重要信息罪。因此，在刑法上亦应当作出同样的法律评价，全案最多只能适用《刑法》（2017 修正），按照违规披露、不披露重要信息罪一罪，处 3 年以下有期徒刑或者拘役，并处或者单处 2 万元以上 20 万元以下罚金。

二、具体证据分析与法律意见

（一）事实辩护

指控汪某珠是主要的决策人员、实施人员，汪某珠参与制定虚增业绩目标后，安排凌某茹、赵某枚、程某儒及炫酷乐公司其他财务人员实施财务造

假行为。其中汪某珠、辛某封联系矿磁公司、千灵山等合意虚构订单，虚增业绩，并安排凌某茹签订虚假的业务合同。以上指控，事实不清、证据不足。汪某珠确实负责公司日常管理，但负责的是正常的业务管理，而非欺诈发行、违规信息披露有关的虚假业务、财务造假。不能将上市公司的日常经营管理（高管）等同于对特定财务造假事项的管理（案涉行为直接责任人员）。

1. 财务负责人证明汪某珠并未参与财务造假的决策、安排、执行

炫酷乐公司财务总监辛某封的供述证明：

（1）财务造假（虚增收入、利润，虚构银行存款）的行为部分，共犯结构为：董事长——财务总监——财务部门员工。辛某封向程某厚汇报，财务造假的具体事宜由财务部门员工实施。上述财务造假行为部分均与汪某珠无关。

（2）辛某封作为公司财务总监，显然需要向董事长程某厚、总经理汪某珠汇报，但是，炫酷乐公司有常规的经营业务，亦有受到指控的案涉业务，辛某封作为财务总监，负责两种类型的财务工作。其中常规的经营业务财务工作，向汪某珠汇报，受到指控的案涉业务，向程某厚汇报。

（3）基于虚增收入、利润以及货币资金的虚假陈述行为，与基于不披露其他流动资产、担保的虚假陈述行为，属于完全不同的类型。对于后者，辛某封与汪某珠有一定的工作联系，但对于前者，辛某封的行为与汪某珠并无任何联系。

辛某封讯问笔录（2023年5月13日）（第1次）

> ……
>
> 问：说一下炫酷乐公司基本情况。
>
> 答：炫酷乐公司成立于2006年……董事长程某厚，持有公司22.37%股份，总经理汪某珠，持有公司13.75%股份，程某厚、汪某珠实际控制公司。
>
> 问：炫酷乐公司作为一家上市公司，是否有信息披露的义务？
>
> 答：有。
>
> 问：说一下你在炫酷乐公司工作的具体情况。

答：我2011年12月通过网络招聘，入职炫酷乐公司，入职后一直担任财务总监，主要负责公司财务部门日常财务管理、公司日常开销的审核、公司年报的编制、对接会计师事务所、分公司（友衣乐）财务报表合并等工作。

问：你介绍下炫酷乐公司董事及管理层的分工。

答：程某厚，董事长，负责公司全面工作；汪某珠，总经理，负责公司日常管理工作；我是财务总监，负责公司财务管理工作；姜某霖，董事会秘书，负责公司证券管理工作、信息披露相关工作；王某飞，副总经理，负责公司销售管理工作；黎某奖，独立董事，参与审议公司相关事项；裴某微，独立董事，参与审议公司相关事项。

问：你任炫酷乐公司财务总监期间，主要是向谁汇报工作？

答：主要是向程某厚汇报工作，有时程某厚不在的时候，才会向汪某珠汇报。

问：说一下你在炫酷乐公司任职的薪酬、奖金、分红情况，以及是否有额外的收入来源。

答：2011年至2018年，我的年薪是15万元，2019年至2022年，我的年薪是35万元，每年年终奖是5万至10万元，没有拿过公司分红，没有额外的收入来源。

问：说一下你在炫酷乐公司任财务总监期间，财务部门的人员分工情况。

答：季某听，财务主管，负责成本核算；赵某枚，财务经理，负责公司日常财务核算工作；楚某雨，财务副经理，负责公司总账报表、上市公司各种报表；程某儒，出纳，负责公司财务出纳工作；凌某洪，出纳助理，负责协助程某儒的出纳工作；方某立，财务部员工，负责材料核算工作；鲁某风，财务部员工，负责销售核算；程某佳，财务部员工，负责工资、成本核算；程某丝，原来是财务部员工，负责办理银行贷款业务，2016年10月调到分公司（友衣乐服饰有限公司），还是负责银行贷款业务；程某菲，财务部员工，具体工作我记不清了；武某捷，财务部员工，负责成本核算工作；章某雨，财务部员工，负责管理档案、财务凭证等工作。另外，库房核算员也是财务部编制，还有其他一些财务人员，名字我现在都记不清了。

问：程某汉是否是你部门员工？

答：不是我部门的员工，应该是公司员工，我们之间没有业务对接，他没有与我打过交道。

问：姜某山是否为炫酷乐公司的员工？

答：时间太久，我记不清楚了。

问：说一下炫酷乐公司资金付款的具体流程。

答：炫酷乐公司资金付款的具体流程是：业务部门提出付款申请，填写付款申请单，附上报销单据如进货单、差旅费报销单、发票等，交由财务人员复核，报我审核，后报程某厚或汪某珠审批同意、签字。审批通过后，付款申请单、报销单据交给出纳程某儒，程某儒付款后将银行付款单据、付款申请单、报销单据交给各单据对应岗位负责的财务人员，由各岗位会计人员记账，制作会计凭证归档。

问：公司账户是由谁保管？

答：所有炫酷乐公司公户都是由程某儒一人管理，账户密码也都是由程某儒保管。

问：炫酷乐公司是否存在使用个人账户往外走账，或相互往来的情况？

答：我不清楚这回事，我只知道公司公户，公司是否有使用个人账户的情况我不清楚。

……

问：通过调取上述个人银行账户的交易 IP 地址，发现上述个人银行账户自 2015 年以来连续多年多次银行账户转账交易所使用的 IP 地址和炫酷乐公司使用的 IP 地址一致，怎么会出现这种情况？

答：我不清楚，资金转账也不是我负责。

问：证监会取证显示，2012 年至 2019 年，上述程某珺、程某闻等银行账户与炫酷乐公司的银行公户存在频繁大额资金往来，在财务上也有记账，对此你作何解释？

答：因为炫酷乐公司每个月记账单都有上千笔，我确实没有细看每一笔资金转账的情况，也无法去核实，我负责的是看看财务报表有没有错报漏报等情况，看看财务报表的结构是否有问题，没问题就签字确认。

问：PN 市 AYA 服饰有限公司、PN 市 SGS 服饰有限公司、PN 市 SQ 制衣厂、PN 市 AL 服饰有限公司、PN 市 ALFS 有限公司、PN 市 LTY 纺织品有限公司、PN 市 LTF 纺织品有限公司、PN 市 BYL 纺织品有限公司、深圳市 SYSY 有限公司、深圳市 LYTD 实业有限公司、深圳市 JSWY 服饰有限公司、PN 市 LXFZ 品有限公司、PN 市 HYFZ 品有限公司名下银行账户是否由炫酷乐公司实际控制？

答：不是，这些公司大多都是炫酷乐公司的供应商，PN 市 SGS 服饰有限公司、PN 市 SQ 制衣厂、PN 市 AL 服饰有限公司是外发加工商；PN 市 LTY 纺织品有限公司、PN 市 LTF 纺织品有限公司、PN 市 BYL 纺织品有限公司、PN 市 LXFZ 品有限公司、HYH 是面料供应商；深圳市 JSWY 服饰有限公司是友衣乐客户；深圳市 SYSY 有限公司、深圳市 LYTD 实业有限公司是友衣乐外发加工商；PN 市 ALFS 有限公司我没有印象。

问：你是否认识上述公司的法人或实际控制人？

答：我不认识。

问：上述公司是否为炫酷乐公司的关联公司？

答：不是。

问：炫酷乐公司对上述公司的采购业务是否是真实的？

答：我只能根据公司审批流程，以及进货单、入库单、销售采购合同、付款凭证来确认采购业务是真实的。

问：证监会调查资料显示，上述公司的法定代表人或股东大部分在炫酷乐公司有缴纳社保记录，炫酷乐公司通讯记录里也有他们的名字，他们使用的手机号码为炫酷乐公司配发给员工的集团号码，对此请你解释一下。

答：我不清楚，无法解释。

问：根据证监会调取的上述公司的工商及银行办理业务的资料，炫酷乐公司的方某立、程某丝、程某菲、武某捷、章某雨等多名财务人员，同时也是上述公司银行业务的经办人、被授权委托人，对此你是否知情？他们是否经你的授意办理相关事项？

答：我不知情，也没有委托或授意财务人员办理过相关事项。

问：炫酷乐公司聘请什么机构为其提供年报审计？

答：2012 年至 2014 年 LXX 会计师事务所提供 IPO 审计；2015 年公司上市，2015 年至 2017 年年报审计也是 LXX 会计师事务所负责的；2018 年至今的年报审计是 ZXCGH 会计师事务所负责的。

问：上述为炫酷乐公司提供年报审计的会计师事务所，审计期间是如何对炫酷乐公司农业银行基本户进行银行询证的？

答：2012 年至 2018 年，会计师事务所审计人员都是到银行现场询证，2012 年至 2014 年公司现场跟函人员是凌某洪，2015 年至 2018 年公司现场跟函人员是程某儒，2019 年后会计师事务所都是采用邮寄方式进行询证。

问：2012 年至 2019 年，炫酷乐公司农业银行基本户实际银行流水余额与账面记载存在差异。其中：2012 年期末账面记载余额是 81,482,846.99 元，实际银行流水余额为 7,305,406.79 元，虚增金额为 74,177,440.20 元；2013 年期末账面记载余额是 116,285,469.28 元，实际银行流水余额为 11,016,412.39 元，虚增金额为 105,269,056.89 元；2014 年期末账面记载余额是 237,743,740.87 元，实际银行流水余额为 9,030,469.78 元，虚增金额为 228,713,271.09 元；2015 年期末账面记载余额是 262,634,290.95 元，实际银行流水余额为 658,976.03 元，虚增金额为 261,975,314.92 元；2016 年期末账面记载余额是 436,338,050.32 元，实际银行流水余额为 2,187,911.75 元，虚增金额为 434,150,138.57 元；2018 年期末账面记载余额是 749,317,913.01 元，实际银行流水余额为 11,342,549.73 元，虚增金额为 737,975,363.28 元；2019 年期末账面记载余额是 1,098,835,265.32 元，实际银行流水余额为 1,280,295.51 元，虚增金额为 1,097,554,969.81 元。

以上实际银行流水余额与账面记载存在较大差异，请你解释相关情况？

答：虚增的过程我不是很清楚，每年年报审计的时候财务部都是根据出纳程某儒的银行流水进行记账，我只是根据形成的财务报表，核对财务报表的结构没有问题后就签字确认。直至后来公司被证监会调查我才知道公司存在严重的财务造假、虚增银行存款行为。其间，我作为财务总监在财务报表上签字确认，违规披露银行存款情况，给证券市场造成了巨大影响，我有不可推卸的责任。

问：炫酷乐公司出现的账实不符的银行对账单回执是谁制作的？

答：我开始不清楚是谁制作的，直到出事后我问过董事长程某厚，程某厚跟我说是他找外面的人制作的。

问：友衣乐、炫酷乐公司主要经营什么业务？

答：友衣乐主要经营时尚男装、女装的设计、生产及销售，名下最多的时候有50多家专卖店，后因经营不善全部倒闭了。原来成立炫酷乐公司是用于开展对外投资业务的，但一直没找到合适的投资项目，所以至今也没开展过什么业务。

问：炫酷乐公司在2017至2019年度报告中未如实披露“其他非流动资产”报表项目的情况，在2018年度报告中未如实披露募集资金使用的情况。友衣乐的在建工程——深圳炫酷乐友衣乐项目，累计预付工程款3.3亿元，其中2017年支付1.1亿元、2018年支付2.2亿元（募集资金）。上述预付工程款在2017至2019年度报告中均作为“其他非流动资产”列报，而实际上3.3亿元中有2.835亿元最终是炫酷乐公司控制使用的，用于炫酷乐公司体外资金循环。对此你作何解释？

答：当时支付的3.3亿元都是按照公司正常资金汇款审批流程汇款给承包商的，我在炫酷乐公司被证监会处罚后才发现炫酷乐公司存在体外资金循环的情况。作为财务总监，我在财务报表上签字确认，违规披露“其他非流动资产”，没有仔细核实跟进资金使用情况，我有不可推卸的责任。

问：炫酷乐公司在2018至2020年度存在对外担保未履行审批程序及信息披露的情况，以HKLH农村商业银行股份有限公司定期存单为第三方借款提供质押担保33笔，担保金额合计11亿元。其中2018年未披露担保事项7笔，担保金额2.9亿元；2019年未披露担保事项14笔，担保金额4.2亿元；2020年未披露担保事项12笔，担保金额3.9亿元。对此你作何解释？

答：对于炫酷乐公司在2018至2020年度存在对外担保未履行审批程序及信息披露的情况，我是完全不知情的，这也不是我负责的业务，程某厚也没有跟我说过相关事项，当时证监会也没有针对此事对我进行处罚。

辛某封讯问笔录（2023年7月24日）（第7次）

问：请你详细说一下炫酷乐公司具体是如何进行财务造假的？

答：炫酷乐公司财务造假是围绕为上市服务而进行的系统性造假。我是2011年11月到炫酷乐公司的，炫酷乐公司上市的模式是2010年开始的，我去的时候，这个公司上市的模式已经是存在的，比如银行、销售、岗位设置这些要怎么按照上市模式处理。为了使上市公司的对外披露的报表数据好看，首先需要对炫酷乐公司业绩进行虚增，主要是根据程某厚的指示进行虚增，程某厚会把当年需要虚增的业绩目标下指示给我，由我安排财务部各个岗位的人具体实施。首先是虚增收入，与矿磁公司、千灵山签订虚假合同订单，拿到合同订单后就组织虚假采购、安排虚假生产。生产环节是由成本会计岗位的人负责，成本会计岗位的人我记得有国某龙、季某听，其他人记不得了。然后是进行虚假出库发货，出库是由销售会计岗位的人负责，销售会计岗位的人我记得有鲁某风，其他人记不得了。接着就是根据虚假发货的数据开具发票。这样我们通过“虚假合同—虚假采购生产—虚假出库发货”的流程就完成了业绩虚增。

问：你接着说。

答：完成业绩虚增后，就带来银行存款的变化了，一般矿磁公司、千灵山会通过我们开票的金额向我们付款，月末他们回款的金额比较少，造成炫酷乐公司应收账款较大的时候，炫酷乐公司就会虚增回款，降低应收账款。虚增回款的具体数额是按照程某厚下定的财务增长目标，由我根据财务报表的结构判断的，经过判断后我就把需要虚增回款的金额告诉会计人员古某岚，由她具体实施。有些不能体现在财务报表上的支出（比如应付账款较低）及不合理开支（比如买烟酒、招待、借款出去），我们也要消除掉，这样也会造成实际银行存款跟账面记录的银行存款不一致。

问：炫酷乐公司是如何实现虚假函证的？

答：我们首先派炫酷乐公司的工作人员假扮成会计师事务所工作人员，拿着询证函（会计师事务所盖过公章的空白的询证函）和介绍信到银行，由银行根据询证函打印出炫酷乐公司真实的银行流水及回单。工作人员拿回来这些真实的银行流水及回单后，由财务部的古某岚或易某鸣根据这些银行流水及回单的格式，伪造一份炫酷乐公司按照上市设定财务目标的银行流水及回单（为上市使财务报表好看，且为了达到设定的业绩及存款增长目标）。伪造完这份银行流水及回单后，会盖上炫酷乐公司私刻的银行印章。这份伪造的银行流水及回单会在会计师事务所真正的工作人员到银行进行询证时，现场在银行工作人员与会计师事务所工作人员交接的空档期进行调包，这样会计师事务所拿到的就是经过炫酷乐公司人员伪造过的询证回单及银行流水。

问：炫酷乐公司具体对哪些银行账户进行虚假函证？

答：所有的银行询证函伪造的都是炫酷乐公司农行公户。

问：询证函是怎么来的？

答：询证函是我安排炫酷乐公司的财务人员按照会计师事务所真实的询证函模板制作后打印出来的，随后加盖伪造的会计师事务所的印章。印章是程某厚安排外面的人去刻印的，涉及被伪造的只有 LXX 会计师事务所这一家公司的公章。

问：伪造的印章在哪里？

答：平时是易某鸣在保管，后来公司爆雷之后怎么处理我就不清楚了，应该是程某厚他们处理掉了。

问：你安排过公司哪些员工冒充会计师事务所的工作人员去银行函证？

答：我记得的有程某轩、王某惠等人。这个具体的过程是我安排赵某枚，让赵某枚去找炫酷乐公司员工名单以外的人冒充会计师事务所的人，我记得除了程某轩、王某惠之外还有其他人员，但具体名字我记不得了。

问：程某轩、王某惠是什么人？

答：他们在炫酷乐公司三楼办公，但不在炫酷乐公司财务部员工名单里面。

问：LXX 会计师事务所是否有参与炫酷乐公司财务造假？

答：没有。

问：ZXCGH 会计师事务所是否有参与炫酷乐公司财务造假？

答：没有。

问：炫酷乐公司是谁决定财务造假的？

答：程某厚和汪某珠决定的。

2. 财务部门工作人员证明汪某珠并未参与财务造假的决策、安排、执行

炫酷乐公司财务部出纳程某儒的供述证明：(1) 财务造假（虚增收入、利润，虚构银行存款）的行为部分，其共犯结构为董事长——财务总监——财务部门员工。辛某封向程某厚汇报，财务部门员工向辛某封汇报。财务造假的具体事宜由辛某封具体管理，对接财务部门员工实施。(2) 公司实际控制个人账户及其相关操作，与程某厚有关联。(3) 上述财务造假行为均与汪某珠无关。

程某儒讯问笔录（2023 年 6 月 8 日）（第 1 次）

……

问：说一下炫酷乐公司的基本情况。

答：炫酷乐公司位于广东省 PN 市流沙东街道新坛村大德北路西，办公楼总共 3 栋，都在同个地方。公司的法人代表、董事长是程某厚。总经

理是汪某珠，董秘是姜某霖。公司有行政部、财务部、销售部、人事部、采购部、证券部、车间等部门。财务部总监是辛某封，安排所有财务人员的工作。财务部经理是赵某枚，主要负责税务和审核会计账。季某听、楚某雨、国某龙、程某婧是会计岗位，古某岚是会计主管，卢某行负责税务，程某秦负责现金出纳。

问：相关材料显示，证监会稽查总队于2019年至2022年对炫酷乐公司涉嫌违法违规的问题进行入场调查，在此期间，你是否有配合调查？

答：有。

问：你在证监会稽查总队所做笔录中交代的情况是否属实？

答：属实。

问：证监会调查期间，你更换手机、更换办公电脑的硬盘及重装电脑操作系统，是出于什么原因？

答：我的手机掉了，我印象中公司的电脑在那个时间都没有换过。

问：是否有人组织、安排你抵抗证监会调查？

答：没有。

问：身为财务人员，你应该清楚炫酷乐公司的真实财务状况，也应当知道财务造假行为的严重性，对于炫酷乐公司的违法行为，请你如实回答公安机关的提问，不要抱有侥幸心理，否则你将承担相应的刑事责任，清楚吗？

答：清楚。

问：说一下你在炫酷乐公司所负责的工作。

答：我是炫酷乐公司财务部的出纳，具体管理公司的账户，每天收到楚某雨、国某龙、程某婧等会计人员付款申请单后就付款，一般都有各岗位会计人员、辛某封、汪某珠的签名。

问：你所说的付款申请单包括哪些具体单据？

答：付款申请单就是一张付款申请表，表里面有相关的付款信息，比如收款人账号、户名、金额等，在“摘要”栏目会写明付款用途。

问：你向谁报告工作？

答：我向辛某封报告工作。

问：说一下炫酷乐公司资金付款的具体流程。

答：对应的报销人员填写付款申请单，之后交给我们部门对应的会计，会计审核后交给辛某封，辛某封审完交给汪某珠审核，审完之后由会计人员交给我付款。

问：炫酷乐公司的公户是谁在操作？

答：我在操作，有20个左右。公司公户的网银都在我这里，网银U盾连接上我的台式电脑，按照操作流程付款。大概2013年左右我的台式电脑坏了，就换成在笔记本电脑上操作。我的电脑都没有设置密码，一般是我在使用，但偶尔会有同事在我电脑上操作，但其他人不知道网银密码。

问：根据证监会2020年7月27日取证，你所使用的办公笔记本电脑为联想lenovoG40－70型笔记本电脑，以太网适配器物理地址为68－F7－28－89－29－54（79卷P127），公安机关现将相关资料复印件供你确认，请仔细观看，确认情况是否属实？

答：照片中的电脑是我使用的笔记本电脑。

问：炫酷乐公司是否有使用私户进行公司资金操作？

答：我没有操作过个人账户。

问：你除了保管炫酷乐公司的银行公户之外是否还保管有个人银行私户、其他公司银行公户？

答：我有操作过炫酷乐公司的账户，只操作过炫酷乐深圳投资管理有限公司、PN龙资股份有限公司的账户。

问：程某珺等个人银行账户是否由炫酷乐公司控制使用？

答：上述这些私人账户都是程某厚给我使用的，我的确操作过这些私人账户，程某厚一般是当天把U盾给我使用，告诉我要利用这些账户汇款给哪个账户，大部分是汇款给一些个人账号，具体是哪些账号我记不清了，我根据他的指示操作后再把U盾还给他。基本一天有好几次会交代我用这些账号汇款。

……

程某儒讯问笔录（2023 年 6 月 8 日）（第 2 次）

……

问：炫酷乐公司收到的银行承兑汇票原件由谁保管？

答：炫酷乐公司收到的银行承兑汇票原件由我保管。

问：炫酷乐公司有收到过哪些公司的银行承兑汇票？

答：我记得有收到过矿磁公司、千灵山的银行承兑汇票，其他公司的我记不起来了。

问：除了炫酷乐公司收到的银行承兑汇票，你是否还保存其他的公司的银行承兑汇票？

答：我没有保存过其他公司的银行承兑汇票，但是我有拿到过程某厚让我操作的公司账户的承兑汇票，不过拿到手后我都是拿给程某厚。

问：程某厚让你操作的公司账户的承兑汇票，是谁拿给你的？

答：我确实想不起来是谁拿给我的。

问：请介绍炫酷乐公司对银行承兑汇票的使用及审批流程？

答：炫酷乐公司开银行承兑汇票都是由辛某封审批之后，我或者程某秦联系银行，向银行说要开多少数目的承兑汇票，银行就会跟我们说需要准备哪些材料，我们准备好材料后就直接去银行开具承兑汇票。当炫酷乐公司收到生意伙伴拿来的承兑汇票时，如果不需要立刻支付我就会保管起来，等到需要支付出去的时候再进行背书和支付的流程。

问：你保管的银行承兑汇票是否存在造假的情况？

答：我保管的银行承兑汇票都是交易对手直接给我或通过销售部凌某茹给我，或者是我们炫酷乐公司去银行开具的，我经手的银行承兑汇票没有存在造假的情况。

问：证监会调查发现，在银行调取的银行承兑汇票和炫酷乐公司财务记账凭证后面附的银行承兑汇票存在不一致，为什么会出现这种情况？

答：我经手保管的银行承兑汇票都会交给胡某兰去做账，至于为什么会出现与证监会调取的银行承兑汇票不一致的情况，我不清楚。

……

程某儒讯问笔录（2023 年 6 月 8 日）（第 3 次）

> ……
>
> 问：相关资料显示，证监会稽查总队于 2019 年至 2022 年对炫酷乐公司涉嫌违法违规的问题进行入场调查，在此期间，你是否有配合调查？
>
> 答：没有，因为程某厚跟我说，证监会调查的时候，如果问起炫酷乐公司控制的私人账户、供应商相关信息，我就回答不知道。

程某儒讯问笔录（2023 年 6 月 8 日）（第 4 次）

> ……
>
> 问：你是否有参与财务造假？
>
> 答：我只是按照领导的安排办事而已，他们让我干什么我就干什么，他们不允许我过问太多，所以我觉得我没有参与财务造假。
>
> 问：公司其他人是否有财务造假行为？
>
> 答：辛某封有给过我一个尾号为 0377 的农行 Ukey，让我打印出来里面的银行流水，交给会计的古某岚记账。因为我手上也有一个尾号为 0377 的农行 Ukey，我可以通过这个 Ukey 进行汇款转账，但是辛某封给我的 Ukey 我没有试过是否可以银行转账，我不知道辛某封给我的这个 Ukey 是不是真实的，但我看到他这个 Ukey 所显示的银行金额和我手上的 Ukey 金额不一样，他手上的 Ukey 里显示的银行金额是偏高的，数额几乎是我手上 Ukey 显示的金额的翻倍。
>
> 问：你是否知道辛某封手上的 Ukey 的银行流水是谁制作的？
>
> 答：我不知道，是辛某封交给我的，具体是谁做的我不清楚。
>
> 问：说一下辛某封将尾号 0377 的 Ukey 交给你打印银行流水的频率。
>
> 答：一般是会计师事务所来炫酷乐公司审计前，辛某封会交给我打印银行流水，打印的银行流水是自打印时间往前推算半年到一年的情况。
>
> 问：辛某封让你打印这些银行流水是用来干什么？
>
> 答：我一开始不知道，他让我打印之后拿给古某岚，在证监会调查公告之后，我才知道他是为了造假。

问：你打印这些流水具体交给谁？

答：一开始是古某岚，2021 年左右古某岚辞职，她手头的工作交接给了当时新来的易某鸣，我之后就把银行流水交给易某鸣。

问：辛某封给你的尾号为 0377 的农行 Ukey 一般是谁在保管？

答：一般是他自己在保管，我按照他的指示打印完银行流水后就还给他。

问：古某岚是怎么记账的？

答：古某岚都是按照辛某封的安排做事的，我不知道他们是否有参与财务造假行为。

……

问：说一下炫酷乐公司的银行询证情况。

答：会计师事务所的人过来炫酷乐公司询证的时候，辛某封会安排我或程某秦跟着会计师事务所的人到银行柜台去询证。过来询证的审计人员到底是不是会计师事务所的工作人员我不清楚，辛某封说是就是。

问：你带领过哪些会计师事务所的工作人员去农行流沙西市场支行函证？

答：我现在能想起来的是带领过王某惠、程某轩去函证。

问：王某惠、程某轩是什么身份？

答：辛某封说他们是审计员，但我知道王某惠、程某轩是我们公司的财务人员。其中王某惠是赵某枚的下属，程某轩是会计，由赵某枚领导。有一次我还问辛某封这是审计员吗？辛某封说是，让我带他们去就可以了，让我不要过问太多。

问：你带领他们去函证是怎么处理的？

答：审计员带着询证函、介绍信、身份证复印件和原件到银行柜台递给柜台人员，因为要等 1 到 2 个小时，所以银行一般是通过邮寄方式寄给会计师事务所或者通知审计人员过来领取，即回函给王某惠、程某轩他们，他们应该是将回函交给了赵某枚和辛某封。

问：你是否知悉炫酷乐公司给供应商银行开户？

答：知道。辛某封或者赵某枚会交代财务人员去办理供应商的银行开户资料，办完之后应该是交给程某厚，因为是程某厚交给我的。

问：有哪些财务人员参与了供应商的银行开户？

答：我知道的有方某立、程某轩、武某捷、王某惠等人。

问：程某珺等个人银行账户对账单、银行流水是谁打印的？

答：有时候是程某厚让我去他办公室拿 Ukey，交代我去打印，我就登录我的电脑打印，打印完之后一份交给他，一份交给黎某儒。

问：PN 市 AYA 服饰有限公司等名下银行账户的对账单、银行流水是谁打印的？

答：也是程某厚让我打印的，他把 Ukey 给我打印，打印完之后一份交给他，另一份交给黎某儒。

问：这些个人账号和供应商对公账户是谁保管的？

答：一般是程某厚保管，有时候他需要汇款的时候就给我操作，我操作完把付款单、银行汇款单和 Ukey 一并还给他。有时候如果找不到程某厚，就由我保管 Ukey。

问：程某厚让你操作这些个人账户和供应商对公账户，是否给你好处？

答：没有。

问：你一般向谁汇报工作？

答：炫酷乐公司的业务是跟辛某封汇报的，但个人账户和供应商对公账户这些是程某厚交代的，我就直接跟程某厚汇报了。

问：说一下承兑汇票的情况。

答：我经手的承兑汇票要么是银行打印出来的，要么是销售部给我的，有时候是客户来公司直接给我的，我根据付款申请单的要求来付款，经我付款的承兑汇票原件都在我这里保管，尚未付款的承兑汇票原件也在我这里保管。

问：承兑汇票的付款申请单是否真实？

答：我只知道给我的付款申请单都有对应报销人员、会计人员、会计

> 主管委员（一般是楚某雨或古某岚）、辛某封、汪某珠签名，我根据付款申请单上的付款申请来汇款，一般是汇给公司账户，记不清汇给哪些公司了。

程某儒讯问笔录（2023年6月15日）（第5次）

> ……
>
> 答：辛某封入职炫酷乐公司之前，即2011年11月以前，姜某霖分管财务工作，那段时间他会经常给我安排资金转账汇款等工作。辛某封来了之后，姜某霖偶尔也会签些付款申请单，我根据付款申请单进行转账汇款。
>
> 问：姜某霖让你转账汇款的银行账户都有哪些？
>
> 答：主要都是炫酷乐公司名下的银行账户。
>
> 问：姜某霖是否曾安排你使用个人银行账户或供应商公司银行账户进行转账？
>
> 答：他没有直接安排我使用个人银行账户或供应商公司银行账户进行转账。但是有一种情形是跟姜某霖有关的，就是姜某霖有时候给我的一些付款申请单，涉及使用个人银行账户或供应商公司银行账户进行转账付款，姜某霖以类似审核人的身份在付款申请单上进行签名确认，而最终审批人是程某厚。
>
> 问：请你介绍一下付款申请单上面记载了哪些内容？
>
> 答：付款申请单上记载了收款人姓名，收款人账户，付款金额，备注，日期，审核人或主管，审批人。
>
> 问：付款申请单没有写明使用哪些银行账户进行付款吗？
>
> 答：没有。
>
> 问：那你如何确定使用哪些银行账户进行转账付款？
>
> 答：程某厚和姜某霖会直接跟我讲从哪些账号出去。然后他们跟我交代的这些银行账户就会涉及个人银行账户或供应商公司银行账户。
>
> 问：具体涉及哪些个人银行账户以及供应商公司银行账户？

答：在我之前做的笔录里，警官提供给我确认的那些银行账户都有涉及。炫酷乐公司上市后，我才接触到个人银行账户以及供应商公司银行账户的汇款转账工作，当时姜某霖经常会交代我使用这些银行账户进行转账付款，并有程某厚签名审批的付款申请单。后来，姜某霖去了友衣乐上班，就比较少交代我做这方面的工作了。

程某儒讯问笔录（2023年6月30日）（第6次）

……

问：你具体带领过哪些炫酷乐公司的员工冒充审计人员函证？

答：我能确认的有王某惠、程某轩。是辛某封让我带领他们去的银行。

问：请你详细介绍一下具体是如何带领王某惠、程某轩去银行函证的？

答：一般是辛某封将我叫到他的办公室，跟我说"等一下你带审计员去农行询证"，之后，辛某封叫王某惠或程某轩进来他的办公室，将函证手续交给王某惠或程某轩，然后我就带王某惠或程某轩去农业银行流沙西市场支行函证。他们不是一起跟我去的，而是不同时间单独跟我去，之所以对他们有印象是因为我知道他们明明是炫酷乐公司的人，辛某封却跟我说是会计师事务所的人。我还曾经问过辛某封，结果辛某封很强硬地跟我说，他说是就是，不要问那么多。

问：你具体是什么时候带王某惠和程某轩去银行函证？

答：具体时间我现在想不起来了，只记得分别带王某惠、程某轩去过一两次，都是去农业银行流沙西市场支行函证尾号为0377的炫酷乐公司基本户以及尾号为1755的专用户的存款余额等信息。

问：具体是如何函证的？

答：我带领会计师事务所的工作人员（无论真的或者假的工作人员）去到银行柜台，会计师事务所的工作人员将相关手续递交给银行工作人员，剩下的就是等回复，有时候是直接现场拿到回函，有时候是先回去，之后由银行联系会计师事务所工作人员给回函。

问：你是否带李某锋以会计师事务所工作人员的身份去银行函证？

答：我对李某锋没有什么印象。

问：你是否带楚某雨以会计师事务所工作人员的身份去银行函证？

答：没有。

……

问：你是否有制作炫酷乐公司尾号0377农行基本户的虚假对账单？

答：没有。只有辛某封给过我一个Ukey打印尾号0377农行基本户的虚假对账单。

问：打印出来的虚假对账单交给谁？

答：有时候辛某封让我直接交给他本人，有时候让我直接拿给古某岚。

问：虚假对账单是否需要邮寄给会计师事务所审计？

答：我不知道，我将虚假对账单打印出来之后要么拿给辛某封，要么拿给古某岚。

问：虚假对账单是谁制作的？

答：我不知道。

问：辛某封让你带炫酷乐公司工作人员冒充会计师事务所工作人员的身份去银行函证，你是否有得到什么好处？

答：没有。

问：辛某封让你打印虚假的尾号0377账户银行对账单，你是否有得到什么好处？

答：没有。

程某儒讯问笔录（2023年10月9日）（第8次）

……

问：程某儒，你是否知道田某镇××××××××××××××9876，陈某卿××××××××××××××3834，陈某忠××××××××××××××8741这3个银行账户？

> 答：具体账号我记不得，但是这3个名字的账户我知道。
>
> 问：以上3个银行账户是谁在实际控制使用？
>
> 答：我有在工作中使用过这3个银行账户，都是程某厚叫我用这几个账户转账的，所以我认为是程某厚在实际控制使用。
>
> ……
>
> 问：2020年10月20日和22日，PN市LXFZ品有限公司尾号1254账户分别转700万元和545万元共计1245万元至张某斌尾号0077账户。田某镇尾号9876账户收到该两笔转账后，在2020年10月20日转3笔共418万元到陈某裕尾号5503账户，153.2万元到祝某学名下账户，137万余元到庄某奎尾号3392账户。22日田某镇转550万元到李某琴尾号2875账户。这是怎么回事？
>
> 答：时间过去太久，我记不得是怎么回事了，如果是我经手的话，那流程就是程某厚叫我去他办公室拿转账需要用到的U盾，然后交代我如何转账。

炫酷乐公司财务经理赵某枚的供述证明：（1）赵某枚根据财务总监指令从事职务。（2）炫酷乐公司与矿磁公司等案涉业务有关的事项，与汪某珠并无关联。（3）融资工作（存单质押担保）与汪某珠有关。

赵某枚讯问笔录（2023年5月13日）（第1次）

> ……
>
> 问：介绍一下炫酷乐公司的基本架构。
>
> 答：程某厚是董事长，汪某珠是总经理，辛某封是财务总监，姜某霖是公司的董秘，我是公司的财务经理，其他人员因为时间比较久我记不太清楚了。
>
> 问：你在炫酷乐公司担任什么职务，具体负责什么工作？
>
> 答：我在2011年刚入职炫酷乐公司时担任会计工作，负责与税务部门联系、做记账凭证；在陈某华辞职后，我担任财务经理，负责联系税务部门、银行融资、记账的复核等工作。

问：你向谁汇报工作？

答：我日常财务工作向辛某封汇报，后来的银行贷款融资的情况除了跟辛某封汇报外，还要向程某厚和汪某珠汇报。

问：你主要协助辛某封的工作有哪些？

答：我主要协助辛某封与税务部门联系，以及银行融资贷款和记账凭证制作及复核。

问：炫酷乐公司的银行日记账工作具体是谁负责的？

答：是出纳朱某虹、程某儒、程某秦。

问：你对炫酷乐公司日记账情况是否清楚？

答：我不清楚，我没有负责这部分工作。

问：炫酷乐公司账实不符的银行对账单回执是谁制作的？

答：我不清楚，银行对账单一般是出纳朱某虹、程某儒、程某秦去银行拿，具体账实不符的银行对账单回执是谁制作的我不清楚。

问：炫酷乐公司是否存在使用个人账户往外走账或相互往来的情况？

答：我不清楚。

问：程某珺、陈某和、陈某民、陈某芳、杨某珍、汪某茹、乐某明、程某闻、李某琴、方某立等人你是否认识？

答：程某珺是程某厚的母亲，其他人我不认识。

赵某枚讯问笔录（2023 年 5 月 13 日）（第 2 次）

……

问：炫酷乐公司的主要客户？

答：炫酷乐公司最大的客户是福建厦门的矿磁公司，有一年千灵山也是炫酷乐公司比较大的客户，但具体是哪一年我记不得了。

问：介绍一下炫酷乐公司跟矿磁公司的合作情况？

答：根据我所经手的业务票据来看，炫酷乐公司跟矿磁公司的业务主要是炫酷乐公司帮助矿磁公司设计、生产、加工衣服。

问：你对接矿磁公司的哪些人员，在炫酷乐公司与矿磁公司业务合作中，你参与了哪些工作？

答：我有对接过矿磁公司的财务总监，是个女的，时间过去太久了，她的其他信息我记不起来，我和业务员林某茹有一起去找过这个女财务总监讨要合同欠款。在炫酷乐公司与矿磁公司的业务合作中，业务那边跟矿磁公司签订好合同后，会把合同交到我们财务这边，财务这边有专门的人员负责收集整理合同，货物发出后就会有发货单和出库单送到我们财务这边，我就会根据业务实际发生的情况进行账务处理。

问：炫酷乐公司具体是哪些人员参与了与矿磁公司的业务合作，如何分工？

答：炫酷乐公司的财务人员里面，我负责对开给矿磁公司的发票进行复核以及开票前的确认沟通方面的业务。比如有时候我们一个月给矿磁公司发了10万元的货物，但是矿磁公司那边还没验收，或者只验收了一部分，我在需要给矿磁公司开发票的时候就会问一下业务人员，矿磁公司那边这个月要怎么开这张出货单对应的发票，业务人员就会联系矿磁公司那边的业务人员，对接好后就会跟我说开多少钱的票。因为如果我按照出货单的数量价格交代给鲁某风开票后，矿磁公司那边不接收退还给炫酷乐公司的话，我还得给这张发票做冲红处理，比较麻烦，而且会计记账也是在对方确认收货后才确认收入。我手下的小妹鲁某风是应收会计，她的工作主要是听我安排去找矿磁公司的财务人员确认具体开票数额后开票。我的领导辛某封是炫酷乐公司的财务总监，每个月炫酷乐公司与矿磁公司的业务在开票方面如果遇到问题，比如矿磁公司不确认收货或者矿磁公司来款太慢等问题，我就会跟辛某封反映，由辛某封决定如何解决。公司业务那边就是林某茹在对接矿磁公司的业务，具体业务那边林某茹是怎么对接的我就不了解了。

问：证监会调查发现，炫酷乐公司账面记录收到矿磁公司背书转让的银行承兑汇票，并背书转让给供应商，但是银行承兑汇票原件显示，不存在炫酷乐公司作为被背书人和背书人的记录，请你解释一下相关情况。

答：我解释不了。

问：证监会调查发现，炫酷乐公司与矿磁公司业务往来中，大部分业务炫酷乐公司仅签订合同，开具发票并配合矿磁公司并未真实背书转让给炫酷乐公司的银行承兑汇票入账或资金走账，炫酷乐公司未实际提供服装设计服务和实际货物。你解释一下相关情况。

答：我解释不了。炫酷乐公司与矿磁公司业务往来中，大部分业务肯定是真实存在的，但是有时候会存在这样的情况，因为矿磁公司那边有的供货商没办法给矿磁公司开具发票，矿磁公司有时候就会要求我们按照矿磁公司跟供货商签订的合同价格开票给他们。因为我们供货给矿磁公司是需要有实际货物出库的，所以我们会将货物的设计费用单独提出来签设计合同后开发票给矿磁公司，这样开出来的设计费用就不会跟仓库实际货物出库有冲突。

问：炫酷乐公司跟矿磁公司的业务是否存在虚假业务？

答：炫酷乐公司跟矿磁公司是有虚假业务的，就是我前面提到的帮矿磁公司为矿磁公司的供应商提供发票而签订的设计合同。

……

问：你在证监会稽查总队所作笔录中交代的情况是否属实？

答：属实。

问：身为财务人员，你应该清楚炫酷乐公司的财务运行的情况，也应当知道相关行为的严重性。对于炫酷乐公司的违法行为，请你如实回答公安机关的提问，不要抱有侥幸心理，否则你将承担相应的刑事责任，清楚吗？

答：我知道。

问：你是否有参与炫酷乐公司财务造假的行为？

答：我没有。我都是照着业务单据入账处理的。

问：炫酷乐公司是何人在实施财务造假行为？

答：炫酷乐公司财务造假在公司中已经变成一种业务模式，我们按照这种模式去做，在我们去的时候这种模式已经在实行了，我们也只是其中的一个执行者，所以很难说具体是谁在实施这种行为。

问：炫酷乐公司为何要实施财务造假？

答：我个人认为应该是为了上市公司的业绩需要。

问：在讯问期间，公安机关是否有保障你的休息和饮食？

答：有的。

问：你还有什么需要补充说明的吗？

答：我作为一个打工人，来到炫酷乐公司工作，公司怎么安排任务，我是没有决定权的，只能执行，我个人请求法律能对我从轻处理。作为一名打工人，我也身不由己，而且我家庭情况特殊，家境困难。我的家庭是一个单亲家庭，我的丈夫因为车祸去世，留下两个小孩需要我单独去抚养。我的弟弟在 2005 年因车祸去世，也留下两个小孩需要我去抚养。这 4 个小孩中目前有两个正要参加高考。除此之外，家里还有两位老人需要我赡养。作为家中唯一的经济来源，这个家需要我来支撑，所以请求公安机关能够对我从轻处理，能够让我取保候审出去，至少让我能够去照顾那两个即将高考的孩子顺利参加高考。

赵某枚讯问笔录（2023 年 5 月 18 日）（第 3 次）

……

问：说一下炫酷乐公司财务部的情况？

答：我在炫酷乐公司任职的时候财务部大约有 11 人，总监是辛某封，负责财务部的总体工作。我是财务经理，具体负责炫酷乐公司的税务、银行融资、财务账务的日常处理、审核记账凭证。财务主管有楚某雨，负责成本核算，此外还有古某岚，负责总账、成本、应收应付、财务凭证等工作。成本会计季某听，负责成本核算，凭证审核，对接会计师事务所审计工作。会计鲁某风、程某婧，负责应收应付工作。税务会计邓某今，协助我负责报税工作。会计卢某行，负责协助我跑融资业务。费用会计程某嘉，负责费用单据录入。出纳是程某儒、程某秦。

……

赵某枚讯问笔录（2023 年 6 月 14 日）（第 7 次）

……

问：根据公安机关掌握的情况，供应商公司的银行公户存在服务炫酷乐公司体外资金循环的情况，与你所说的用于融资业务不符，对此你作何解释？

答：这个我不清楚，我知道的就是这些供应商账户确实有用于炫酷乐公司融资业务接收款项，我没有操作过这些供应商账户。但是程某厚、汪某珠、辛某封、姜某霖他们利用这些供应商账户去进行体外资金循环等财务造假行为也是可能的。其实炫酷乐公司财务造假的行为，公司的财务人员都知道，我们心里其实对炫酷乐公司财务造假的行为都心知肚明，但是大家也不敢问，也不知道造假了多少。因为我们财务部的工作都是围绕上市来做的，我们做的账都是对外公开的，这些账都存在虚假记载，但具体有多少是虚假的我也区分不出来。实际上我们没有按照正常财务架构的分工去做事情，都是各人负责一块，直接向辛某封汇报工作。

问：姜某霖有没有参与炫酷乐公司的财务造假？

答：他应该是知道炫酷乐公司财务造假行为的，但是有没有参与我就不确定了。姜某霖作为公司的高层领导，而且又是董事会秘书，对财报信息的披露是有责任的，董事会他也是有参与的，而且曾经也负责过炫酷乐公司的融资业务，也曾安排程某儒进行资金划转等工作。

赵某枚讯问笔录（2023 年 6 月 14 日）（第 8 次）

……

问：PN 市 AL 服饰有限公司、PN 市 AYA 服饰有限公司、PN 市 ALFS 有限公司、PN 市 BYL 纺织品有限公司、PN 市 LTY 纺织品有限公司、PN 市 LTF 纺织品有限公司、PN 市 SGS 服饰有限公司、PN 市 SQ 制衣厂、PN 市 LXFZ 品有限公司、PN 市 HYFZ 品有限公司、深圳市 LYTD 实业有限公司、深圳市 SYSY 有限公司、深圳市 JSWY 服饰有限公司的实际控制人是谁？

答：我不知道实际控制人是谁，这些公司的贷款业务是老板程某厚、汪某珠安排我去做的。还有一些税务上的问题，相关财务人员会咨询我。还有就是深圳市JSWY服饰有限公司我没有打交道。

问：PN市AL服饰有限公司、PN市AYA服饰有限公司、PN市ALFS有限公司、PN市BYL纺织品有限公司、PN市LTY纺织品有限公司、PN市LTF纺织品有限公司、PN市SGS服饰有限公司、PN市SQ制衣厂、PN市LXFZ品有限公司、PN市HYFZ品有限公司、深圳市LYTD实业有限公司、深圳市SYSY有限公司的税务申报、缴纳工作是谁负责的？

答：我记得武某捷、程某轩、王某惠是在炫酷乐公司上班的，他们分别负责PN市AL服饰有限公司、桓烨公司、PN市AYA服饰有限公司的财务。李某锋原来是在炫酷乐公司做仓库文员，后来根据老板安排去做PN市SGS服饰有限公司的财务工作。其他公司的财务有各自的兼职会计做或让中介代理记账，中介具体叫什么名字我记不清楚了。这些公司的税务申报之后，会将需要缴纳的税额报给炫酷乐公司的出纳程某儒，由程某儒统一安排。

问：你是否安排程某轩去PN市HYFZ品有限公司上班？

答：没有，她是在炫酷乐公司上班的。我根据老板程某厚、汪某珠的安排让程某轩去做桓烨公司的财务工作。她有时会去PN广场COCOCITY大楼桓烨公司的办公室开票，因为当时税控机是绑定公司的办公地址的，如果需要则必须去办公地址开。

问：你是否安排了PN市HYFZ品有限公司的法定代表人程某韬去工商部门办理变更手续？

答：没有。

问：你是否安排了易某鸣做PN市AL服饰有限公司的财务工作？

答：她有做过，是根据老板汪某珠的安排去做的。

问：PN市AL服饰有限公司、PN市AYA服饰有限公司、PN市ALFS有限公司、PN市BYL纺织品有限公司、PN市LTY纺织品有限公司、PN 市 LTF 纺织品有限公司、PN 市 SGS 服饰有限公司、PN 市 SQ 制衣厂、PN 市 LXFZ 品有限公司、PN 市 HYFZ 品有限公司、深圳市 LYTD 实业有限公司、深圳市 SYSY 有限公司的员工人事、财务工作是否你本人在管理？

答：不是我，我只负责这些公司相关的融资贷款，以及这些公司财务工作的人有什么不懂可以咨询我。

问：你是否有安排过上述公司的相关人员的人事变动？

答：我是根据老板程某厚、汪某珠的安排，通知相关公司的财务人员进行人事调动。

问：上述公司是否有实际经营？

答：我知道 PN 市 AL 服饰有限公司、PN 市 SQ 制衣厂、PN 市 SGS 服饰有限公司、深圳市 SYSY 有限公司、深圳市 LYTD 实业有限公司这几家公司是有厂房而且有实际生产的，其他公司只有一间办公室，我也不知有没有实际经营。

问：上述公司的老板是谁？

答：我知道 PN 市 SQ 制衣厂的老板是陈某雄，其他公司的老板我不知道，没有见过。

问：会计师事务所对相关公司的访谈工作你是怎么联系的？

答：都是老板程某厚、汪某珠提前联系我让我去联系相关公司的法人或者厂长。然后我就去联系相关人员配合访谈，之后就带会计师事务所的工作人员去相关的公司。

问：2018 年至 2020 年 PN 市 AL 服饰有限公司、PN 市 AYA 服饰有限公司、PN 市 BYL 纺织品有限公司、PN 市 LTY 纺织品有限公司、PN 市 LTF 纺织品有限公司、PN 市 SGS 服饰有限公司、深圳市 LYTD 实业有限公司、深圳市 SYSY 有限公司累计在 HKLH 农村商业银行股份有限公司贷款 11 亿元人民币，这些贷款是谁安排去贷的？

答：是程某厚、汪某珠决定的。他们两个安排我、程某丝、卢某行等人准备相关的资料，同时通知供应商的相关法人、财务人员配合。

> 问：上述贷款是谁在使用？
>
> 答：贷款批下来之后是由老板程某厚、汪某珠统一安排的，具体怎么使用我没有参与，不清楚。

炫酷乐公司财务方某立证言印证了财务部门造假的人员结构，且表明与汪某珠无关。

方某立询问笔录（2023年5月20日）（第1次）

> ……
>
> 问：请你介绍一下炫酷乐公司财务部的情况？
>
> 答：原财务总监辛某封，是财务负责人，我们日常的工作进度直接向财务总监报备。原财务经理赵某枚，负责审核凭证。原财务部副经理楚某雨，负责总账目处理。原财务主管季某听，负责成本会计。银行出纳程某儒，负责付款、费用等资金管理工作。现金出纳程某秦，负责一些小额费用报销及对接银行工作。会计古某岚，负责银行日记账、对账等工作。
>
> 问：请你介绍一下你所负责的工作？
>
> 答：我负责炫酷乐公司的应付会计、日常的单据审核及对账，即供应商将每个月发生的来货数与我核对。
>
> 问：炫酷乐公司是否涉嫌财务造假？
>
> 答：我是从证监会调查我们公司之后才知道公司涉嫌财务造假的。
>
> 问：你是否参与了炫酷乐公司财务造假？
>
> 答：我只是听从财务总监辛某封的工作安排，至于工作内容有没有涉嫌财务造假我不知道。现在看来可能有一些涉嫌财务造假了，但是我当时真的不知道。
>
> 问：你是否知道PN市AYA服饰有限公司、PN市SGS服饰有限公司、PN市AL服饰有限公司、PN市LTF纺织品有限公司、PN市SQ制衣厂、PN市BYL纺织品有限公司、深圳市SYSY有限公司、深圳市LYTD实业有限公司、PN市LTY纺织品有限公司、PN市ALFS有限公司？
>
> 答：我知道，上述这些公司都是炫酷乐公司的供应商。

问：根据中国证监会调取相关企业办理银行业务资料，发现你参与办理多个相关企业的银行业务……请你仔细观看，并说明上述银行业务是否是你本人办理，并说明办理这些业务的目的？

答：除了 AOL 公司的业务是我去办理的，其他的银行业务我都没有参与过，而且我也不知道这些业务。这里面有一些银行业务的办理时间是在 2016 年，那个时候我还不知道这些公司，也还没有来炫酷乐公司上班。

……

问：你说除了 AOL 公司的业务是你办理的，其他公司办理的银行业务你都没参与也不知情，那为什么相关业务的被授权人是你，所留的联系电话也是你本人使用的号码？

答：这个我不知道怎么解释，但我真的没有办理过相关业务。

问：你使用的手机有没有收到相关业务办理的通知短信？

答：我没有注意。

问：你将为 PN 市 ALFS 有限公司做账的事情详细说一下？

答：大概在 2018 年，我入职炫酷乐公司不久，有一次程某厚找到我，给了我 PN 市 ALFS 有限公司的老板程某洲的电话，说这家公司需要一个人帮忙做账，让我联系他，配合他做财务工作。随后我联系了程某洲，他让我给 PN 市 ALFS 有限公司办理报税、开户等业务，并每个月给我 500 元现金作为我的劳动报酬。

问：说一下程某洲的情况？

答：程某洲，男，30 多岁，PN 市 ALFS 有限公司的法人代表。

问：说一下 PN 市 ALFS 有限公司的情况？

答：PN 市 ALFS 有限公司我没有去过，具体办公地址、公司员工、公司构架我都不清楚，我只对接程某洲，帮他在网上申报 PN 市 ALFS 有限公司的报税工作，而且这家公司的税务申报都是零申报，即没有实际业务。

问：卡号 6228××××××××××70 的农业银行账户是否为你本人账户？

答：这个银行账户是我本人去PN国际服装城的农业银行开通的，具体什么时候办理的我现在想不起来，当时是程某厚要求我开通一个我名下的个人银行账户给公司使用，于是我就按照他的要求去办理了这张银行卡，同时开通了网银业务，并且将银行卡、网银U盾以及相关密码移交给了程某厚。之后发生的事情我就不知道了。

问：程某厚是否有说要你将这张银行卡作什么用？

答：他当时说开一个账户，给公司用，但具体用作什么我不清楚。

问：这张银行卡现在在哪里？

答：2021年上半年，证监会调查炫酷乐公司之后，程某厚将这张农业银行卡拿还给我，说这张卡现在用不上，让我去银行注销掉，于是我就去办理了注销。

问：程某厚让你提供你本人的私人银行卡是否给了你什么好处？

答：没有。

方某立询问笔录（2023年6月5日）（第3次）

……

问：你在炫酷乐公司工作期间，办理过什么的银行账户给公司使用？

答：我记得我有带乐某明、张某斌、程某韬等人的银行账户（公户或私户我现在记不清楚了）给炫酷乐公司老板程某厚，是程某厚交代我带乐某明、张某斌、程某韬等人到银行办理相关业务的，办理后乐某明、张某斌、程某韬等人就将银行账户、Ukey、开户资料、账户密码等一并交给我，我再到公司交给程某厚。有时候程某厚不在，我就将银行账户等装进信封交给程某厚的秘书，由秘书转交给程某厚。

问：乐某明、张某斌、程某韬等人的银行账户是作何用途的？

答：程某厚没有跟我说是作何用途，我只是根据程某厚指示带上述人员到银行办理相关业务，办理后账户资料就交给程某厚了，具体作何用途我不清楚。

问：你是否有操作过上述银行账户？

答：没有。

问：乐某明、张某斌、程某韬等人将银行卡账户交给炫酷乐公司使用，是否收到了什么好处？

答：程某厚每年会给乐某明、张某斌、程某韬等人准备一个大约10,000元至20,000元的红包作为报酬，交给我由我转交给他们，大约给了有几年（具体时间我现在记不清了）。

问：你从中是否有收到什么好处？

答：没有。

问：你在上次笔录中提到，你在2018年至2019年帮助PN市ALFS有限公司做过账，是否有收到什么好处？

答：有，我在帮助做账期间，PN市ALFS有限公司法定代表人程某洲每月会给我500元的报酬。

方某立询问笔录（2023年7月11日）（第4次）

……

问：你在炫酷乐公司工作期间，是否办理过一些公司的登记注册、变更相关业务？

答：2018年6月左右赵某枚有带我和程某韬、张某斌去过LXX会计师事务所拿过PN市HYFZ品有限公司、PN市LXFZ品有限公司的工商基础资料（公司营业执照、章程、变更资料、公司公章、财务章、法人章等）。程某韬、张某斌分别有以桓烨公司、PN市LXFZ品有限公司法定代表人身份在相关手续上签名，后由我负责收好工商基础资料，带程某韬、张某斌一起到农业银行、民生银行办理桓烨公司、PN市LXFZ品有限公司银行账户及他们两人个人银行账户的开户手续，后我就将上述公司工商基础资料、银行账户开户资料、银行账户、密码、Ukey等都一并交给程某厚了。

问：你所说的LXX会计师事务所全称是什么，跟炫酷乐公司是什么关系？

答：全称我不清楚，它在PN市华侨医院附近有门店，应该是帮人办理工商变更登记相关业务的公司，跟炫酷乐公司是什么关系我不清楚。

问：PN市HYFZ品有限公司、PN市LXFZ品有限公司跟炫酷乐公司是什么关系？

答：是炫酷乐公司老板程某厚实际控制的。

问：PN市HYFZ品有限公司、PN市LXFZ品有限公司的经营情况？

答：我不清楚，但后来PN市HYFZ品有限公司、PN市LXFZ品有限公司的法定代表人程某韬、张某斌有联系我，说PN市HYFZ品有限公司、PN市LXFZ品有限公司欠税，税务局要求他们交税，要求程某厚处理好，我有将这事请示程某厚，程某厚就说他会处理好，说罗某秋对税务方面比较熟悉，由罗某秋去对接他们。

问：罗某秋的身份是什么？

答：我记得是PN市AYA服饰有限公司的会计人员，帮助PN市AYA服饰有限公司进行财务记账的。

问：炫酷乐公司是否存在故意销毁公司会计凭证资料的情况？

答：我记得在证监会调查期间，有一天财务总监辛某封有叫财务部人员一起开会，要求我们将手头上比较敏感的、不能对外公布的资料整理出来，后财务部人员就各自整理自己的财务资料。我觉得我手头上没有什么敏感资料，所以我将一些打印不清、打印多的、日常不需要的废纸用垃圾袋装了一小袋，由其他同事顺便带走处理掉了。

炫酷乐公司财务程某婧证言印证了财务部门造假的人员结构，且表明与汪某珠无关。

程某婧询问笔录（2023年6月2日）

……

问：请你介绍一下炫酷乐公司财务部的情况？

答：原财务总监辛某封，是财务负责人，我们日常的工作进度是直接向财务总监报备的。原财务经理赵某枚，负责审核凭证。原财务部副经理楚某雨，负责总账目处理。原财务主管季某听，负责成本会计。银行出纳程某儒，负责付款、费用等资金管理工作，同时负责银行支付业务。鲁某风，负责应收账款。程某秦，负责现金出纳。方某立，负责应付账款。国某龙，负责成本会计。会计古某岚，负责银行日记账、对账等工作。

问：请你介绍一下你所负责的工作？

答：我负责炫酷乐公司的应收业务、融资业务，应收业务具体为搜集销售出库单、入库单、核对合同明细，确定出货信息无误，根据合同相关品名、单价开具销售增值税发票。开具相关发票后，附带发票复印件，录入凭证。根据银行回单录入应收账款。融资业务具体为向银行提供本公司各项资料，申请授信额度批准后，申请资金用途及金额，根据银行所需要材料提供对应的供应商合同和发票，待审核后批下贷款。

问：根据中国证监会调取相关企业办理银行业务资料，发现你于2012年12月25日办理PN市SQ制衣厂银行开户业务，现将相关资料提供给你确认，请你仔细观看，并说明上述银行业务是否由你本人办理，并说明办理这些业务的目的？

答：根据授权委托书，是我本人去办理的，具体是什么原因、有什么用途我个人不清楚。

问：请你介绍一下办理PN市SQ制衣厂银行开户业务的过程？

答：辛某封或者赵某枚（两人中的一个）安排我去开户，拿到PN市SQ制衣厂公司营业执照、开户许可证、组织机构代码证的资料后，我个人去农行开户。

问：你办理的PN市SQ制衣厂银行账户是否为×××××××××××××2195？

答：应该是。

问：你是否在PN市SQ制衣厂入职过？

答：没有。

问：PN市SQ制衣厂跟你有什么关系？

答：没有关系，我当时入职炫酷乐公司不久，根本就不认识PN市

SQ 制衣厂。

问：既然没有关系，为什么要去办理 PN 市 SQ 制衣厂的银行开户业务？

答：是炫酷乐公司财务部辛某封或赵某枚安排我去办理的，但具体是辛某封还是赵某枚因为时间太久，我记不起来了。

问：你办理 PN 市 SQ 制衣厂的银行开户业务后，账户是如何处理的？

答：业务是我办理的，但我不记得有没有去拿，也不记得拿给谁了。

问：程某勇是什么人？

答：PN 市 SQ 制衣厂的法人代表，办理银行开户业务的时候我不认识程某勇，也没有跟他一起去办理业务。

问：你去办理 PN 市 SQ 制衣厂的银行开户业务，相关资料是谁提供给你的？

答：是辛某封或者赵某枚。

问：PN 市 SQ 制衣厂是否是炫酷乐公司实际控制的公司？

答：这个我不太清楚。

问：除了办理 PN 市 SQ 制衣厂的银行业务，你有没有办理过其他公司的银行开户业务？

答：我有印象的是办理过 PN 市 SGS 服饰有限公司的银行开户业务。

问：请你讲一下办理 PN 市 SGS 服饰有限公司银行开户业务的过程？

答：也是辛某封或赵某枚（他们中的一人）提供资料让我去银行办理这家公司的银行开户业务的，当时是去流沙西市场的农业银行办理的，账户办理完之后也是提供给财务部的人使用的。

问：你办理的 PN 市 SGS 服饰有限公司的银行账户是否为 4414××××××××××89？

答：应该是。

问：现提供证监会调取的炫酷乐公司与千灵山签订的合同给你确认（炫酷乐公司涉嫌信息披露违法违规案第 43 卷），请你仔细观看，并说明相关资料是否是你本人办理？

答：这些合同是我拿给凌某茹签名的。根据领导的安排，搜集相关的入库单、销售出库单，合同由程某儒拿给我，我再拿给凌某茹签名后，作为发票的附件，附在凭证后面。

问：具体是哪个领导安排的？

答：辛某封。

问：正常开具发票的流程是什么？

答：业务部门联系我，提供相关的合同，让我开具发票后可以去找客户催贷款。有时候也存在客户的财务人员直接联系我，确认相关信息后，开具发票给对方邮寄过去。

问：正常开具发票的流程中是销售提供合同给你还是你提供合同给销售？

答：是销售提供合同给我作为凭证附在发票后面。

问：那正常流程应该就是凌某茹提供合同给你，为什么变成你拿合同给凌某茹签名呢？

答：我记得是千灵山的财务跟我对接，向我提供了开票的品名、数量、单价等信息之后让我开具发票，我开具完发票之后直接邮寄给千灵山。我不知道为什么是我提供合同给凌某茹签名，合同复印件附在发票后作为凭证附件，并提供给会计师事务所审计。

问：上述合同是谁制作的？

答：我只知道是方某立提供给我的。

问：上述合同是否真实？

答：我认为是真的。

问：上述合同是在你开具发票之前制作的还是开具发票之后制作的？

答：我不清楚。

问：你是否知道PN市AYA服饰有限公司、PN市SGS服饰有限公司、PN市AL服饰有限公司、PN市LTF纺织品有限公司、PN市SQ制衣厂、PN市BYL纺织品有限公司、深圳市SYSY有限公司、深圳市LYTD实业有限公司、PN市LTY纺织品有限公司、PN市ALFS有限公司？

答：PN 市 AYA 服饰有限公司、PN 市 SGS 服饰有限公司、PN 市 AL 服饰有限公司、PN 市 LTF 纺织品有限公司、PN 市 SQ 制衣厂、PN 市 BYL 纺织品有限公司这些公司都是炫酷乐公司的供应商，其他几家公司我不认识。

炫酷乐公司财务古某岚证言印证了财务部门造假的人员结构，且表明与汪某珠无关。

古某岚询问笔录（2023 年 6 月 3 日）

……

问：介绍一下你的工作情况。

答：2010 年 10 月开始在炫酷乐公司财务部上班，担任费用会计和固定资产会计，员工凭差旅费、伙食费、业务招待费凭证到我这边记账。2015 年炫酷乐公司上市后，我除了继续担任费用会计和固定资产会计，还于 2016 年或 2017 年担任审计部经理。半年度和年度审计的时候，审计师将资料清单发给辛某封和柳某威，辛某封或柳某威会将资料清单发至每个财务人员手里，财务人员按照自己对应的岗位准备相应材料，我就将费用清单和固定资产清单所列的材料准备好，交给审计师作审计报告的底稿。我们交接完形成材料交接单，审计报告出来后我们就不保存材料交接单了。

问：说一下炫酷乐公司的基本情况。

答：董事长是程某厚，总经理是汪某珠，财务总监是辛某封，财务经理是赵某枚、楚某雨和季某听，以前是楚某雨，楚某雨走了之后就是季某听，出纳是程某儒和程某秦，程某秦协助程某儒工作，应收账款会计是鲁某风，应付账款会计是方某立，报税员是邓某今，成本会计一开始是季某听和楚某雨，之后是程某嘉和国某龙。赵某枚一般是跟银行对接或负责融资方面业务，季某听和楚某雨负责账务这块。

问：你向谁汇报工作？

答：我向辛某封汇报工作。

问：你是否知道炫酷乐公司涉及财务造假？

答：我知道，证监会公开后我才知道的。

……

问：炫酷乐公司是否存在使用个人账户往外走账，或相互往来？

答：前期有用程某珺的个人账户走账，因为金蝶系统账上有她的银行流水。

……

问：炫酷乐公司是谁在做账？

答：各个会计岗位负责各自的账，我在 2015 年之前负责费用和固定资产的账，也有负责银行承兑汇票的登记。

问：银行对账单是谁负责的？

答：银行对账单分两部分，一部分是出纳程某儒或程某秦去银行打印或者直接通过网银打印出来交给我保管，这些是真实的。另一部分是虚假的银行对账单（即流水），是会计人员易某鸣根据辛某封的指示制作编制的，易某鸣 2011 年进来炫酷乐公司，2017 年左右去了审计部。

问：你怎么知道是易某鸣制作假的银行对账单？

答：财务部的人都知道辛某封安排易某鸣专门做炫酷乐公司账户。

问：现向你提供证监会调取的银行对账单，请你仔细查看，确认是否真实。

答：这些都是虚假的，因为这些银行对账单的余额都很大，是辛某封安排易某鸣编制的，我一看这些数额就知道这些是虚假的，但辛某封安排易某鸣直接把这些虚假的银行对账单放在我这里存档，我再将这些银行对账单提供给审计人员。我知道的是 2013 年、2014 年辛某封安排易某鸣造假的银行对账单，到 2016 年底就停止造假了，到了 2018 年 4 月左右又开始让易某鸣做假单，至 2020 年造假金额达到了十几亿元人民币。

问：易某鸣如何制作的虚假银行对账单？

答：易某鸣只做了炫酷乐公司农行尾号 0377 账户的虚假银行对账单。她根据辛某封的指示，制作虚假的数据，虚假的银行对账单跟真的银行对账单看起来都是一样的，单从外观难以区分真假。

问：你是否经手炫酷乐公司的承兑汇票？

答：之前是出纳林某红将承兑汇票复印件给我，之后是出纳程某儒给我的，原件是程某儒保管，我在承兑汇票登记簿里登记，再将登记表提供给审计师。

问：炫酷乐公司的银行日记账是谁在制作？

答：应该是出纳程某秦跟程某儒负责，但具体是她们亲自做还是安排其他人做，我就不清楚了。

问：会计师事务所是如何函证柏堡龙银行余额的？

答：他们需要发银行存款询证函或者上门询证，本地的一般是直接去银行柜台询证。

问：炫酷乐公司由谁对接会计师事务所审计工作？

答：我去递交资料，审计师有什么问题就直接找对应岗位的会计人员。

问：你具体对接哪家会计师事务所，哪些工作人员？

答：一开始是LXX会计师事务所深圳分所，对接的工作人员是个40多岁的女人，忘了名字。应该是2019年左右换成ZXCGH会计师事务所，对接的工作人员是白某盈，联系方式为×××××××××××。

问：会计师事务所如何跟银行函证？

答：本地由出纳带审计师去银行函证，外地是邮寄。审计师根据银行流水自己填函证信息，这些函证信息是虚假的，是根据易某鸣制作的银行流水余额和金蝶系统中尾号为0377的农业银行卡总账余额填写的，这些银行流水余额和金蝶系统总账余额都是虚假的。银行人员在结论那里确定函证结果是否相符，并盖章确认，我不知道银行人员是如何函证信息的。

问：炫酷乐公司农业银行账户的函证工作是谁对接的？

答：出纳程某秦或者程某儒带审计师去银行函证。

问：证监会入场调查炫酷乐公司期间，公司是否有安排人员更换你的办公电脑？

> 答：2020 年 10 月左右，证监会的人第一次来炫酷乐公司调查之后，公司就安排网管李某钳将财务部的电脑都换了一遍。李某钳在更换我的电脑的时候让我把平时工作需要用到的资料拷贝出来，说这台电脑要收走。

3. 炫酷乐公司销售部门相关人员证明汪某珠作为总经理负责的是公司正常真实的销售业务，案涉所谓虚假销售业务与汪某珠无关

炫酷乐公司销售经理王某飞的证言证明：汪某珠负责公司真实业务的经营管理。

王某飞讯问笔录（2023 年 8 月 21 日）（第 1 次）

> ……
>
> 问：请你介绍一下炫酷乐公司的基本构架。
>
> 答：我在炫酷乐公司上班期间，炫酷乐公司是一家做贴牌 ODM 的公司，总公司董事长是程某厚，总经理是汪某珠，董秘是姜某霖，总公司财务部财务总监是辛某封，财务经理是赵某枚。我入职后一直在炫酷乐公司的广州分公司担任负责人，负责设计方面的工作，同时我也是炫酷乐公司的董事。
>
> 问：请介绍一下你在炫酷乐公司广州分公司的工作情况？
>
> 答：炫酷乐公司广州分公司是一家研发机构，负责炫酷乐公司的设计研发工作，我在炫酷乐公司广州分公司一直担任负责人。炫酷乐公司广州分公司主要做炫酷乐公司自有品牌的设计研发，如矿磁公司、GLN、三山五岳等运动品牌客户就会到炫酷乐公司广州分公司挑版，挑完后就会开订货会，确定好订货款式及数量后再交由炫酷乐公司 PN 的工厂去进行生产。炫酷乐公司广州分公司只负责订货会客户订货完确定好订货款式及数量，之后的工作就都是由炫酷乐公司总部的凌某茹、方某丹对接。其中凌某茹负责对接大的品牌客户（比如矿磁公司、GLN 等客户）的生产，方某丹负责对接小品牌客户的生产。
>
> 问：你向谁报告工作？
>
> 答：我基本上是向总经理汪某珠报告工作，跟董事长程某厚报告工作比较少。

问：炫酷乐公司广州分公司的客户主要有哪些？

答：矿磁公司、特步、三山五岳、GLN 等公司。

问：你对接的客户中是否有千灵山？

答：没有。

问：请介绍一下炫酷乐公司广州分公司与矿磁公司的合作情况。

答：每年的夏季和秋季，矿磁公司都会派人到炫酷乐公司广州分公司选版，选定版式之后，我们会组织召开订货会，客户在订货会确定好款式及数量，之后就交由总部的凌某茹、方某丹等人进行跟进。

问：你所经手的炫酷乐公司的业务是否真实？

答：都是真实的。

问：炫酷乐公司广州分公司是否有财务部门进行相关业务的财务处理？

答：没有，炫酷乐公司广州分公司只负责设计研发，后续的业务合同签订、收款都是由炫酷乐公司总部负责的，炫酷乐公司广州分公司没有设立会计岗位，所有的财务都是通过总公司 OA 进行核销的。

问：炫酷乐公司的业绩是否真实，有何凭据？

答：我在炫酷乐公司广州分公司所对接的设计研发业务都是真实的，炫酷乐公司广州分公司的电脑是有保存相关数据的，但是 2022 年 3 月炫酷乐公司广州分公司的电脑被炫酷乐公司总部收走后，还有没有留存数据我就不清楚了。炫酷乐公司其他方面的业绩是否真实我也不知道。

问：为什么炫酷乐公司总部要收走炫酷乐公司广州分公司的电脑？

答：2021 年炫酷乐公司总部说要广州分公司的人到 PN 总部上班以节约成本，但是广州分公司的人都不愿意。2022 年 3 月，炫酷乐公司总部以疫情停工停产为由，把广州分公司的电脑都拉走了。

问：炫酷乐公司的采购、生产、销售、收款、工程建设方面是否存在异常？

答：我不知道，我没有去了解过。

问：请你介绍一下广州分公司在建项目？

答：广州分公司没有在建项目，但是之前在炫酷乐公司上市前，我记得广州分公司有一个创意园的项目，不过我不知道这个创意园有没有建，有听过同事说创意园只建了个地下停车场就停工了。

问：请你介绍一下炫酷乐公司广州在建项目的资金来源？

答：我不知道。

问：2017 年至 2018 年，炫酷乐公司及友衣乐合计支付广州和深圳建设项目工程款 3.9 亿元，该工程款在炫酷乐公司的预付工程款科目挂账 3.9 亿元，项目建设一直停滞不前，你是否关注到上述异常情况？

答：我没有关注过。

问：在建项目的工程款实际用在什么地方？

答：我不知道。

问：你是否参与炫酷乐公司的财务造假？

答：没有。

问：你是否安排炫酷乐公司的财务人员进行财务造假？

答：没有。

问：根据证监会 2022 年 4 月 2 日对炫酷乐公司作出的（2022）18 号行政处罚，炫酷乐公司涉嫌财务造假，违规披露、不披露重要信息等违法、违规行为，你是否知悉及参与？

答：我知道，但是我没有参与。

问：请介绍一下你在炫酷乐公司担任董事期间的履职情况？

答：我在炫酷乐公司担任董事期间，历次表决都有参加，都是表决同意。

问：炫酷乐公司 IPO 期间报送的财务数据是否真实、准确、完整？

答：我不知道。

问：请你讲一下炫酷乐公司《首次公开发行股票招股说明书》（报告期 2012 年至 2014 年），2016 年《非公开发行股票发行情况报告书暨上市公告书》（报告期 2013 年至 2016 年 1 至 9 月），2015 年、2016 年、2017 年、2019 年年报、半年报等存在虚假记载的情况？

答：相关年报、半年报、招股说明书、上市公告书的情况我都不知道。

问：你参与审议炫酷乐公司《首次公开发行股票招股说明书》，《非公开发行股票发行情况报告书暨上市公告书》，历次年度报告、半年度报告、季度报告等披露文件时，是否提出过异议？

答：没有，因为这些数据都是财务那边做的，我不了解，同时我看其他人表决同意我也就跟着表决同意了。

问：炫酷乐公司《首次公开发行股票招股说明书》，《非公开发行股票发行情况报告书暨上市公告书》，历次年度报告、半年度报告、季度报告等披露文件生效过程中，你是否做到了勤勉尽责地履行职责？

答：我没有。

问：请介绍一下你在炫酷乐公司历次董事会的参会情况和签字情况（提供证监会收集的炫酷乐公司历次董事会表决签字情况供王某飞确认，第2、3、90、91、92、93、94卷）。

答：我确认这些签名是我本人签署的（王某飞在证监会收集的炫酷乐公司历次董事会表决签字页面本人的签字下方重新签名以供参考）。

问：请介绍一下你参与2018年至2020年炫酷乐公司董事会决议为PN市AL服饰有限公司等公司提供质押担保的过程，以及你是否知情。

答：PN市AL服饰有限公司、PN市AYA服饰有限公司、PN市SGS服饰有限公司、PN市LTF纺织品有限公司这几家公司我有印象。据我所知，这几家公司是汪某珠、程某厚的公司，在炫酷乐公司上市之前从事服装批发业务的时候，这几家公司的账户有作为炫酷乐公司对外收款的账户使用，后来在炫酷乐公司对外公告上，我才知道这几家公司也作为炫酷乐公司的供应商由炫酷乐公司提供担保为他们贷款。炫酷乐公司董事会决议为PN市AL服饰有限公司等公司提供质押担保一开始是姜某霖通知我的，但是姜某霖没有跟我说是提供质押担保，姜某霖跟我说是关于炫酷乐公司经营贷款的董事会决议，后来相关的董事会签名柳某威也通知过我去配合签名，最后一次董事会决议是姜某霖通知我后，在汪某珠或程某厚的办公室里签字的。

> 问：你继续说。
>
> 答：签名现场有一个银行的工作人员在场，男的，跟我并排坐。我签完字后，银行工作人员还要求我拿着自己的身份证一起合影，我记得当时在场的有汪某珠、程某厚、黎某奖、裴某徽几个人。
>
> 问：2018 年至 2020 年，PN 市 AL 服饰有限公司等公司在炫酷乐公司的质押担保下，累计向海南 HKLH 农村商业银行股份有限公司贷款 11 亿元人民币。这些贷款的实际使用人是谁，实际用途是什么？
>
> 答：我不知道。
>
> 问：PN 市 AL 服饰有限公司等公司实际控制人是谁？
>
> 答：PN 市 AL 服饰有限公司、PN 市 AYA 服饰有限公司、PN 市 LTF 纺织品有限公司这几家公司的实际控制人是汪某珠和程某厚。

4. 负责信息披露的董秘等人员证明汪某珠与财务造假行为无关。负责信息披露工作的人员对于财务造假行为主观上并不明知，客观上并未参与，法律上不承担内容实质审核义务，不应当承担违规披露、不披露重要信息罪的刑事责任

炫酷乐公司财务董秘姜某霖的供述证明：（1）财务造假（虚增收入、利润，虚构银行存款）的行为部分，与姜某霖无关，其只负责上市公司信息披露的部分。（2）财务部门、财务负责人、董事长负责财务信息的制作，姜某霖在上述信息经过审计机构审计，确认之后提交披露。（3）财务造假的行为部分与汪某珠无关，汪某珠负责上市公司日常正常生产经营业务的管理。（4）姜某霖没有欺诈发行，违规信息披露、不披露重要信息的故意；对于财务数据本身的虚假性，其并不明知；即使其没有勤勉尽责，也仅属于过失，由于不符合相关信息披露犯罪的主观故意要件，亦不承担刑事责任。（5）财务造假与质押担保是不同的事项，汪某珠并未参与前者。

姜某霖讯问笔录（2023 年 5 月 14 日）（第 1 次）

> ……
>
> 问：说一下你在炫酷乐公司的任职情况。

答：我2012年1月到炫酷乐公司工作，一直任该公司的董事、副总经理、董事会秘书，2022年4月中旬离职。

问：你主要负责什么工作？

答：我负责炫酷乐公司证券部的日常工作，主要包括上市公司的信息披露，投资者的投资关系处理，召开公司董事会和股东会等事项。

问：你说一下炫酷乐公司的情况。

答：炫酷乐公司主要经营服装的设计、生产、销售，疫情以来增加了防护服的生产、销售等业务，2015年成为上市公司。公司的高管有董事长程某厚，负责公司的全面工作，总经理汪某珠，负责公司经营方针、计划等事务实施和公司的经营管理，财务总监辛某封，负责公司财务部的管理和核算事务，副总经理王某飞，负责公司服装的设计、生产、销售，以及我共5人。此外还有独立董事裴某微、黎某奖、史某方。他们3人负责董事会决策、决议及提出独立意见等。

问：你的工作向谁报告？

答：我的工作直属董事长程某厚、总经理汪某珠管理，我向他们报告工作事项。

问：你与程某厚是什么关系？

答：他是我表弟。

问：你介绍一下炫酷乐公司董事会秘书部门的人员情况。

答：董事会秘书部门就是证券部，负责管理、披露上市公司证券对外事务，这里的工作人员连同我共有3人，另外还有证券代表柳某威、证券专员陈某娜，这两人是我的直接下属，我离职后柳某威任董秘。

问：说一下炫酷乐公司的季报、半年报、年报编制流程。

答：公司的季报、半年报、年报由财务部根据交易所的表格填写财务数据，交易所表格中的股东情况、股权变更由证券部填制，之后由证券部提交到交易所披露，年报还要通过审计审核后才能提交到交易所披露。

问：根据证监会2022年4月2日对炫酷乐公司作出的（2022）18号行政处罚，炫酷乐公司涉嫌财务造假，违规披露、不披露重要信息等违法行为，你是否知道？

答：知道，我也因为这件事被禁止进入证券市场5年，罚款150万元人民币。

问：你是否参与了财务造假，违规披露、不披露重要信息等行为？

答：我负责炫酷乐公司季报、半年报、年报等上市公司信息的披露，证监会处罚了我违规披露、不披露重要信息违法行为，但财务造假我没有参与。

问：炫酷乐公司季报、半年报、年报等信息是否真实、准确、完整？

答：平时财务数据是财务部制作的，是否财务造假，财务部才清楚，我是根据董事长、财务部负责人的签名，其中年报经过审计审核后才提交披露报告信息的。

姜某霖讯问笔录（2023年5月14日）（第2次）

……

问：证监会在行政处罚书中提到的炫酷乐公司《首次公开发行股票招股说明书》、2016年《非公开发行股票发行情况报告书暨上市公告书》及定期报告存在虚假记载，在2017至2019年度报告中未如实披露“其他非流动资产”报表项目，在2018年度报告中未如实披露募集资金使用情况，在2018至2020年度存在对外担保未履行审批程序及信息披露义务的情况，你是否知情？

答：我不知情。

问：炫酷乐公司是什么时候上市的？

答：2015年6月26日。

问：你为炫酷乐公司上市做了什么工作？

答：我负责对接联系沟通券商以及三会（股东会、董事会、监事会）等多方面工作。因为公司上市需要一定的准备时间，而且我学历比较高，容易理解和上手，所以程某厚就让我沟通券商等为公司上市提前学习和准备，进一步协助程某厚对公司的管理进行完善等。

问：你是如何对接财务部工作的？

答：券商需要招股说明书等上市需要的财务数据，一般是证券部的员工跟财务部对接拿数据，之后我们就拿给券商。我主要对接财务部总监辛某封。

问：你在编制、审核炫酷乐公司的季报、半年报、年报过程中是否有发现炫酷乐公司的财务数据出现异常？

答：没有，我们拿到财务报表，主要关注的是财务报表和数据的偏离值是否有异常。我在职期间，印象中有一两次数据的偏离值有异常，具体时间我忘记了。有异动的话证券部的员工就会跟我汇报，我让员工跟财务部联系，了解是什么原因，然后我们就跟交易所解释，交易所接受的话，就会发询证函给公司，让公司重新函证财务数据，再进行回复。这些异动基本没有大问题。

问：财务部是何人与你所在的证券部对接？

答：我们通常是找总监辛某封，再由辛某封指定财务部人员对接。

问：炫酷乐公司的采购、生产、销售、收款、工程建设方面是否存在异常？

答：据我所知，采购、生产、销售方面是有真实货物存在的，工程建设方面我印象中广州的一个展示中心只是做了基础建设，之后就没动静了，深圳炫酷乐友衣乐项目只做了“三通一平”等基础建设，之后一直没有动静，程某厚说是对这个项目的设计不满意和为了办理提升容积率的工作。

问：2017 年至 2018 年，炫酷乐公司及其子公司友衣乐合计支付广州和深圳建设项目工程款 3.9 亿元，该工程款在炫酷乐公司的预付工程款科目挂账 3.9 亿元，项目建设一直停滞不前，你是否关注到上述异常情况？

答：有，广州的项目我不太清楚，因为我自身一直在深圳工作，深圳炫酷乐友衣乐项目一直停滞不前，据程某厚解释是对项目的设计不满意，还有就是为了办理提升容积率的工作。

问：你是否清楚上市公司需要如实披露财务会计报告及重要信息？

答：我清楚。

问：炫酷乐公司作为一家上市公司，需要披露哪些财务数据和重要信息？

答：每年需要披露公司季度报告、半年度报告及年度报告等重要信息。

问：对炫酷乐公司需要如实披露财务会计报告及重要信息的义务你是否知情？

答：我知情。

问：炫酷乐公司是否有对外信息披露的法定义务？

答：有。

问：炫酷乐公司是否有如实披露财务会计报告及重要信息？

答：我认为是有的，因为财务会计报告及重要信息我们都有过会审议，所以我认为炫酷乐公司有如实披露财务会计报告及重要信息。

问：中国证监会于2022年4月2日对炫酷乐公司和包括你在内的相关个人作出行政处罚，对于证监会的处罚，炫酷乐公司和包括你本人在内的相关被处罚人是否认可？

答：我不太认可。

问：你参与审议炫酷乐公司《首次公开发行股票招股说明书》，《非公开发行股票发行情况报告书暨上市公告书》，历次年度报告、半年度报告、季度报告等披露文件时，是否提出过异议？

答：自从2017年我担任董事之后才有参与审议，一般投资者关注的问题，我会提出异议，基本上营业收入、毛利率、利润率等指标有异动，我就会向财务部门提出异议，财务部门一般都会有所解释。

问：炫酷乐公司《首次公开发行股票招股说明书》，《非公开发行股票发行情况报告书暨上市公告书》，历次年度报告、半年度报告、季度报告等披露文件生效过程中，你是否做到了勤勉尽责地履行职责？

答：我认为我自己做到了，我对于报告的规范性、异动、审计意见都会认真审阅。

问：公安机关向你出示一份《广东炫酷乐股份有限公司涉嫌违披情况表》供你阅读，你是否清楚？

答：我已经收到并且阅读。

姜某霖讯问笔录（2023 年 5 月 14 日）（第 3 次）

……

问：你是否有向财务总监等有关人员和部门认真询问、核实过炫酷乐公司《首次公开发行股票招股说明书》，《非公开发行股票发行情况报告书暨上市公告书》，历次年度报告、半年度报告、季度报告等披露文件？

答：我口头上有向财务总监等有关人员和部门询问过上述披露文件的准确性。

问：你是否有向财务总监等有关人员和部门认真询问、核实过炫酷乐公司《首次公开发行股票招股说明书》，《非公开发行股票发行情况报告书暨上市公告书》，历次年度报告、半年度报告、季度报告等披露文件的真实性？

答：我认为准确性包含真实性，我日常询问过这些数据准不准。

问：你是否有向财务总监辛某封及其他相关人员核实过数据的真实性？

答：没有单独核实过数据的真实性。

问：你是否有向程某厚、汪某珠核实过炫酷乐公司年报披露的业绩、存款等披露数据的真实性？

答：我准备披露的文件的时候，有向程某厚和汪某珠核实过炫酷乐公司年报披露的业绩、存款等披露数据的真实性，他们两人说按照财务提供的数据准备就行。

问：中国证监会的调查显示，炫酷乐公司财务造假行为从 2013 年持续到了 2019 年，在造假行为持续时间如此长的过程中，你身为该公司的董事会秘书、董事、副总经理，难道没有发现其中的问题吗？

答：没有发现。

问：你是否有密切关注炫酷乐公司生产、经营及财务情况？

答：有关注但不算密切，因为我人在深圳，不在生产经营现场，所以不算密切关注。

问：你是否有按照规范的流程进行对外信息披露工作？

答：需要上会的上会，需要发表独立意见的发表独立意见，需要发表第三方中介意见的发表第三方中介意见……我认为我有规范地进行对外信息披露工作。

问：当媒体对炫酷乐公司财务造假进行质疑的时候，你是否有进行全面的核实？

答：有。

问：炫酷乐公司对外披露的年报等文件出现违规披露信息的问题，你认为你有没有责任？

答：我有一部分责任，以我的能力本应发现违规披露的问题。

问：程某厚跟你是什么关系？

答：程某厚跟我是表兄弟关系。

问：程某厚、汪某珠是否曾与你讨论为了使炫酷乐公司的年报业绩达到预期目标从而进行财务造假等相关话题？

答：没有。

问：你有没有参与炫酷乐公司财务造假？

答：没有。

姜某霖讯问笔录（2023 年 5 月 31 日）（第 4 次）

……

问：你在炫酷乐公司担任什么职务，主要负责什么工作？

答：我在炫酷乐公司担任董事长秘书，主要负责公司证券部日常工作，包括公司信息披露，投资者关系处理，召开公司董事会和股东会等事项。

问：炫酷乐公司作为上市公司，是否有如实向公众披露公司重要信息的法定义务？

答：有。

问：炫酷乐公司信息披露的程序是什么？

答：公司主要根据每年需要信息披露的内容，由我负责证券部走信息披露的流程，主要是对接公司财务部。信息披露的流程首先是由证券部证券代表柳某威负责向财务部收集定期报告，由财务总监辛某封提供需披露的定期报告初稿。非财务部信息披露内容由证券部编制，证券部核查后就召开董事会审议，审议通过后将资料提交给交易所，交易所确认无误后就形成最终稿，最后发送给指定媒体披露。

问：炫酷乐公司的信息披露包括什么内容？

答：公司的信息披露包括日常的定期报告还有临时公告、公司重大事项。定期报告包括公司的日常经营情况报告，股东股权质押的变更情况报告，还有公司财务信息披露的报告。临时公告涉及公司的收购业务、对外投资业务等。重大事项包括董事会、监事会、股东会决议事项等。

问：炫酷乐公司每年向深交所披露的信息是否是真实、完整、准确的？

答：不真实，根据证监会的调查，存在财务数据不实情况。

问：炫酷乐公司《首次公开发行股票招股说明书》、2016 年《非公开发行股票发行情况报告书暨上市公告书》、2015 年至 2019 年年报中披露的信息是否真实？

答：不真实。我也是直到被证监会处罚后才知道存在不真实情况。

问：在炫酷乐公司公布的上述报告生效过程中，你是否做到了勤勉尽责？

答：我认为我有做到勤勉尽责。

问：既然你认为你做到了勤勉尽责，为何炫酷乐公司的上述报告中仍然会出现违规披露、不披露重要信息的情况？你是如何履行你的职责的？

答：我有根据财务部提交的报告，仔细核实报告内容是否完整，但对于报告的真实性我没法核实清楚。我只能根据报告上有财务总监辛某封、董事长程某厚、审计机构签字而认定其是真实的。

姜某霖讯问笔录（2023 年 6 月 6 日）（第 5 次）

……

问：你何时在炫酷乐公司任职？

答：2012 年 1 月左右我到炫酷乐公司担任董秘，2015 年炫酷乐公司上市后兼任副总经理，大概在 2017 年我又兼任董事，直到 2022 年我从炫酷乐公司辞职。

问：你在炫酷乐公司担任什么职务，主要负责什么工作？

答：我在炫酷乐公司担任董事长秘书，主要负责公司证券部日常工作，公司信息披露，投资者关系处理，召开公司董事会和股东会等事项。

问：PN 市 AYA 服饰有限公司、PN 市 SGS 服饰有限公司、PN 市 SQ 制衣厂、PN 市 AL 服饰有限公司、PN 市 ALFS 有限公司、PN 市 LTY 纺织品有限公司、PN 市 LTF 纺织品有限公司、PN 市 BYL 纺织品有限公司、深圳市 SYSY 有限公司、深圳市 LYTD 实业有限公司、深圳市 JSWY 服饰有限公司、PN 市 LXFZ 品有限公司、PN 市 HYFZ 品有限公司与炫酷乐公司是什么关系？

答：都是炫酷乐公司的供应商。

问：上述公司是否为炫酷乐公司实际控制？

答：我不清楚。

问：为什么会出现炫酷乐公司员工在上述公司缴纳社保的情况？

答：我不清楚。

问：你是否认识武某捷、李某锋、章某雨、程某菲等人？

答：武某捷有点印象，时间太久我现在记不清了，其他人我不确定认识。

问：你是否有对接过上述公司相关业务？

答：没有。

问：炫酷乐公司在 HKLH 农村商业银行股份有限公司为第三方提供质押担保业务事项是否有经过股东会、董事会决议授权？

答：没有，炫酷乐公司没有召开股东会、董事会审理授权上述事项。

问：炫酷乐公司向第三方提供质押担保事项是否需要经过股东会、董事会决议授权，并对外披露？

答：按照相关对外担保规定，炫酷乐公司为第三方提供质押担保需要通过股东会、董事会审议授权，并对外披露。

问：炫酷乐公司在HKLH农村商业银行股份有限公司为第三方提供质押担保业务事项是谁决定的？

答：没有经过公司股东会、董事会决议授权还为第三方提供质押担保，只能是公司实际控制人程某厚、汪某珠决定的。

姜某霖讯问笔录（2023年6月27日）（第7次）

……

问：你是否知道炫酷乐公司在HKLH农村商业银行股份有限公司办理的存单质押担保业务？

答：我知道，我有在炫酷乐公司里签过名，当时是在关于在HKLH农村商业银行股份有限公司办理存单质押的文件里面签名的。

问：请你详细介绍一下事情的经过。

答：当时是炫酷乐公司需要流动资金，炫酷乐公司在PN市的几家银行里有存放一些募投资金，这部分资金是专款专用的，于是汪某珠就推荐朱总给我认识，朱总是专业做募投资金质押业务的，跟上市公司和银行联系得比较多。朱总说只要把募投资金存放到HKLH农村商业银行股份有限公司里，就可以办理存单质押业务，从而获取到流动资金给炫酷乐公司使用。

问：你继续说。

答：当时汪某珠介绍朱总给我认识之后，朱总给了我一套上市公司存单质押担保的方案，方案内容大概是以供应商的名义向HKLH农村商业银行股份有限公司贷款，以炫酷乐公司在HKLH农村商业银行股份有限公司的存单作为担保。我跟朱总说要办理存单利率高一点的，这样就可以以存单利率高为由向保荐人国信证券说明情况，从而能将存放在PN市几家银行的募投资金转存到HKLH农村商业银行股份有限公司。朱总后面拿了一套利率更高的方案给我，我就请示汪某珠，汪某珠就同意了，同意之后就开始办理存单质押业务。汪某珠交代我安排程某丝去办理这项业务，我告诉程某丝说陈总安排她去HKLH农村商业银行股份有限公司办理存单质押业务。后面办理的具体流程我就不知道了，都是程某丝自己去对接，她具体请示的是财务部的赵某枚、辛某封，还是直接请示汪某珠我就不知道了。

问：你继续说。

答：办理这个存单质押的过程还需要有董事会的相关投票决议。2018年8月，HKLH农村商业银行股份有限公司的工作人员来到PN市炫酷乐公司总部，程某厚联系了一些公司的董事过来配合HKLH农村商业银行股份有限公司的工作人员办理相关业务，相关董事会决议内容都是银行的人带过来的，当时还有银行的工作人员给我拍了一张我手持身份证的照片，我记得当时在场的还有裴某微、黎某奖、汪某珠、程某厚。之后又在HKLH农村商业银行股份有限公司办理过几次存单质押业务，但是后面几次我就没有再签过名了。

问：质押担保的金额有多少？

答：我有参与的那一次是一亿元人民币，后来的几次金额是多少我不清楚。

问：质押担保出来的资金怎么使用？

答：这个是汪某珠他们在用，具体怎么使用我不知道。

问：去办理存单质押业务的相关供应商有哪些？

答：我知道的有PN市AL服饰有限公司、PN市AYA服饰有限公司两家公司，其他的我就不知道了。

问：这些供应商公司是怎么一回事？

答：这些供应商公司都是程某厚、汪某珠找来的。

问：这些供应商公司是否是炫酷乐公司实际控制的？

答：我不能确定这些公司都是炫酷乐公司完全控制的，但是这些供应商公司的一部分银行公户确实是炫酷乐公司实际控制的。

问：为什么你知道有供应商公司的一部分银行公户是炫酷乐公司实际控制的？

答：我们以前在银行办理贷款的时候，贷款是受托支付的，不允许直接放到炫酷乐公司的账户，所以为了安全起见，炫酷乐公司就跟供应商要求由炫酷乐公司掌握他们的公户，以便贷款出来的钱能顺利转到炫酷乐公司账户上。

……

问：上市公司办理存单质押担保业务是否需要进行披露？

答：需要。

问：炫酷乐公司在HKLH农村商业银行股份有限公司的存单质押业务是否有进行披露？

答：没有。

问：除了第一次在HKLH农村商业银行股份有限公司办理的存单质押业务，后面几次在HKLH农村商业银行股份有限公司办理的存单质押业务你是否知情？

答：后面几次办理的存单质押业务我是知情的，但是因为第一次没有进行披露，于是我就拒绝在后面几次存单质押业务的董事会决议上签字。

问：请你介绍一下朱总。

答：朱总是安徽省马鞍山市人，全名叫什么我记不得了，男的，30多岁，手机号我也记不得了，他是汪某珠介绍给我认识的。

问：你是否知道炫酷乐公司财务造假？

答：我知道一部分设计费涉及造假。

问：你是否有参与炫酷乐公司财务造假？

答：我不知道算不算参与炫酷乐公司财务造假，但是我有跟高管们一起讨论公司的商业模式，以什么样的商业亮点作为炫酷乐公司上市的亮点。这个上市模式确认以后，公司的财务数据必须要能够支撑这样的商业模式，如果财务数据实际上达不到要求的话，就要尽最大努力去证实这个商业模式的成立，就是我们为客户提供设计及一体化生产服务的商业模式。

> 问：为什么你这次说的跟之前说的不一样？
>
> 答：我刚被公安机关抓的时候心里很慌，没反应过来，在看守所的这段时间我有深刻反省自己，经过检察院和公安机关同志的政策教育，我愿意积极主动配合，争取得到宽大处理。

炫酷乐公司证券事务代表柳某威的供述印证了信息披露工作对接交易所，按照法定的格式与规范披露上市公司信息，并不涉及财务数据本身。证券事务代表的工作内容，在事实与法律层面均与财务造假行为完全无关，仅就信息披露的形式而言，主观上亦无明知以及明知的可能性。

5. 汪某珠的供述证明其未参与财务造假行为，其参与的未披露违规担保等情形并不构成违规披露、不披露重要信息罪

汪某珠的供述证明：（1）其负责公司的日常经营管理，与财务造假行为无关。（2）讯问笔录中对于相关财务造假、违规信息披露的事实的陈述，系针对证监会行政处罚事项的分析、描述，并不能说明其参与、明知相关事项。（3）与汪某珠有关的事项是未披露存单质押担保，并非基于财务造假的欺诈发行，违规披露、不披露重要信息。

汪某珠讯问笔录（2023 年 5 月 13 日）（第 1 次）

> ……
>
> 问：你讲一下炫酷乐公司的基本情况。
>
> 答：公司全名叫广东炫酷乐股份有限公司，于 2015 年 6 月 26 日正式上市。公司的股票代码是：002776。注册地址：揭阳 PN 市流沙东街道新坛村新美路南侧大德北路西。主要经营：服装设计、组织生产和批发零售业务等。公司实际控制人是程某厚占 23.37% 股份、我（汪某珠）占 14.75% 股份，分别是公司的第一大股东和第二大股东。公司原董事长是程某厚，副董事长、总经理是我。姜某霖是副总经理兼董秘，负责证券业务及披露事项。王某飞是炫酷乐公司广州分公司的负责人，也是总公司的董事。公司的董事有程某厚、我、姜某霖和王某飞 4 人。裴某微、史某方、黎某奖 3 人是公司独立董事。监事会主席是胡某（胡某也是公司的独

立董事，大约在4年前胡某辞去公司独立董事、监事的职务）。监事是凌某茹，她也是公司的销售经理。财务总监是辛某封。公司下设财务部由辛某封负责、证券部由姜某霖负责、生产部和销售业务部（包括采购部）由我负责、研发部由程某厚和王某飞负责。

问：你在炫酷乐公司具体负责什么工作？

答：我原来在炫酷乐公司担任副董事长、总经理，主要负责炫酷乐公司的生产、采购和销售以及公司的日常经营管理。

问：你知不知道上市公司需要如实披露财务会计报告及重要信息？

答：这个我知道。

问：炫酷乐公司作为一家上市公司，需要披露哪些财务数据和重要信息？

答：每年需要披露公司季度报告、半年度报告及年度报告。主要内容包含有销售数据、利润数据等整个财务报表信息。同时公司的重要事项也必须如实在深交所向公众披露。

问：炫酷乐公司是否如实通过深交所向公众披露财务数据等重要信息？

答：炫酷乐公司在2015年至2018年在深交所披露的财务数据有部分不实，这个证监会已经于2022年4月对炫酷乐公司及相关人员进行处罚了。

问：根据中国证监会于2022年4月2日对炫酷乐公司及相关人员作出的行政处罚［（2022）18号行政处罚决定书］，炫酷乐公司涉嫌财务造假，违规披露、不披露重要信息等违法、违规行为。对此，你是否有异议？

答：我对中国证监会于2022年4月2日对炫酷乐公司及相关人员作出的行政处罚［（2022）18号行政处罚决定书］，即关于财务造假，违规披露、不披露重要信息的处罚没有异议，但是处罚中关于财务造假的数额我有异议。其中，2015年年度报告、2016年年度报告、2017年年度报告和2018年年度报告中存在虚假记载、虚增公司银行账户余额、虚增利息收入和虚增货币资金等情况。（1）炫酷乐公司银行账户实际余额与账面存在差异，虚增公司银行存款。（2）炫酷乐公司在2018年为第三方借款提供担保，担保金额合计4.7亿元，但炫酷乐公司未按规定履行信息披露义务，没有在深交所向公众进行披露。（3）炫酷乐公司的在建工程没有如实记载，未按规定履行信息披露义务，没有在深交所向公众进行披露。

问：炫酷乐公司虚增银行账户余额虚增的数额是多少？

答：具体数据我不清楚，以证监会的调查报告为准。

问：你公司为什么要虚增银行账户余额？

答：为了美化公司的财务报表，美化公司在公众心目中的形象和地位，让公众觉得公司的前景很好。

汪某珠讯问笔录（2023年5月13日）（第2次）

……

问：炫酷乐公司通过深交所向公众披露哪些重要信息？

答：公司每年需要披露公司季度报告、半年度报告及年度报告。主要内容包含有销售数据、利润数据等整个财务报表信息……

问：炫酷乐公司向深交所披露的信息是否属实？

答：炫酷乐公司在2015年至2018年在深交所披露的财务数据有部分不实。

问：哪些数据是属实的，哪些数据是虚假的？

答：2015年年度报告、2016年年度报告、2017年年度报告和2018年年度报告中存在虚假记载、虚增公司银行账户余额、虚增利息收入和虚增货币资金等情况。（1）炫酷乐公司银行账户实际余额与账面存在差异，虚增公司银行存款。（2）炫酷乐公司在2018年为第三方借款提供担保，担保金额合计4.7亿元，但炫酷乐公司未按规定履行信息披露义务，没有在深交所向公众进行披露。（3）炫酷乐公司的在建工程没有如实记载，未按规定履行信息披露义务，没有在深交所向公众进行披露。炫酷乐公司向深交所披露的营业收入、营业利润这些数据是真实的，但中国证监会认定这部分数据炫酷乐公司也存在造假，对此我们是不认同的，我们有向中国证监会提出复议申请。

问：你介绍一下炫酷乐公司财务部的情况？

答：财务部的情况我不是很清楚，我只是对接财务总监辛某封，我大概知道赵某枚负责报税，程某儒和程某秦是出纳，程某丝是深圳分公司的出纳，此外还有胡某兰、季某听。具体这些人负责哪些业务得问辛某封。

问：公安机关根据该决定书中认定的相关违法事实作出了下列情况表，请你仔细观看，确认表中登记的内容是否属实。

答：经我确认，这张情况表里面关于虚增营业利润方面的数据我不认同。我们公司在年报中所披露的营业数额、营业利润的数据是准确的，不存在造假，关于这方面的内容我们公司有向中国证监会提出复议申请。关于年末虚增银行存款方面的数据我没有异议。

问：炫酷乐公司哪些方面没有按规定向深交所进行披露？

答：炫酷乐公司的子公司友衣乐的在建工程——深圳炫酷乐友衣乐项目，累计预付工程款3.3亿元。其中2017年支付1.1亿元，2018年支付2.2亿元（募集资金）。这些工程款在2017至2019年度报告中均作为“其他非流动资产”列报。这3.3亿元中最后有2.835亿元回流到了炫酷乐公司所控制的银行账户，也即回流到了炫酷乐公司使用，实际在建工程款只有7000多万元。但2017至2019年度报告中炫酷乐公司所披露的在建工程款是3.3亿元即未如实披露上述募集资金的使用情况。

此外，炫酷乐公司在2018年至2020年，以HKLH农村商业银行股份有限公司的定期存单4.7亿元为炫酷乐公司的供应商提供质押担保，合计金额是4.7亿元，这项担保炫酷乐公司也没有按规定在深交所进行披露。

问：炫酷乐公司有哪些关联公司？

答：有友衣乐、炫酷乐公司投资有限公司二家公司。这二家公司的财务报表是合并在炫酷乐公司的财务报表里面的。

> 问：炫酷乐公司是谁负责证券信息披露工作的？
>
> 答：是公司的董秘姜某霖。
>
> 问：说一下姜某霖负责公司信息披露的流程。
>
> 答：财务部提供公司该年度的财务报表并由财务总监辛某封审核签名，然后将财务报表提供给第三方审计公司LXX会计师事务所进行审计，审计完成后由该审计公司出具公司的年度报告给姜某霖，姜某霖将年度报告提交给公司董事会审议通过，公司全体董事审议签名并同意后，姜某霖将年度报告向深交所发布进行披露。
>
> 问：有哪些董事参加了年度报告审议会？
>
> 答：公司的全体董事，程某厚、我、姜某霖、王某飞、裴某微、史某方、黎某奖7人。
>
> 问：你们董事是否有就年度报告的内容的真实性、完整性进行审核？
>
> 答：没有。我们认为年度报告是根据财务部提交的财务报表制作的，财务报表有财务总监审核签名，然后有审计公司审核后出具的报告，所以我们都没有对年度报告的内容的真实性、完整性再进行审核，便一致签名同意披露。

汪某珠讯问笔录（2023年5月19日）（第3次）

> ……
>
> 问：年度报告中的财务报表的内容是否属实？
>
> 答：年度报告中的财务报表中有两个方面内容不属实：一是货币资金记载不属实；二是在建工程的工程款不属实。
>
> 问：炫酷乐公司是如何进行财务造假的？
>
> 答：一般是通过每年年头的年会，参会人员是公司各个部门的管理人员。因为上市公司每年的业绩必须达标，不能出现亏损，所以董事长程某厚会给各个部门布置新一年的业绩增长任务。大致是每年的业绩要增加多少，具体指标我记不清楚了。如果当年的业绩不能达标，我们就让各个部门想办法去解决。

问：正常生产业务达不到预期的业绩，各个部门如何解决？

答：就财务部门来说，他们用专业财务知识按照各个部门的情况去调整、美化财务报表，使各个部门达到预期的业绩。具体怎么调整的我不清楚。

问：炫酷乐公司每年向深交会披露的年度报告是否属实？

答：部分属实，部分不属实。其中 2015 年年度报告、2016 年年度报告、2017 年年度报告和 2018 年年度报告中存在虚假记载、虚增公司银行账户余额、虚增利息收入和虚增货币资金等情况。（1）炫酷乐公司银行账户实际余额与账面存在差异，虚增公司银行存款。（2）炫酷乐公司在 2018 年为第三方借款提供担保，担保金额合计 4.7 亿元，但炫酷乐公司未按规定履行信息披露义务，没有在深交所向公众进行披露。（3）炫酷乐公司的在建工程没有如实记载，未按规定履行信息披露义务，没有在深交所对外进行披露。

问：炫酷乐公司哪个银行账户存在存款虚增的情况？

答：炫酷乐公司的公户，银行账号是：××××××××××××0377。

问：炫酷乐公司尾号 0377 公户银行账户虚增银行存款是谁操作的，如何操作的？

答：我和程某厚只是在每年年会上给各个部门下达业绩指标，如果该年度公司的业绩没有完成，财务总监辛某封再根据他的财务知识，对财务报表中各个科目的数据进行调整，根据调整后的情况去虚增炫酷乐公司尾号 0377 公户银行账户的银行存款。

问：为何炫酷乐公司在 2017 年至 2019 年年度报告中未如实披露“其他非流动资产”报表项目的情况，以及未就 2018 年对外担保履行审批程序及信息披露义务？

答：为了美化财务报表，避免影响公司的形象和业绩。

问：就你上述所说的美化财务报表的实际操作人是谁？

答：是财务总监辛某封，他根据任务指标完成的情况去调整财务报表。

汪某珠讯问笔录（2023 年 6 月 10 日）（第 6 次）

> ……
>
> 问：炫酷乐公司是如何进行财务造假的？
>
> 答：我不清楚，我没有分管财务部，我只负责公司生产、销售业务。
>
> 问：炫酷乐公司与矿磁公司、千灵山的合作业务是否真实？
>
> 答：我认为炫酷乐公司与矿磁公司、千灵山的合作业务都是真实业务，具体以公安机关聘请的第三方审计结果为准。
>
> 问：炫酷乐公司是如何虚增尾号 0377 账户存款的，虚假对账单是谁制作的？
>
> 答：我不清楚。
>
> 问：姜某霖在炫酷乐公司具体负责什么业务？
>
> 答：姜某霖是公司董秘，主要负责公司证券部日常工作，包括公司信息披露，实际投资者关系处理，召开公司董事会和股东会等事项。
>
> 问：姜某霖除负责上述业务，是否还负责其他业务？
>
> 答：我记得原来有一些银行投融资业务是联系姜某霖的，由姜某霖安排公司财务人员对接。

汪某珠讯问笔录（2023 年 7 月 5 日）（第 8 次）

> ……
>
> 问：现将你之前笔录里面确认过的"广东炫酷乐公司涉嫌违批情况表"再次给你确认，请你对情况表里面记载的内容作出解释。
>
> 答：对于我原来表述的对银行虚增存款的承认，我不是承认炫酷乐公司存在虚增存款的情况，当时有专业的审计机构对银行存款进行追溯调整，差错更正，审计机构得出的结论是错记漏记，这个我也是在 2020 年之后才知道的，因为我本身也不是负责公司财务的。
>
> 问：炫酷乐公司的财务工作是谁负责的？
>
> 答：财务工作是辛某封负责的。
>
> 问：辛某封向谁报告工作？

答：他向谁报告工作我不知道，但是辛某封的直属领导是程某厚。

问：辛某封是否有向你报告工作？

答：没有，辛某封不向我报告工作。

问：以上涉嫌违批情况表记载的炫酷乐公司从2012年至2019年涉嫌的虚增利润及年末虚增银行存款的情况你是否承认？

答：我不知道，因为我不负责财务工作。

问：炫酷乐公司是否存在财务造假的情况？

答：没有。

问：汪某珠，请你如实回答公安机关的提问，刻意回避公安机关的调查或者作虚假供述只会让你承担更严重的刑事处罚，你清楚吗？

答：我清楚。

问：你是否认识祝某学？

答：不认识。

问：关于炫酷乐公司在HKLH农村商业银行股份有限公司存单质押担保的情况你是否知晓？

答：我知晓。

问：在HKLH农村商业银行股份有限公司办理的质押担保业务是谁安排去办理的？

答：我不知道，这个银行存单质押担保经过董事会同意后我才签名的。

问：你是否知晓友衣乐在建工程筹集资金去向未披露？

答：我当时只知道这个友衣乐的工程要建，不知晓财务方面需要披露，等到证监会入场调查的时候我才知道。

问：炫酷乐公司所签订的合同是否都是真实的？

答：是真实的。

问：你是否有安排凌某茹签订虚假的合同？

答：没有。

6. 千灵山、矿磁公司相关负责人员尽管陈述有财务造假的行为事实，但均能够印证与汪某珠无关

千灵山相关人员（冷某洪）证言证明：炫酷乐公司通过虚开发票、虚构收入、虚构现金流的方式，进行财务造假，但并无证据表明汪某珠牵涉其中。

冷某洪讯问笔录（2023 年 5 月 24 日）

问：你是何时加入的千灵山？

答：我于 1998 年加入千灵山，起先是做办公室行政助理，2002 年开始任千灵山及千灵山工贸、钢圣贸易、千灵山电子商务的出纳。

问：说一下你在千灵山的工作职责。

答：我负责集团及其控制公司的各种资金走账转账，记录银行明细，现金账等。

问：千灵山的实际控制人和财务负责人是谁？

答：千灵山实际控制人是徐某捷，财务负责人是萧某量。

问：说一下千灵山与炫酷乐公司的合作情况。

答：2012 年以前炫酷乐公司是千灵山的供应商，是有实际交易往来的，大概是 2013 年以来，可能是徐某捷或者萧某量负责联系炫酷乐公司给千灵山、千灵山电子商务虚开没有真实购销业务的增值税专用发票，同时千灵山也以钢圣贸易、千灵山工贸的名义为炫酷乐公司开具没有任何真实购销业务的增值税专用发票。虚开增值税发票中，通常是收到进项增值税发票的一方支付票点给开票方，公户也有可能单独转出资金作为票点手续费。

问：炫酷乐公司与千灵山的合作中是否有真实的货物或者设计服务？

答：炫酷乐公司与千灵山存在资金循环情况的业务，都是虚假的，没有真实的货物或者设计服务，其他的我就不太清楚了，我也没有参与实际的经营活动。

问：炫酷乐公司与千灵山的资金循环是如何进行的？

答：为了配合炫酷乐公司给千灵山及子公司虚开增值税发票，炫酷乐公司控制的账户（个人户、相关公司户）每次都转出资金至千灵山控制的

账户（个人户、相关公司户），千灵山一般当天就将该资金加上票点或基本等额，以千灵山公户转出至炫酷乐公司的公户，具体时间上公户转出和私户回流有先有后，但一般都在同一天完成。

问：千灵山所控制的银行账户是否是配合与炫酷乐公司所控制的公户和私户走账，虚开发票的？

答：是的。

……

问：程某珺等银行账户有向千灵山所控制的银行账户转账，是否是炫酷乐公司实际控制的，用于与千灵山走账？

答：我只记得PN市AYA服饰有限公司、PN市AL服饰有限公司、PN市SQ制衣厂、PN市SGS服饰有限公司，这些公司都是炫酷乐公司的，因为我有跟他们的同一个人对接过，具体是谁我忘记了，但都是因为要办理千灵山和炫酷乐公司走账的事情联系到的。

矿磁公司相关人员（财务总监程某捷、销售经理胡某涟）证言证明：炫酷乐公司通过虚开发票、虚构收入、虚构现金流的方式，进行财务造假；从买方人员的角度证明汪某珠并未参与其中；具体金额为矿磁公司模糊匹配，不能作为认定虚增营收、虚增利润的具体金额的依据。

程某捷（矿磁公司财务总监）讯问笔录（2023年5月26日）

……

问：你当时在矿磁公司任财务总监的职责是什么？

答：我负责矿磁公司及其子公司的全面财务工作。

问：你说一下矿磁公司和炫酷乐公司的合作情况。

答：我们矿磁公司及子公司矿磁中国、泉州矿磁公司、矿磁鞋业和炫酷乐公司的合作业务分两部分：一部分是炫酷乐公司为我们公司提供设计和组织生产服装的服务；另一部分，2018年底以前（具体起止时间以炫酷乐公司给我们使用的个人账户打款时间为准），炫酷乐公司为我们提供供应链管理服务，具体来说就是，为我们矿磁公司代工的许多小供应商、加工厂不具有开发票资质，无法向我们开具发票，炫酷乐公司就代这些供应商开票，我们账上记从炫酷乐公司采购，这部分业务在2019年之后就没做了。第二部分的采购量及开票量，占我们对炫酷乐公司采购额的比重很大，大概在60%至70%以上，实际情况以公司提供的数据为准。

问：炫酷乐公司是从什么时间开始为矿磁公司提供供应链服务的？

答：我不记得了。

问：矿磁公司需要支付给炫酷乐公司的供应链服务管理费用是多少？

答：大概6个至7个百分点，具体我不记得了。

问：炫酷乐公司为矿磁公司提供供应链服务过程中是否有实际业务产生？

答：炫酷乐公司在提供供应链管理服务时，除了向我司开具发票，将我司账户支付的货款经由其控制的个人账户返还我司的账户外，未与我司有过任何实物设计、生产、流转及商务洽谈等工作。为规范业务流程，我司与炫酷乐公司的所有业务均签署有合同及物流单据等文书资料。其中，在同炫酷乐公司签订的与供应链管理服务相对应的合同中，约定的生产、设计条款并未实际履行；经签字盖章确认的该等合同项下商品的进出库单等物流单据，也并未有对应的实物流转。

问：请你详细说一下矿磁公司和炫酷乐公司供应链管理业务合作过程中资金是如何往来的？

答：炫酷乐公司在提供供应链服务时，我司对公账户将炫酷乐公司代开发票所对应的款项支付给炫酷乐公司账户，然后炫酷乐公司让其所使用的个人账户将收到的我司款项扣除管理费后转入到矿磁公司控制的银行户，我司经统一资金调度后将款项汇给提供实际业务的供应商。

……

问：炫酷乐公司具体使用哪些银行账户与矿磁公司开展供应链管理业务？

答：我一开始不清楚炫酷乐公司使用哪些账户与矿磁公司进行资金回流，后面证监会介入调查后，根据炫酷乐公司和矿磁公司的流水的整理统计提供的数据，我才知道是使用以下几个银行账户……

问：矿磁公司与炫酷乐公司的合作中有多少合同是未实际履行，只是为了进行供应链管理服务的？

答：具体以财务部的统计为准。

胡某涟（矿磁公司销售经理）讯问笔录（2023 年 5 月 26 日）

……

问：你们公司和炫酷乐公司的业务合作模式是什么？

答：我对接炫酷乐公司合作主要有三种模式：第一种是公司研发设计，然后找炫酷乐公司或者其他代工厂代工；第二种是炫酷乐公司负责设计研发并打样后，参与我们公司的订货会，产生的订单由炫酷乐公司生产并贴上我们矿磁公司的牌子，占比要以财务数据为准；第三种就是供应链管理服务，矿磁公司委托炫酷乐公司为没有开票资质的中小供应商、加工厂代开发票。

问：你介绍一下矿磁公司和炫酷乐公司之间的供应链管理服务？

答：矿磁公司与炫酷乐公司的一部分业务是供应链业务，由于矿磁公司的中小供应商无法提供增值税发票给我们公司，对于这部分业务，矿磁公司就委托炫酷乐公司代为开具发票。为了配合代开发票，矿磁公司和炫酷乐公司签订了对应的服装组织生产和设计合同，这部分合同的金额是由财务每个月核算出来的，同时这部分合同也有对应的出库单、入库单等物流单据。这些合同及物流单据所对应的业务并没有由炫酷乐公司实际执行。

问：你们和炫酷乐公司合作的供应链管理业务占你们公司和炫酷乐公司全部合作业务的比例有多大？

答：这个要问我们公司财务，我不清楚。

问：矿磁公司和炫酷乐公司的合作规模有多大？

答：这个要以业务入库和财务结账的数据为准。

问：你是和炫酷乐公司的哪些主要人员对接业务的？

答：主要是和炫酷乐公司的凌某茹、王某飞对接的，他们的岗位我不记得了。

问：你跟凌某茹、王某飞对接的业务是否真实？

答：我跟凌某茹主要是对接下单的业务，跟王某飞主要是对接开发的业务，这些都是真实的业务。至于供应链管理业务，我只知道我们公司存在供应链管理业务，具体怎么对接应该问我们的财务人员。

问：你认识炫酷乐公司的程某厚和汪某珠吗？

答：认识，我们很早就和炫酷乐公司有合作了，跟他们有业务上的联系。

曾某娟（矿磁公司税务部经理）讯问笔录（2023 年 5 月 25 日）

……

问：你在矿磁公司的工作职责是什么？

答：2015 年的时候，我负责矿磁中国公司纳税申报，2019 年的时候我担任矿磁公司的财务经理，负责经营情况的报表分析，2022 年 2 月担任矿磁公司税务部经理，负责公司上市体系内的税务工作。

问：你说一下矿磁公司和炫酷乐公司的合作情况？

答：具体情况我不清楚，因为当时我不负责业务和与炫酷乐公司的对接，所以合作情况我不清楚。但是在 2020 年证监会调查炫酷乐公司的时候，我有配合证监会整理与炫酷乐公司相关的业务合作发票等财务数据材料。

问：矿磁公司与炫酷乐公司发生业务合作的过程中，是否有真实的设计业务和货物往来？

答：是否真实我不清楚，我只是整理业务往来的发票等数据，没有关注是否有真实的设计业务和货物往来。

问：矿磁公司跟炫酷乐公司是否存在供应链管理服务业务？

答：我有听说过，当时在证监会调查的时候，我有根据一份个人账户流水去匹配查询矿磁公司账上取得发票的数据，我匹配的依据是上级领导程某捷告知的内容，匹配得上的就是矿磁公司与炫酷乐公司的供应链管理业务。

问：你配合证监会区分矿磁公司与炫酷乐公司的供应链业务匹配是否准确？

答：当时我只是根据一份个人账户流水去匹配矿磁公司的账上记录的发票金额，金额和时间差不多的话，就基本归结为矿磁公司与炫酷乐公司的供应链业务，是进行模糊匹配的，不是准确的。

问：这份个人银行账户流水是谁提供的？

答：不记得了，可能是当时的财务总监程某捷也可能是配合证监会调查的时候他们提供的。

问：现将“炫酷乐公司采购业务类型分配及付款明细表”（第6卷P102～P119）供你确认，请你仔细观看，确认是否为区分矿磁公司与炫酷乐公司供应链业务所制作的表格？

答：是我按照上级领导的口径制作的。

问：炫酷乐公司是从什么时间开始为矿磁公司提供供应链服务的？

答：具体时间我不知道，这要根据矿磁公司提供给证监会的数据时间进行确认。

问：矿磁公司需要支付给炫酷乐公司的供应链服务管理费用是多少？

答：我不知道。

问：炫酷乐公司为矿磁公司提供供应链服务过程中是否有实际业务产生？

答：我不知道，这个只有业务部门才清楚。

问：请你详细说一下矿磁公司和炫酷乐公司供应链管理业务合作过程中资金如何往来？

答：当时我是根据个人账户的流水去匹配矿磁公司的账上记录的发票金额，区分供应链管理业务，不知道具体的资金往来。

问：你所说的个人账户的流水现在是否还有保存？

答：我手上没有。

（二）法律辩护

1. 本案应当认定为违规披露、不披露重要信息罪一罪

（1）事实依据

无论是欺诈发行，还是违规披露、不披露重要信息，都是信息披露犯罪，需要区分基于财务造假的信息披露犯罪行为类型与基于违反履行披露义务的信息披露犯罪行为类型。根据本案事实，指控的财务造假（虚增营业收入、虚增利润、虚构现金流），在时间上是从上市之前2012年年报开始到2018年年报结束，客观上是一个持续、连续的完整行为，不能进行拆分，既不能将前半段行为匹配发行环节的披露行为，构成欺诈发行股票罪，将后半段行为匹配持续信息披露环节的披露行为，构成违规披露、不披露重要信息罪。事实上信息披露义务人（炫酷乐公司）只实施了一个完整的财务造假行为，只不过经历了两个披露阶段，即公开发行阶段与持续信息披露阶段。

（2）前置性法律判断依据

证监会行政处罚决定书、行政复议决定书明确只按照违规信息披露一个证券法条文进行定性；证监会行政处罚决定书明确将财务造假认定为一个连续、持续的完整行为。

行政处罚决定书相关内容如下：

……炫酷乐公司相关董事、监事和高级管理人员违反《证券法》第82条第3款的规定以及《上市公司信息披露管理办法》第58条的规定，构成《证券法》第197条第2款所述情形。其中：炫酷乐公司时任董事长程某厚，炫酷乐公司时任副董事长、总经理汪某珠，炫酷乐公司时任财务总监辛某封，炫酷乐公司时任监事凌某茹知悉并参与炫酷乐公司财务造假行为，程某厚、汪某珠、辛某封系炫酷乐公司《首次公开发行股票招股说明书》、《非公开发行股票发行情况报告书暨上市公告书》、2015年至2019年年报存在虚假记载的直接负责的主管人员，凌某茹系其他直接责任人员。姜某霖、王某飞、裴某微、黎某奖在炫酷乐公司相关报送的报告中保证所披露的内容真实、准确、

完整，无证据表明上述人员勤勉尽责地履行了相关职责，系炫酷乐公司《首次公开发行股票招股说明书》、《非公开发行股票发行情况报告书暨上市公告书》、2015年至2019年年报存在虚假记载的其他直接责任人员。程某厚、汪某珠是炫酷乐公司2018年至2020年未按规定披露对外担保行为的主要参与者，系炫酷乐公司2018年至2020年未按规定披露对外担保行为的直接负责的主管人员；姜某霖、王某飞、裴某微、黎某奖知悉部分未披露担保事项并参与签署相关董事会决议，系炫酷乐公司2018年至2020年未按规定披露对外担保行为的其他直接责任人员……针对炫酷乐公司及相关责任人在上述意见基础上进一步提出的申辩意见，经复核，我会认为：针对炫酷乐公司的申辩意见，关于申辩人《首次公开发行股票招股说明书》及2016年《非公开发行股票发行情况报告书暨上市公告书》虚假记载行为是否已过处罚时效的问题，申辩人案涉相关年报与《首次公开发行股票招股说明书》及2016年《非公开发行股票发行情况报告书暨上市公告书》连续披露存在虚假记载，构成一个整体的信息披露违法行为，我会对案涉违法行为认定处罚并未超过处罚时效。

行政复议决定书相关内容如下：

本会认为，炫酷乐公司《首次公开发行股票招股说明书》、2016年《非公开发行股票发行情况报告书暨上市公告书》及定期报告存在虚假记载，违反了《证券法》第78条第2款的规定，构成《证券法》第197条第2款所述“信息披露义务人报送的报告或者披露的信息有虚假记载、误导性陈述或者重大遗漏”。炫酷乐公司在2017年至2019年年度报告中未如实披露“其他非流动资产”报表项目的情况，在2018年年度报告中未如实披露募集资金使用的情况，违反了《证券法》第78条第2款的规定，构成《证券法》第197条第2款所述行为。炫酷乐公司在2018年至2020年度存在对外担保未履行审批程序及信息披露义务的情况，违反了《证券法》第78条第1款、第2款的规定，构成《证券法》第197条第2款所述行为。上述有关事实清楚、证据充分，被申请人认定并无不当。

（3）法律依据

提供虚假的财务会计报告，在证券发行文件中虚假记载，导致首次公开发行、非公开发行股票等，固然符合欺诈发行股票罪的犯罪构成，但其本质上就是违规披露、不披露重要信息罪包含的情形，同时被违规披露、不披露重要信息罪的犯罪构成所包容，在法律与《立案追诉标准（二）》已经有明确规定的情况下，应当按照法律规定予以定性，认定为违规披露、不披露重要信息罪一罪，即将相关犯罪行为进行统一评价，认定为违规披露、不披露重要信息罪，从而避免重复评价。

《立案追诉标准（二）》相关规定如下：

第六条 〔违规披露、不披露重要信息案（刑法第一百六十一条）〕依法负有信息披露义务的公司、企业向股东和社会公众提供虚假的或者隐瞒重要事实的财务会计报告，或者对依法应当披露的其他重要信息不按照规定披露，涉嫌下列情形之一的，应予立案追诉：

（一）造成股东、债权人或者其他人直接经济损失数额累计在一百万元以上的；

（二）虚增或者虚减资产达到当期披露的资产总额百分之三十以上的；

（三）虚增或者虚减营业收入达到当期披露的营业收入总额百分之三十以上的；

（四）虚增或者虚减利润达到当期披露的利润总额百分之三十以上的；

（五）未按照规定披露的重大诉讼、仲裁、担保、关联交易或者其他重大事项所涉及的数额或者连续十二个月的累计数额达到最近一期披露的净资产百分之五十以上的；

（六）致使不符合发行条件的公司、企业骗取发行核准或者注册并且上市交易的；

（七）致使公司、企业发行的股票或者公司、企业债券、存托凭证或者国务院依法认定的其他证券被终止上市交易的；

（八）在公司财务会计报告中将亏损披露为盈利，或者将盈利披露为亏损的；

（九）多次提供虚假的或者隐瞒重要事实的财务会计报告，或者多次对依法应当披露的其他重要信息不按照规定披露的；

（十）其他严重损害股东、债权人或者其他人利益，或者有其他严重情节的情形。

2. 虚假营收、虚假利润的问题

根据矿磁公司方面的数据、言词证据等可以判断，虚增营收、虚增利润的金额是采取模糊匹配的方式认定的，相关涉案金额不仅存在计算失真的问题，甚至存在是否能够与真实销售业务进行区分的问题。

即使指控调整方向，以“多次提供虚假的或者隐瞒重要事实的财务会计报告”作为追诉标准，仍然可以进一步主张因为没有达到“重要事实”的量化标准（仍然是30%），不符合《刑法》明确要求的重大性要件。

3. 虚增银行存款的问题

根据起诉书第5页中所述，炫酷乐公司涉嫌通过伪造银行对账单回执和财务报表、资金进出不入账等方式，虚增炫酷乐公司对公银行账户的银行存款。其中，2015年年末虚假记载银行存款261, 975, 314. 92元，2018年年末虚假记载银行存款737, 975, 363. 28元，2019年年末虚假记载银行存款1, 097, 554, 969. 81元，占炫酷乐公司对应期末资产总额比例分别为20. 80%、24. 38%、34. 93%。导致炫酷乐公司在2015年、2018年、2019年年报存在虚假记载。控方为证明上述事实，亦委托了ZSL佛山分所对上述虚增银行存款的金额出具了司法诉讼专项审计报告。

起诉书中已将炫酷乐公司2015年年末虚假记载银行存款的情节作为指控其构成“欺诈发行证券罪”的依据，即炫酷乐公司在2015年虚假记载银行存款的行为已经被“欺诈发行证券罪”所评价，不应再在“违规披露、不披露重要信息罪”中进行重复评价。此外，起诉书中认定炫酷乐公司2018年年末虚增银行存款的金额，占其当期末资产总额比例仅为24. 38%。根据《立案追诉标准（二）》第6条“依法负有信息披露义务的公司、企业向股东和社会公众提供虚假的或者隐瞒重要事实的财务会计报告，或者对依法应当披露的其他重要信息不按照规定披露，涉嫌下列情形之一的，应予立案追诉：……（二）虚增或者虚减资产达到当期披露的资产总额百分之三十以上的……”的规定，单以炫酷乐公司2018年年末虚增银行存款的金额占其当期末资产总额的比例来看，其并未达到刑事追诉的标准，不应构成刑事犯罪。也就是说，炫酷乐公司仅2019年年末虚增银行存款的行为涉及“违规披露、不披露重要信息罪”，其余虚增银行存款的行为均不应单独构成“违规披露、不披露重要信息罪”。

4. 未如实披露“其他非流动资产”科目情况及未如实披露募集资金使用情况的部分

根据起诉书第5页中所述，炫酷乐公司涉嫌在2017年至2019年年度报告中未如实披露“其他非流动资产”报表项目的情况，在2018年年度报告中未如实披露募集资金使用的情况。友衣乐的在建工程——深圳炫酷乐友衣乐项目，累计预付工程款3.3亿元，其中2017年支付1.1亿元，2018年支付2.2亿元（募集资金）。上述预付工程款在2017年至2019年年度报告中均作为“其他非流动资产”列报。而实际上上述累计预付工程款3.3亿元中的2.835亿元最终转入炫酷乐公司所控制使用的银行账户，用于炫酷乐公司体外资金循环等用途。公安机关为证明上述事实，亦委托了ZSL佛山分所对炫酷乐公司2017年至2019年年度报告中的“其他非流动资产”报表项目以及2018年年度报告中真实的募集资金使用情况出具了司法诉讼专项审计报告。

查询炫酷乐公司历年的年报得知，炫酷乐公司2017年年末、2018年年末、2019年年末的净资产分别为19.11亿元、22.44亿元、20.52亿元。也就是说，炫酷乐公司在2017年至2019年年度报告中未如实披露“其他非流动资产”报表项目所涉及的金额占其当期披露的净资产比例分别约为5.76%（1.1亿元/19.11亿元）、12.63%（2.835亿元/22.44亿元）、13.82%（2.835亿元/20.52亿元）；在2018年年度报告中未如实披露募集资金使用情况所涉及的金额占其当期披露的净资产比例约为12.63%（2.835亿元/22.44亿元）。根据《立案追诉标准（二）》第6条“依法负有信息披露义务的公司、企业向股东和社会公众提供虚假的或者隐瞒重要事实的财务会计报告，或者对依法应当披露的其他重要信息不按照规定披露，涉嫌下列情形之一的，应予立案追诉：……（五）未按照规定披露的重大诉讼、仲裁、担保、关联交易或者其他重大事项所涉及的数额或者连续十二个月的累计数额达到最近一期披露的净资产百分之五十以上的……”的规定，单以炫酷乐公司在2017年至2019年年度报告中未如实披露“其他非流动资产”报表项目的行为以及在2018年年度报告中未如实披露募集资金使用情况的行为来看，其并未达到刑事追诉的标准，不应构成刑事犯罪。

5. 对外担保未履行审批程序及信息披露义务的问题

根据起诉书第5页中所述，在2018年至2020年10月，炫酷乐公司的董事长程某厚、总经理汪某珠、董秘姜某霖等人以炫酷乐公司在HKLH农村商业银行股份有限公司定期存单为PN市BYL纺织品有限公司、PN市LTF纺织品有限公司、深圳市SYSY有限公司、深圳市LYTD实业有限公司、PN市LTY纺织品有限公司、PN市AL服饰有限公司、PN市AYA服饰有限公司、PN市SGS服饰有限公司等第三方借款提供质押担保33笔，累计担保合计金额11亿元人民币。上述担保均未经过炫酷乐公司记载的董事会决议通过，并存在部分担保事项未在2018至2020年度报告中及时进行披露。公安机关为证明上述事实，分别调取了上述8家涉案公司在HKLH农村商业银行股份有限公司的开户资料，炫酷乐公司与HKLH农村商业银行股份有限公司所签署的结构性存款协议与质押合同，上述涉案公司与HKLH农村商业银行股份有限公司所签署的商业汇票承兑协议，相关业务人员在HKLH农村商业银行股份有限公司行办理开票业务时的面签照片，上述涉案公司在HKLH农村商业银行股份有限公司完成开票后将票据贴现后所得资金的转账流水清单等文件资料。

辩护人查询证监会于2022年4月2日所作的行政处罚决定书［（2022）18号］后得知，证监会认定如下：炫酷乐公司未及时及未在2018年年报披露对外担保事项7笔，金额合计2.9亿元；炫酷乐公司未及时及未在2019年年报披露对外担保事项21笔，金额合计7.1亿元；炫酷乐公司未及时及未在2020年年报披露对外担保事项11笔，金额合计3.4亿元。

此外，辩护人查阅案卷材料，并核对每一份质押合同、每一份商业汇票承兑协议以及每一张留存的银行承兑汇票复印件后统计得知，在炫酷乐公司所提供的存单质押担保项下，上述8家涉案公司于2018年9月19日至2020年10月20日，总共在HKLH农村商业银行股份有限公司开具银行承兑汇票186张，总金额为1,002,900,002元。其中：2018年共开具银行承兑汇票56张，总金额为280,000,000元；2019年共开具银行承兑汇票64张，总金额为417,900,002元；2020年共开具银行承兑汇票66张，总金额为345,000,000

元。同时，辩护律师查阅炫酷乐公司 2018 年至 2020 年的年报后得出，炫酷乐公司未及时及未在 2018 年年报、2019 年年报、2020 年年报披露对外担保事项的金额占其当期披露净资产的比例分别为 14.73%、34.60%、19.84%。

根据《立案追诉标准（二）》第 6 条“依法负有信息披露义务的公司、企业向股东和社会公众提供虚假的或者隐瞒重要事实的财务会计报告，或者对依法应当披露的其他重要信息不按照规定披露，涉嫌下列情形之一的，应予立案追诉：……（五）未按照规定披露的重大诉讼、仲裁、担保、关联交易或者其他重大事项所涉及的数额或者连续十二个月的累计数额达到最近一期披露的净资产百分之五十以上的……”的规定，单以炫酷乐公司在 2018 年至 2020 年年度报告中未及时及未披露对外担保事项所涉及的金额来看，其并未达到刑事追诉的标准，不应构成刑事犯罪。

第二十章

上市公司虚假陈述犯罪的司法认定

——星云股份有限公司欺诈发行股票，违规披露、不披露重要信息案辩护意见

[辩护逻辑]

在上市前后连续实施的财务造假行为分别触犯了欺诈发行股票罪和违规披露重要信息罪，但该系列行为系牵连犯，在法律对上述犯罪没有特别规定的情况下，应从一重罪处罚，不应数罪并罚。

[案情]

2011 年末，为了实现公司上市发行股票，星云股份有限公司实际控制人即被告人文某亿与被告人陈某新共谋，决定伪造有关财务事项。被告单位星云股份有限公司在文某亿、陈某新的安排下，采取伪造财务凭证等手段虚构了 2011 年至 2013 年 6 月的利润和现金流量等财务数据。并在《首次公开发行股票并在创业板上市招股说明书》中编造重大财务虚假内容，于 2014 年 1 月 3 日骗取了证监会的股票发行核准。2014 年 1 月 27 日，星云股份有限公司股票在深圳证券交易所创业板挂牌上市。

2013 年 7 月至 2014 年 12 月，被告单位星云股份有限公司为了掩盖之前通过伪造财务事项等方式欺诈发行股票的犯罪事实，继续粉饰公司财务状况，由文某亿、陈某新组织公司财务部门及其他部门的工作人员沿用前述手段继

续伪造财务事项。星云股份有限公司作为上市公司在依法负有信息披露义务的情况下，分别于2014年4月15日、2014年8月15日、2015年4月25日向公众披露了虚假和隐瞒重要事实的2013年年度报告、2014年半年度报告、2014年年度报告。

2016年8月26日，文某亿、陈某新被动到案，到案后，均如实供述了其犯罪事实。

检察机关据此指控星云股份有限公司、文某亿、陈某新构成欺诈发行股票罪、违规披露重要信息罪。

[辩护意见主文]

本案被告人实施的犯罪行为系牵连犯，在相关法律没有特别规定的情况下，应从一重罪处罚，不应数罪并罚。文某亿、陈某新在接到公安机关的询问通知书后，主动到公安机关指定地点接受询问，并如实供述犯罪事实的行为应认定为自首。具体意见如下。

一、对星云股份有限公司、文某亿、陈某新的行为不应以欺诈发行股票罪、违规披露重要信息罪数罪并罚，应按照牵连犯从一重罪处罚

2010年5月7日最高人民检察院、公安部《关于公安机关管辖的刑事案件立案追诉标准的规定（二）》第6条规定："依法负有信息披露义务的公司、企业向股东和社会公众提供虚假的或者隐瞒重要事实的财务会计报告，或者对依法应当披露的其他重要信息不按照规定披露，涉嫌下列情形之一的，应予以立案追诉：……（六）致使不符合发行条件的公司、企业骗取发行核准并且上市交易的……"按照该规定，违规披露重要信息罪与欺诈发行股票罪存在竞合关系，违规披露重要信息罪中包含了在招股说明书中隐瞒重要事实或者编造重大虚假内容从而使股票欺诈发行上市的情形，因此围绕股票欺诈发行上市而采取的一系列违规披露重要信息行为，彼此牵连，合为一体，不应被人为拆分成数罪。

被告单位后来相关财务数据虚假披露行为事实上是为了掩盖和维持欺诈

上市发行。对于此事实，专家们注意到公诉机关的指控也予以认可。起诉书载明："2013 年 7 月至 2014 年 12 月，被告单位星云股份有限公司为了掩盖之前通过伪造财务事项等方式欺诈发行股票的犯罪事实，继续粉饰公司财务状况……沿用前述手段继续伪造财务事项。"

综合相关规定和本案事实，本案中上市发行前后的行为符合刑法上的牵连犯。牵连犯，是指以实施某一犯罪为目的，其方法行为或结果行为又触犯其他罪名的犯罪形态。具体地说，是指行为人主观上意图犯一罪，但其实施的方法行为或结果行为又触犯了其他不同的罪名。具体到本案，各被告是以连续财务造假并虚假披露的手段实现并维系股票欺诈发行上市，前后行为之间系连续整体，且作为手段共同服务于股票欺诈发行上市这一目的，前后彼此之间具有牵连关系。在相关法律没有特别规定的情况下，应按照牵连犯认定各被告的犯罪行为，从一重罪处罚，不宜数罪并罚。

二、文某亿、陈某新构成自首

最高人民法院《关于处理自首和立功具体应用法律若干问题的解释》第 1 条第 1 项第 1 句规定："自动投案，是指犯罪事实或者犯罪嫌疑人未被司法机关发觉，或者虽被发觉，但犯罪嫌疑人尚未受到讯问、未被采取强制措施时，主动、直接向公安机关、人民检察院或者人民法院投案。"

文某亿、陈某新在接到询问通知书后主动到案符合成立自首所需的自动投案条件。首先，询问通知既不是讯问，也不是任何一种强制措施，因此接到询问通知书后到案符合上述司法解释第 1 条第 1 项第 1 句"未受到讯问、未被采取强制措施"之前的时间段。其次，询问通知书不具有任何强制性，文某亿、陈某新在接到通知书后具有选择的余地，既可以按通知要求选择接受询问，也可以不到案，甚至还可以逃离，他们既然选择了按通知要求到案，则足以表明其到案的主动性、自动性。最后，事实上，文某亿和陈某新也并非强制到案。公安机关出具的《到案经过》以及文某亿、陈某新的询问笔录可以证明二人是主动到案的。同时，辽宁省公安厅在《提请批准逮捕书》[辽公（经）提捕字（2016）001 号] 中也明确载明："8 月 26 日，我厅依法对文某亿、陈某新下达询问通知书，二人主动到案。"

相关询问笔录证实，文某亿、陈某新到案后如实供述了相关事实。对此，公诉机关亦予以认可，起诉书载明："……到案后，均如实供述了其犯罪事实。"也就是说，文某亿、陈某新接到询问通知书后自己主动到案，到案后如实供述，构成自首。

因此，被告人在上市前后连续实施的财务造假行为分别触犯了欺诈发行股票罪和违规披露重要信息罪，但该系列行为系牵连犯，在法律对上述犯罪没有特别规定的情况下，应从一重罪处罚，不应数罪并罚。文某亿、陈某新在接到公安机关询问通知书后，主动到公安机关指定地点接受询问并如实供述犯罪事实的行为构成自首。

第二十一章

非法经营期货行为的司法认定

——包某夕非法经营期货案辩护意见

[辩护逻辑]

在国家规定层面，期货业务只有期货经纪业务、期货投资咨询业务以及证监会规定的其他业务三种类型。一方面，国家规定中事实上并无“非法从事国际期货交易”中的所谓国际期货交易业务；另一方面，期货居间人行为，与非法经营期货经纪业务、期货投资咨询业务以及证监会规定的其他业务存在相当的距离，在认定非法经营期货业务时应当予以审慎处理。在被告人已经签署认罪认罚具结书的情况下，辩护人有权进行独立辩护，并对量刑建议等问题提出异议，提出罪轻辩护意见，维护被告人合法权益。

[案情]

起诉书认定：2018 年 6 月、7 月以来，被告人包某夕、陈某等在无期货、证券从业资质的情况下，招募被告人包某兰、潘某东、曾某超、王某贞、吴某湖、李某、潘某峰、汪某杰、田某杰等，成立金华锐丘商贸有限公司（后又成立金华亚金健康管理有限公司）非法从事国际期货交易。公司下设客服部、财务部、运营部、渠道部。被告人包某兰负责管理客服部并负责核对财务账目（后由被告人王某贞负责）；被告人田某杰等人负责代理商返佣，叶某媛等人负责客户出入金及客服工作；被告人陈某、潘某东负责购买美元及风控工作；运营部负责在网上发帖推广元达期货公司；渠道部被告人吴某湖、曾某超、李某、潘某峰、汪某杰等负责招揽代理商和客户；许某夫等人负责在网上宣传元达国际期货公司。公司在元达国际期货（香港）公司开设主账户，招揽代理商在该账户下分设子账户、孙账户，招揽社会公众成为子账户客户，使用“新腾飞”“期货推手”等软件作为公司期货交易系统，采用保证金制度给客户配资，以集中交易的方式进行无实物交割的标准化合约交易，交易资金流入元达国际期货（香港）公司进行非法从事期货、股指交易，从中赚取手续费差价。经审计，公司的入金 273 亿元，出金 274 亿元。

起诉书认为：被告人包某夕伙同陈某、吴某湖、李某、潘某峰、汪某杰、曾某超、包某兰、王某贞、田某杰、潘某东等违反国家规定，未经国家有关主管部门批准非法经营期货业务，情节特别严重，其行为触犯了《刑法》第 225 条，犯罪事实清楚，证据确实、充分，应当以非法经营罪追究其刑事责任；系共同犯罪，同时适用《刑法》第 25 条第 1 款之规定；被告人包某夕、陈某系主犯，被告人吴某湖、李某、潘某峰、汪某杰、曾某超、包某兰、王某贞、田某杰、潘某东系从犯，同时适用《刑法》第 26 条、第 27 条之规定；各被告人系坦白，同时适用《刑法》第 67 条第 3 款之规定。被告人潘某东系缓刑考验期内犯新罪，同时适用《刑法》第 69 条、第 77 条之规定。被告人包某夕、陈某、吴某湖、李某、潘某峰、汪某杰、曾某超、包某兰、王某贞、田某杰、潘某东均认罪认罚，依据《刑事诉讼法》第 15 条的规定，可以从宽处理。根据《刑事诉讼法》第 176 条的规定，提起公诉，请依法判处。

[辩护意见主文]

在尊重被告人的认罪认罚、尊重检察机关的法律意见的基础上，辩护人发表总体意见：被告人包某夕的涉案行为具有民事居间人行为的实质特征，该行为似乎并未被证券监管机构的认定函确认违法性，同时似乎也没有在国家规定层面被界定为违法，甚至在现阶段的规范框架下属于非受监管的领域。在没有明确的司法解释性规则确认此种类型的行为构成非法经营罪或者非法经营罪帮助犯的情况下，恳请司法机关充分考虑认定其情节轻微、从犯等从宽量刑的一系列事实、证据以及法律条件（包括被告人包某夕签署的认罪认罚具结书，公诉机关出具的量刑建议书）。

2019 年最高人民法院、最高人民检察院、公安部、国家安全部、司法部《关于适用认罪认罚从宽制度的指导意见》第 41 条“量刑建议的调整”第 1 款规定：人民法院经审理，认为量刑建议明显不当，或者被告人、辩护人对量刑建议有异议且有理有据的，人民法院应当告知人民检察院，人民检察院可以调整量刑建议。人民法院认为调整后的量刑建议适当的，应当予以采纳；人民检察院不调整量刑建议或者调整后仍然明显不当的，人民法院应当依法作出判决。

基于此，辩护人尊重被告人的认罪认罚，尊重检察机关的法律意见，仅就影响本案被告人包某夕量刑的法律问题，提出独立辩护意见与商榷性的看法。

一、对于行政监管机构出具的认定函，能否证明被告人包某夕非法经营期货业务，明显存在商榷的余地

《浙江证监局关于反馈包某夕等人员和金华亚金健康管理有限公司等机构相关情况的复函》（以下简称《证监局复函》）相关内容如下：截至函复日，包某夕……均不具备期货从业资格；金华亚金健康管理有限公司（统一社会信用代码：91330701MA2E63BX47）、金华锐丘商贸有限公司（统一社会信用代码：91330701MA29LLLC2W）和金华睿泽网络科技有限公司（统一社会信用代码：91330701MA211RFK79Y）未向中国证监会办理过期货业务资格申请，不具备经营期货业务的资质，也不属于经中国证监会批准设立的期货交易所或其他期货交易场所。

可见，《证监局复函》只是证明：被告人包某夕没有期货从业资格、没有申请过期货业务许可、没有经营期货业务资质；涉案相关公司不属于监管机构批准的期货交易所或者其他期货交易场所。但这些都是客观事实，一方面被告人本身就承认，另一方面实际上也没有必要由监管部门出具认定函予以确认。

本案中需要证明的核心事实是：被告人实施的行为，是否属于非法经营期货业务。然而，《证监局复函》并未就此问题予以认定。

所以，至少在行政违法性认定层面，对于本案中被告人涉案行为是否构成非法经营期货业务，在证据上，是值得商榷的。

二、本案中有证据表明，被告人的行为本质上是居间人行为，而该行为在中国境内目前处于非受监管的市场行为，将之认定为非法经营期货业务，似乎值得商榷

本案中的银行账户交易流水、转账记录、操作界面截图、客户聊天记录、审计报告、证人证言、被告人的供述和辩解、被告人公司与元达期货公司之间的书面协议等一系列证据可以证明：(1) 被告人、元达国际期货公司、客户之间的法律关系；(2) 被告人包某夕等收取费用的法律属性；(3) 被告人包某夕等的行为性质及其法律责任范围。具体而言：

从法律关系层面分析，本案中被告人（公司）与元达期货公司之间就是居间法律关系，即被告人包某夕等人（公司）属于居间人——受期货公司（本案中为元达期货公司）委托，为期货公司提供订立期货经纪合同的中介服务（本案人被告人中介服务的双方为元达期货公司与客户们），也就是说，客户与元达期货公司之间是期货经纪合同的法律关系——这才是属于非法经营（期货经纪业务）的实质内容。被告人包某夕等人（公司）与期货公司居间合同的法律关系，并非现行国家规定（《期货交易管理条例》）以及《刑法》所明确禁止的行为。被告人包某夕与客户之间至多也只是出借账户的民事法律关系。

从收费属性层面分析，本案中被告人（公司）是按照双方的书面约定从元达期货公司收取报酬，该费用的法律属性即为居间费。居间费对应的服务内容是居间服务（中介服务），即行为人撮合期货公司与客户之间缔结期货经纪合同。也就是说，居间费的对应行为并非直接来源于非法经营期货业务行为。居间费的支付方为期货公司，但这一费用本身并非直接来源于非法经营期货经纪业务的期货交易手续费等。

从法律行为性质与法律行为责任层面分析，本案中被告人包某夕等人（公司）的行为属于期货市场中广泛存在的居间民事法律行为（并非金融业务行为），当前并不受中国境内的金融法律法规的监管；该重居间行为承担

基于中介服务所产生的民事责任，并无金融法律法规层面的行政法律责任。因此，在这样的法律法规、法律行为性质、法律责任等条件下，将被告人认定为非法经营期货业务，存在明显可以商榷之处。

三、为期货公司与客户提供中介服务并撮合双方签订期货经纪合同的行为，是民事居间行为，当前并未受到金融监管，并不需要金融监管机构的许可（批准）

第一，市场中的一般自然人等并无期货从业资质的主体的居间人行为，目前现实中存在但并未纳入监管范围。

2020 年 12 月 1 日，中国期货业协会发布《关于就〈期货公司居间人管理办法（试行）〉公开征求意见的公告》。《期货公司居间人管理办法（试行）（征求意见稿）》按照“尊重现状，摸清底数，问题导向，数据依托，规范管理”的原则，以“统一管、规范管”为导向，旨在加强对期货公司与除证券公司以外的机构及自然人开展居间合作的自律管理，规范居间人行为，保护投资者合法权益，促进期货行业健康发展。

第二，中国期货业协会在《〈期货公司居间人管理办法（征求意见稿）〉起草说明》（以下简称《起草说明》）中的大段阐述，以及《期货公司居间人管埋办法（试行）（征求意见稿）》中的大量规范表述等均足以证明，为期货公司提供居间人服务当前并没有受到监管，从而也不可能属于未经许可的非法经营期货业务行为。

首先，《起草说明》指出：

为落实中国证监会在作风建设工作中提出的“希望协会研究对期货居间人的自律管理工作、切实解决行业存在的痛点难点堵点问题”的要求，加强对期货公司与除证券公司以外的机构及自然人开展居间合作的自律管理，规范居间人行为，保护投资者合法权益，促进期货行业健康发展……

可见，就期货公司居间人目前连行业协会层面的自律监管规定都没有，更不存在非法经营罪意义上的国家规定。

其次，《起草说明》指出：

考虑到期货行业居间人实际存在的乱象和不规范问题，参考国内证券、保险等行业及境外有关经纪人均已纳入监管范围的实践，协会作为行业自律性组织，有必要、有责任制定全国统一的自律管理规则，把居间人纳入自律管理范围，厘清居间合作边界。这既对改善期货公司竞争环境、提高期货市场透明度具有重要意义，也是协会贯彻《中共中央 国务院关于新时代加快完善社会主义市场经济体制的意见》关于“构建适应高质量发展要求的社会信用体系和新型监管机制”精神，落实证监会作风建设工作相关要求，回应行业对解决居间人问题日益高涨呼声的重要举措。

可见，期货公司居间人目前没有纳入行政监管范围，没有纳入自律管理范围。

最后，《起草说明》指出：

……通过明确与期货公司开展居间合作的居间人条件，提高居间人的合规和专业化水平。为强化对机构居间人的管理，引入了举荐制度，机构居间人只能与最近一期分类评级不低于B类BBB级的期货公司开展居间合作，也必须经最近一期分类评级不低于B类BBB级的期货公司举荐才可以成为协会联系会员。同时，为引导居间人进一步提升专业水平，要求机构居间人的工作人员及自然人居间人均须取得期货从业人员资格考试成绩合格证以及完成协会提供的培训课程。

此外，《期货公司居间人管理办法（试行）（征求意见稿）》第7条“个人合作条件”规定：

期货公司应当与符合下列条件的个人开展居间合作：（一）年满18周岁，具有完全民事行为能力；（二）品行端正，具有良好的职业道德；（三）承诺遵守法律法规、《中国期货业协会章程》、《期货从业人员执业行为准则》及本办法等规定；（四）取得期货从业人员资格考试成绩合格证；（五）已完成协会要求的培训课程；（六）协会规定的其他条件。

可见，当前对于期货公司居间人并无任何从业资质的规范要求。

第三，根据《民法典》、《期货交易管理条例》、最高人民法院《关于审理期货纠纷案件若干问题的规定》、《证券期货市场诚信监督管理办法》及《中国期货业协会章程》，《期货公司居间人管理办法（试行）（征求意见稿）》的规范制定进程，以及裁判文书网上大量关于期货公司居间人的判决，可以看到，居间人是期货市场中客观存在的民事法律现象，居间人行为属性与行为内容属于民事法律行为，居间人是部分客户与期货公司发生合同关系的桥梁，居间收入主要依靠期货公司的手续费返还（返佣）或者支付报酬。因此，居间人或者居间行为与经营期货业务行为之间存在本质区别。

四、《期货交易管理条例》对于经营期货业务的性质、内容、范围进行了明确的规定，而本案中被告人的行为是否属于《期货交易管理条例》明确规定的经营期货业务，显然存在商榷的余地

《期货交易管理条例》第 15 条第 2 款规定：未经国务院期货监督管理机构批准，任何单位或者个人不得设立或者变相设立期货公司，经营期货业务。

《期货交易管理条例》第 17 条第 1 款规定：期货公司业务实行许可制度，由国务院期货监督管理机构按照其商品期货、金融期货业务种类颁发许可证。期货公司除申请经营境内期货经纪业务外，还可以申请经营境外期货经纪、期货投资咨询以及国务院期货监督管理机构规定的其他期货业务。《期货公司监督管理办法》《期货从业人员管理办法》等国务院期货监督管理机构规定中实际上也没有进一步规定其他期货业务的具体内容。

可见，在国家规定（《期货交易管理条例》）层面，期货业务只有期货经纪业务、期货投资咨询业务以及证监会规定的其他业务三种类型。因此，一方面，国家规定中事实上并无起诉书事实认定部分所描述的“非法从事国际期货交易”中的所谓国际期货交易业务；另一方面，本案中被告人包某夕等实施的居间行为，与非法经营期货经纪业务、期货投资咨询业务以及证监会规定的其他业务存在相当的距离。

五、本案中被告人包某夕等人所实施的行为，与非法经营期货业务存在相当的差异；构成共犯的客观责任基础存在需要商榷之处；即使认定其构成共同犯罪，亦应当认定为从犯

正是由于上述居间行为与非法经营期货经纪业务行为之间的区别，辩护人恳请法庭重点关注被告人包某夕行为的社会危害性程度，并恳请在实际量刑时对此予以充分考虑。

此外，恳请法庭关注以下问题：违反国家规定，未经中国证监会批准非法经营期货业务，是期货领域非法经营罪的实行行为（或者称为正犯行为）。从本案的基本事实来看，具有一定事实基础与法律条件从而具有构成非法经营罪实行犯（正犯）可能的，只有元达期货公司。本案中的被告人包某夕即使构成犯罪，在规范评价上显然都是非实行犯（共犯）。从刑法共犯原理的角度分析，帮助犯的行为责任是有客观边界的，并非所有促进实行犯［本案中元达国际期货（香港）公司的非法经营期货业务行为］的行为都可以被评价为共犯（帮助犯），只有与促进、加功非法经营期货经纪业务直接关联的行为，才应当被评价为非法经营期货经纪业务的帮助犯行为。例如，提供互联网接入、服务器托管、网络存储空间、通讯传输通道、软件开发、技术支持、结算清算等服务。由于本案中被告人包某夕等人并未直接涉及期货经纪行为，同时也没有实施期货交易技术行为、期货交易结算清算行为，认定居间人构成帮助犯，值得商榷。

退一步分析，即使认定被告人包某夕构成帮助犯，从其所处的地位、所起到的作用分析，理应认定其处于从属地位、所起作用较小而构成从犯。

六、本案中相关数额认定值得商榷

金华安泰会计师事务所有限责任公司《审计鉴定检验报告》指出：

（五）2688 柜台、8179 柜台、9519 柜台电子数据，元达国际期货公司纸质数据买、卖、平仓盈亏、手续费金额情况如下：

交易所共计买入总额 27,337,086,326.00 元、卖出总额 27,418,235,194.00 元。各交易所买卖情况如下：

1. 2688 柜台涉及 5 个交易所（CME、EUREX、HKEX、ICE、SGXQ），开买入金额 4,106,688,050.02 元、平卖出金额 4,107,533,969.82 元；平买入金额 4,052,316,050.98 元、开卖出金额 4,054,258,861.06 元。

2. 8179 柜台涉及 4 个交易所（CME、EUREX、HKEX、SGXQ），开买入金额 6,564,972,612.96 元、平卖出金额 6,562,752,842.59 元；平买入金额 8,358,369,107.46 元、开卖出金额 8,363,469,112.06 元。

3. 9519 柜台涉及 4 个交易所（CME、EUREX、HKEX、SGXQ），开买

入金额 1, 954, 641, 307. 98 元、平卖出金额 1, 950, 900, 240. 10 元；平买入金额 2, 088, 189, 976. 39 元、开卖出金额 2, 089, 048, 525. 23 元。

然而，起诉书却认定："经审计，公司的入金 273 亿元，出金 274 亿元。"

上述数额认定显然存在疑问。《审计鉴定检验报告》中的 273 亿元、274 亿元是交易的期货合约总价值（双边），而起诉书则将上述金额认定为入金数额、出金数额，明显错误。

综上，司法机关应充分考虑上述因素，对被告人包某夕适用更为轻缓的量刑。

第二十二章

非法经营证券业务犯罪数额的司法认定

——苏某浩非法经营案辩护意见

[辩护逻辑]

非法从事配资业务中的非法经营行为的违法性内容，表现为违反国家规定，向客户出借资金供其买入股票。衡量非法配资社会危害性的量化标准必须包括（不能缺少的要素）行为人出借资金的金额（配资金额）。没有配资金额，就完全不能衡量非法配资行为的社会危害性——既不能定性（定罪；非法经营罪），也无法定量（量刑；情节严重、情节特别严重）。向客户出借资金供其买入股票，显然涉及助力于客户买卖证券，势必会关涉到配资客户所买入或者卖出的证券量、金额等量化标准。但这都是配资（出借资金）在客观因果上间接引发的事实，并非非法经营配资行为的直接事实。买入或者卖出的证券量、金额等量化标准可以作为丰富非法配资行为量化评价要素的综合标准，但不能作为定案（定性、定量）的唯一标准。不能脱离行为人的配资金额，仅依据客户的证券交易，来评价行为人配资行为的社会危害性。

[案情]

2017 年 4 月至 2020 年 9 月，被告人苏某浩、王某美、程某韧共同出资成立 FG 公司，在未取得中国证监会许可的情况下，利用“行情管家”分仓软件开设“富豪吧”配资平台，通过网站、微信公众号进行宣传，为客户提供股票配资业务，收取利息、股票交易佣金。3 名被告人各占股份 1/3，并约定获利平均分配。被告人苏某浩负责联系资方制作宣传网站、微信公众号，为客户提供配资账户、资金；被告人王某美负责网站、公众号维护及客服工作；被告人程某韧负责财务、工资结算。2019 年初，被告人程某韧退出经营，但仍将其银行账户借给被告人苏某浩、王某美用于上述经营活动。2019 年 2 月，被告人苏某浩、王某美共同成立 FG 公司，继续从事股票配资业务。

经审计，2017 年 5 月 15 日至 2020 年 9 月 17 日，与被告人苏某浩、王某美、程某韧银行账户交易记录比对一致的客户（不包括苏某浩、王某美、程某韧、刘某伟），在上述交易软件账户中完成股票买卖交易共计 3 亿余元，佣金共计 80 余万元，其中 2019 年 2 月 19 日之前完成股票交易共计 7000 余万元，对应佣金 20 余万元。

[辩护意见主文]

辩护人的总体意见：一审所认定的事实不清、证据不足，法律适用错误，应当裁定撤销原判，发回原审人民法院重新审判，或者在查清事实后依法予以改判。

主要理由如下：

（1）一审判决基础性的事实不清、主要证据不足，错误地使用客户的股票买卖交易金额替代经营配资金额对非法经营证券业务情节予以评价，错误地使用交易手续费（所谓“佣金”）替代配资利息收益对违法所得予以评价，导致本案最为重要的基础事实整体坍塌。这不仅导致本案中非法经营数额这一影响“情节严重”“情节特别严重”界限的事实不清，更是影响本案是否构成犯罪的罪与非罪的重大事实不清问题。

（2）本案中司法鉴定专项审计报告所认定的配资客户证券买卖交易金额及其对应的佣金数额，在科学性、规范性等层面存在明显疑问，无法确实充分地对待证事实予以证明，导致一审判决认定该项事实的定案依据亦存在明显疑问。

（3）一审判决错误地混淆非法经营配资行为对应的配资金额、利息收益及其关系，非法经营证券经纪行为对应的客户证券交易金额、佣金收益及其关系，非法经营证券业务构成要件中的要素错误搭配，适用法律明显错误。

一审判决并无证据证明存在非法经营经纪业务行为，亦未在法律适用层面明确本案行为构成非法经营经纪业务这一违法性基础，因此就不能使用客户的证券交易金额作为评价被告人非法经营行为的量化尺度。也就是说本案不能以被告人收取佣金为基础的证券交易金额认定非法经营金额，亦不能认定为非法经营罪“情节特别严重”。

详细的证据分析、事实认定与法律适用论证如下。

一、本案中非法经营数额这一影响“情节严重”“情节特别严重”界限的事实不清，是否构成犯罪的罪与非罪的重大事实不清

（一）本案定性为非法经营罪的核心行为内容是相关被告人非法经营配资业务，因此，本案需要查明的基础事实必须包括被告人非法经营配资业务的金额及其通过配资赚取的利息差。然而，一审并未就上述基础事实予以查明

配资客户所从事的证券交易金额及其对应的手续费或者佣金可以作为评判非法经营配资行为的综合性因素之一或者补充要素，但不能作为逻辑上的充分条件或者事实上的必备基础要素，用于证明非法经营配资行为。

一审判决将案涉行为认定为非法经营配资业务，但又不对必须查实的非法经营配资资金（用于评价非法经营数额）及其对应的利息差收益（用于评价非法经营违法所得）予以查明，而是错误地替换为客户的证券交易金额及其对应的手续费或者佣金。从上述一审判决内容中可以看到，本案作为非法经营配资型非法经营案，事实逻辑完全断裂，导致构成非法经营罪必备的事实不清。

（二）本案中的证据确实且充分地证明，本案中实际上根本不存在非法经营证券业务并收取佣金的事实，所谓的基于配资客户证券交易金额而按照一定比例收取的费用，并非“佣金”，而是相关被告人“代收代缴”的手续费

1. 谈某量 2021 年 5 月 16 日询问笔录证明：（1）根据客户证券交易金额按照一定比例收取的是手续费；（2）手续费的实质是提供配资资金与配资交

易母账户的公司需要向证券公司按照证券交易金额支付手续费；（3）被告人苏某浩等人的公司向客户收取的也是手续费，其本质是用于支付软件使用费以及向证券公司按照证券交易金额支付手续费；（4）这部分基于客户证券交易金额所收取的手续费主要就是“代收代缴”的手续费，最终主要用于支付证券公司的交易手续费，而非佣金。

问：你今天为何来公安机关？

答：我于2015年研发过一款股票分仓软件，2020年11月5日，我将研发的股票分仓软件的所有数据全部储存在编号为70P4TICVTRNG的移动硬盘中，提供给了公安机关。2021年5月13日，我接到上海市公安局民警电话，说需要我配合调查，所以今天我和我的员工顾某杰过来配合案件调查。

问：你研发的股票分仓软件具有什么功能？

答：这款股票分仓软件和证券公司的交易软件几乎差不多，具有开户、委托交易、查看行情、结算等证券交易服务功能。但是我研发的股票分仓软件的特别之处在于可以开设非实名的子账户进行分仓，并可设置子账户的配资比、预警线、平仓线、单只股票持仓比例、交易手续费、禁止购买“某某”股票等数据。

问：股票分仓软件是怎么进行股票交易的？

答：具体的步骤是这样的，首先是使用股票分仓软件的配资公司在股票分仓软件上绑定实盘证券账户，如果配资公司有新的配资客户产生，配资公司管理员就会使用后台管理员账户在股票分仓软件上增加一个虚拟子账户，根据客户需要的账户数量随意地增设，没有上限。某一个虚拟子账户由客户下达交易指令以后，会在绑定的实体账户组中间检索筛查可供交易以及满足交易条件的具体某一个实体账户来完成实盘的真实交易。这个实体账户组的总数量不会太多，一般是1个至10个，具体的数量我无法一一明确。实体账户组是这样形成的，配资公司会登录一个实体账户增设的界面，在这个界面中，只要输入实体账户的券商、资金账号、密码和股东代码即可增设实体账户，但是券商、资金账号和密码不能有错，因为分仓软件的系统会直接将户名和密码复制至“同花顺”证券交易平台的登录界面，如果有错就不能够成功登录，同时我们这里可以获悉信息有误，也会及时告知对方纠错，凡是能够正常登录“同花顺”证券交易平台的实体账户，都可以顺利完成增设。另外，增设的几个实体账户会形成一个实体账户组，这个实体账户组就是前述的在子账户下达交易指令的时候进行自动检索并完成真实交易的基础。当然，多个实体账户可以形成不同的实体账户组，虚拟子账户需要绑定的实体账户组也可以在这些形成的不同实体账户组中进行选择。

问：请继续说。

答：这里需要补充说明一点的就是“同花顺”证券交易平台的界面是会根据这个需要下达指令的虚拟子账户背后设置绑定的实体账户组顺序直接登录好的，当然使用虚拟子账户的客户是看不到实盘操作的界面的。

问：股票分仓软件是如何帮助子账户在实盘上下单交易股票的？

答：我们是通过 Java 等程序写入代码来实现与证券账户进行对接，类似于 Windows 的实时数据抓取功能，这个程序设计的东西很专业，也很难表述，我们公司设定的程序会自行启动“同花顺”证券交易客户端，实现单向联动，所谓单向联动是指子账户的下单指令会联动到实体账户进行证券交易，但是实体账户自身的证券交易不会联动到子账户。

问：按照你前面所述，实体账户与虚拟子账户之间不是形成的一一对应关系？

答：是的。因为客户在配资的过程中，可能遇到证券账户资金不足的问题，如果多绑定一些证券账户，虚拟账户在下单买入股票的时候，当某一个证券账户资金不足时，分仓软件系统就会自动进行证券账户搜索来进行买入。

问：配资客户的买入指令所对应的证券账户没有资金余额或者余额不足时，分仓软件是如何操作和显示的？

答：如果出现前述情况，该笔下单买入会在分仓软件中显示为“废单”，并不会显示出持仓。也就是说客户使用我司设计的分仓软件进行买入操作时，只要证券账户余额充足均会真实成交并在软件中予以显示。

问：你们这个股票分仓软件还有其他什么功能？

答：还有就是配资公司可以在虚拟子账户的界面中自行设定交易手续费这个功能。比如说配资公司在实体账户中支付给券商营业部的交易手续费，通过他的客户从股票分仓软件虚拟子账户的交易手续费中赚回来，可以溢价赚取，完全取决于他与客户之间的约定。我们设定这样的功能也是为更灵活地实现根据虚拟子账户的交易量结算交易手续费。

问：配资客户使用股票分仓软件的客户端可以看到交易手续费比率吗？

答：我们这个虚拟子账户中的交易手续费比率是有一个隐藏显示的功能的，有些客户会使用这一功能，有些客户不使用这个功能。

问：股票分仓软件子账户是实名制的吗？

答：不是的，子账户是非实名制的，但是配资公司也可以将客户的真实姓名备注在子账户名称中。

问：股票分仓软件子账户可以自行设定交易手续费吗？

答：可以的，软件是有这个功能的，配资公司是可以随意设定的。

问：配资公司收取交易手续费的用途是什么？

答：据我所知，设定交易手续费的用途在于支付实盘证券账户的交易手续费及支付我们的软件服务费，剩余部分归配资公司。

问：你们研发的股票分仓软件内的股票交易数据是否都是真实的？

答：通过我们研发的股票分仓软件下单买卖股票，都是真实在实盘进行交易的。

2. 被告人苏某浩的供述同样证明了上述事实。同时，关于手续费的收取问题，被告人苏某浩陈述为一次性收取，并非按照交易金额乘以一定比例收取；案涉的非法经营行为是非法经营配资，获利机制是收取息差。

（1）被告人苏某浩 2021 年 6 月 4 日笔录

> 问：说一下“行情管家”软件的功能。
>
> 答：这个软件图标是中文字的“牛”，客户可以在软件里看到自己的账户情况，我们可以在软件里分仓，也可以设置平仓线，到了平仓线会预警。客户在这个软件里面下指令，就能反馈到正规的证券市场里买卖，就像“同花顺”之类的软件一样。
>
> 问：“行情管家”软件是否向你们收费？
>
> 答：买软件就要收 2 万至 5 万元，每一笔交易软件要抽取万分之一的费用。
>
> 问：“行情管家”软件的费用谁去交？
>
> 答：我不管转账，要么是程某韧，要么是王某美。
>
> 问：都是谁有你们网站和“行情管家”软件的后台管理权限？
>
> 答：我们三个人都有，网站可以看到客户下单的情况，软件可以看到客户账户内的情况，我们可以做加仓、减仓、平仓的操作。
>
> 问：说一下你们公司的盈利模式？
>
> 答：我们一般向客户收取两种费用，一种是利息差，比方说做 1 比 5 的配比，资金方出了 5 万元，那我们付给资方 1.1 分至 1.4 分的利息，我们收取客户 2 分的利息，就赚这个差价，这个利息客户是可以跟我们谈的；还有就是佣金，客户在股票账户上的每一笔交易，国家会收取万分之六的手续费，因此我们要向客户收取这个手续费，也就是我说的佣金，佣金也是可以谈的，从万分之六到千分之二都可以谈。

（2）被告人苏某浩 2021 年 8 月 25 日笔录

> 问：说一下“行情管家”的功能。
>
> 答：这个软件相当于一个炒股软件，客户可以通过登录子账号看到自己的账户情况，我们可以在软件里设置平仓线，到了平仓线会预警，客户在软件里下指令就能反馈到正规的证券市场里买卖。
>
> 问：“行情管家”有无收费？

答：有的，购买软件需要花费2万至5万元，每一笔交易，软件方要收取万分之一的费用。

问：你们有无购买“行情管家”？

答：我们没有购买，“行情管家”是资方购买的，购买完之后再给我们使用。

问：你们公司是如何盈利的？

答：盈利分两种模式，一种是佣金，我们收取客户交易金额（包括配资金额）的万分之六到千分之二，还有就是利息差，比如我们给到资方1.25分左右的月息，收取客户1.6分至2分的月息，从中赚取利息差。

问：客户向你们缴纳佣金后，在证券市场交易时是否还需要缴纳佣金？

答：客户只缴纳一次佣金，软件跟账户同步。

（3）被告人苏某浩2021年11月4日笔录

问：“行情管家”有无收费？

答：有的，购买软件需要花费2万至5万元，但我们使用的是资金方给我们提供的软件，没有花钱。每一笔交易，软件方要收取万分之一的费用。

问：你们公司是如何盈利的？

答：盈利分两种模式，一种是佣金，我们收取客户交易金额（包括配资金额）的万分之六到千分之二，还有就是利息差，比如我们给到资方1.25分左右的月息，收取客户1.6分至2分的月息，从中赚取利息差。

问：客户向你们缴纳佣金后，在证券市场交易时是否还需要缴纳佣金？

答：还是需要缴纳佣金的。

问：佣金如何给到你们？

答：客户给到我们的钱款，我们留下利息差之后把钱打给资金方，基本上1个月左右资金方就会把包括佣金在内的钱款打给我们。

3. 被告人程某韧的供述印证了上述事实。

程某韧2021年8月26日笔录如下：

> 问：说一下“行情管家”的情况。
>
> 答：资方会先给我们一个母账户，里面显示有证券市场的姓名、资金和配资金额、证券公司等。母账户只有我们可以看到，客户是看不到的，但如果客户想看，我们也会给他们看，我们给客户开子账户，客户可以在子账户里看到自己的实时情况。在软件里可以设置平仓线，到了平仓线。软件会预警，我们会通知客户，需要减仓、加仓由客户决定。
>
> 问：利息和佣金是如何收取的？
>
> 答：利息是客户在确定投资本金和配资比例后，直接打款给我们，我们扣除利息差之后，把钱款打给资金方；佣金是我们先跟客户谈好的，一般都是千分之一点五，交易一笔收取一笔，“行情管家”软件可以直接收取，之后资金方会收取万分之五，“行情管家”软件收取万分之一，进入股票市场也会收取万分之六左右的佣金，剩下的才是我们的，最后由资金方转给我们。

4. 相关监管规定证明客户基于证券交易金额按照一定比例向券商支付佣金是客观事实。因此，客户无论是依法直接通过券商系统从事证券交易，还是诸如本案通过分仓软件、配资杠杆交易并通过子账户下单、通过母账户接入券商交易系统从事证券交易，实际上都需要支付券商一定比例的佣金。而本案中被告人从客户处收取佣金后，实际上需要向软件提供者支付软件费用、向提供母账户的资方支付交易佣金，因此，其收取的本质上是手续费，并且其实质功能是“代收代缴”。

中国证券监督管理委员会、国家发展计划委员会、国家税务总局《关于调整证券交易佣金收取标准的通知》的相关规定如下：

一、a股、b股、证券投资基金的交易佣金实行最高上限向下浮动制度，证券公司向客户收取的佣金（包括代收的证券交易监管费和证券交易所手续费等）不得高于证券交易金额的3‰也不得低于代收的证券交易监管费和证券交易所手续费等。a股、证券投资基金每笔交易佣金不足5元的，按5元收取；b股每笔交易佣金不足1美元或5港元的，按1美元或5港元收取。

（三）本案缺少必备要素“配资金额”

一审判决一方面并未查明基于客户证券交易收取费用的性质及其金额问题，另一方面用所谓“佣金”数额替代必须予以查清的“配资金额”并据此作为“非法经营数额”的量化评估指标，导致本案中缺少必备要素“配资金额”。这就造成本案一审并未查明非法经营数额——不仅影响量刑（“情节严重”与“情节特别严重”的界限），而且影响本案能否构成非法经营罪（作为入罪门槛或者起刑点的非法经营数额）。

二、一审判决依赖于司法鉴定专项审计报告认定本案中配资客户证券买卖交易金额及其对应的佣金数额，但是该司法鉴定专项审计报告本身在科学性、规范性等层面存在疑问，无法确实充分地对待证事实予以证明

本案中的司法鉴定专项审计报告，核心意见如下：

（四）根据“软件数据—客户列表”与程某韧、苏某浩银行账户进行比对，并统计比对一致的列表客户在2017年5月15日至2020年9月18日转入程某韧、苏某浩账户的资金总额

根据委托方提供的“软件数据—客户列表”（不包括涉案人程某韧、王某美、刘某伟、苏某浩）。与程某韧、苏某浩银行账户进行比对，结果如下：比对一致的客户在2017年5月15日至2020年9月18日从苏某浩账户收到资金3,792,074.71元，支出资金5,020,761.20元，共计76人；从程某韧账户收到资金3,532,455.34元，支出资金2,954,788.45元，共计62人（见附件三、四、五）。

（五）上述比对一致客户在服务器中买入卖出的交易数据统计

本次鉴定根据委托方提供的用户列表数据（不包括涉案人程某韧、王某美、刘某伟、苏某浩），以用户编号及客户姓名作为核对参数，统计了上述比对一致客户在服务器中的股票买卖交易记录，结果如下：2017年5月15日至2020年9月18日，共计完成股票交易总金额344,922,471.05元（含买

入金额 173, 421, 367. 24 元、卖出金额 171, 501, 103. 81 元），对应佣金金额 842, 742. 10 元。其中 2019 年 2 月 19 日前完成股票交易总金额 70, 383, 192. 02 元，对应佣金金额 271, 393. 11 元（见附件六、附件七）。

该司法鉴定专项审计报告存在如下问题：

1. 客户统计逻辑存在重大瑕疵

“软件数据—客户列表”与程某韧、苏某浩银行账户进行比对，比对一致的列表客户，并不意味着其在 2017 年 5 月 15 日至 2020 年 9 月 18 日中的交易量必然都出于本案被告人通过非法经营配资业务。

本案中被告人供述、证人证言等证据中均可发现，案涉母账户、子账户的操作权限、密码等涉及资方、被告人方、客户方等多方，且根据不同的合约安排可以随时切换模式与条件。因此，曾经与程某韧、苏某浩银行账户发生过资金往来关系的客户，并不意味着其交易量始终均可归咎于本案中的被告人。本案中司法鉴定专项审计报告中的分析与统计口径明显存在逻辑漏洞。

因此，只有基于客户与程某韧、苏某浩银行账户之间的资金流及其时间、子账户下单从事证券交易的数据流及其时间，并且两者之间形成对应关系，才能将相关的客户证券交易金额归因于被告人的行为（注意这里只是客观上的因果关系；根据上述第一部分的分析，这并非意味着该金额可以用于评价非法经营配资业务）。完全不能够按照本案中司法鉴定专项审计报告中的错误逻辑，仅比对系统与银行账户有过交易记录的客户名单，就将相关时间区间内的证券交易金额全部归因于本案中的被告人的行为。

此外，本案中被告人并未对上述客户名单进行逐一确认，这也意味着司法鉴定专项审计报告所依赖的基础证据并不确实充分。

2. 数据计算方法存在重大误差风险

本案中被告人供述、证人证言等证据中均可发现，所谓“佣金”比例是在一个非常宽泛的数值幅度内波动的，而且根据每个客户不同的情况做出了动态的调整，甚至每个客户在不同时间所采取的费率都是不同的。

因此，在框定客户总数已经存在不准确的显著风险的情况下，司法鉴定专项审计报告继续使用估算方法，估算客户交易金额，按照估计的比例估算佣金金额，显然经过了数次不确定性（盖然性）推算，导致最终估算的数值存在非常高的误差风险。

综上分析，本案中的司法鉴定专项审计报告的核心意见，并无充分的鉴定材料与基础证据作为依据，必然导致其计算、分析、统计方法缺乏科学性与规范性，从而导致相关数值、金额等意见不能作为本案的定案依据。所以，一审判决所认定的事实，“2017 年 5 月 15 日至 2020 年 9 月 17 日，与被告人苏某浩、王某美、程某韧银行账户交易记录比对一致的客户（不包括苏某浩、王某美、程某韧、刘某伟），在上述交易软件账户中完成股票买卖交易共计 3 亿余元，佣金共计 80 余万元，其中 2019 年 2 月 19 日之前完成股票交易共计 7000 余万元，对应佣金 20 余万元”，不能成立。

三、一审判决法律适用错误，本案不能以被告人收取“佣金”为基础的证券交易金额认定非法经营金额

《刑法》第 225 条规定：“违反国家规定，有下列非法经营行为之一，扰乱市场秩序，情节严重的，处五年以下有期徒刑或者拘役，并处或者单处违法所得一倍以上五倍以下罚金；情节特别严重的，处五年以上有期徒刑，并处违法所得一倍以上五倍以下罚金或者没收财产：（一）未经许可经营法律、行政法规规定的专营、专卖物品或者其他限制买卖的物品的；（二）买卖进出口许可证、进出口原产地证明以及其他法律、行政法规规定的经营许可证或者批准文件的；（三）未经国家有关主管部门批准非法经营证券、期货、保险业务的，或者非法从事资金支付结算业务的；（四）其他严重扰乱市场秩序的非法经营行为。”

对应本案中的基本事实是：被告人苏某浩等人招揽客户进行非法股票配资分仓交易。

由此可见，本案之所以按照非法经营罪定性，是因为数位被告人实施的是非法经营证券业务中的证券融资业务；证券融资业务只能经由有经营证券业务资质的证券公司才能依法开展，因此认为这几名被告人实施的股票配资业务属于非法进行的证券融资业务。

证券融资业务是一个有特定含义的证券法概念。

《证券法》第 120 条第 1 款规定：“经国务院证券监督管理机构核准，取

得经营证券业务许可证，证券公司可以经营下列部分或者全部证券业务：（一）证券经纪；（二）证券投资咨询；（三）与证券交易、证券投资活动有关的财务顾问；（四）证券承销与保荐；（五）证券融资融券；（六）证券做市交易；（七）证券自营；（八）其他证券业务。”

中国证监会《证券公司融资融券业务管理办法》第 2 条第 2 款规定：“本办法所称融资融券业务，是指向客户出借资金供其买入证券或者出借证券供其卖出，并收取担保物的经营活动。”

因此，非法经营罪中的“违反国家规定”，就是指上述《证券法》的规定。本案中相关被告人违反上述有关证券融资只能由证券公司从事的业务规定，向客户出借资金供其买入证券，并将账户中的证券作为担保物，在触及风险线、平仓线时可以要求追加保证金甚至直接平仓等。因此，本案中被告人的非法配资行为若构成犯罪，也只能认定为非法经营证券业务中的非法经营融资业务。也就是说，一审判决认定本案中的被告人违法实施的股票配资业务，属于《证券法》《证券公司融资融券业务管理办法》中所说的向客户出借资金供其买入证券的行为，从而认为这几名被告人从事股票配资，系从事非法的证券融资业务。然而，这类配资行为之所以被认定为非法经营，是因为其符合证券法上的证券融资业务，而该等业务只有依法批准的证券公司才能从事。

也就是说，一审判决不仅错误理解非法经营证券业务的内涵、完全忽视了非法经营罪中非法经营证券业务的实质内容与具体类型区分，而且在法律逻辑上虚化、模糊了本案中非法经营的实质行为及其应当严格对应的量化尺度，因此造成一审判决法律适用明显错误。

一审判决指出：

被告人苏某浩等人的上述行为，事实上系通过自行设置佣金收取比例等方式，在正常市场之外赚取证券交易佣金等，被告人苏某浩等人的行为不仅触犯证券交易中未经许可不得从事配资的规定，而且其等人在证券交易当中利用虚拟账户并设置收取佣金屏障的行为也严重扰乱了证券交易的市场秩序，该行为也具有相当的社会危害性，对该行为亦从刑事上给予否定性评价。同理，因被告人苏某浩等人行为具有多重违法性，公诉机关以其等人收取佣金为基础的证券交易金额作为认定非法经营金额的指控，能较为全面评价三名被告人扰乱证券交易市场行为的社会危害性，也能客观反映其等人从事非法配资的规模。

一审判决的上述判定错误。

（一）一审判决错误理解非法经营证券业务内涵，忽视非法经营融资业务（非法配资）与非法经营经纪业务（非法经纪）的实质内容与类型界限

由于证券融资行为有特定的法律含义（向客户出借资金供其买入证券），所以不难看出，股票配资这种证券融资行为区别于非法经纪行为，即一审判决中提及的“在客户的证券交易中按照一定比例收取佣金”。前者属于非法经营融资业务，后者属于非法经营经纪业务。

因此，本案中所涉及的非法经营证券业务，就是被告人利用分仓软件并向客户提供融资的行为，特指“向客户出借资金供其买入证券”这一内涵。一审判决无论是事实认定还是法律适用，都是建立在配资行为属于非法经营融资业务这一事实与法律逻辑的基础之上的。然而，“在客户的证券交易中按照一定比例收取佣金”涉及另外一种非法经营证券业务行为，即非法经营证券经纪业务。参见上文援引的《证券法》第120条第1款第1项的规定。

根据《证券法》《关于加强证券经纪业务管理的规定》等规定，证券经纪业务，是指在证券交易活动中，接受投资者委托，处理交易指令、办理清算交收的经营性活动。

非法经营经纪业务的行为既不属于股票配资行为，更不属于前述证券融资行为。因此，本案一审过程中，起诉书、司法鉴定专项审计报告、一审判决书等法律文件，都不同程度存在将融资业务、非法配资、非法经纪等完全不同的法律概念混同为“配资”进行分析的问题。同时，本案一审判决一方面并没有在事实上查明被告人处理交易指令、办理清算、办理现金或者股票交收等具体行为，另一方面也没有将被告人的行为明确定性为非法经营证券经纪业务，这就最终导致一审判决错误地将本案行为内容定性为非法经营配资，却使用非法经营经纪业务中的非法经营客户证券交易金额、“佣金”数

额等认定非法经营数额、违法所得的问题。

（二）一审判决错误地混淆非法经营配资行为对应的配资金额、利息收益及其关系，非法经营证券经纪行为对应的客户证券交易金额、佣金收益及其关系，非法经营证券业务构成要件中的要素错误搭配，适用法律错误

1. 一审判决并无证据证明存在非法经营经纪业务行为，亦未在法律适用层面明确本案行为构成非法经营经纪业务这一违法性基础，相应地，就不能使用客户的证券交易金额作为评价被告人非法经营行为的量化尺度。

无论将本案中被告人的行为认定为何种非法经营证券业务行为，都首先须在法律逻辑上确立其具体的非法证券业务类型，并根据这种特定的非法经营证券业务行为所对应的金额或者数额，对其社会危害性实质（扰乱证券市场秩序）进行量化评价。

一审判决不仅在证据层面没有任何依据认定本案中的行为构成非法经营证券经纪业务，而且在一审判决书中亦没有明确将非法经营证券经纪业务行为认定为本案中被告人非法经营行为的属性。一审判决模糊了行为人行为的具体违法性属性、内容与类型，而用泛化的“具有多重违法性”这一表述予以模糊处理，这显然不符合罪刑法定的要求，即《刑法》规定的非法经营罪的构成要件，要求必须对具体的非法经营业务内容与性质予以明确。

2. 每一种特定的非法证券业务行为类型都有其对应且必备的量化标准，不能进行替换、混淆。

正如前文分析，非法从事配资业务中的非法经营行为的违法性内容，表现为违反国家规定，向客户出借资金供其买入股票。由此可见，衡量非法配资社会危害性的量化标准必须包括（不能缺少的要素）行为人出借资金的金额（配资金额）。没有配资金额，就完全不能衡量非法配资行为的社会危害性——既不能定性（定罪；非法经营罪），也无法定量（量刑；情节严重、情节特别严重）。当然，向客户出借资金供其买入股票，显然涉及助力于客户买卖证券，势必会关涉到配资客户所买入或者卖出的证券量、金额等量化标准。但是，需要注意的是，这都是配资（出借资金）在客观因果上间接引

发的事实，并非非法经营配资行为的直接事实。买入或者卖出的证券量、金额等量化标准可以作为丰富非法配资行为量化评价要素的综合标准，但不能作为定案（定性、定量）的唯一标准。换句话说，不能脱离行为人的配资金额，仅依据客户的证券交易，来评价行为人配资行为的社会危害性。

非法从事证券经纪业务中的非法经营行为的违法性内容，表现为违反国家规定，在证券交易活动中，接受投资者委托，处理交易指令、办理清算交收的经营性活动。由此可见，衡量非法证券经纪社会危害性的量化标准必须包括（不能缺少的要素）行为人非法经纪行为所直接引发的客户证券交易金额。这里包含两层法律内涵：（1）必须确立非法经纪业务这一违法性行为，才能使用客户证券交易金额予以量化评价；（2）客户证券交易金额是非法经纪业务这一违法性行为必备且对应的量化标准，不能单独成为其他非法经营证券业务类型行为的量化标准。

综上，一审判决中“公诉机关以其等人收取佣金为基础的证券交易金额作为认定非法经营金额的指控，能较为全面评价三名被告人扰乱证券交易市场行为的社会危害性，也能客观反映其等人从事非法配资的规模”，这种法律适用意见明显错误。本案不能以被告人收取佣金为基础的证券交易金额认定非法经营金额。一审判决适用法律上的错误直接导致本案中缺少“非法经营数额”的事实内容与法律逻辑，不仅无法量刑，更是影响定罪。

四、一审判决适用法律错误，本案不构成非法经营罪“情节特别严重”

一审判决指出：

……本院认为，非法经营犯罪是否属情节特别严重，应根据非法经营的数额、涉众人数、社会影响等因素综合确定，本案中被告人苏某浩、王某美、程某韧三人分工明确，利用网络宣传配资等业务，寻找不特定客户在虚拟账户中进行证券交易，不仅交易金额达到3亿余元，在非法经营上述业务期间，苏某浩、程某韧仅银行账户收入资金已分别达1400余万元，其中比对一致的客户投入的保证金已达600余万元，上述行为社会影响较恶劣，综合上述因素，被告人苏某浩、王某美、程某韧的非法经营犯罪行为应属情节特别严重……

正如上文第三部分的分析，一审判决在适用法律层面错误地将非法经营经纪业务的量化指标（客户证券交易金额）作为本案中非法经营配资业务的评价要素，直接导致本案中缺少“非法经营数额”的事实内容与法律逻辑，致使一审判决缺少作为入罪门槛或者起刑点的“非法经营数额”（配资金额）。相应地，这一法律适用错误导致本案根本不可能构成非法经营罪“情节特别严重”。

除此之外，一审判决在有关本案是否构成非法经营罪“情节特别严重”问题的分析中，还存在进一步的其他疑问。

（一）一审判决的法理分析反证配资金额是定罪量刑必备要素

一审判决提及“比对一致的客户投入的保证金已达600余万元”，意味着其内在认可非法配资就应当按照与配资金额有关的要素评价其社会危害性。但本案中缺少证据（精确且对应每个客户的配资杠杆比例），根据客户流入被告人的银行账户资金计算配资金额，实际上无法进行计算，因此，在一审判决中，与配资金额有关的要素，反而不合法且不合理地让位于客户证券交易金额。

（二）一审判决的法理分析反证本案没有查明配资金额

如果能够查明配资金额，本案实际上也没有必要适用客户证券交易金额予以定案；如果能够查明配资金额，一审判决亦没有必要使用“客户投入的保证金已达600余万元”的概念进行综合评判。正是本案中缺少准确的客户名单、每个客户对应的配资杠杆比例等证据，才导致本案没有查明配资金额，所以才会出现上述一系列疑问。

综上分析，本案事实不清、证据不足，适用法律错误。二审法院应裁定撤销原判，发回原审人民法院重新审判，或者在查清事实后依法予以改判。